眼底未名水，胸中黄河月

——北京大学女干部成长规律与管理机制研究

主　编　于鸿君
执行主编　岳素兰

北京大学出版社
PEKING UNIVERSITY PRESS

序

在现代社会中，女性在各个领域都发挥了很大的作用，无论是政界精英、学界翘楚，还是商界领袖，都呈现出越来越多的女性身影，如政坛的默克尔、学界的屠呦呦、商界的孙亚芳等。但是在当下，女性实现平等发展仍然受到一定程度的限制，对女性特质的关注和支持仍然有很多的不足，正如习近平总书记在全球妇女峰会上所指出的，男女权利、机会、资源分配仍然不平等，社会对妇女潜能、才干、贡献的认识仍然不充分，要实现男女平等，还需要付出巨大的努力。

在管理领域，我们通常称女性管理人才为女干部，对她们的培养及其自身发展也面临着一些难题。女干部的开发和使用状况，或者说女性进入决策领域的比例，已经成为联合国衡量一个国家或地区发展进程的重要指标。虽然在高校女干部的比例相对于其他领域高，但女性领导干部的整体数量和比例还远远不如男性干部多，女干部的培养和选拔机制也存在很多不足，人们对女性干部的看法也存在一定偏差。以北京大学为例，全校处级女性管理干部的配备率在30%以上，这个比例虽然不算太低，但是整体比例还远远不如男性干部，尤其是管理层次越高，女性干部的比例就相对更低。因此，作为培养、选拔和使用女干部的需要，开展并加强高校女性管理干部的研究工作就显得尤为重要和紧迫。

我们评价一个作风硬朗的女干部，经常会说她是“女强人”，甚至用网络语言叫“女汉子”，这种评价折射出来的是，人们认为这样的女干部具备果敢坚决、雷厉风行、勇往直前等传统男性领导特质，而往往忽略或者忽视女性干部独有的温婉柔和、耐心细致、润物无声甚至悲悯善良等人格特质和领导魅力，我们要研究女性干部的成长规律和管理机制，首先就要警惕这种片面的认识。女性干部当然也可以具备“去性别化”的或者“男性化”的思维方式和行为习惯，但是在女干部的选拔和任用中，不能完全受限于这种以单一的男性特质作为标准来衡量女性的思路，管理工作中应该对女性独有的思维方式和行为特质予以肯定和认同，以此来推动管理工作的多元化和艺术化。例如，有研究表明，女法官判定的冤假错案比率显著低于男法官。

中国共产党自 1921 年成立以来，一直注重发挥妇女在革命实践中的作用，将中国妇女解放运动作为新民主主义革命运动的重要组成部分，这一过程中涌现出了一大批令群众信服、工作中充满了柔性化和艺术性的女性领导者，她们被人民群众亲切地称呼为“大姐”。男性干部往往容易产生的矛盾冲突，或者是错综复杂的不好理顺的关系，总会在“大姐们”循循善诱和春风化雨的工作方式下得以缓解或者解决。我们党的这种充分发挥女干部作用的优良传统，在现代社会中应该继承发扬下去。

在当代，女性领导者们在社会建设中贡献的力量和表现出来的能力，其实并不亚于男性领导者，她们在医疗、教育、慈善、扶贫等工作领域中发挥着独特的作用。我们研究女性干部的成长规律和管理机制，应该对这些特质予以充分的关注和深入探讨，推动干部管理体制特别是女干部的培养、选拔、使用工作的科学化。

我们研究女性干部的成长规律和管理体制，还在于为了让女性干部能够有良好的成长环境，与男性干部一起平等地发展和成长。正如施特劳斯所说，政治正义的目的不在于削平自然的不平等，而是在社会等级和自然等级之间找到一种合理的对应关系。我们并不否认男性和女性存在着自然状态的差异，但是我们当前面临的现实，仍然是一个男权相对主导的社会，千余年封建历史留下的、对女性的歧视和压迫仍然在观念和行为上有很多残留，从这个意义上来说，我们的研究，仍然是不断发展变化着的妇女解放运动的一个组成。我们的研究不是为了消除性别的差异，而是为了努力缓解对女性干部的歧视，更好地支持女性特质的发挥和弘扬。我们党一直以来都高度重视这项工作，在新中国成立的第一部宪法中就明确规定了“中华人民共和国的妇女在政治的、经济的、文化的、社会的和家庭的生活各方面享有与男子平等的权利”。在全面深化改革的今天，社会主义核心价值观也明确地提出了“平等”和“公正”的要求，这包含着进一步解放和支持新时期女性的要求。开展这项研究，还在于要进一步探讨女性干部所面临的具体问题，消除对女性的歧视和偏见，树立女性培养和发展的正确理念。要在我们的制度设计中包含更多的对女性特点的考量和支撑，帮助女性特质在管理岗位上有更多发挥作用之处，帮助女性干部在相对弱势局面下获得更多展示才华的机会和发展进步的空间，帮助女性干部更好地成长，推动整个社会对女性干部的认识和理念的更新。

习近平总书记指出，做好党的妇女工作，关系到为党和人民事业发展提供强大力量，关系到巩固党执政的阶级基础和群众基础，必须坚持男女平等基本国策。北京大学秉承爱国、进步、民主、科学的优良传统，作为现代妇女解放运动的发源地之一，在中国妇女觉醒、抗争、奋斗、自强的历史潮流中发挥了不可替代的作用，理应在新时期更加有所作为。北京大学一直倡导男女平等，关注女性发展，1920 年，北京大学即允许 3 名女生进入文科旁听，并于同年秋季开始正式招收女学生，开中国公立大学男女同校之先河。如今，北京大学依然高度重视对女性干部的培养，如与美国维斯理学院开展“北大-维斯理学院女性领导力项目”，成为维斯理学院“女性全球伙伴”项目的第一所伙伴高校；在干部选拔与管理中特别重视女性干部的培养和任用；在教代会、工会等制度建设中充分保证女性干部的作用发挥。全国妇联书记处书记、中国妇女研究会谭林副会长曾高度肯定了北京大学在现代大学制度研究和高校长远发展的层面上探索“她时代”、“她力量”的努力，肯定了北京大学在主流话语和制度设计上开展女性领导力研究的示范引领作用。现在，北京大学校本部的女性干部已经达到了 305 人，并呈现出继续增长的良好势头。在女性越来越发挥重要作用的大环境下，这次课题研究以北京大学女干部群体为主要样本，以“传承理念、光大传统、用人为本、促进发展”为宗旨，是北京大学进一步弘扬优良传统、在新时期为女干部成长规律研究做出探索与创新的重要举措。

课题组全体同志，历时三年，通过采访、座谈、问卷调研、论文征集、召开研讨会等多种形式，先后邀请北京大学百余名师生参与研究工作，收获了这项成果并凝练成书。本书围绕女性人才的成才之路、成长规律、用才之道、管理机制等方面进行理论研讨和实证分析，从理论和实践角度对北京大学的女干部培养工作进行了总结和探索，能够让我们直接了解到北京大学女性管理干部的思想状况和工作的心得体会，一定会对北京大学进一步做好女性管理干部培养工作提供重要的启发和借鉴意义。

我们真诚期待能够有更多的人士支持和开展女性人才发展研究，希望这个题目能够持续研讨、多出成果，并且将调研成果常态化、实效化、制度化，逐步形成符合现代大学制度整体设计、符合女性干部管理科学理念的制度举措。

这里，我要特别感谢课题组的各位老师，他们分别来自校本部、医学部、机关、院系，有退休及在职的女性与男性老师，也有 46 位学生记者参与采访。我参加过他们的部分研讨工作，如果用“勤勉敬业、思维活跃、分析深入、论述透彻”来概括他们的工作，我认为是很恰当的。我还要向为课题研究付出诸多辛勤劳动的老师和学生们表示衷心感谢，他们有的不辞辛劳连续采访，有的百忙之中拨冗为课题写文章，每每谈及，令人动容！总之，我们期盼，在大家的共同努力下，北京大学的女干部工作能够取得更大的进步。

本课题得到了中国妇女研究会和新华都慈善基金会的大力支持，我谨向支持单位和领导特别表示诚挚的感谢。

2018 年是北京大学建校 120 周年。我以为，课题组以其辛勤劳作，汇聚了众多优秀女性的心血和感悟，呈现了众多女性干部的光鲜亮丽，回放了她们遍尝酸甜苦辣的成才之路，或许，这就是课题组和书中人物——当然也包括全体为北大做出贡献的历代女性，提前向北大 120 周年校庆奉献的最好礼物。

让我们一起，向伟大的北大女性致敬！

北京大学党委常务副书记　于鸿君

2016 年 7 月

小行动彰显大视角

——女性领导干部访谈综述

我们将“女干部成长规律与管理机制研究”课题，设计为四个板块，经验总结、理论研讨、调查研究、成果转化，细分成六个子课题。其中，人物访谈是经验总结的一部分，旨在以实证研究的方式和另一种分析视角，对改革开放30年来部分有代表性的女性领导干部的成长成才轨迹进行深入访谈和纪实分析，彰显她们的精神和贡献，以期对后人有引导、支持和示范作用。通过对访谈对象的倾听、了解和记录，获取女性领导干部大量的自然属性信息、体会感悟信息以及可资借鉴的信息，具有鲜活的直接经验特征。

访谈概述分别从思路与做法、彰显与收获、思考与启发三个方面，对获取客观材料进行归纳和梳理。

第一部分：思路与做法

课题从哪里开头？

课题组认为，设定的切入环节，应该对课题的全面铺开具有借鉴和推动作用。首选访谈女干部，凸显了此作用的四种要素——性别的色彩、生命的体验、经验的传承 、思路的启迪。

各子课题组在各司其职又分工协作的同时，明确思路和做法，全体成员共同进入访谈环节。

1. 思路：源自对选人用人现实状况的分析

“国以才立，政以才治，业以才兴。”人才优先是一个时代性的战略思想。2010年7月18日《人民日报》刊文强调：要着力解决当前人才工作中存在的人才“不够用”、“不适用”、“不被用”等问题，努力使各类人才各得其所、用当其时、各展所长。我们认为：人才队伍的“三不”问题，对于女性管理人才尤为突出。同时，在国家人才工作会议期间，提出了干部要“以用为本”战略思想，这是根据我国人才工作的实际情况做出的正确决策。

另据第三期中国妇女社会地位调查结果显示，女性在参政议政方面普遍存在：男性比例多、女性比例少；低层女领导多、高层女领导少；辅助岗位多、重要岗位少，这“三多三少”现象，这也同样契合高校的实际状况。

因此，对高校女干部的有关问题进行系统研究，不仅仅是为了解决干部培养选拔中的男女平等问题，也是优化人力资源配置的重要政策领域，是建立现代大学制度的重要内容。

2. 寻觅：榜样的力量和精神的纽带

人才历来是事业发展最宝贵的财富。在北大发展建设的各个历史阶段中，女性的参与和奉献，都具传承和研究价值，同样也是薪火相传的精神纽带。探讨女干部的人格特质与成长规律，寻觅时代背景下有资深阅历及有成功经验者的人生信条和精神坐标，发挥其标杆作用和发掘人才资源的现代价值，无疑对拓展课题有着非凡的意义。于是，我们历数了改革开放以来曾经或正在重要领导岗位上工作的、有代表性的50多位女性领导干部，在受访者自愿的前提下，从中选择了20位作为访谈对象，听她们的故事，记下她们的经验和体会，感受她们内心世界的精彩与淡定，记录下她们对来者的寄语，从中领悟她们对生活、工作、为人处事境界的选择和实践，以展示、借鉴和探索女干部的成长历程。

3. 关注：“高端引领”的启发性

全国人才工作会议提出：坚持“服务发展、人才优先、以用为本、创新机制、高端引领、整体开发”的指导方针，其中“高端引领”体现了新的理念，具有丰富的内涵。“高端引领”具有示范、引领、提升作用，能“一花引来百花开”，使高层次的人才层出不穷。我们受到“高端引领”的启发，试图从较高层次的女性领导干部的实证性研究入手，从她们的经历、经验和体会、感悟中，做出一些有益的探索，找出一些共性的规律，这对于开展女干部课题研究，无疑也具有引擎功效。

4. 方法：采用多层面互动、多机构参与、多程序协作的方式

用集团军式团队协同工作的方式，以学生记者与课题组成员相结合进行个案访谈的形式，选取了20位离岗和在岗女干部代表为研究主体（见表1，图1，图2），通过直接面对面（约谈本人）、访知者（采访他人）、查信息（有关报道）、

谈体会（随访札记）等形式，围绕经历与经验、感悟与体会、思考与建议等几个维度，了解女干部的成长成才从政的相关信息。除了要求每一位访谈者有一篇采访文稿外，还要求每一位参与访谈学生记者有一篇随访札记（表 2），这样可以多一个视角看人看事看规律。

表 1　参与访谈的 20 名女性领导干部（按年龄顺序排序）

姓名	年龄	单位	职称	职务
唐孝炎	1932.10	环境科学学院	院士	曾任环科中心主任
杨芙清	1932.11	信息科学技术学院	院士	曾任计算机系主任
祝学光	1935.02	北医外科	教授	曾任北京医科大学教务长
沈继英	1936.03	学生工作部	教授	曾任学生工作部长
张爱蓉	1937.05	档案馆	研究员	曾任档案馆馆长
关烨第	1939.04	化学院	教授	曾任化学院党委书记
郑修霞	1943.06	护理学院	教授	曾任护理学院院长
魏丽惠	1944.03	人民医院	教授	曾任医学部副主任
袁　明	1945.08	国关学院	教授	现任燕京学堂院长
史守旭	1945.12	深圳研究生院	研究员	曾任校长助理
赵桂莲	1947.12	后勤	研究员	曾任副总务长
郭　瑛	1948.08	信息科学技术学院	教授	曾任信息科学学院党委书记
解冬雪	1950.12	药学院	研究员	曾任药学院党委书记
李萍萍	1951.08	肿瘤医院	教授	曾任肿瘤医院党委书记
吴新英	1952.07	外国语学院	教授	曾任外国语学院党委书记
高子芬	1953.07	病理学	教授	曾任医学部继续教育处处长
闫　敏	1956.04	财务部	研究员	曾任北京大学总会计师
孙祁祥	1956.09	经济学院	教授	现任经济学院院长
孙　丽	1958.05	校工会	研究员	现任工会主席
尹　超	1964.03	附小	高级教师	现任附小校长

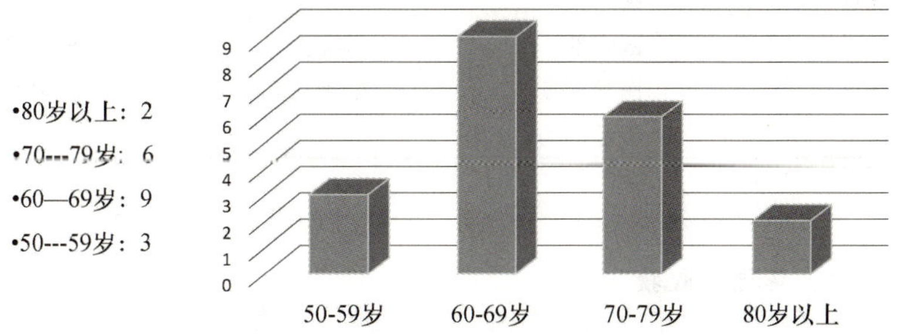

图 1　年龄结构

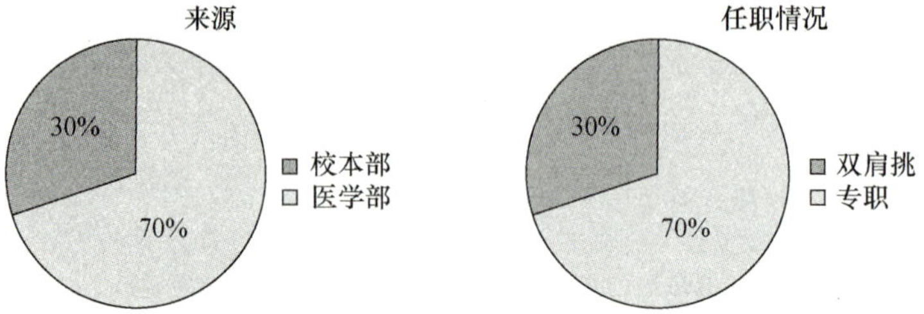

• 北大校本部：14
• 北大医学部：6

•双肩挑：14
•专职：6

图 2 人员构成

表 2 参与访谈的学生记者

姓名	年级	姓名	年级
张一琪	2012 级	王一诺	2011 级
季　梵	2008 级	陈圆圆	2011 级
李卓群	2009 级	秦　鼎	2011 级
王润茜	2009 级	岳　汀	2011 级
余哲西	2010 级	周宇诗	2011 级
柏小林	2011 级	龚恋雯	2011 级
陈　希	2011 级	邬幸岑	2011 级
吴蕙予	2011 级	宋子节	2011 级
杨　飒	2011 级	王　超	2011 级
张　瑶	2011 级	钟雯馨	2011 级
朱垚颖	2011 级	黄萧玮	2011 级
张少微	医学部	柯　静	医学部
崔雨萌	医学部	王小鲁	医学部
张璐瑶	医学部	段玉洁	医学部
苑　琳	医学部	赵晓侠	医学部
王安琪	医学部	苗永青	医学部
李温荣	医学部		

第二部分：彰显与收获

访谈工作从 2012 年 10 月至 2013 年 6 月，共收回文章 40 篇，其中访谈文章

20篇、学生记者采访札记20篇，这些文章既彰显女领导干部为北大各个历史时期的发展所做出的贡献，也让我们收获了两方面预期的成果。

一是树立榜样。“成功总是属于愿意成功的人”，这种“向上意识”，让她们经历了不断找回自我、完善自我的人生过程，受访者说：“有事业、有家庭，还要有自己。”智慧的头脑、热情的内心和开阔的人生视野，从她们的成长轨迹中我们可以找到对后人有启迪的精神坐标。

二是提供范式。对女性领导干部成长轨迹的追踪和描述，从内因和外因等不同侧面反映了人格特质、思想修养、道德情操、成长环境和从政理念等因素对女性参政领导力的影响，为后来者提供了较为基本的发展维度和行动路径，这是女性领导干部自觉成长的既具体又可资借鉴的成分。

采访随性、表达真诚，反射着智慧和灵性的光彩，道出了人性的美丽，也让我们的采访活动显示了它本身的魅力和意义。采访发现：每个独立的个体，各有独自的特点，但都有共性的做人准则、做事态度和奉献精神。

1. 于平凡中见精神的人格魅力

采访大都从平凡小事切入，从人们习以为常、司空见惯的个性化行为和感言体会开始，叙述平常事，试图将干部成长规律的问题融于对平常事的解析中，于平凡中见功力见精神，于细微处见真情见境界，也见自身的人格魅力。我们常说，把每一件简单的事做好，就不简单，把每一件平凡的事做好，就是不平凡。受访者的魅力在于“把荣誉看淡、把自我看小、把心胸放大、把眼光放远”。透视对原计算机系主任杨芙清院士的采访，用“眼底山乡水，胸中未名月”形容她特别地贴切。杨芙清院士回顾了50多年来的求学、科研和教学生涯，她用一句话概括了自己的成长历程：“国家需要就是我的志愿，为党奋斗、为国奉献，我之所愿、其乐无穷!”她道出了“女性要把事业摆在首位”的肺腑忠言：一不要把“自己”看得太重，关键是要素质高、内在美。更不要把自己看轻了，女的并不是天生比男的差，只要努力都可以做出大事来，何况女性还有自己特有的优势，如韧性、细致等，但关键是要自信、自强，更要自重、自爱。二是生活和事业的位置要摆正确，事业是第一位的，要把双方的事业融入国家事业之中；当生活与事业发生矛盾时，就要以事业为重，要善于处理好两者的关系，家庭可以成为事业的重要支撑。

以她为代表的受访者都把管理岗位作为服务的平台，在党务工作中、在行政管理上，凸显了女干部的柔性特点；在工作作风上，凸显了女干部的韧性特质；在科学决策方面，凸显了女干部精于人本化的管理理念。

2. 表达一代人或一个群体的声音

在描述成长经历的诸多词汇中，勤奋、自强、敬业、担当是使用频率最多的。适度自信、高度责任感、非凡耐压力、高境界的奉献精神，体现出性别色彩的、独特的勇气和智慧，以及不逊色于男性的才能和成就。曾任北大环境科学中心主任、现 80 多岁高龄的唐孝炎院士说：“我并未感觉女性的身份曾给我带来过什么额外的帮助或挫折。”“但我想，北大女性的成长经历似乎要更艰苦一些，而责任感、竞争心也更强。”唐院士认为，北大女干部的成长，需要个人努力和周边氛围的结合。一方面，女干部本身要更加努力，增强工作能力；另一方面，学校领导应该更多地发现女干部的优缺点，倾听她们的声音，选人识人，扬长避短。女性工作者虽然会经历生子、育幼的过程，但这个过程的时间并不长久，并且过去以后，女性会投入更多的责任感和努力。学生记者采访后，深有感触地说：北大的女干部正是凭着个人的努力才取得成就的，因此与男性相比，他们都处在同一个起跑线上。唐院士心中始终带着作为教师的那一份责任，也始终怀着那一份对国家的忧虑与对社会的关怀。听她回顾半个世纪的科教历程，嗅到了一位科教工作者最朴素的心香，看到了一个时代最崇高的信念。

3. 求知求实求真求新是她们共同秉持的理念

立志、立言、立德、立信，立于成长环境中潜移默化的影响。女性干部大多从梦开始的地方——中学谈起，将信仰和理想融入了生命，寄托在一生所从事的事业中。“为事精道、为人厚道、立身正道、立言大道”是她们共同的人生追求。

好气质的养成需要积累、内化、提升的过程。她们在学生时代大都是学生干部，让她们的服务意识、品格修养、领导能力都在历练中得以提升。她们在北大管理岗位上所表现出的领导素养受益于这种阶梯式的良好训练。医学部妇科专家魏丽慧教授，祖籍中国台湾、生于日本、求学北京，缘于杏林世家，三代从医，滋生了她的医学之梦，大学时担任学生会主席，工作后在责任和使命的驱使下，她成为一名多年从事业务和管理的双肩挑干部，曾任人民医院党委书记、北京医科大学副校长、医学部副主任，并当选为北京市政协委员、第九、十、十一届全国人大代表。她说："双肩挑女干部需要牺牲个人利益实现集体目标。"她的切身感悟是"职业上需要自己打拼，但是家庭幸福需要家人一起努力"，"女性在职场上要想做得好，付出的代价就要比男性多"。

4. 享受工作和享受生活同等重要

采访中，她们对日常工作和生活里形形种种的美感，不仅使人能在更广阔的感性空间里得到乐趣，且能带给后人以更多、更积极向上的正能量，给人以新的角度新的思考。采访发现，她们身上所散发出来的亲和力、感召力、凝聚力和影响力，既反应在社会工作、人际交往中，也反应在家庭生活、业余兴趣之中。她们是在事业和家庭两个领域都很卓越的女性。让我们看到了不言辛苦、投入工作同时又懂得享受生活的一个优秀女性群体，看到了远比想象更丰富得多的智慧人生。守护生活的素质，激发工作的热情，营造生活的乐趣，是女性干部工作的支撑。正如冰心老人所说，女性给世界带来了真善美。学生记者采访后，这样描述经济学院孙祁祥教授：她作为经济学院首位女院长，除果断、干练的工作作风之外，更兼具了女性的细心、认真。而论及后者，她以身作则，知人善用，深受经院师生钦佩、敬爱。孙院长这样说："你如果拥有自信、自强的精神，勤奋、坚韧的意志，宽阔、仁爱的胸怀，女性和男性一样，都会获得社会和他人的尊重。"她认为，女性还要善待自己，应该在各方面呈现出美的状态：我们需要一种时尚，装扮是对自己和他人的尊重；我们善待了自己，那么配偶、孩子和家庭会获得格外的价值；懂得享受工作和享受生活，会产生价值反馈，这种价值将反过来支持我们的工作，会很好地获得和谐的工作环境，这会使自己更有亲和力，从而实现自身的价值。

5. 为爱而行的高尚境界

为什么在同样有限的生命里，她们能够有能力攀登如此不同的人生高峰，活出精彩的自我、天赋的自我？采访收获的最好答案是：她们心中有为爱而行的高尚境界。"一定要寻求艺术和生命的美好"，"作为女性，首先应该有自己的事业，然后才会赢得属于自己的爱情"，这是访谈中听到的发自肺腑的感受，是人生大智慧，与辛苦劳作相比，智慧更有含金量。受访者袁明教授说："聪明的女人懂得怎么把她自己全部的优点或优势，用来做事情为社会做贡献。"我们看到的优秀女性，善于把自己的才干、聪慧融合进一个宏观的场景里，虽然这个场景往往是由男性为主导的。她们成功的秘诀在于更智慧，而不仅仅是更辛苦。她们为爱而行，爱北大、爱学生、爱家人、爱她所从事的事业，爱她所在的岗位。这是一种由爱而生的境界，一种为爱奉献的责任。女性特有的细腻、持重、包容、敬业精神，既是北大精神，也反应出北大人在服从服务于人才成长规律方面的特质。受访者袁明教授的感受让我们深刻地领悟了北大女性的这种特质。袁明教授是北大国关学院原副院长、美国研究中心主任，现为联合国基金会中国董事，她从1962年考入北大，从学生到老师，从年轻稚嫩的学生干部到独挑大梁的单位领导，她说："从心底里，从来都把北大看作精神家园，燕园中的点点滴滴在我的心中都会荡起涟漪。"袁明教授认为："人的管理需要美好、善良这些价值来组织和调动，而在这点上，女性拥有天性的吃苦、细腻、追求完美这些美好的品质，这些女性特质都有助于女性在管理中发挥巨大的作用。"

第三部分：启示与思考

20份采访报告和20份学生记者的随访札记，生动鲜活、深刻详实地描述了女干部成长轨迹，岁月的历练带给她们的是成熟的风韵和人生的智慧。这些真实的故事和有价值的信息，也恰好深刻解读了优秀女性领导干部之所以能脱颖而出的内在和外在因素，对我们开展课题研究无疑具有深刻的指向意义，给我们新的启示与思考。

启示与思考一：从五个观测点找寻女干部成长成熟的规律性资源。

通过梳理对研究群体的逐一访谈、知己专访以及查阅相关资料，我们侧重从她们成长成熟的轨迹中寻找有共性与规律性的资源，并解析这些资源能带给课题研究的启示。总结出教育、环境、境界、机遇、才干，可视为女干部成长成熟中必备资源的五个观测点，这五点又相互关联、相互影响、相互作用。

教育：女干部成长历程中的知识储备、素养修炼和信仰追求，教育起了奠基性作用。历数受访对象群体，她们的成长经历无不感恩于理论和实践的双重教育。可见“教育是人的灵魂的教育，而非单纯的理智知识和认识的堆积”，正如蒋梦麟校长曾说过的：“教育如果不能启发一个人的理想、希望和意志，单单强调学生的兴趣，那是舍本逐末的办法。”这一教育理念对于女干部的继续教育同样适用。

环境：能使高校女性领导干部脱颖而出的是组织环境，包括政治环境、制度环境、管理环境、人文环境、舆论环境等。习近平总书记在全国组织工作会议上指出：“成长为一个好干部，一靠自身努力，二靠组织培养。”组织培养对于干部的成长，具有关键性的作用。因此，组织部门担负着培养干部的主体责任，要努力创造良好的组织环境条件，使干部既有用武之地又无后顾之忧。

境界：境界是包括人的情感、志趣、精神、修养、向往和追求的人生态度，对生活和职业具有导向作用。外因是条件，内因是关键，境界是个体素质条件，是人的内在因素，是一点一滴积蓄起来的人格魅力，对领导干部的成长起着决定性作用。在男性主宰社会资源的环境中，女性领导干部能赢得信赖和尊重，在工作层面上一定有她的精神境界为支撑。

机遇：女干部的选拔使用，与大气候、小环境，有时还与特定的政策和指导性需求有关，良好的工作机遇、公平竞争的环境和有性别意识的举措等，对提升女性参与管理的比例具有助推作用。机会可遇不可求，具有偶然因素，一方面机遇需要组织提供和创造，另一方面“机遇总是给予愿意抓住机遇的人”。有机遇就有挑战，事业上拼搏进取的过程就是不断增长才干和完善自己人生的过程。

才干：要把那些“能干事、会干事、能干成事”的干部放到重要的领导岗位上，说的就是有才干、能担当、谋事有方、创新求变的能力和魄力。人才的成长与发展是德、识、才、学诸因素的综合效应，缺一不可，其中才干是能干事的基本保证，是干成事的“金刚钻”。当机遇来临时，没有才能担当，或者说没有应对的余量作贡献，向前发展便无从谈起。

启示与思考二：选人用人生态环境也是一种性别文化。

马克思说过：“人创造环境，环境塑造人。”基于对研究对象群体从政感言的采访，可以看到制度环境、舆论环境、组织环境以及家庭环境等，都是相融互补的选人用人生态环境，也是一种性别文化，对于人的塑造起到促进和催化作用。提高对女性社会价值和作用的认识，是先进性别文化建设的需要。“一流大学”

应该有与之相匹配的一流管理人才，包括女性管理人才。积极探索适合北大特点的公开、平等、竞争、择优的选人环境，建设干部能上能下、德才配位、充满活力的用人环境，同时，加强对女干部的规模、结构、发展境况，以及女干部培养、选拔、使用等产生方式上进行系统研究，探索和解决理论与实践两个层面的问题。实现“以人为本”和“以用为本”还需做长期深入地研究，且思且行地实践运作。袁明教授认为，人活一 个大时代同时也活一个小环境，大时代是个人没有办法去改变的，但是改变小环境是有办法的。在以男性为主导的社会中，最重要的是一个氛围的创造。男性领导者应该有足够的重视，在主观的意识上、在他可以运作的客观范围里，给优秀的女性创造脱颖而出的良好氛围，并且通过具体的机会形式和多措并举的政策让大家看到社会对于女性的需要。

启示与思考三：女干部成长路径有其共性的规律可寻。

访谈的本质并非只是传递经验，也从观念层面、制度层面、行动层面让我们见证了不同时期北大在女干部培养使用方面所作出的努力。实践证明北大女干部懂得珍惜、懂得进取、懂得担当，一篇篇生动的报道，记录了这个群体辛勤的工作和无悔的奉献，起到一种纽带和标杆作用。她们的经验值得借鉴、她们的贡献值得宣传、她们的成长轨迹值得研究。

如此多的成长样本，如此多的实现自身成长目标的个性化道路，通过梳理与探讨，概括出她们的成长途径，这就是四个方式的结合——理论培训与实践锻炼相结合、自我修养与组织培养相结合、组织选拔与群众推荐相结合、政策导向与制度保证相结合。采访所得对课题的相关研究具有参考价值，对组织工作具有一定的借鉴意义，对女性干部成长具有教育与激励作用。课题组相信，进一步的研究和实践，一定会对女干部队伍建设有支持作用，对优化女干部培养政策的制定有支持功能。学校要用更加开放的视野和多加精心维护的胸怀，走出一条高起点、高素质、高要求的“培、备、用”结合的路子，积极培养一批专兼结合、功能互补的双肩挑以及“能干而又专职”的女性干部。形成观念变革、制度创新、政策拉动的合力，是推进性别平等意识主流化的有效措施，对于学校整体队伍建设具有现实意义。

以上只是对访谈环节的简要概述，尚缺少具体样本的多视角分析，以及影响成长成才因素的全息化分析，建议和对策在访谈环节涉猎较少。

深入思考现代大学制度建设中管理系列的性别秩序，探讨在现代大学制度完善和发展的进程中，女干部应该处在怎样的位置？发挥怎样的作用？这种访谈记录是一种创新的尝试，也是一种终极意义的探索。

这个话题，将未完待续……

真心感谢受访者，让我们有机会从实证中去思考并没有简单答案的问题，让我们有机会深入开展调研，始终被感动着、被启发着……

感谢我们的前辈、寄希望于来者！

课题组

2017 年 7 月

目　　录

一/经验篇

二/理论篇

三/感悟篇

四/调研篇

一 / 经验篇

“管理者就是服务者，国家需要就是我的志愿，为党奋斗、为国奉献，我之所愿、其乐无穷！”

“扎实做好每一件小事，不断积累，就会抓住做大事的机遇；而这些机遇又会不断地培养你，使你最终成长、成才。”

——杨芙清

激扬文字

——专访杨芙清院士

杨芙清院士，著名计算机软件科学家、教育家。1932 年 11 月出生于江苏无锡市。1951 年考入清华大学数学系，院系调整转入北京大学数力系学习，后到苏联留学，学习程序设计与程序设计自动化，回国后从事计算机软件研究工作，是我国最早的一批从事计算机软件研究的科学家，多次获得国家科技进步奖等奖项，并培养了百余名硕士、博士、博士后。杨芙清院士不仅在科学技术上出类拔萃，还在管理岗位上成就斐然，她认为：“管理者就是服务者。”虽入耄耋之年，她热情不减当年的感受是：“国家需要就是我的志愿，为党奋斗、为国奉献，我之所愿、其乐无穷！”

采访后，我以“激扬文字”为题，记录了杨芙清院士——作为团队领航者的精神风骨，作为女性领导者的人格魅力，或者说“激扬文字”，不仅是对杨芙清院士学术情怀的概括，也是对她杰出领导气质的描述。

激——激情澎湃　破题攻坚领航程

克劳塞维茨在其军事巨著《战争论》中提到："我们看着很简单的事情，确如那貌似平静的水域，水下诸多礁石与危险，只有亲历者才深有体会。"要想成为一名优秀的指挥官，首先他自己应当久经沙场，熟知战争的各个细节，同时应始终保持对于战场的热情和敏感，才能带领部队所向披靡。而在信息高科技领域要想成为领军人物，长期扎实苦干的人生经历和历久弥新的事业激情便是走向成功的积淀。我们试图从杨芙清老师的成长经历中去捕捉其卓越是怎样炼成的？

生长于水乡无锡，启蒙于太湖之滨，求学于北国燕园，深造于雪域苏联，杨老师的求学生涯为她日后走上领航之路打下了坚实的基础。"中学是一个人生活学习的基础阶段，如果基础打好了，就有一个好起点，一些好品质也是在中学阶段培养起来的，而且它会影响一个人的一生。"杨老师这样评价自己的中学时代。就是在这样朴素而执着的科学精神和学习热情的驱使下，杨老师不仅在中学时成绩名列前茅，在大学期间更是成绩优异，并在苏联学习得以进一步提升。可以想象，作为新中国培养的第一个计算机软件女性研究生，要在学科基础还十分贫乏的中国有所作为，没有强烈的责任心和求知欲是不可能办到的。无论是在建国初期条件极其艰苦的年代，还是在动乱时期工作停滞的逆境，杨老师为祖国的计算机事业做出自己贡献的强烈热情与奉献精神始终支撑着她不断前行。

1969 年 12 月，当国务院正式向北京大学下达研制每秒 100 万次大型计算机的任务时，37 岁的杨芙清老师激动不已，她承担了 150 机指令系统设计和操作系统设计的任务。在昌平 200 号基地紧张攻关的过程中，由于西方对中国进行全面技术封锁，中苏关系也已经破裂，甚至连一本现成的参考资料都没有，只好自己想办法解决操作系统的设计问题。在设计完成后的调试过程中，她别出心裁地将课题组成员分为了计算机中的各个"部件"，通过模拟程序运行的方式使单调的调试过程变得妙趣横生，也大大提升了研究人员的参与热情和工作效率。1973 年 7 月的一个凌晨，当北京昌平 200 号的 150 机上传出清晰嘹亮的《东方红》乐声时，杨老师和她的团队，都沉浸在为国争光的欢欣之中。盼来的机遇，积蓄已久的能量，以一发不可收拾的拼搏精神和破题攻坚的创新思维，创造了可载入史册的奇迹。

随着150机、200系列机、青鸟工程等一系列创新成果的推出，以引领者身份立于时代潮流的杨芙清，用无悔的青春证实了她的激情、智慧和才能！从25岁与计算机软件结缘直到今天，杨老师的学术青春永驻。她是这样描述自己的心路历程的：“我的一生没有刻意地来设计自己，但党和国家给了我很多的机遇，我只有认认真真地干好每一件事，在这个过程中我也就抓住了机遇。”她还有这样感人的自述：“人要多动脑，动脑不会老”，“我从来都没觉得自己老，因为我的一生都在迎接挑战，都在思考如何创新”。

一位优秀的领航者，应当始终走在队伍的前列，敢于开辟全新的境界，杨老师以其敏锐的洞察力和过人的前瞻性始终为中国软件事业竖立着前进的旗帜。

扬——扬清激浊　坚韧不拔攀高峰

1994年，杨老师组织成立青鸟公司，迈出了我国软件科研成果产业化的第一步。2002年，国家创办示范性软件学院，杨老师挑起了北京大学软件与微电子学院建设的重担，她强调软微学院的发展要和生产力和社会需求相适应。2003年，她主导设立了数字艺术专业，以学科建设的前瞻性带动了文化创意产业人才的培养；而于2006年成立的金融信息工程专业，则为我国正在兴起的金融信息技术和服务产业提供了大量优秀人才；北京大学软微学院与公安部联合培养信息安全人才（网警），在利用计算机技术破案的过程中起到了关键作用。

在杨老师的学术生涯中有三次重大的科技研究实践，每一次，对中国的计算机事业发展都具有里程碑意义。曾有报道：在中国，她第一个主持研制出可支持高级语言及多道运行操作系统，第一个主持研制出用高级语言书写的操作系统，第一个倡导软件工程基础研究和设立软件工程专业，第一个主持研制出软件工程支撑环境青鸟系统等，并从中培养出一批又一批年轻的学术骨干。她也成为北京大学计算机科学学科的第一位教授（1983）和博士生导师（1984），1991年被遴选为中国科学院学部委员（院士），1993年美国比尔·盖茨首次访华时最想见的中国女科学家，2001年被选为IEEE Fellow……2011年，杨芙清荣获中国计算机学会终身成就奖，她说："三分靠天赋，七分靠勤奋"、"扎实做好每一件小事，不断积累，就会抓住做大事的机遇；而这些机遇又会不断地培养你，使你最终成长、成才"。这正是她五十多年"责任、奋斗、创新、奉献"的切身感悟。

人们说她，把最多彩的岁月交给了那些最单调的计算，然而她正是用这些极为简单枯燥的计算创造了诸多辉煌，并培养了大批科技人才。她的学生已经遍布各地，虽在不同的工作岗位上，但是杨老师仍然以她那永不磨灭的科学激情，"学深为师、德高为范"的楷模力量，对学生形成了磁石般的凝聚力、向心力。她非常强调科研的传递性，而这种传递不仅是工作的延续，更是激情的传承！她常对学生们说："机遇不是刻意求来的，而是在踏踏实实的工作中得到的。挑三拣四，这山望着那山高，机遇往往就会从身边溜掉。"她正是这样脚踏实地，才抓住机遇，才不断攀登科学高峰。她的丈夫，同为中国科学院院士的王阳元先生说过"理想是人生的甘露，奋斗是不老的诗情"。的确，科学激情与崇高理想是一位学科领路人不断前进的永恒动力，但是，要想将这氤氲于心的强大能量运用于无尽的科学探索中，就必须借助扬清激浊的奋斗精神和永不停息的创新意识。

文——文韬武略　创新创业创一流

杨老师在北大工作的五十多年间，曾先后担任计算机科学技术系的系主任、北大青鸟集团董事长、北京大学软件工程国家工程研究中心主任、北京大学软件与微电子学院理事长等职务，是一位名副其实的"双肩挑"干部。实践中她创新管理体制和运行机制，出思路、带队伍，实现"人本化管理"，体现出其作为领导干部的远见卓识和追求卓越的管理才干。

1983年，杨老师受命担任计算机科学技术系主任，成了"系里最忙的人"。她不负众望，下定决心改变当时三无（无计算机、无图书资料、无适用的教材）的局面，提出了"重点发展学科建设，注重培养教学科研骨干，努力创建一流教学科研环境"的建系理念，并先于把教职工的冷暖放在心上。80年代高校教师住房紧张的情况非常严重，她力排众议，千方百计地筹钱买下了10套住房的使用权分配给骨干教师，连续解决了二十多户教职工的住房问题，使他们有用武之地、无后顾之忧，专心教学科研。在日后的"青鸟工程"中，很多年轻有为的骨干成员都出自北大计算机系，正是杨老师对年轻教职工无微不至的关怀，培养了一支有战斗力、有凝聚力的科研队伍。杨老师担任系主任的16年，把计算机系带上了大系、强系的位置，拥有微电子学、计算机语言学、计算机软件与系统等研究所，微米/纳米加工技术国家级重点实验室和软件工程国家工程研究中心等。“出成果、出人才”局面的形成，被她称之为“心血的凝聚、事业的凝聚”。

1992年，北大青鸟公司成立。杨老师瞄准国家急需发展软件产业的需求，随之成立北大青鸟集团和软件工程国家工程研究中心，她任北大青鸟集团董事长和中心主任。杨老师认识到快速积聚人才是发展的关键，因此她提出了“以事业凝聚人、以创新吸引人、以爱心团结人、以机制稳定人”的文化理念，吸引了一批人才。目标只有一个：促进科研成果的转化，促进软件产业的发展。从青鸟工程攻关项目到青鸟公司的成立发展，杨老师的突出贡献还体现在组织了全国22所高等院校和科研单位，380多名科技人员，经过十几年的艰苦创新历程，不仅研制成功大型软件开发环境青鸟系统，还带出了一支过硬的技术团队。青鸟系统是我国第一个大规模、综合性的软件工程环境，不论在集成度，还是对软件开发的支持力度等方面，都达到或超过了九十年代国际先进水平；而分布在全国高校、研究单位和企业的研究团队，也成为我国计算机科学技术领域的教学、科研、生产骨干。杨老师“以人为本”的理念显示了其引领作用。

2002年，北京大学软件与微电子学院成立，杨老师又担任了学院理事会理事长。“别人说我在快到70岁的时候，找了最苦最累最难的活来干，我说我这个人最喜欢有挑战性的工作，老想去创一点新的东西。”正是“老想创一点新的东西”，杨老师以百倍的热情投入到学院建设当中。她集几十年教育工作的经验和实践，为软微学院的建院宗旨、培养目标、办学模式、管理机制、发展战略等提出了全新的理念，她特别强调：育人是百年大计，一定要做到“实、深、精、透”。十几年过去了，北大软微学院从弱到强，其建院理念和创新实践，成为国家35所示范性软件学院的结构框架样本和最好的创新示范。

如今，杨老师一如既往地以科学家的视野注重创新与探索，又以教育家的眼光注重人才的培养。“为新”、“为公”是杨老师作为团队领航人对自己和所有团队成员的一致要求，而在这两者中，杨老师把“为公”放在了最重要的位置，她说：“培养人才，要把品德放在第一位!”虽然杨老师曾经担任过几个单位的“一把手”，但是她却从来没有以领导干部的身份自居，而是把自己当做一位教书育人的教师看待。她以自身的德商（MQ）、智商（IQ）、情商（EQ）为表率，言传身教，在与年轻人共同创业的过程中，带领和引导年轻人逐步成为教学骨干、科研骨干、管理骨干。她还积极拓展渠道，先后送60多位中青年教师出国学习，参加国际会议的教师达到百余人次，在教学科研骨干队伍培养上，她强调用大型工程项目和工程实践项目带动培养学术科研骨干。追踪杨老师的心路历程，不难悟道：一位强有力的领导者，其威望不仅体现于高效的工作能力与灵活的组织能力，如果能够融入人性的关爱与情感的支持，那么其所带领的团队就不仅仅是飞速运作的机器，更是充满温情的凝聚体。

字——字如其人　青春永驻一芙蓉

被外国专家称为“中国才女”的杨芙清，在很多人眼里，她有一段段传奇。而我们采访看到的只是有关天赋与勤奋的真实故事。有报道（我们没有刻意核实，但愿是个美丽的传说）：早时候，她的父母望着女儿花朵般的小脸庞，不由联想起每年夏天，芙蓉花盛开、满城清香的美景，就给女儿起名叫杨芙清，寓意清扬婉兮，美丽中隐蕴着风采。在无锡中学读书时，教室墙上悬挂着的居里夫人画像成为了她心中崇拜的偶像和追求的楷模。作为女性，杨芙清用她的天赋加勤奋获得一系列令人羡慕的成功。大学时，才貌双全的她被选为北大学生会文化部长，在同学中享有很高的威信。她特别喜欢民族舞，在苏联留学时，她的舞姿给同去的人留下深刻印象。回国后与相恋书生王阳元喜结连理。当年参加婚礼的同事们未必能料到，13年后，杨芙清主持研制出中国第一台多道运行百万次集成电路计算机操作系统；20年后，杨芙清和她丈夫王阳元同为世界知名的科学家；30年后，他俩又成为我国为数不多的院士伉俪。“我和王阳元都是一个时代的人，奔的是一个目标，都是为了国家的需要搞教学搞科研。而且我搞软件，他搞微电子；我原来学数学，他学的是物理。信息科学里的很多问题我们都可以相互讨论，到了后来，互相之间还有个支撑、互补。在家里的争论也常常是工作上的事，经常分不清是家庭还是事业。”杨老师的家庭也是高知结构，儿子、女儿都是博士、教授。看得出，他们既享受工作，也享受生活。

事业成功，家庭幸福，这是多少女性可望的事情。曾有记者采访她事业、家庭与运气的问题，她说：“女性也要把事业摆在首位”，“现在的社会舆论认为，夫妇两个总要牺牲一个，而牺牲的总是女性。我和王阳元老师两个人也是在艰苦环境中过来的，那时我们一家四口，住在一个 16 平方米的房间，晚上用床单拉上两个帘子，隔成三个空间。我儿子四个月时，我将他送到我老家无锡，1969 年我女儿出生，四个月又带回爷爷奶奶家。那时觉得很自然，我们就是这样过来的。”有了条件和能力之后，夫妇俩想得更多的是如何在教育事业上培养年轻人成长成才的问题。1999 年北大有了“杨芙清-王阳元院士奖教奖学基金”，这个奖励基金是以杨芙清院士捐赠其所得的 15 万港元的何梁何利奖和王阳元院士捐赠其所得的 50 万元新台币的潘文渊研究杰出奖为基础，北大青鸟公司进一步出资为后援设立的，每年有 17 名优秀教师、32 名优秀学生获得这一基金奖励。

还有值得一表的是，杨老师不仅是科学道路上的求索者，也是生活溪流上的荡舟人。早在苏联杜布纳工作时，杨芙清就因为高超的厨艺而荣获“业余烹饪师”称号，而她由于亲自掌勺了 1963 年 10 月 1 日中国专家组在杜布纳举办的一次国庆招待宴又获得了“主厨”的桂冠。如今的杨老师虽已进入耄耋之年，却活力依旧，浓密的头发和矫健的步履让很多人惊叹不已。“我和其他一些老师经常感叹杨老师身体好、精神好。后来听几位老教师讲，杨老师从年轻时就十分活跃，经常参加一些文体活动。”北京大学信息科学技术学院王千祥老师这样评价恩师的生活。“杨老师的生活与工作并不矛盾，她不仅能够全身心地投入工作之中，也能尽情享受生活的快乐。”苏渭珍老师笑着说道，“在家中，她甚至直接列出菜单教起了服务员！我们外出聚餐时，她总能记住我们的口味为我们点菜。”杨老师这种热爱生活和乐观向上的精神深深感染着她身边的每一个人。当我们看到杨老师那整洁的办公桌和她照片中乐观的笑容时，一缕和煦的阳光仿佛撒在我们的心头——作为引领者，或许柔和的光芒更能引领团队、凝聚力量！

呕心沥血洒下星星火，精英战略必成燎原势

有人对杨芙清院士能够身兼教学、科研、管理等多种角色感到好奇。在她看来，这同样是认真去做的自然结果。正如她在一篇自述中所写的：“虽然我已被选为中科院院士，可我依然记得在青石板小学堂读的诗句‘穷且益坚，不坠青云之志’，我的一生注定要这样度过。”这是杨老师对自己一生的誓言，也是她一生追求的境界。2012 年 11 月，她迎来了自己的八十岁生日，学生们从四面八方前来看望，竞相回忆在老师身旁的岁月和趣事，而他们也都在各个重要岗位上为祖国的建设贡献着自身的力量。正所谓“桃李不言，下自成蹊”，杨老师的精神已经随着她那芬芳的桃李传递到了更为广大的世界中去，而她也因为自己不懈的奋斗而永葆年轻！正如王阳元老师在回答大家的提问“为什么杨老师能永葆年轻”时所言：“杨芙清的人生是创新的人生、奉献的人生、奋斗的人生，也就是青春的人生！”

最后，附上杨老师“女性也要把事业摆在首位”的肺腑忠言。

——不要把“自己”看得太重，关键是要素质高、内在美。更不要把自己看轻了，女的并不是天生比男的差，只要努力都可以做出大事来，何况女性还有自己特有的优势，如韧性、细致等，但关键是要自信、自强，更要自重、自爱。

——生活和事业的位置要摆正确，事业是第一位的，要把双方的事业融入国家事业之中；当生活与事业发生矛盾时，就要以事业为重，要善于处理好两者的关系，家庭可以成为事业的重要支撑。

成稿之时，喜闻杨芙清老师获得北京大学第三届“蔡元培”奖，这是以表彰教师在教书育人、传承文化、知识创新和社会服务等方面作出卓越贡献的最高荣誉奖。在此，能以“激扬文字”向她表示祝贺，也是令我们高兴的事情！

采访札记节选：

当我拿起《燕园青鸟——中国第一代计算机软件专家杨芙清传》，看到这位科学大师的求学往事时，我的心中突然有了一丝开朗豁达的空气——这个阶段或许是每一位学子都会体验的人生经历，但是真正将命运把握在自己手中的方法，或许只有奋进与合作。所以，处在成长阶段的我们，挫折和迷茫或许是难免的，但是应当像杨老师一样，能够在精神的震动中重新找回自己心灵的支点，继续坚定地走下去！……她的心中或许并没有对于自己人生非常清晰明确的规划，但是认真工作、报效祖国的价值理念却始终指导着她前行，一颗坚强的心能够将其转化为自己的内在动力而奋进不止！当今社会乃至大学里的浮躁风气都是很容易感受到的，各种短期的考核标准和评判体系不仅让人们终日忙碌，也让很多人急于确定自己人生的各项“指标”，根本无法静下心来认真思考人生与事业的真正方向和长远意义。或许杨芙清老师在自己的求学和科研道路中也没有想到自己会取得如此辉煌的成就，但是正如她所说，“不讲价钱，使我抓住了很多机遇”，如果我们在人生的规划中少一点功利性的成本收益计算，多一分认真工作的勤勉踏实之心，机遇和成功，也许就会在不经意间悄然降临！……只要我们的祖国还有杨老师这样的脊梁人物在，她就始终是前进的、有希望的，而我们现在所面临的问题就是，如何将老一辈科学家的精神进一步传承下去，使年轻人自己对自己的祖国充满信心，并且敢于挑起国家发展的重任！

学生记者　王一诺

"科研不是一个人的事，而是一批人、一个时代的任务。不能只考虑自己，要考虑整个团队。大气化学的发展日新月异，在未来，还有许多人可以做得更好。"

"北大女性的成长经历似乎要更艰苦一些，而责任感、竞争心也更强。北大女干部的成长，需要个人努力和周边氛围的结合。一方面，女干部本身要更加努力，增强工作能力；另一方面，学校领导应该更多地发现女干部的优缺点，倾听她们的声音，选人识人，扬长避短。"

——唐孝炎

一瓣心香的赤忱绽放

——专访唐孝炎院士

她把最美好的年华献给大气环境科学研究，三十余年来在光化学烟雾、酸雨、颗粒物以及臭氧层保护学等方面研究作出了重要贡献。

她将一片丹心融入半个世纪孜孜不倦的培桃育李之中，五十余年来为我国培养了大量优秀的环境科研和教学人才。

她就是中国工程院院士、环境科学专家唐孝炎——现任北京大学环境科学与工程学院教授，并担任联合国环境署（UNEP）臭氧层损耗环境影响评估组共同主席，北京市政府科学顾问等。

白手起家，国内大气环境研究的开拓者

从1950年至今，唐孝炎在北京大学学习、工作了62年。1953年北大化学系毕业后，唐孝炎先后在北大化学系、北大技术物理系工作。1969年，由于“文化大革命”中“战备”的需要，从事了13年放射化学教学与研究的唐孝炎，随技术物理系迁到了陕西汉中。虽然离开了北京，但她和同事们在北大汉中分校里，开始了环境化学的教学与研究。“那是我们最困难的时候，没有亲身经历过的人，根本无法想象条件的艰辛。”唐孝炎这样形容她初到汉中时的感受。当时生活物资十分匮乏，从房屋、教舍到体育场的建设，都是教职工自己动手，自力更生。唐孝炎清楚地记得，大家一天的体力劳动后，“喝得最多的就是白菜酱油汤”。

在那个年代，大气环境科学研究在国内尚属新领域。当时条件简陋，信息闭塞。缺教材，他们就自己搜集资料、整理编写；缺经验，他们就自己摸索、测试积累经验；缺仪器，他们就自己设计、制作。唐孝炎回忆道：“当年参加过许多活动，如西北旺土改时期，与农户同吃同住同劳动，浑身长满虱子，粮食也只有苞壳等杂粮。在三年困难时期，曾用发了霉的白薯干充饥。”然而回忆起过往岁月，她却表示：“那时吃苦并不觉得苦，时时想到自己的工作，就会对自己更加严格要求。”1973年，她和她的同事们建立了北京大学环境化学专业。

20世纪70年代初期，我国兰州西固地区夏季出现了不明原因的污染，导致学生在教室眼睛刺痛流泪，周围的植物受害。受甘肃省环保局的委托，唐孝炎所在的教研室着手进行调查，从文献调研、建立分析方法、现场观测、实验室模拟、建立模式到制定控制对策，进行了全面系统的研究，设计建造了我国第一个光化学烟雾模拟箱，并于1977年确证这是国内首例光化学烟雾污染。在兰州光化学烟雾前后近十年的研究，唐孝炎越来越清楚地意识到看似平常的大气之中蕴含着无比复杂的化学反应，体会到大气氧化过程的奥妙，并和同事们一起探究出大气化学独特的现场监测、实验室模拟和数值模型相结合的研究方法。“我们对大气的了解还远远不够”，带着为国奉献的责任和对大气化学研究的兴趣，她坚定了在大气化学领域进一步探索的决心，在光化学烟雾污染、酸沉降、臭氧层保

护等领域的研究中取得了一系列突破性进展。

和新中国成长起来的老科技工作者一样，唐孝炎和她的同事们一直将“国家需求”牢记于心。她主持编写的《中国消耗臭氧层物质逐步淘汰国家方案》被蒙特利尔议定书执委会译成六国文字，作为其他发展中国家的参考范本。自2005年以来，唐孝炎多次被聘为北京奥运会、上海世博会、广州亚运会、深圳大运会等重大活动的空气质量保障专家顾问。2012年国庆长假期间，北京市35个空气质量监测站全部建成并投入运行。唐孝炎认为，PM2.5的治理工作受到老百姓的重视和国家的关注，这是一个很好的现象，也是国家进入空气质量改善新的历史阶段的信号。

谈及自己的成就，唐孝炎只淡淡一笑，表示说：“北大像我这样的人太多了，每个老教师身后都有许许多多的勤恳奉献的故事。我始终认为，科研不是一个人的事，而是一批人、一个时代的任务。大气化学的发展日新月异，在未来，还有许多人可以做得更好。”

桃李芬芳，燕园的严师慈母

走进唐孝炎的办公室，感到一派清爽愉悦的氛围。房间各处装饰着鲜花和盆栽，桌子一隅的玻璃缸中浸泡着玫瑰花瓣，散发出点点清香。“这都是我的学生们布置的。”唐孝炎笑着说，“我一辈子最值得骄傲的就是做了个老师。”

上世纪50年代中期，她就参与了放射化学专业的筹建，培养了十余届放射化学专业的学生。70年代初，在当时特殊的环境条件下，又开始了新学科环境化学专业的建设。经历了多次从无到有、坚实创业的过程，为新专业的发展打下了坚实的基础。唐孝炎素以学术造诣和治学严谨著称，带领的研究队伍已形成老、中、青结合的团队，在国际大气环境化学领域具有良好的影响力。1990年出版的《大气环境化学》教科书，已成为我国大专院校广泛采用的专业教材，先后获得教育部、国家环保局优秀教材一等奖、北京市先进教育集体和教材一等奖。

唐孝炎老师严谨的治学理念与她自幼的家庭教育、学生时代所接触的老师不无关系。唐孝炎祖籍江苏太仓，文风昌盛，她的伯祖父是著名爱国教育家唐文治，祖父唐文寿曾求学于北洋大学堂主修化学分析，崇文重教的家风深深影响了她。唐孝炎的父母均为医生，家中兄弟姊妹四人均受到高等教育，现在家人大都从事医学方面的工作。然而唐孝炎却选择了学化学，首先是受到了搞化学研究的小姑母的影响，更重要的是受到女中时期的化学老师吴老师的鼓舞。“吴老师的化学教得特别好，以至于那一年我们许多同学都想学化学，之后便考到了全国各地大学的化学系。”唐孝炎谈到，“我读书时遇到过几位真正的好老师，他们认真负责、为人师表、真心付出，对我影响很大，受益终生，想学化学、想当老师的愿望也许就是那个时候培养起来的。”

唐孝炎的家乡在上海，当年求学异乡，北大老师给予的丝丝暖意令她印象深刻。“记得以前一到节假日，我们总会一齐聚到老师家中，吃一顿热闹的家常饭。现在自己成为老师，我也经常与学生们一同吃饭，每天中午都有学生来我这办公室坐坐，聊聊学习和生活，开开玩笑，吃吃零食。我的学生们毕业以后，经常从国内外各地来京时回来看望我，这时候我与他们之间又不只是师生关系了，反而更像是朋友、团队。”在多年的教学生涯中，学生已经成为唐孝炎生活的重要组成部分。

三十余年来，唐孝炎为我国培养了大量优秀的硕士和博士，其中许多人已成为我国环境管理、科研和教学的骨干和学术带头人。2007 年起，为了使学生从入学起就建立专业思想，培养主动思考、逻辑思维、分析归纳的能力，75 岁高龄的她主动要求从事本科一年级学生的教学，至今已经是第五个年头。

在教师这个职业中，正是一个叫做“学生”的集体给予老师无限的动力和支持，让老师们甘愿付出，无怨无悔。唐孝炎与学生之间质朴的师生情谊，便是对此最好的诠释。

为爱而行，妇女与环境事业的播种人

唐孝炎的办公室里摆放着一幅手绣的兵马俑，画布下角写着“1994 年 4 月，陕西省妇联”。“一看到这个礼物，就想起了我们做妇女项目的那段日子。”回忆起那段日子，唐孝炎不自觉露出微笑。

1992 年联合国环境与发展大会在里约热内卢召开，全世界开始对环境问题

有了重新审视，1995年，世界的目光聚焦在联合国第四次世界妇女大会上。此次大会的“妇女与环境”论坛由唐孝炎主持，在北京怀柔召开。为了准备这个会议，唐孝炎面临着研究环境相关问题和组织接待与会人员的双重压力。“没想到世界各国来了那么多代表，挤满了本就不大的一间会议室，位子全都坐满了，大家就直接站在桌后。”唐孝炎用手比划着示意。国内外各界妇女，比如美国国务卿希拉里，国内作家张抗抗，黄宗英，西藏高原生态研究所创建人徐凤翔等，齐聚一堂热烈讨论。这次会议宣传了中国妇女的平等、“双肩挑”等思想，偏重讨论了对妇女与环境问题的认识，开展得十分圆满。

大会之后，她深感妇女在环境问题上意义重大。首先，妇女可以顶起半边天，人数占到了全国人口的一半，其影响力之大显而易见；其二，短短几天会议，唐孝炎体会到妇女的高度热情乃至激情。住在怀柔的几天里，无论国内外与会者，没有人抱怨住宿条件，大家都一心想着如何把工作做好；其三是妇女接触面很广，同时扮演者母亲和妻子的角色，其影响力可以扩散到孩子和丈夫等家人身上。

为此，唐孝炎组织和发动了大量的科学普及和宣传教育工作，并积极争取国际援助项目和经费。1997年在UNDP的支持下，与环境协会合作开展了“中国可持续发展进程中女市长和女乡镇企业管理人员能力建设”的项目。她领导的妇女与环境工作得到了国家环保总局、全国妇联的大力支持和各级地方政府的热烈响应。此项目已在全国多个省市举办了十二次培训班，开展了深入细致的“妇女与环境”基层调研，编写了针对基层女领导的培训教材、针对广大基层妇女的科普教材和调研报告三本，举办了两次大型的国内“妇女与环境”研讨会。这十二期培训班办得十分生动，每次培训临近结束，老师和学员都依依不舍。其中陕西省妇联继培训班之后，于1997年10月成立了陕西省妈妈环保志愿者协会，活动深入基层一线，通过一个一个村庄，开展参与式环境教育，如今已开展了十五年。

“当年一起培训的师生之间结下了深厚友谊，这么多年来，我们总会不定期地见面、聊天。”唐孝炎微笑道。2012年12月2号她们再次相聚，共同回顾“妇女与环境”项目的点滴。很多人表示自己的后半生正是受此影响，发生了很大改变。大家普遍表示，当时工作投入的责任感和热情给她们带来了很大影响，一些妇女开始感到要奋斗、要对自己提出更高要求。虽然项目只做了五年，但是这份感动却将持续一生。

携手前行，团队的领军人

“不能只考虑自己，要考虑整个团队”。这是唐孝炎对她三十多年行政工作经验的总结。

唐孝炎自1960年起担任北京大学技术物理系放射化学教研室副主任。1969年下放陕西汉中以后，她率领团队建立了环境化学专业，担任专业主任。此时37岁的唐孝炎，第一次一个人面对一个全新的专业，挑起全盘考虑专业发展、学生安排、教学等问题的担子，挑战着实不小。“刚开始搞行政工作，困难是有的，全新的专业，限制的条件。”她顿了一顿，随即又接道，“但是也没有很担心或者十分害怕。”唐孝炎1954年毕业后就开始从事放射化学专业研究，当时团队仅有四个人，也是从无到有建立起了这个专业。所以，对于一个新专业初期的组织建设，她有了一定自信。再加上当时的同事都十分团结，师生之间上下一心，互相支持，所以即使遇到困难，也能一一克服。就这样，在环境化学专业主任的职位上，她工作了十三年。1982年北大正式建立环境科学中心，唐孝炎担任中心副主任。1985年她担任中心主任，直到1996年。

工作期间，唐孝炎始终坚守的一个原则就是团队大于个人。担任环境科学中心主任后，她马上敏锐地意识到环境科学中心缺乏研究水沙、工程方面的人才。到了1990年，环境与工程成了一级学科，环境科学成了二级学科，培养水沙、工程方面的研究人才成了中心的首要问题。虽然自己本身从事的是大气研究，她却果断地抛下自己的研究，一心扑进了组织培养工程人才的项目。经过数年不懈的努力，北大环境工程系已经拥有环境工程博士点和硕士点，现有占编教师和其他全时工作人员二十余名，已经和正在培养的博士后、博士生和硕士生达150余名。

“我并未感觉女性的身份曾给我带来过什么额外的帮助或挫折，”唐孝炎说道，“但我想，北大女性的成长经历似乎要更艰苦一些，而责任感、竞争心也更强。”周末是许多女性休假或逛街的时间，但北大的女老师们常常仍旧埋首于办公室工作。大年初一是走亲串巷的时候，但北大的女干部们往往已经开始上班。她特别提及环境科学与工程学院副院长张世秋老师。有一年除夕之夜，正是合家欢聚之时，可是一份工作档案今天就需要提交。张世秋老师当时正怀孕，却坚持熬夜完成工作。北大的女干部正是凭着个人的努力才取得成就，因此与男性相比，他们都处在同一个起跑线上。唐老师认为，北大女干部的成长，需要个人努力和周边氛围的结合。一方面，女干部本身要更加努力，增强工作能力；另一方面，学校领导应该更多地发现女干部的优缺点，倾听她们的声音，选人识人，扬长避短。女性工作者虽然会经历生子育子的过程，但这个过程的时间并不长久，并且过去以后，女性会投入更多的责任感和努力。

40 年前的唐孝炎，胸中燃着一团烧不尽的坚强之火。在汉中分校时，一个拉练归来的下雨天里，她不慎摔伤左腿。“当时整个脚跟都掉下来了，走起路来，左脚短了一厘米。”然而，她拄起拐杖，继续风风火火地为环境化学研究奔波忙碌。

现今 80 岁高龄的唐孝炎，心中始终带着作为教师的那一份责任，也始终怀着那一份对国家的忧虑与对社会的关怀。与她一同回顾半个世纪的科教历程，嗅到了一位科教工作者最朴素的心香，看到了一个时代最崇高的信念。

采访札记节选：

唐孝炎的敏锐与睿智并非一蹴而就，如果没有大量的实地调研和严密的考察分析，怎会从兰州现象之中看到大气化学的问题所在？如果没有长期的科研理论和实践积累，怎能给出诸如颗粒物表面化学、环境健康等潜力颇大的研究方向？科研工作者的可爱之处，不是任劳任怨艰苦朴素，而是对科学与未知有一种源于天性的好奇与冲动……从唐老师的成长历程中，看到非许多人可比及的果断与坚持。六十年前，一个十八岁的小姑娘只身从上海来到北京求学，直致创建了一个学院，教出了一群弟子；六年前，她坚决推进城市与环境学院和环境科学与工程学院分开，学院分工更加合理化、专门化。唐孝炎就是这样投入，这样一步步踩出这些成就的脚印，把北大的土地踩得稳稳当当、扎扎实实。如果没有过人的果敢和魄力，光靠学识，也很难达到这般成就。……人们常用“枯燥”形容科研工作的状态，用“奉献”赞美科研工作者的行为。对科研热爱可以产生创新的恒久动力，从而驱使学者在科研之路上越走越远；科研的过程可以使人享受到因不断畅想、发现、创造、超越而带来的种种乐趣；科研成果的分享为大众创造了美好生活，这正是科研工作者最大的快乐。唐孝炎大半生对科研的追求，正是这段话最好的诠释。

学生记者　陈圆圆

“人生就像舞台，每个人都有一段表演的时间，轮到自己上台一定要好好准备，拿出最精彩的节目，到了点就认真地鞠躬下台，不能耽误了别人表演。”

——祝学光

在人生的舞台上展示精彩

——专访北京大学人民医院原普外主任祝学光

祝学光教授，一位德才兼备、认真负责的好医生，五十年如一日奋战在外科第一线，治愈了无数病人；一位辛勤耕耘、可亲可敬的好老师，在讲坛上播撒知识的种子，培养了一批批优秀的医学生；一位心胸宽广、正直无私的好干部，用品行感染身边每一个人，为后辈们矗立了一座丰碑。

冬日里的一个下午，我们在人民医院见到了满头银丝、精神矍铄的祝学光教授，她平易近人的话语与亲切慈祥的笑容为我们带来丝丝温暖。两个小时的采访充满了欢声笑语，也让我们对这位潜心钻研、默默奉献的大师产生了由衷的钦佩与感动。

宝剑锋从磨砺出，梅花香自苦寒来

回想起在北医的学习时光，祝老师神采奕奕，仿佛又回到了那青春飞扬的岁月。学生时代的祝老师对于基础课的学习十分刻苦，她最喜欢的课程是刘思职老师教授的生化课，刘老师从容的教课方式、精炼的课堂语言给当时的她留下了深刻的印象。扎实的专业知识为她后来在临床、教学、科研等方面取得的成就夯实了基础。学习之余，祝老师发挥文艺特长，担任学生会的群众文化部部长。1956年，她在十三陵水库劳动工地上，不但积极参加劳动，还作为长江团宣传队的成员编排了快板、联唱、舞蹈、小品等节目，在劳动休息的空闲为同学演出，鼓舞士气。同年冬天，去南苑农村宣传《农业发展纲要四十条》时，她又承担了用当地群众喜闻乐见的形式表达宣传内容的任务。当时的农村，村民时间观念不强，往往是夜色已深才陆陆续续到达排练地点，祝老师克服种种困难，巧用村民们熟悉的评剧《小姑贤》的唱腔编排成宣传节目，搬上了舞台。谈到做学生工作的心得，祝老师回忆道："要和同学们打成一片，要合群，更要低调。"正是这种态度，对祝老师此后的人生经历产生了很大影响。

1965年到1967年，祝老师积极响应"把医疗卫生工作的重点放到农村去"的号召，来到北京昌平县农村，开始了两年艰苦的下乡生活。在十三陵公社及其北面的德胜口、果庄山区，祝老师在为村民们提供医疗服务的同时，也和村民们一起，参加田间劳作。当炎炎烈日下，在密不透风的玉米田中拔草间苗，汗如雨下时，祝老师说她才深刻领悟了古人"锄禾日当午，汗滴禾下土"的情景，也就更加珍惜"粒粒皆辛苦"的盘中餐了。后来因她所参加的手术队从十三陵公社巡回到沙河公社，根据上级政府指示，祝老师接受了在沙河创办"半农半医学习班"的任务，为了更好地完成任务，她将医学院的各门课程融会贯通，用最朴实的语言深入浅出地为农民学员们讲解，甚至在极其有限的条件下开设实验课，带领学员们给家兔做手术。在讲解体温时，学员们不明白"36.7摄氏度"中"0.7摄氏度"的含义，她就用日常生活中的"三块六毛七"进行类比，让学员们茅塞顿开。为了让学员们真正掌握医疗技术，让沙河村能开办起诊室，祝老师更是全身心投入到学习班中。一位学员家长曾对祝老师说："不听话您就打，您心眼太好！"祝老师的不懈努力没有白费，学习班培养出的11个"半农半医"的学员在各自的岗位上发光发热，其中有一个成为工农兵大学生，毕业后在昌平县医院当儿科医生，另外一名后来成为沙河公社卫生所所长，还有两人一直工作在村卫生室中。祝老师的学生告诉我们，祝老师本是父母的掌上明珠，又是医学院的高材生，在农村环境中吃的苦是我们无法想象的，而她依旧一心一意治病、救人、教学、劳动，从未有一句怨言。“天将降大任于斯人也，必先苦其心志，劳其筋骨，饿其体肤，空乏其身”，祝老师在农村环境中锻炼出不畏艰苦的意志，也在最基层的实践中积累了宝贵经验。这一段艰苦而充实的人生经历给予了祝老师身体和精神上的双重磨砺，为她从一个初出校门的学生成长为一位名动天下的大师积蓄了力量。

1981 年，祝老师以优异的成绩通过教育部的考试，获得国外深造的机会。到美国南部德克萨斯州立大学 Galveston 医学院外科研究室进修胃肠激素的生理与病理生理研究。当时这个研究室里集中了波兰、加拿大、瑞典、日本、中国、印度等国的学者，像一个国际俱乐部，而祝老师作为一名中国的女外科医生，在进修过程中遇到了许多挫折。进入研究室后不久，祝老师便接到了导师交下的一个曾让许多国外学员知难而退的课题——建立狗脑室灌流模型，并观察胆囊收缩素能否通过血脑屏障。当她向该院神经外科的负责人 Eisenberg 教授请教相关问题时，Eisenberg 教授不但显示出对中国人的歧视，说从未听说过“China Peking”，并对祝学光的能力表示怀疑。然而在祝老师的努力学习、坚持下，终于成功地建立了经侧脑室钻孔流入和经枕骨大孔穿刺流出的脑脊液灌流模型，顺利地完成了这一高难度课题，让实验室的学员们和 Eisenberg 对这位来自中国的女外科医生刮目相看。如今，祝老师和 Eisenberg 都已经成为享誉国际的外科学专家，在后来的学术交流中，两人也建立起了深厚的友谊。谈起这段不寻常的国外求学经历，祝老师的语气渐渐激动起来：“别人瞧不起我反而激励了我，感觉出国后更爱国，我是炎黄子孙，我必须做好了给他们看。”强烈的民族自尊心和责任感激励着当时已经不年轻的祝老师不畏困难，迎难而上，而这种品质也不断激励着她在之后的人生道路上攀登一个又一个高峰。

不与桃李争春风，碧水潭泮默默香

“人生就像舞台，每个人都有一段表演的时间，轮到自己上台一定要好好准备，拿出最精彩的节目，到了点就认真地鞠躬下台，不能耽误了别人表演。”祝老师用一个形象的比喻向我们讲述了她对人生的感悟。“看重自己、不服输”的信念支撑祝老师在医生和教师的岗位上五十年如一日，默默付出，不懈努力，激励她在人生的舞台上用全力展现华章。

1959年，刚刚从原北京医学院医疗系毕业的祝老师渴望成为一名医生，怀着一颗赤子之心想要到最艰苦的地方去，到国家最需要的地方去。经过一番波折，她在人民医院普外科扎下根来，辛勤付出了五十多年。从一名住院医开始，祝老师就时时刻刻将医者的责任牢记心中。一次，她在值夜班时收治了一名病因不明的急诊患者，她每隔15分钟为病人量血压，数脉搏，听肠鸣音，拍腹部X光片，做血常规，实时监测病人的各项指标，整个夜晚忙碌得像热锅上的蚂蚁。直到清晨逐渐确认了病因，将病人送进手术室，祝老师才松了一口气。祝老师说："外科的工作十分辛苦，需要人全神贯注，沉着冷静，咬牙坚持，而人只要下了决心，有了信念，再艰难再繁重的工作，都会想出办法，找出时间来做好它。"

祝老师工作"拼命"在人民医院是众所周知的。"我喜欢晚上住在医院里，在夜深人静的时候写书，一直写到天亮。"担任人民医院外科主任和中心实验室主任期间，祝老师事务繁多，还要完成25本书的编写，她就是这样承担了超乎常人想象的工作。祝老师向我们回忆起一次值夜班做手术的经历，晚上六点多钟起一连做了三位阑尾炎手术，快天亮时，又接到一位胃穿孔患者，就这样手术一个接连一个，一直工作到第二天上午十一点，连续站立十几个小时，双腿肿胀，筋疲力尽。同事们开玩笑说："祝大夫是个忙命，不敢和祝大夫同班。"把时间和精力献给医学事业的祝老师对没有照顾好自己的家庭也有着一丝愧疚。一次，祝老师带着尚在幼儿园的儿子值夜班，哄睡了孩子之后便一头扎进手术室，当她忙完手术、推着病人回病房时，迎面遇到的是值班护士抱着她泪眼婆娑的孩子坐在主班席上。原来祝老师走后，孩子就醒来急着找妈妈。"在医院里我就像上了弦的机器猫。"祝老师幽默地说，"这是我的职业，更是我的责任，事在人为，我要把力气都使出来，看看自己能做到什么程度。"

多年来，祝老师的言传身教一点一滴地滋润着一批又一批渴望献身医学事业的年轻学子，她一贯学风严谨、备课认真、讲课精辟，深受学生们的爱戴。同时，祝老师对学生的关心爱护也延伸到学生的生活中，一次，祝老师的一位博士生的丈夫在人民医院等待妻子下班，祝老师幽默地称他为"博士后"，亲切地和他交流，了解学生的生活。如今，年逾七旬的祝老师，对教学工作仍然保持着旺盛的热情和充沛的精力。始终坚持为本科生授课，工作在临床教学一线。对于教学的心得，祝老师说："一个老师能教得好的前提是自己真明白，真明白了才能在课堂上为学生们呈现一个完整的故事。"

1990 年，祝老师成为人民医院普外科主任。这时的她更加成熟、稳重，有一种不怒自威的气度。外表瘦小的她常常带领外科众多高大的男医生查房，成为医院里一道亮丽的风景线。祝老师用她的严谨、正直、热情、亲和建设起一个团结的大外科。"我年纪大了，要多给年轻人机会，我得到的已经够多了，要给他们的发展提供条件。"祝老师总是把自己的利益放在最后，把成功的机会留给别人。她以不辞辛劳的工作、正直无私的品格与宽广博大的心胸在人民医院外科树立起榜样和楷模，让年轻的外科医生们心生敬佩，受益匪浅。

1991 年，祝老师开始担任原北京医科大学教务长，对于教学改革，她有着自己的看法。祝老师利用自己从事外科工作多年，熟知外科各阶段教学内容与特点的优势，把外科疾病中最具特征的"急腹症"作为对刚进入临床阶段学习的医学生的教学突破口，探索出一套从症状分析找到病因的全新的教学模式。最初提出急腹症的教学方式时，同事们并不看好，而她顶住压力，将这种方法推广开来，设立了"急腹痛概论"这门必修的全新课程，她从疼痛的生理基础开始，详细地分析各种腹痛的发生机制、并以各脏器的胚胎起源和解剖特点为基础来讲解这些脏器出现各种腹痛的特点和规律。组织学生两人一组参观急腹症诊疗与手术现场，第一时间进行观摩分析。在急腹症教学方式考核会上，学生们对应邀前来的北京各医院主任提供的急腹症病例做出了正确诊断，甚至能正确诊断出某院一位主治医生曾误诊的病例。急腹症的教学方式打破以往死记硬背的灌输式教学，培养了学生的临床思维方式，也树立了学生们的自信心，开创了临床医学外科系统教学以问题为中心的教学模式的先河，荣获 1997 年北京地区普通高等院校教学成果一等奖及国家级教学成果二等奖。"我们悟了一点东西教给学生，但学生们要去实践，在实践中找到问题的根源。"祝老师本着对学生负责的态度，敢于把她的想法运用到实践中去检验和完善。2003 年祝老师又荣获了建国以来首届教育部颁发的高等学校国家级教学名师奖，2006 年由她负责的外科学荣获国家级精品课程奖，成为校园内唯一同时荣获三项国家级大奖的老师。

由于种种历史原因，祝老师退休后才完成加入中国共产党的心愿，但她对党和国家始终保持着担当和责任。祝老师幽默地说："我对党就像一位老姑娘单恋着心上人。"

精诚为医树典范，以身作则行胜言

多年来，祝老师用谆谆教诲浇灌着一批批求知若渴的医学生，以身作则影响着身边每一个默默奉献的医务工作者。为了更加全面地了解祝老师，我们采访了师从祝老师多年，现任人民医院乳腺科大夫的王殊。说起祝老师，王殊的话语中字里行间流露出由衷的敬佩与感激。祝老师对教学的严谨和对知识的寻根溯源对王殊的学习和工作产生了很大影响。回忆起祝老师的课堂，王殊至今还历历在目，"祝老师上课娓娓道来，每一句话都有根有据。"在人民医院实习的时候，王殊经常看到祝老师走得比学生还晚，甚至干脆在医院里过夜，这给当时还是研究生的王殊留下了深刻的印象，也时时激励着她不断努力。谈起祝老师的品行，王殊铿锵有力地说出"一身正气"四个字。她告诉我们："在祝老师担任人民医院外科主任的时候，大外科气氛非常和谐，说起祝学光主任，人人都竖大拇指。"祝老师为许多像王殊这样的青年医生搭建了一个良好的平台，也用自己医者和领导者的风范，时时刻刻感染着他们。

两个小时的采访中，祝老师用她独特的幽默与乐观向我们娓娓述说着她传奇而坎坷的人生故事。那些动人的人生华章在她宁静致远的眼神与从容豁达的笑容中展开，带给我们灵魂的感动与精神的洗礼。祝老师对学习的孜孜不倦与刻苦钻研，对工作的废寝忘食与不辞劳苦，对他人的心胸宽广与不计得失，对人生的永不服输与忘我追求将深深烙印在后辈们心中，在我们前进的路途上点亮一盏明灯。

采访札记节选：

"责任感"是祝老师在采访中提及次数最多的三个字，她总说她在做事的时候像是"上了弦的机器猫"，对于每一项工作都不遗余力地尽全力完成；从外科临床工作到教学工作，从26本医学书籍的编写到出国做科研，如果说长期以来一直有一股力量推动祝老师去完成这样一个又一个充满挑战的任务，那一定是她对工作强烈的责任感和骨子里天生的那股“不服输”的劲儿。

对于这些成就背后付出的艰辛，祝老师总是一笑而过，而比起完成工作的过程，她却更多地向我们强调“信念”的重要性。就像祝老师所说，“这是我的职业，更是我的责任，事在人为，我要把力气都使出来，看看自己能做到什么程度。”每个人都不是生来就优秀，而人往往在压力下愈能够爆发出巨大的潜力。

一位优秀女干部的成功源自于她成长中的一点一滴的积累，而从两个多小时的采访中，更是能够看出年轻时代的种种经历是这位优秀女性成功路上必不可少的基石。

学生记者　段玉洁

“可以说我一生都是在做马列主义的宣传和教育这方面的工作，这一点是我感到光荣和自豪的。”

——沈继英

永远保持坚定而执着的信念

——专访北京大学学生工作部原部长沈继英

过往的岁月

沈继英老师出生在1936年的武汉，父亲是一名竹木工人。1949年，在她13岁的时候迎来了武汉的解放和中华人民共和国的成立。

自小沈老师便非常喜欢读书。解放前她进入竹木工人子弟小学及私塾学习，就学期间经常阅读各种书籍。在1951年的时候，正在上中学的沈继英老师已经阅读了不少书，特别是小说，如《普通一兵》、《卓雅和舒拉的故事》等。有一类书籍是她非常感兴趣的，那便是介绍建设者事迹的书。正是这些书籍对她以后的选择产生了非常重要的影响。“我当时就觉得应该到野外去，搞建设去。”沈老师告诉记者。20世纪的五六十年代，正是国家建设需要大量人才的时候。于是在这种理想信念指引之下的沈继英老师在1956年的时候报考了武汉地质专科学校，学习分析化学专业。1958 年，沈继英老师被下放到本院的地质勘探队劳动锻炼一年。随后建筑工程部选送一批技术人员到建设部下属的北京建筑工业学院理论部学习政治理论。沈老师被派送去学习了一年哲学，此时各高等院校急需培养政治理论课教师，她又被直接送到中国人民大学党史系学习班学习了两年。1962 年 8 月，沈继英老师调到北京建筑工业学院马克思主义教研室做党史课教员，以后有一年多的时间，她参加了农村"四清"，与农民同吃、同住、同劳动，这对沈老师来说是一个很好的锻炼。由此，沈老师开始了马列主义的理论教学与宣传。

十年"文革"期间，她阅读了不少的书籍，比如《马克思恩格斯全集》、《列宁全集》等。对于这段时间的学习，沈老师认为格外重要："以前在学校也读了一些书，但是都是跟着老师走。老师教我们怎样做学问、怎么收集资料、怎么论证观点来写文章，打下了较扎实的理论基础，但真正马克思主义理论的深入学习，是靠在'文化大革命'这段时间读了一些书。"1973 年 8 月沈继英老师调入北京大学马列主义教研室。她一直强调自己能够学习到这么多的知识主要是党和国家的培养。"念中学是靠人民助学金，念大学是调干生，拿着国家的工资来读的。之所以能够有今天，能够从助教到教授，都是党的培养、人民的培养。"

学工部长的那些年

1986 年的时候，沈老师被任命为北京大学学工部副部长。到 1989 年，当时已经 50 岁的沈老师被任命为学工部部长，负责全校的学生工作，直到 1992 年。

钟哲民老师是北大马克思主义学院的老教授、老院长，他和沈老师共事了很长一段时间。说到沈老师这段时期的工作时他告诉记者，沈继英担任学生工作部部长期间正处在"八九年学潮"、"六四风波"，北大的学生工作是遇到了一个难题：如何化解学生对国家的形势、政府当时采取的措施的疑问；如何将学生的注意力引到集中精力进行学习上来，需要做大量的疏导和教育工作。钟老师说道："因此，学生工作部的任务是非常艰巨的。加之，沈继英同志她又是一个女同志，而且当时她已经是中年了，所以这个任务对她来说是很为艰巨的。但是据我了解，她对这个任务完成的是相当的不错的！"

对于这段期间的工作，沈老师自己也提到，年轻的大学生精力充沛，思想活跃，兴趣广泛，有很强的求知欲和创新能力，所以关键是怎样正确地引导学生。“当时我们在学工部工作的思路是：学工部是为学生服务的。我们要有耐心和爱心做好服务工作，我们也会组织各个系主管学生活动的领导与校团委、校学生会的同学，定期和不定期的组织同学学习党的方针政策，交流情况等。”沈老师告诉记者。当时沈继英老师还在马克思主义学院担任教学工作，有些时候不仅需要处理学工部工作，在处理完工作之后还需要腾出时间来备课。“在‘学潮’期间我们每天晚上都是工作到12点。”沈老师说道。可见，这段时期她的工作确实是辛苦的。但是当问及是否遇到过什么很重大的困难的时候，沈老师笑道：“我们工作中遇到困难时上面有领导的支持，下面有群众的帮助，同时找做学生工作的同志商量，困难都能够克服。”

对于这几年的学工部工作，沈老师的感触颇多。首先，沈老师认为对于进行学生工作的老师而言，非常重要的一点在于“要善于同大学生交朋友，要学会团结大多数。理论教育也好，思想政治工作也好，都不是空洞的，也不是以势压人，所以一定要采取和学生交朋友，多和他们交流，他们才能很好地接受”。沈老师做学生工作期间，宗教在青年中宣传和发展很快，当然每个人有信教的自由，但也有宣传不信教的自由，对于那些有猎奇思想的青年，当时学生工作部主要采取了和同学平等交流的方式，“我们就从历史事实，劳动创造一切的事实来说明我们要信仰马列主义。如果没有中国共产党就没有现在这么好的学习环境，向同学生们讲道理讲事实。要同他们多交流，团结他们，团结大多数”。

第二点，沈老师认为还要善于在实践中学习，在实践中成长。“我们的工作也是在实践中成长起来的”，沈老师提到她当时工作时她感觉比较好的一点就是，当时的学校领导比较放手，只交代中心任务是为学校创造一个好的稳定的学习环境，至于怎样去完成、采取什么方式去完成，靠的是老师自己，靠的是工作人员自己的智慧和能力。这“需要自己善于在实践中去学习，去开创”，沈老师如是说。

第三点，沈老师认为自我总结是非常重要的。在人类的历史长河中，人的一生很短暂，所以要善于自我总结。“我们每个人同国家、人民之间是紧密相连的。比如说党的路线正确与否，不光关系到国家和人民的命运，也关系到个人的命运。在十一届三中全会以前，对我来说以前那二十几年，我们工作也努力，但成绩并不是很大。可是十一届三中全会以后，我们在正确路线的指引下，在教学、宣传、科研等各方面都取得了一定的成绩。所以说，国家需要总结，党需要总结，个人也需要总结。我们个人也是在党的正确路线的指引下，才能取得好的成绩。”

思想道德修养课程的带头人

从 1959 年开始一直到 1999 年退休，整整四十年的时间中，沈继英老师从学习马克思主义哲学、党史，一直到教学工作，都是在从事宣传马列主义、毛泽东思想这方面的工作。“可以说我一生都是在做马列主义的宣传和教育这方面的工作，这一点是我感到光荣和自豪的。”沈老师说道。

1992 年北京大学马克思主义学院成立。当时沈继英老师担任的是马克思主义学院思想政治教育所所长。她的老同事钟哲民老师在回忆她的工作时认为，沈继英老师在任期间做出了非常突出的贡献。“她向教育部申请备案思想政治教育专业，尽管在当时是很不容易，但是最后也成功了。”钟老师回忆到。此外，当时北京市有些高等院校需要提交和培养这方面的教师就委托北大来培养，这个任务也主要是落到了沈老师所在的研究所。当时还有一个难点在于课程的建设不仅是一般的思想政治教育，而且要作为一门学科来建设。这对于每一个教授来说都是一个重新学习的过程，所以当时教研室的老师们都非常辛苦。尽管任务艰巨，沈老师还是相当出色地完成了。

“要建立新的学科，要把自己的学生培养为社会骨干，同时还要健全自己的师资队伍。这几个任务教研室的老师和她完成得都很好。”钟哲民老师如是评价沈继英老师，“这就是一个老同志，她经过实际的锻炼，她的理想是相当坚定的。再加上这个同志很耐劳吃苦，很有能力。她是一个女同志，但是她很泼辣很麻利。她还敢于斗争，这对于一个女同志是很不容易的。”在谈到思政课程的建设方面时，钟老师认为：“她是一个创业者，不是一个守业者。”对于沈继英老师的性格品质，钟老师还提到了一件小事，那是在一次马克思主义学院的退休老教授的座谈会上面，沈老师跟现在的学院的领导提出一个很尖锐的意见：我们的思想政治教育专业本来是招收大学本科生的，为什么中间将其取消了？这个不好，这个要重新恢复，要向教育部重新申请。“你可以看出她多么执着，对于二十年前的东西到现在还念念不忘，还要时不时地提意见。”钟老师感叹道。对于思政课程的建设，沈老师有自己的看法：“大学是一个以学术为核心要素的独特的社会组织。因此课程建设是学术上很重要的一个方面，基于这样一个考虑，作为思想政治教育学科也要具有自己的核心要素，也应该有自己的本科生、硕士生和博士生。”

马克思主义学院李毅红教授是1996年来到思想政治教育研究室的年轻人，她认为沈老师当主任，工作完全从实际出发，为课程的创建、专业的创办发挥了开创性的作用。此外，沈老师对年轻教员的成长也很关心。

“沈继英老师主持编著的《人生理论与实践》是90年代中北大新生思想品德修养课程的第一本教材。”最早受邀参加，至今仍授此课的信息科学技术学院原党委书记郭瑛教授介绍说，“马院当时设立德育研究所，沈继英老师是第一任所长，她积极吸收院系一线长期从事学生工作教师为德育研究所成员，参与德育主干基础课的教学，是加强改进学生工作及其队伍建设的重要理念与举措，具有科学性和前瞻性，有利于一线教师将教学、研究与学生工作紧密结合，对提高教学质量，做好院系师生思想政治工作大有裨益。”

信心：女干部成长的必备品质

根据现在的状况，越到高层往往女干部的人数越少，现在不少人会认为这是因为女干部不如男干部。沈老师对这个观念并不赞成，她认为这种现象的出现与中国自古以来不平等的观念有很大关系。尽管中华人民共和国已经成立六十多年，但是几千年来形成的封建思想在人们的心中仍然根深蒂固。沈继英老师提到不平等的现象在各个方面都会有体现，但是想要去除确实很难的。“所以我就想到‘十八大’提出来的社会主义的核心价值观的二十四个字，其中就有‘自由、平等、公正、法制’。你要真正做到自由、平等，不是那么很容易的。我说我们女干部提不上去，我觉得还是一个不平等的观念所致。”

那么在这种情况下，女干部如何提高自身的素质呢？沈老师认为最为重要的一点在于提高女干部自己的自信心。对于女干部来说，即使消除了不平等观念的阻碍，还有来自于家庭的负担，身体的限制等方面的原因，诸多因素导致她们较之男干部有些许的劣势，但是这种状况并非不可克服。沈老师提到，外国能够出现女总统女总理、女部长，而中国就很难，一个主要原因是在于“女干部自身缺乏自信。干起工作来总觉得自信心、闯劲都不足，不像男同胞。当然这是就总的情况来说，但是也有个别好的”。沈老师说道：“所以我建议我们的女干部应该更多一点自信，排除干扰，去担任更重要的工作，把工作做得更完善些。”

沈老师认为，还需要完善女干部选拔制度。“在没有完全真正平等之前，较高层的领导当中就当规定妇女干部有一定的比例，特别是高级领导干部。在学校的领导当中，校领导也需要更有意识的提拔一定数量的女干部。”沈继英老师最后说道。

采访札记节选：

我们这一代，更多的是在互联网中成长，在一个相对和平安稳的环境中成长。当然我并不是说这意味着我们这一代人是无知的、肤浅的一代，相反我觉得现在的大学生，至少我所知道的北大的学生是有思想的、会思考的，他们关注周围的世界，他们会深刻地理解社会，针砭时事。但是，我却发现很少有人会告诉我，他有一个坚定的信仰。对于大多数的中国人来说，他们并不信仰宗教，而现在也越来越少有人会真正地沉下心去学习马克思主义。没有了信仰，让我们看到的是，虽然随着信息传播的高速化与透明化，人们开始知道越来越多的以往难以获得信息。但是与此同时，人们对于这个社会所存在的各种不公平、不平等的现象也越来越不满，尽管也不少的人在大声疾呼，但是一个问题的解决并不能一蹴而就，这就导致在这个转型的过程中，不少人会感到对现实的失望，对未来信心的丧失。我想究其根本，就其自身的因素而言在于信仰的缺失。

但是，如果我们像沈老师那样，心中有了坚定的信仰，也就有了一个对未来发展的希望，不管在社会现实中发生怎样的曲折，都能够坚信光明能够来临。

学生记者　龚恋雯

“不仅靠公平竞争，还要有意识地培养选拔女干部，将她们放在一定的工作岗位上，让她在实际工作中锻炼成长。”

“从女性的视角看女性，无论在行政工作中还是在其他事情上都有它的特色。你说细致也好，你说务实也好，还是有女性特点的。所以我说行政工作也需要发挥女性领导的作用。”

——张爱蓉

平凡人的平凡路

——专访北京大学档案馆原馆长张爱蓉

1937 年出生的张爱蓉已经是年近八十的老人。历经北京市第四女子中学（现名为北京市陈经纶中学）、北京大学地球物理系的学习生活后，又在北京大学地球物理系、人事处、档案馆的行政工作岗位上工作了三十余年，直至退休。退休后返聘到校史馆参加校史展览工作多年。

熟悉张爱蓉的人会知道她是原北京大学人事处人事科科长、原北大档案馆馆长。事实上，她从事行政工作的时间还要早，在中学读书时就因学校工作需要，留校工作了一段时间，这也是她行政工作的起步。待工作告一阶段后，领导征求本人意见，选择继续工作还是学习，出于对知识的浓厚兴趣和渴望，她选择了继续学习。

珍惜环境，在工作中历练能力

“过去都是组织安排，作为党员，个人服从工作需要是很自然的。”张爱蓉如是回答她选择行政工作的原因。“后来就是干上了就喜欢了。开始跟学生打交道，后来到人事处跟同事打交道，再后来去搞档案、校史，都是做着做着就有了兴趣。”她的父母都是老北京。母亲是勤劳的家庭主妇，父亲是邮局投递员，风里来雨里走，恶劣天气的时候，别人都往家走，他却要往外走。父亲认真负责的工作态度对张爱蓉的成长起到潜移默化的作用。从小到大，家庭环境和睦宽松，家中对于张爱蓉的管教并不严格。学习上没有特殊的要求，各种大事也都由她自己做主，这或许也是对她的一种锻炼。

张爱蓉进入北京大学地球物理系学习，这也是她与北大行政工作结缘的起点。“我们的学制是六年，毕业之后，我就留在系里面担任学生的级主任。”一年的学生工作带给了她与同学密切接触的机会，也让她与同学们建立了亲密的友谊。后来在北京大学百周年校庆的时候，当年的60级同学们在物理大楼举行校庆集会，还邀请了张爱蓉与大家欢聚一堂，回忆往昔。

“我在人事处工作了二十年，半辈子最美好的时光都在那儿了。所以我对人事工作怀有深厚的感情。”张爱蓉如是回忆自己在人事处的经历。她回忆说：“最主要是因为北大的工作环境很好。整个北大，以及我所在的小环境，对我影响都十分大。不管领导还是同事，干部、老师还是工人，都很友善、正派，办事负责认真。我很庆幸一直生活在这样的环境里。”刚迈入工作岗位的她在这种环境下很快得到了历练。但工作也并不都是一帆风顺，有时候教员甚至会在工作之余找张爱蓉解决生活上的问题。于是在张爱蓉一家三口住的一间房子里常常会出现这样的情景：孩子在一边写作业，张爱蓉在另一边接待需要帮助的来者。“虽然有时真的没法帮来人解决问题，但是自己会把前前后后的原因跟他说清楚，就算自己帮不上太大的忙，能让来人理解难以解决的原因也好。”张爱蓉的好性格让上下交口称赞。“行政工作其实是一个‘心活儿’，我们处理的是人与人之间的关系，人事工作更是如此，牵扯到人家的切身利益。所以必须要用心打交道。人家有困难，需要体谅。”

兢兢业业，为北大留下历史

1986 年调任档案馆的时候，张爱蓉已经快 50 岁，档案工作对她来说是从头学起。当时的综合档案室是处级建制，张爱蓉调那里任副主任，1992 年以后任主任。1993 年的时候综合档案室改为档案馆，张爱蓉任馆长。撤“室”建“馆”，张爱蓉赶上了校方对档案工作的重视时期。

作为第一任馆长，她完成了一系列开创性的工作，从而奠定了学校档案馆工作的基础。“我做档案工作，首先是强化一种留档案就是留下历史的意识。”张爱蓉回忆任职初期，“因为档案馆不是全校档案的产生地，档案都来自各院系、各单位，档案馆要对其进行收集整理、保管、借阅。”她和档案馆工作人员一起对各单位档案员开展了一系列的归档意义和注意事项的宣传，明确归档的具体要求。并要求各院系、单位安排专门的档案负责人和档案员。档案馆的档案门类也在党政管理、科研两类的基础上，增加了教学、基建、会计、出版、设备、声像等门类，从而形成了多门类的库藏规模。与此同时制定了各门类、各单位归档的具体制度要求。在学校领导的大力支持下，档案馆的用房面积也有了较大的增加。

“档案能给后人留下珍贵的历史资料。无论是单位或个人的历史，都应该是有史料可考的。因此，档案工作是一项看似平凡、实则很有意义的工作，作为一名档案工作者，我们不仅仅是在收集、整理档案，从某种意义上说，也是为北大留下历史。”张爱蓉如是强调档案工作的重要性。在这个岗位上做了十余年，她受到了上下各方面的好评，“让我最感欣慰的事儿就是在人家来查阅档案的时候，我们能够很快地提供出对方所需要的完整档案。每每这时候，我就觉得自己的这些努力，没白做。”

档案就是历史，用历史的眼光发掘档案的价值，看北大的变迁，把学校的发展沿革记录好、延续好、分享好。

孜孜不倦，人生路上追求新知

多年的档案工作也为她后来接触校史工作奠定了基础。“正好赶上了咱们北大的百年校庆，学校成立了一个工作组，筹备校史展览。校史展览需要利用档案，领导就让我加入了那个组。”2000年，学校要在校庆时展出的校史展览的基础上，成立一个长期开展校史展览的校史馆。张爱蓉返聘进入校史馆，主要负责展览西南联大时期到解放前的部分。“虽然做了十多年的档案工作，又参加了前面的校史展览工作，但总感到历史知识缺乏，只有边做边学，要做事就要做好。”张爱蓉如此与我们谈起她的“回炉学习”。

“行政工作也需要不断地学习。从人事到档案，我就是从头学起，现在从档案到校史，也得一样的从头学起。”这种终身学习的态度也在她2009年离开校史馆后得到了延续，离开校史馆又加入了燕北园的电脑中级班，学习word、powerpoint、photoshop等电脑的各种操作知识。“我要努力跟时代合上拍，要向你们学习啊！”

殷殷期盼，关心新一代女性成长

行政工作做了三十多年，当我们问起她对女干部的看法时，她有很多切身的体会。女性解放的大背景和北大宽松平等的行政环境使得越来越多的女性走上领导岗位，这在张爱蓉看来是时代进步的必然。但她同时表示，不仅靠公平竞争，“还要有意识地培养选拔女干部，将她们放在一定的工作岗位上，让她在实际工作中锻炼成长”。在强调男女平等、公平竞争的同时，张爱蓉还提到了女性领导的特点：“从女性的视角看女性，无论是在行政工作中还是在其他事情上都有它的特色。你说细致也好，你说务实也好，还是有女性特点的。所以我说行政工作也需要发挥女性领导的作用。”

在女干部的培养与发展方面，张爱蓉始终强调女性自身的锻炼。“女同志要自立自强，不断提高自身的知识储备和能力储备。”她坚持认为女干部应该多接受锻炼。在女干部的培养问题上，她进一步想到了后续力量的问题。“现在物质条件提高了，家长代替孩子做了很多事。其实对于孩子来说，精神和身体方面的磨炼反而变弱了。”女干部来源于女学生，对女生的教育与培养是她希望加强的。

恪尽职守，在平凡中体会伟大

在采访过程中，我们对于张老师的恪尽职守、淡名薄利不禁表示敬佩。张爱蓉倒觉得，这是她这一代人的精神特点。“我自己最佩服的是上世纪四五十年代的那批女干部。她们在‘文革’受到冲击，回到岗位之后依然干劲十足。”这些大姐姐们始终是她的榜样。“做好本职工作，在你们现在看来是难能可贵，在我们那个年代的人看来，这是基本啊!”张爱蓉的一位同班同学，毕业后自愿去西藏工作，一直就留在西藏，几次轮换他都坚持留了下来。因为在高原，他心脏一直不好，但直到退休前几年，他才因为心脏病发作，调转工作到了四川。“我们都是解放后党的教育培养成长起来的，我跟他们比起来，太平凡了。”张爱蓉如是感慨。

在采访将要结束的时候，张爱蓉再三叮嘱我们：“我是最最普通的，我太普通了，代表不了北大女干部，你们应该找那些优秀的女干部。我这一辈子，人事工作、档案工作，都是默默做事的。我只能使你们了解：作为我这一年代的人，作为最普通的人，走过来，是这样一个状态。”张爱蓉的一句话或许揭示出在特定的一代人心中，对于工作乐于奉献的态度，对于人生淡泊平和的感悟，对于理想宁静致远的追求。或许就像张老师所说：告诉大家，她们这一代人中的普通人，走过来，是这样一种状态，让我们于平凡之中见伟大、于点滴之间见品格。

采访札记节选：

张爱蓉老师通过自身的工作经历提出，北大在女干部选拔上一直是推崇男女平等的原则的。学校不存在对女同志的歧视，主要是看自己的努力。如果各个方面都很优秀，领导也比较容易操作。如果同一个岗位的两位候选人，才能相同，性别不同，应当根据岗位的特点和人员的特征进行选拔安排再培养。为了体现男女搭配的原则，应该有意识地在一些岗位上安置女干部。因为要自然选择的话，可能容易出现同性聚集的情况。所以领导方面要根据岗位的需求，有意识的选拔和培养。

张爱蓉老师还提出，女同志自立自强，不断提高自身的知识储备和能力储备才是主要发展方向。独立自主精神的培养也是很重要的一点。现在物质条件提高了，家长代替孩子做了很多事情。其实对于孩子来说，精神方面的磨炼反而变差了。因此有必要对孩子通过一定的社会工作的锻炼而培养他们的独立能力和自主精神。同时，在学习时女同学们可以通过积极参加社会活动来锻炼自己的组织和办事能力。因为学校中的社会活动相当于工作的预备期，大学时锻炼充分以后再投身社会工作就不会觉得那么陌生、胆怯了。

回顾张爱蓉的成长经历，我们看见的是一位勤勤恳恳、踏踏实实的人，也看到了一位遨游书海、孜孜不倦追求新知的人。她对于头脑的充实始终没有停止，在人事工作方面以诚待人，生活方面勤劳朴素。张爱蓉老师用工作时光书写了“求知若渴，脚踏实地”的最好证明。

学生记者　刘东

“共产党员就是要脚踏实地，用自己的行动为事业增砖添瓦。”

“父母是孩子第一任老师，他们的一言一行往往会影响孩子的成长。他们对我的严格要求培养了我不怕困难、顽强进取的性格。”

——关烨第

印刻在她心中的北大情

——专访北京大学化学与分子工程学院原党委书记关烨第

关烨第老师作为化学与分子工程学院党委第一位“双肩挑”女书记，现在已经退休了。她时任党委书记期间，曾先后与两位优秀的院长默契配合，为化学院可持续发展奠定了坚实的基础，赢得大家的肯定与信赖。我们在面对面听关老师讲述她成长和工作经历时，时不时地被她的平实、质朴、真诚和谦和所感动。我们真实地记录了她的成长经历和人生感悟。

成长环境塑造人

1939 年，关烨第老师出生于山西襄汾。跟随从事铁路工程工作的父亲，关老师在四处搬迁中度过了自己的童年。1950 年，关老师父亲调到铁道部工作，一家人从此在北京安定下来。

谈及童年，关老师深情地说：“父母是孩子第一任老师，他们的一言一行往往会影响孩子的成长。他们对我的严格要求培养了我不怕困难、顽强进取的性格。记得我七八岁的时候，父母就已经要求我帮助家里拆洗棉衣、做饭、承担更多家务。所以我很早就能独立面对生活，认真踏实地做好每件事。”

关烨第老师在家中排行第五，父母工作繁忙，家中的哥哥姐姐就成为她幼时的榜样。他们之中有日后成为新中国的第一批预备女飞行员，也有工程院院士。榜样力量让她终身受益。

1952 年，关烨第老师考入了当时的北京市女一中，开始了自己的中学生活。据关老师回忆，在女一中的这几年生活经历，对她的人生意义非凡。女一中的校长是一位来自延安的性情刚直的女校长。在她的领导下，女一中的校风既要求学生严肃认真地对待学习，又要求学生们活泼开朗地对待生活；既要求严格自律，也倡导积极地参加社会活动。从少年时期开始，关老师和她的同学们常常自发组织去西郊农场劳动，帮着收土豆、干农活；也常常去工厂和农村，从事义务劳动。当时劳动的环境条件很艰苦，关老师回忆说：“在西郊农场，.十几个同学挤在一个小窝棚里，却从未有过怨言。”在这些经历里，最让关老师难忘的是她参加了十三陵水库建设。她说：“那时候我们才十几岁，充满了青春活力。女同学日夜用筐担石头，每个人肩膀上都被磨得血肉模糊，但是大家从来不叫苦、不怕累。建设新中国让我们感到充实，感到幸福。当知道周恩来总理也来到了十三陵水库工地参加劳动，同学们情绪更高涨了，总感到有用不完的劲儿。”说起中学时代这些难忘的事，关老师颇有些动容。

学习工作历练人

1958 年，关烨第老师考入北京大学化学系。从踏进燕园那一天起，关老师就与燕园结下了半个多世纪的情结。

在革命激情如火如荼的年代里，关老师严格要求自己，学习刻苦，不断地向党组织靠拢。她在入党申请书中写道：“通过学习，我把自己的命运与党的事业联系在一起，对为什么活着，为什么工作与学习，开始深入思考，由感性到理性，加深了与党的感情，坚定了永远跟党走，为共产主义奋斗终生成为我唯一志愿。”1959 年是关老师政治生命中具有重大意义的一年。她把自己的命运真正地和党的命运联系在了一起，光荣地加入了中国共产党。

1964年，关老师毕业留校，时任学生政治辅导员工作。没多久，“文化大革命”的浪潮就席卷而来，她受到批斗、远离教学。和同时期的很多人一样，这场十年动乱也给关老师的人生带来了巨大的冲击和困惑。直到“文革”结束，关老师才回到有机化学教研室，从指导基础课实验开始，重新拾起教学科研。

“文革”的冲击是中国那一代知识分子永远也绕不开的坎儿。十年动乱让时光就这样白白地流失掉了。在百废待兴的八十年代初，关烨第老师也感到了很大压力。“除了书本上的，我感到脑子很空。‘文革’让我们这一代人错过了宝贵的十年。在北大任教真是有一种无形的压力，形势逼人。当时的口号是‘夺回失去的十年’，大家都有一股拼劲儿，要加倍努力赶上来!”关老师说。

海外求学充实人

1982年9月，关老师踏上了公派赴美进修的旅程。

然而在那个时代出国进修又谈何容易。与那时的很多北大人一样，一些事情都要从头做起。上学时，关老师所学的是俄语，只是在大学最后一年才学习了一些基础英语。英语语言底子薄弱。为了弥补劣势，出国前，关老师开始突击学习英语。据她丈夫张文儒老师回忆，在每天繁重的教学工作和家务间隙，关老师利用一切时间补习英语。长时间的紧张和劳累过度，让她有一次突然晕倒在地。

“当时条件下，出国进修需要下很大决心。那时候是1982年，我们的三个孩子还很小，关老师的母亲又患帕金森症多年。”张文儒老师补充道，“当时物质匮乏，家里的经济条件差，基本上是四十块钱支撑全家生活的阶段，很不容易。”

克服了重重困难，关老师开始了她在美国进修的生活。

她自己说：“这次学习使我看到了化学的前沿和化学发展的趋势，也参与了化学的最新研究；我学到了当时的先进理念，先进知识，接触了先进仪器，先进技术。这段学习对我信心的重拾、为我后来的发展奠定了基础。”

教学科研培养人

回国后，关烨第老师立即开展金属与元素有机化学的科研工作，希望把国外学到的新兴学科引进到国内的科研中，但她却不得不面对既无设备又无教材的窘境。于是关老师就和她的学生频繁往来于天津南开大学和上海有机所找教材、找设备、学技术、学经验。经过两年的艰苦筹备，终于在有机教研室的支持下，开始了新的课题研究。其后又开设了研究生课，为处于起步阶段的金属与元素有机化学学科培养了一批优秀人才。“没有一点实干精神是难以做到的。”张文儒老师说。

除了科研上的挑战和困难，关老师在基础课教学上也毫不松懈。她一直负责“有机化学实验课”的教学工作，不断改进教学方法和教学内容。特别是将常量有机化学实验改为微量和半微量有机化学实验，关老师和她的同事们花费了大量心血推动这一变革，改变了长期沿袭的常量有机化学实验传统，在提升教学质量和水平的同时，较大地节约了化学试剂和器材，有效地保障了学生实验的安全性。其后，关老师和她的同事们据此编写了新的《有机化学实验》一书，得到国内同行的好评。

苍天不负有心人。关老师的辛勤付出也终于结出了硕果。1985 年 9 月，新中国第一个教师节来临的时候，她获得北大首次年度教学优秀奖一等奖。她所负责的教学组获得了 1992 年北京大学“教学优秀奖”；1994 年，她个人又再次获得北京大学“教学优秀奖”；三年后的教师节，关老师和她的教学组因实验技术改革又荣膺北京市教学成果二等奖。

在这些工作过程中，以共产党员的标准衡量自己，始终是关老师对自己的要求所在，也是关老师在工作中不断进取的动力。她说：“共产党员就是要脚踏实地用自己的行动为事业增砖添瓦。”言既如此，行必践之。关老师为人真诚可信，处事实干沉稳；在教学和科研工作中严格要求自己，辛勤耕耘，一丝不苟，她具有广阔的视野和敏锐的眼光，注重业务学习、不断汲取国内外最新研究成果，以审慎的态度和严密的思考对待工作中每个细节。

所有的这一切，人们有目共睹。关老师的各项工作赢得了大家的一致认可。她曾长期担任教研室党支部书记工作，在她的领导和努力下，支部协助行政圆满完成上级布置的各项工作，注意调动党内外人士的积极性，发挥党支部战斗堡垒作用，该支部获得 1991 年北京大学先进党支部光荣称号。

创新管理激励人

1994年，化学系更名为化学与分子工程学院（简称化学学院），从其建立之初，就确立了“国际上有重要影响的化学教育和研究机构的建设目标”，其标志是产生具有重大影响的科学发现、科技发明，培养具有重要影响的领袖人才。自此，化学院开始了一个蓬勃发展的新时期，不断进行探索和改革。

1995年，关烨第老师当选了北京大学化学学院党委书记。

关老师任化学院书记期间，先后与赵新生、林建华两位优秀的院长搭班。这两位院长无论从学术视野、创新思维、凝聚队伍，还是把握方向，都具有领军作用。他们坚持继往开来、面向世界，探求新世纪科学发展道路的原则和目标，构建化学学院发展的基本思路和框架，为化学学院日后壮大发展奠定了坚实的基础。

曾任化学院院长的赵新生真诚地说：“我有幸与关老师配合，她是非常非常正派、非常非常勤勉，没有任何私心，为大局着想的人，真是少有……她做工作特别细致，真是全心全意了解老师们想什么，需要什么。”

关老师任化学院书记期间，她与赵新生院长共同合作，开创性地运用了一套卓有成效的学院管理模式，即任何重要的事情都在党政联席会议上共同讨论决定。那时候推出的几项创新延续至今，一直影响化学院的发展：一是先于学校建立了教师学术成果评价机制，成立了学术小组，强调教学、科研同等重要，鼓励学术骨干创新，这是关乎化学院长远发展、有正向影响的举措；二是管理体制的创新，改造教研室的固有框架和传统模式，采取系所并进的方式，鼓励学科交叉；三是统筹建立几个委员会，在原有的学术委员会、学位委员会的框架基础上，为加强教学工作又成立了教学委员会，并规定院长不再兼任学术委员会主任，以调动各方面积极性。此外，他们还率先制定相应的优惠政策大力从国外引进优秀人才充实教学科研力量。“追求卓越，争创一流”成为了化学院师生员工的共同目标。

赵新生老师卸任后，关烨第老师又与继任院长林建华老师进行了合作，化学院的党政班子在关老师和林老师的领导下也一以贯之地秉承了默契配合、通力合作的传统特色。两位党政领导，心往一处想，劲儿往一处使，共同将化学院的党政工作办得有声有色。特别是随着学校 985 工程的各项工作陆续开展，化学院作为该项目的一个试点院系，面临着很多新的情况、新的困难。关老师与林建华老师缜密调研，一方面制定着切实可行的方案，另一方面在做到每一举措落实后，果敢行动，顺利完成了定岗定编工作，在全校具有示范作用，产生良好的影响。

在世纪之交，关老师和两任院长的党政班子合作，为化学院起到了承前启后的作用，这对于化学院的发展是历史性的、革命性的。就这样，化学院在关老师和两位院长的领导下，在学校创建一流大学的大背景下，发挥了先行者的作用。

采访中，关老师同样这样说："我是有幸碰到了这两位院长（赵新生老师与林建华老师），他们都是坦诚的人、干实事的人，他们都很优秀。我们一起为化学院的发展做了多项改革和试验，到我离开岗位交班的时候，化学院的教学科研、引进人才、行政管理等工作已经在全校名列前茅，对此我很欣慰！"采访中，关老师对于自己，说得最多的一个词，就是"实干"。不管是在教学科研工作里，还是党政工作中，关老师时时处处低调做人、集中精力实干。

而改革不仅需要实干，更需要大刀阔斧、敢于担当的工作作风。关老师和与她合作的两位院长，都是这种敢于负责任，敢说敢为的人。她（他）们的共同特点都是不为自己谋取任何利益，总是以学院的利益为先，赢得了大家一致的尊重和信赖。

2001 年，关老师被授予优秀党务思想政治工作一等奖——李大钊奖，这是学校党委对关老师工作的肯定，更是一种实至名归。

奋斗一生的北大人

2003 年，为化学院奔忙多年的关老师光荣退休，她与北大、与燕园的情缘掀开了新的篇章。她连续四届担任北大校友会理事，积极参与为校友服务的工作，她的实干、坦诚、真挚打动着大家。

2010 年，北京大学化学学科创立一百周年，她又参与编纂了《北大化学百年》一书，这本书记载了北京大学化学学科的百年辉煌。"我们希望通过这本书向人们展示，中国现代科学教育与研究的历程。一百年来，北大化学前辈和同仁一直把推进和引领中国现代化学人才的培育和化学研究作为自己的历史责任，为我们留下了宝贵的精神财富和物质基础，期望以此自勉并激励后人为中国乃至世界的化学教育和科学研究做出更多的努力。”关老师说。

整个采访中，在谈到化学院的发展时，关老师声情并茂，滔滔不绝，而当谈及个人经历时，只是简单地叙述，还总会加上一句：“我就是做了我该做的。”

这就是为北大的事业奋斗了一生的北大人。燕园情、北大情，就是这样印刻在北大人的心中。如关老师一样的北大人还有很多，他们坚持奋斗，笔耕不辍，为这片校园和祖国的教育事业，奉献着自己的青春，甚至是一生的时光。北大提供给北大人广阔的人生舞台，但更是北大人的不竭努力给了北大久盛不衰的生命源泉。

采访札记节选：

老实说，在前期的一些采访当中，关老师给我留下的印象是一个很严肃、很不苟言笑的形象，但是后来的见面还是很出乎我的意料的。关老师给我的印象是很和蔼很慈祥的。整个采访过程当中，关老师的笑容和她和我聊天时的和蔼亲切，是使我摆脱紧张和压力的关键。关老师留给我印象中最为深刻的细节就是她在采访之前所准备的小本子。采访之前我曾经将我想问的一份大致提纲给关老师发过邮件，提纲很简略，只是一个大致的思路和方向，但是当关老师来到的时候，我发现她已经准备了厚厚的一个小本子的内容来回答我。这种认真和严谨的态度给我留下了极其深刻的印象。

和老师们聊天的过程就像是在听过去的历史。和长者的聊天总是能够带给年轻人以最多的启示和最深刻的帮助。采访的过程对我来说，与其说是一个工作，不如说是一次学习。老师们可能性格各异，但他们带给我的帮助和影响都是深刻的。真的很谢谢诸位老师。

学生记者　秦鼎

“管理工作总要有人去做，既然组织认可我，我就应该尽心尽职地做好，带领大家开展好工作。”

“新时代女性也应该在社会生活中担当起自己的职责，各个岗位和领导干部中都应该有女性的身影。”

——郑修霞

严于律己、宽以待人

——专访北京大学护理学院原院长郑修霞

路漫漫其修远兮，吾将上下而求索

1943 年，郑修霞老师出生于福建省福州市一个普通家庭。郑老师的父母是化学教师，姨妈是一名医生，在长辈们的熏陶和影响下，郑老师从小就有了对医学的向往。在高考前，父母专门叮嘱郑老师要报考医学方向，虽然她当时对医学并没有深刻的理性认识，但还是听从了家长的意见，最终踏上了医学这条救死扶伤的道路。郑老师在家中是长女，父母告诉她要为弟弟妹妹树立学习的榜样，所以郑老师在学校中无论做什么都全身心地投入，严格要求自己做对做好，因此成绩一直很优秀。医学专业功课多，很多知识不是理解了就行，必须牢记心中，不能有一点差错，因为对于一个医生而言，稍微的失误对病人来说都可能是致命的，所以医学专业的课本知识往往需要学生花更多的时间去牢记、去掌握。在大学期间，郑老师的高中同学们经常会在周末空闲时间里聚在一起交流或出去游玩，这样的活动对学生而言是非常开心而且十分宝贵的，很少有人会错过，但郑老师却经常无法参加，因为她把休闲时间都用来巩固医学知识。一周六天课，唯一的周末郑老师都会花上半天时间整理一周所学，这种刻苦求学的精神是当今大学生应该不断学习历练的。

郑老师大学毕业后被分配到贵州省贵阳医学院妇产科工作，和丈夫两地分居，且一直持续了多年，但这丝毫没有影响他们的感情，他们互相理解，同时依旧以极大的热情在各自的岗位上散发着光和热。在贵阳医学院工作的十几年，是郑老师人生中重要的一个阶段，她从刚参加工作时的懵懵懂懂，逐渐成长为独当一面的主治医生，不仅对病人的疾苦有了更为真切的体会，还更深刻地领悟了医学的本质。“病人需要什么，我们该怎样做才能更好地帮助病人，想病人所想，忧病人之忧是每个医护工作者需要做到的。”1986 年郑老师调回北京工作，正逢北医护理学院成立，亟需人才壮大师资队伍和学术力量，由于郑老师多年的工作经验和学术积累，她十分荣幸地进入护理学院工作。但是多年的临床经验对于在护理专业教学的帮助有限，同时护理专业是一个新兴专业，郑老师虽然也做过一些护理工作，但把护理单独列为一个专业对她而言也是一个新的挑战，于是郑老师又开始了护理知识的系统学习。在一年的时间里，郑老师查找并学习了大量的国内外的护理资料，和同事一起编写新的适合北医护理专业教学的教材。借助从小养成的勤奋认真、一丝不苟的学习精神，郑老师获得了极大的成功。作为护理学院第一批教职人员，郑老师和其他老师实现了护理专业知识积累从无到有的过程，为护理专业的发展奠定了良好的基础。同时郑老师通过自己的努力得到了大家的认可，被推荐到国外进行交流学习，这段经历对郑老师帮助很大，不仅了解了国外护理专业的前沿知识，而且极大地开阔了眼界。“我们本以为自己的世界就这么大，可是当有一天我们打开门走了出去，我们会发现原来外面的世界更大，所以对每个人而言，扩展眼界是十分重要的。”

“当代的医护工作者思想需要与时俱进，不仅当蜡烛，更应该努力不断地给自己充电，成为一盏明灯不断地照亮别人，只有这样才能实现永恒，最大化地实现自我价值，所以医护人员永远不要停止学习。”

十年树木，百年树人

郑老师认为患者的健康主要取决于两个方面，一个是医，一个是护，缺少任何一方面都无法去医治好一个人，所以护士的重要性绝不亚于医生。护士不仅可以在医疗的过程中给予医生足够的帮助和支持，而且在护理的过程中起着举足轻重的作用，对于护理过程的监护和用药剂量的把关很重要，也正因此当代社会对护士技能的要求更高，护士不仅要有扎实的基本功，还要有认真负责把护理当做一份事业的尽职尽责的职业精神。

郑老师对护士的看法十分独到，她认为护士不仅要有扎实的职业技能，还要有把病人的事当成自己的事的态度，更多地考虑病人的心理变化，医生治疗了他们的身体，护士则要在护理过程中治愈其心理疾患。随着社会的发展，护理工作的范畴越来越广，医护之间的区分并不十分明显，我们对护理专业需要更深层次的理解，不能停留在护理就是护士平常做的打针吃药铺床叠被而已，护理需要以高等教育为基础、以职业技能为保障、以深层次发展为目标。郑老师提出了职业、专业和事业三个概念：职业需要完成分内之事；专业则不仅要完成，而且完成后要思考完成的效果如何，能不能进一步地改进自己的方式；事业则是全身心投入，不计报酬力求做到最好。郑老师认为每个从事护理工作的人都至少该把护理工作作为自己的专业，多想多思考，而不仅仅是职业，只有这样才能让自己不断进步和提高。护理不仅仅是工作，也是科研，护士不能满足于完成本职工作。虽然护士工作很辛苦，但仍要留给自己时间来提高自己，护士重要的是开阔眼界，所以郑老师提倡护士应该多读相关护理书籍，多出去走走看看，了解最新的护理信息，开阔自己的视野，只有这样，国家的护理事业才能不断发展。

郑老师于 1998 年 7 月任原北京医科大学护理系主任、1999 年 6 月任北京大学护理学院院长。郑老师当时虽然年轻，但是当组织委以她重任时，她丝毫没有退缩，勇敢的接过了担子。郑老师认为，管理工作总要有人去做，既然组织认可我，我就应该尽心尽职地做好，带领大家开展好工作。于是她一面继续自己的教学工作，一面积极完成管理工作，也因此牺牲了自己的业余时间。郑老师希望把两手工作都努力抓好，“将所有老师紧紧团结在一起、让教育工作更上一层楼”

就是郑老师最大的愿望。郑老师任院长期间始终秉承严于律己、宽以待人的工作态度，不会因为担任了院长就摆出官架子。郑老师不喜欢别人称呼她为“郑院长”，她觉得“郑老师”更能体现出老师之间的平等关系，也更能拉近人与人之间的距离。每次开会，郑老师更愿意做一个聆听者，工作中的任何问题她首先会听取其他老师的意见，觉得好的她就积极采纳，觉得还需要再讨论的她就提出自己的看法，然后和老师们一起讨论研究最后达成一致意见。正是这种开明公正的工作作风、服务大众的想法和团结所有人的理念，使护理学院的工作发展地很快很顺利。

春播桃李三千圃，秋来硕果满神州

工作上的出色成绩离不开家庭的支持，郑老师就拥有着一个给予自己力量的幸福家庭，丈夫和女儿都非常支持她的工作，能够很好地理解她。郑老师平时因为工作关系无暇顾及家里的事，尤其是当院长那段时间，由于没有时间做饭，很多时候她们一家三口经常在学校食堂吃饭，但丈夫和女儿从来不会有怨言。郑老师对自己的角色却十分清楚，她说，在学校我是一个严谨的院长，但是在家就要把院长的脾气全部抛掉，做回一个好妻子好母亲。因此郑老师一回家就能够立刻转换角色，洗衣拖地做饭，丝毫看不出院长的架势。正因为有着这种清楚的定位，郑老师随身的包里总是放有一个菜兜，郑老师解释说：“这个兜可以让我随时为家里买菜给丈夫女儿做饭吃，即便工作再怎么劳累，下班了我都会顺道去菜市场看看有没有什么好菜可以买了带回去给家人做饭的，只要有闲暇，我都会精心准备改善家人的生活条件，有时会做几个好菜给丈夫女儿吃，这些事情都是很重要的，能够加深亲人之间的感情。”我们不得不佩服郑老师，不仅工作上的事情处理得好，还能把家庭平衡好，在工作上得到家人极大的支持。

郑老师在工作中是一位非常严谨的领导，在家庭中是一位非常体贴的妻子和母亲，在业余生活中又是一个很有生活情调的人。郑老师年轻时喜欢运动，是一位十分积极的文艺青年。现在虽然工作忙没有了业余时间，但是郑老师却在生活中时刻提醒自己要与时俱进、保持身心健康。譬如，郑老师在家喜欢做家务活，可以以此锻炼身体，也会边听广播边做家务来了解社会动态和时事新闻。所以郑老师身体一直很健康，和年轻人聊天也不会没有话题可聊，而是非常健谈、平易近人，能够引导谈话的气氛和节奏，让我们很轻松。

在同事眼里，郑老师是一个严于律己、宽以待人的人，对工作极其认真负责，对同事，特别是下属和青年教师又很宽容，十分乐意给予别人帮助和指点。郑老师的同事中很多都是她当年的学生，每每回忆起刚来学院的那段日子都十分怀念，在他们眼里郑老师是一位亲和力极强的长者，从来不会摆架子给人高高在上的感觉，反而总是热心帮助他们解决工作上的难题。年轻老师在工作上有时会犯错，但郑老师给予他们更多的是鼓励而不是批评，从各方面帮助他们尽快地成长为学科中坚，在他们看来，如果要用一个词形容郑老师的话，“德高望重”再适合不过了。同时郑老师也是一个很正直的人，有不同的意见会提出来，看到别人的问题也会为别人指出。被她指导过的青年教师都很佩服她的进取精神，她对知识的钻研和渴求甚至胜过很多年轻教师，虽然郑老师已经退休了，但是在学术上遇到疑问她仍会去学习直到解决问题。郑老师给人印象最深的就是治学的严谨精神，这种精神始终贯穿在郑老师的日常工作中。和同事讨论科研问题时，郑老师都会提前准备好各种资料，对于不同的意见会很认真地进行讨论沟通，对于学生的辅导则更是一丝不苟毫不马虎。郑老师的同事回忆起郑老师当初教授课程的那段时光时说：“那时候郑老师每天上课都会提前准备一些材料，像课堂讲义、课后小测试，还有对课堂上知识性术语的解释等，下课后就把这些材料发给需要的学生，还会继续待在教室给需要帮助的学生详细讲解知识，经常一讲就大半小时。因为那时郑老师教的学生中有很多专升本的学生，他们基础底子薄，很多知识都不能理解透彻，所以郑老师就会一个一个辅导直到他们完全弄懂为止。对郑老师而言，从医，是一件很严肃的事情，从她手里教出来的学生，以后行医治病、救死扶伤，她都要负责任的，所以郑老师要把学生都教好，单从这点而言，就让人无不钦佩。”正如郑老师同事所说：“她的人格魅力，在和她相处后就会充分地感受到，让人如沐春风般的感到温暖。”

对于给年轻的北医学子的寄语，郑老师认为北医校训就是最好的寄语：勤奋、严谨、求实、创新。任何一个北医人，都应该把这八个字作为自己学习和工作的指导思想，只有这样才能发展自己、开创未来。郑老师希望每个北医学子都应该有一种高雅的气质，北医是很优秀的一所大学，有深厚的历史沉淀，因此北医的学生都该保持一种良好的气质。特别是女孩子们，我们将来的服务对象是人，只有保持良好的气质才能让别人感觉更好，而培养气质需要从生活中的小事做起，着装打扮要注意，走路要抬头挺胸、坐有坐姿等，只有这些小事注意好了才能把气质给培养出来。同时学生们要有时尚的智慧，能够跟上时代，要有一颗自尊自强、自立自信的心，女孩子要和男生一样撑起半边天，学习了大量的知识，要学有所为，拥有自己的一番事业，而不能过于依靠他人，依旧把传统的相夫教子作为自己的唯一生活。新时代女性也应该在社会生活中担当起自己的职责，各个岗位和领导干部中都应该有女性的身影。

最后谈到了医护工作者的精神——燃烧自己、照亮他人，郑老师却有自己的见解，郑老师认为，医护工作者不该仅仅当一根蜡烛，因为蜡烛能贡献光亮的时间毕竟是少的，照亮他人是以耗尽自己为代价，烧完了就熄灭了。当代的医护工作者思想需要与时俱进，不再当蜡烛，而应该努力成为一盏明灯，不断地给自己充电，同时不断地照亮别人，只有这样才能实现永恒，最大化地实现自我价值，所以医护人员永远不要停止学习。

采访札记节选：

“认真”二字之于郑老师，不是嘴上的浮夸，是生活工作中，那一点一滴的积攒。两个字慢慢融入她的生活，融会成我们现在看到的这个成功的她。当认真成为习惯时，就会把平凡简单的事情做到极致，把棘手的难题破解开来，进而达到卓越、走向成功。

认真如郑老师，但是她却不是严苛、难以接近的人，“严于律己、宽以待人”是我们从每一个郑老师身边人那里得到的关于她的描述。

讲台上，郑老师是孜孜不倦、诲人不倦的教书人，工作中她是亲切随和的长辈。时光荏苒，大浪淘沙，经历了多年工作，她依然知性而优雅。认真地生活，认真地工作，这就是我眼中的郑老师，一位认真、坚持的成功女性。

学生记者　李温荣　崔雨萌

“人大代表最重要的职责是站在人民的立场，理解国家的事情。我是作为人民的医生去参加，要反映基层的情况，同时要理解国家发展的需要。”

——魏丽惠

如切如磋，如琢如磨

——专访北京大学医学部副主任、人民医院妇产科主任魏丽惠

家学渊源，耳濡目染

1979年，台湾的女诗人席慕蓉在诗里写下这样的句子：“溪水急着要流向海洋，浪潮却渴望重归土地。”

三十余年后，同样来自于台湾的女大夫魏丽惠微笑着说：“我很感激父母把我带回大陆，他们的为人和爱国情怀让我铭记一生。”

祖籍台湾，生于日本，求学于北京，这三片土地，一片抚养了她的父母长辈，一片种植了她无忧无虑的童年，一片滋养了她的医学之梦。在后来的人生路上，魏老师也时时感受到这三个地方分别对她有着怎样的影响。

魏老师家学渊源，祖父是台湾地区最早的西医，他的两个弟弟也是医生，到现在，在台大医学院的名录上还能看到他们的名字。

魏老师的父母也都是医生，父亲是外科医生，母亲则是妇科医生。20 世纪 30 年代前后，她的父母到日本读书，结业后开了一家诊所，魏老师正是在诊所开张的几年后，出生在日本福冈。

“小时候在餐桌上，经常听到父母讨论病人和病情。”魏老师说。父母的精湛医术和对病人的用心负责，让当时年幼的魏老师对医生有了懵懂直接的认识，也让她对这个职业产生了隐约的好奇和向往。

抗日战争结束后，魏老师的父母抱着满腔的热情，决定放弃在日本的安稳生活，在内战还没有结束时就回到祖国大陆。他们这种执着的精神和拳拳爱国之心，甚至在台湾老家都出了名。

当时尚且年幼的魏老师还不能完全理解父母自立、爱国的精神，但是在后来的岁月里，随着年岁渐长，她越来越深刻地明白了父母的理想和坚持，并潜移默化地被这种赤诚感染着。魏老师的父母在日本侵占下的台湾地区长大，深知只有中国自己强大起来才能洗刷屈辱，富国安民，在这样的家庭教育环境下，魏老师立下了要做有益于国家，有益于人民的事的决心。在抗美援朝的时候，她的父亲毅然参加了军队的医疗队，对她的心灵更是一次深深的震撼。

“家庭对我最大的影响有两点，一是造就了我的性格，二是让我选择了学医。”魏老师从小聪明好学，像父母一样勤奋好强，在报考大学的时候，她的全部志愿都填写了医科，最终以高分被当时的北京第二医学院（现在的首都医科大学）录取。

世路多岐，人海辽阔

说到大学时光，魏老师的脸上浮现起了笑容，在过去了近半个世纪之后，那段青葱岁月依然是她刻骨而美好的回忆。

在如愿以偿考入了北京第二医学院之后，魏老师意识到学校将是属于她的一片广阔天地，而事实也正是如此。大学期间，她担任学生会主席，广交好友，刻苦学习，过得充实而快乐，更重要的是，她在这几年的学习工作中，更清晰地明白了自己的人生目标和规划。

“当时只想当一个好医生。”她说。想到未来，那时候的她不想留校，更没想过其他的发展，大学期间的学习让她惊叹于医学的博大精深，让她更加热爱自己所选择的专业，并坚定了要为之奉献终生的理想。

然而，这个单纯而坚定的理想并非实现得一帆风顺。

魏老师在大学的最后一年赶上了“文革”，全家都未能幸免地卷入了这场浩劫，不但父母被一再怀疑拷问当初回到祖国是否别有用心，她自己在学校也受到了同学们异样的眼光。那个年代“台湾人”这个身份，往往让人联想到“国民党”、“间谍”、“特务”，尽管这一直影响到她毕业后的很多年，但她从未为自己“台湾人”的身份而感到沮丧。

毕业后，由于家庭问题，魏老师被分配到甘肃偏远又穷困的基层卫生院。那时候的她仅仅有着从书本中学来的医学知识，甚至还没有按当时的惯例经历临床培训，就不得不出诊。没有经验丰富的上级大夫，没有完善的轮转培训，她和其他被下放的同学一起，就凭着仅有的知识和一股子拼劲儿，为病人诊断、治疗。

“我们当时地方很小，这边是诊室那边是宿舍，他们在诊室问病史我们就在这边查书。”描述那时候的艰苦条件时，魏老师频频提到“缺医少药”这个词，即使在他们的努力下使病人得到了确诊，也常常因为缺少必需的药而无法治疗，让他们在本来就艰辛的物质条件下，又增添了心理负担。

不过，这样的辛苦并非没有回报。在他们的努力下许多病人转危为安，年轻的他们受到了患者的感激和尊敬，使他们初次感受到了身为医生的成就感与自豪。

正是这几年在基层的经历，让魏老师亲身地体会和了解到了基层的艰难和坚韧，她在回到北京之后依然一直心系基层，她深知基层的医生多么渴望也多么需要指导和帮助，所以她直到现在还不时到基层去讲课、援助，开展医疗服务和宫颈癌筛查，甚至和基层大夫一起查房，耐心细致地予以指导。她还用这段经历教育她自己的学生，要求他们谦虚地向基层医生学习，并在能力范围内给予帮助。

溯洄从之，道阻且长

1975 年，魏老师被调回了北京。说起调回北京的事，魏老师感慨万千：“当时都是同班同学，大家成绩也都相差不多，但是有人后来调回了北京，有了更好的发展，有人下放到基层就做了一辈子。”不同的境遇让她多了一分随遇而安的从容与坦然，也让她深深地明白，一个人不可能摆脱历史自己成长，时代的机变，命运的巧合，都可能彻底改变一个人的人生路径。在感激机缘与际遇的同时，她更加努力，珍惜生命中的每一个机会。

回到北京后，魏老师成为了北京人民医院（现北京大学人民医院）妇产科的一名医生。选择妇产科一方面是受了同样身为妇产科医生的母亲影响，另一方面也因为她有着朴实的为女人服务的愿望。

“我的外祖母是一名助产士，她曾经跟我妈妈讲，说中国的女人太苦了。”从古代三从四德的束缚，男权社会的重压，到现代对女人越来越高的要求，家庭与事业之间的平衡，中国的女人一直很苦，但一直那样坚强。在魏老师看来，如果其他方面她无力改变，至少她希望能够通过解除病痛，为女人们消除一些痛苦。

“女人为女人服务，天经地义嘛。”她笑得眉眼弯弯。

人民医院和基层卫生所相比，又是截然不同的环境，很多事情又得从头学起。那时候魏老师的女儿刚刚出生，丈夫支持她的事业，承担起了家务和孩子的照顾，魏老师全力以赴地投入到了学习和工作之中，很快就成长为独当一面的主治医师。

此时，她大学毕业时“只想当一个好医生”的理想变得更加触手可及，她也在这颠沛流离而终复稳定的几年里，发现自己越来越离不开自己的专业。即使后来她参与行政管理工作，进行学术研究，担任人大代表，有许许多多的事情需要忙碌，也依然没有一刻想过离开她的专业，离开她深爱的手术台。

“我可能记不住病人的名字和模样，但是我会记得她的病情，甚至记得开腹之后的一切情况，这就是我的职业。”同大多数医生一样，这个魏老师倾注了汗水和心血的行业给了她心安的归属感，“无论到多忙的时候，一站在手术台上，心就静下来了，一心全都在病人身上。”

从医多年，她没有遇到严重的纠纷，和她的精湛医术有关，也是因为她懂得排解病人和家属的负面情绪。她至今还记得她曾经的一些病人和家属，有的烦躁，有的绝望，有的无助，她在尽力提供最好的治疗的同时，也给予他们适当宣泄情绪的机会。

“我们尽力为病人解除痛苦，延长生命。”诊治过的病人越多，魏老师越认识到医学是一门尚且年轻的学科，而医生的能力如此有限。她更加努力地投入到工作中去，对每一个来诊的病人都亲自问诊，亲自检查，不让病人漏诊，也不让病人过度治疗，受到了病人和家属的感谢和表扬。

岂曰无衣，与子同袍

1980年，魏老师来到日本京都大学学习。故地重游已不是天真的童年时代，这一次她怀着一颗求学的心而来。她惊叹于日本当时非常优越的科研环境，以及为她提供的良好的科研条件。而她的优异表现也博得了指导教授的好评，教授希望她能够继续留在日本，享受优厚的生活待遇，继续在京都大学进行科研。

然而魏老师像当年她的父母一样，毫不犹豫地选择了回到祖国，回到那片深爱的故土，回到培养她成就她的人民医院。

回国后，魏老师再次回到了她熟悉的专业中去。诊治病人之余，她还利用一切时间进行科研，撰写论文。她重点研究妇科三大肿瘤之一的子宫颈癌，多项临床课题及科研项目均获得国内医学界医疗及科研成果奖，她的论文被刊登在国内外知名医学杂志上。同时，她还无私地把自己掌握的一切传授给年轻的学生，让学生们大胆实践，培养出了很多优秀的研究生、博士生。

2003年，突如其来的"非典"全面爆发，人民医院作为北京首批被隔绝区域，肩负重任。时任北京大学医学部副主任的魏老师临危受命，担任隔离小组组长。

在她的组织下，隔离的卫生、治疗工作都进行得井井有条。在隔离第一天就下发了《告全体党员一封信》，以党支部为依托把各个科室有序地组织起来，统一下达要求，进行管理。当时，医院里有二百多名医护人员，八百多名住院病人和陪护家属，在非常情况下对卫生条件的要求更高，魏老师甚至带着医护人员亲自动手清理垃圾。

魏老师在巨大的压力下，圆满地完成了工作，但是在"非典"风波过去后，她没有松一口气，反而更忙碌地投入到了后续工作中去，致力于打消人民医院当时在百姓心中的"非典医院"形象，尽早恢复医院的正常工作。

在担任隔离小组组长之前，魏老师就已经在医院和学校担任行政工作。她很庆幸在北医这样一所学院派作风的学校中，很重视行政干部的学术地位和能力，让她在行政工作最繁忙的时候也没有耽误行医和科研。

“兼顾很累，很辛苦，但是我还是尽量抽出时间来。”不知道从什么时候起，魏老师养成了开夜车的习惯，在经过了一天的繁忙之后，还要抓紧利用晚上的时间去做更多的事情。

除了这些行政工作之外，她还曾连任三届全国人大代表，在网上搜索她的名字，能找到很多她担任人大代表时接受的采访。

“担任人大代表让我的思想上升到了一个更高的层次。”魏老师说。作为一名祖籍台湾的大夫，她在任人大代表期间，不但密切关注台胞反映的问题，多次提出过关于台胞在大陆入学、就业相关问题的建议，还就医疗环境和医疗改革提出了自己的建议和看法。在她看来，担任人大代表之后，能够从国家发展的层面去理解存在的问题，既提高了眼界，也让自己能够提出可行的建议。“人大代表最重要的职责是站在人民的立场，理解国家的事情，我是作为人民的医生去参加，要反映基层的情况，同时要理解国家发展的需要。”对祖国的热爱和为人民服务的热忱，让她全心全意地投入到了这份光荣的职责中去。

多年来，魏老师一直践行着回报祖国，服务人民的精神，无论在风平浪静的和平年代，还是面对“非典”来袭的风起云涌，她始终冲在第一线，她弱小的身体里，有着强大的力量支持着她去战斗，去前进。

青青子衿，悠悠我心

这些年来魏老师在工作上取得的成绩，离不开家人，尤其是丈夫对她的支持。

一直以来，魏老师的丈夫都以深切的爱和理解，在各方面一直给予她最大的支持。他不仅在她刚回到北京的时候一手承担起了家务和对幼女的照顾，在她参加地震救援小组前往唐山时一手操持家务，更在几十年里，和魏老师一起努力，尽到各自的每一份责任，共同营造和美的家庭氛围。

好的伴侣应当互相理解，互相支持，魏老师和她的丈夫都非常重视家庭，也认同好的家庭对事业的重要性。两个人工作都很繁忙，但是无论有多忙心里都会惦记着家庭，会抽出时间照顾这个共同的避风港湾。魏老师出国，或者下基层时，丈夫就承担起对家庭的照顾，而丈夫的工作也时常需要出差，此时魏老师也会打点好家里的上下事务。夫妇俩就这样彼此理解，彼此支持，凭着对彼此、对孩子的爱，对家庭的责任，在工作繁忙的情况下也没有忽略家庭。

原来，学生和病患眼里的女强人魏大夫，家庭观念也非常强。她一直坚持，在工作很忙的时候也要把家里的大小事务安排好，要关心先生的方方面面，要关照孩子的成长。在她看来，虽然这个时代对女性提出了更多的要求，但是不能抛却相夫教子的传统观念，要争取做一个传统与现代结合的新时代女性。

“女性在职场上要想做好，付出代价比男性多。”魏老师坦言。因为在传统观念里，男性承担着养家糊口的角色，一时忙碌没有顾及到家庭也不会受到太多苛责，但是女性无疑对家庭有着更全面细致的责任，而现代女性已经不像传统中大门不出二门不迈的妇人那样可以安心做家庭妇女，社会对于她们在职场上的表现也有了更高的要求。这时候就需要很强的责任心和很好的平衡能力，不要无暇顾及家庭，也不要忽略了事业。

在科室里，魏老师也会有意无意地教育学生，要扮演好自己的角色，在医院做一个负责的好大夫，回家之后也要尽到自己对家庭的责任。

“职业上需要自己打拼，但是家庭需要家人一起努力。”魏老师回想起家人一直以来给她的互相支持，表情柔和。

虽是严师，胜似慈母

周蓉从大学毕业后就师从魏老师，至今她想起第一次见到魏老师的场景，仍然记忆犹新。

“第一次见到魏老师的时候我刚来到妇产科，都不知道魏老师长什么样，分诊台的护士告诉我魏老师在查房，于是我就进了病房，那是我第一次见到魏老师。”查房是非常严肃的场合，各级医生根据自己不同的责任汇报病人的情况，周蓉第一眼见到严肃的魏老师，一股崇敬之情油然而生，甚至觉得有点怯意。

但是这种小小的忐忑，在她和老师进一步接触之后就完全被打消了。虽然魏老师对工作非常严格，但是她是一位能够引导学生的好老师。在跟从魏老师学习的过程中，周蓉发现，魏老师虽然要求很高，但不会一味挑毛病，而是指出方向，让学生自己思考，自己前行，并尽她所能给予指点和帮助，帮助学生改正错误，取得进步。

此外，魏老师还非常注重学生临床思维的培养。周蓉就是在魏老师的指点下，从一个掌握了书本知识会答题的医学生，逐渐成长为一位富有临床经验的大夫。她说："很多东西是书本上学不来的，每个病人都是有生命有思想的个体，我对老师查房时强调的个体化治疗印象非常深刻，每一位病人都是不一样的。"

魏老师不仅让自己的学生获益良多，作为科室主任，她还会根据科里大小医生的能力和专长安排工作，悉心指导，毫不偏袒自己的学生，而是让科室全面发展。

周蓉师从魏老师到现在也有十年多了，当初周蓉还是单身，魏老师当时除了她还有几位单身的女学生，学生们住在单身宿舍，生活都不是特别宽裕，所以每到过年的时候，魏老师总会把学生们都请到家里来，用简单的彩带和气球装饰房间，大家一起吃饭、唱歌、踩气球，格外尽兴。过了几年，学生们有了男朋友，就带着男朋友一起去老师家，后来结了婚，带着丈夫一起去，再过几年生了孩子，带着孩子一起去……一路看着她们成长、成家的魏老师，仿佛一位操心的慈母，看着孩子们都长大了，自己心里也终于踏实了。

采访札记节选：

她是这样一刻不停歇地攀登高峰，追赶着攀得更高的人，帮助比她攀得低的人，然后与同样高度的人彼此鼓励，互相交流；她创造环境，环境也造就她，就这样一直追求着进步，一直不停步地前进，就像古书中说的那样，如切，如磋，如琢，如磨。恍然觉得，那样的工作，那样的人，才是幸福的。

我真心向往这样的状态，希望我有这幸运，也希望已有这幸运的人——如魏老师——他们的路上繁花盛开。

至少当下，在我还混沌不知自己未来将去向何方的时候，有他们无言地鼓励鞭策我。疲累的时候，倦怠的时候，松懈的时候，抬头往上看，总能看到他们——他们的勤奋不懈会让我忘记了哪怕是身心俱疲的劳累，他们的事必躬亲会让我惭愧于哪怕是一瞬间的倦怠，他们的孜孜追求会让我惭愧于哪怕一丝的松懈。

学生记者　王小鲁

“要向世界说好‘中国故事’，是中国学者义不容辞的责任。”

“中国女性自强自立，又努力尽到女性本分的历程不过一百年。这一百年的中国女性故事，在世界女性史上，绝对应该大书特书。”

——袁明

“大气”袁明

——专访北京大学燕京学堂院长、国际关系学院教授袁明

作为一名女性国际关系学者，袁明有着几个不同的舞台。

首先当然是北大的讲台。她最喜欢的就是和学生在一起，在课堂上最希望达到的，就是那种境界：讲到一个知识点或是闪出一个思想火花，眼光和学生的目光对接了，那里有各自的知性火苗在闪耀，在课堂的特殊气场中交流，人的精神会豁然开朗，会感到一种奇妙的精神升华。学生们也喜欢袁明，喜欢听她的课。每年春季学期她的全校通选课，400 人的大教室挤得满满当当，窗台、走道上都坐满人。她的研究生小班课上，有来自英国、法国、德国、俄罗斯、美国、日本、西班牙、奥地利、韩国、塔吉克斯坦、新加坡、汤加、马来西亚、墨西哥、中国台湾、香港等地的学生。他们需按照要求，阅读中英文原始材料，和中国学生一起，用中文参加发言讨论。每次上课，教室中思想火花闪烁、激荡，每个人

的思想天地中都充满着张力。袁明说，北大的课堂，越来越国际化了，只有这样的环境熏陶，才能拓展全球视野，培育真正优秀的未来人才。

袁明还有一个舞台，是在国际场合，在世界上。她认为，中国真正主动向世界开放，还是改革开放以来三十多年的事情。这个过程中有许许多多的实践，要向世界说好“中国故事”，是中国学者义不容辞的责任。2006 年秋天，经中国政府推荐，袁明出任联合国基金会中国理事。在十几位国际名人组成的理事会中，女性占了一半。其中有挪威前首相、世界卫生组织总干事，有约旦王后，有联合国秘书长特别顾问，有哈佛大学教授。在这样的男女各半的国际群体中，袁明感到一种“自觉地对女性的尊重，不是表面装饰，是对生活含义的深刻理解与认同”。

在这样的群体和其他国际高端活动场合，袁明用中国女性的眼光审视世界，用真诚的情感去做交流与沟通，用心用情去讲“中国故事”。她的听众很多。每次开“三边委员会”，听众中就有基辛格、布热津斯基这样的名人。在达沃斯世界经济论坛年会上，袁明与澳大利亚外交部长、新加坡总统、印度尼西亚外交部长同台讲亚洲形势。对于这样的特殊经历，袁明自己总结说，第一是中国大背景，人们有兴趣；第二是有对世界大势和时代脉搏的宏观把握，能找到对话的支点；第三是有英语表达的能力，知道怎么去准确生动地表述；第四是女性身份。

女性身份，是一篇做不完的文章。

这种女性的“身份认同”，在袁明的童年、少年、青年时期，曾经被来自各方的精神滋养，在悄然中孕育。而真正以“身份自觉”去做人做事，已经是有了实实在在的舞台以后了。

童年，一切的开始。父母工作忙，袁明跟着外祖父母长大。小时候，听外祖母讲她的故事，觉得好玩、有趣，长大之后才知道，那是中国近代女性在“大时代中的小故事”。外祖母出生在 19 世纪末的官宦之家，“女子无才便是德”是家训。但是随着西方列强的东扩，西风已经吹入清末的中国，新式学堂在沿海和内陆纷纷建立。她的三个哥哥都进了学堂。她也要求进新学堂读书，但被父亲拒绝。年龄仅为 14 岁的她竟然做出了一个极其大胆的选择：偷偷离家，从南昌逃到九江，敲开一家女子师范学堂的门，对女校长说：“我要上学。”几十年后，外祖母告诉童年的袁明这段刻骨铭心的经历时，还会说，“女人要自强，要读书，我是从 14 岁起，每天早上给校长的女儿梳头，梳了三年，把自己学费挣出来的。个子小，站在小板凳上给别人梳头，泪水直流。”一个“外婆的故事”，从此变成一种女性自强意识的开始。1983 年，袁明去美国进修，时年已经 86 岁的外祖母给她写信说“要为中国女界争光”。

在上海读中学的少年时代，家里有各种书报杂志。外祖母订有一份《中国妇女》，从创刊号开始到“文革”中断，期期看毕完好存放。跟着外祖母阅读，少年袁明从中知道了更多的女性故事，宋庆龄、康克清、邓颖超、蔡畅等，都成了少时袁明心中的偶像。

待 1962 年袁明考入北京大学西语系以后，她才知道，《中国妇女》杂志介绍的许多人物，其实就活跃在北大的校园里。当时，北大的管理层中，有不少女干部。学校党委副书记彭珮云，西语系的党总支书记石幼珊，副书记雷崇立，党总支夏玟、夏申，都是女干部。西语系在民主楼。早春时节，乍暖还寒，她们和从美国留学归来的周珊凤、张祥保等女老师在民主楼外的迎春花、榆叶梅花丛中，相见欢笑，互致问候。引人注意的，是她们都穿着一种自己缝制的棉坎肩，有素色的，也有格子的，那实在是一道特殊的风景。她们引领着当时的一种时尚。女性的美，其实不在名牌，而在独特，在相互的默契和配合。当时还是物质生活匮乏的岁月，然而这些女干部和女老师，会在周末或假日邀请学生去家里做客，桌子上常常会有一小碟糖果或点心。虽是细节，却叫人难忘，回忆起来，也总有一股温馨。

1966 年，“文革”风暴开始，北大陷入一场浩劫。知识之美，被狂热、无知、粗暴践踏得荡然无存。21 岁的袁明经历了有生以来的第一次低潮。从一个团干部、又红又专的好学生，被批斗、挨打，“被勒令打扫厕所”。这样的人生磨炼，非同寻常。最初喧嚣的几个月过去，袁明没有垮掉，反而从中看出了一些门道。她凭直觉感到，这样的局面有问题，不正常。没有人敢在公开场合同她说话，她就成立一个人的“战斗队”，写大字报批判当时校园中的红极一时的造反派。袁明记得，一些老师在最为困难的时刻给予的关心和温暖。祝琬瑾、孙亦丽，这些昔日教她英语泛读课的老师们，在“文革”风暴里，反而显出了女性的韧性和风骨。在未名湖边的女教师单人宿舍里，她们开导袁明，要她“相信党，也相信自己”，在风暴中的勉励，力量远胜过丽日下的平常言辞。

这种特殊的磨炼，给袁明日后的生活揉进一种承受突发、承受动荡的能力。1968 年到 1978 年的十年间，袁明在唐山解放军农场和陕西黄土高原上度过。尤其是黄土高原的八年时光，是袁明一生难忘的岁月。

袁明在陕西临潼县的一个中学里，做了八年中学老师。那里，她真正接到了中国的“地气”。她去西北的原因很简单：为了爱情。丈夫韩启德是她在上海读中学时初中、高中的同班同学，还一直是班长，1962 年考入上海第一医学院学习，毕业时直接分配到陕西。袁明回忆起第一次去那个公社卫生院看他的情景时说：“那里太苦，一天只有两顿饭。我踏进那个土院子，看到他正蹲在地上，手捧一个老大的粗碗，吃着苞谷糊糊，我当时心疼得眼泪都快掉下来了。可是他一脸快乐，说能给人看病就高兴。”在上海长大的韩启德并不在乎上海的物质生活，实际上他也没有享受过太高的物质生活，他觉得在陕西农村里，周围老乡们相信“韩先生”，自己真正被需要，就是人生最美好的感觉。

很多年以后，袁明回忆起那八年“接地气”的生活，还是感慨万千。“其实，生活的每一段，不管是哪个年龄段，不管在什么地方，不管做什么，就是自己心里的那种‘人生感’，感知生活、友情、爱情，吃饱穿暖以后，心里饱满，总是第一的。”

心里饱满，是人的一种自我感知。女性的这种内心饱满感，有知性、知识、情感等方面的多重诉求。这需要社会大环境、小环境、群体、个人的多方协调。

在中国主动融入世界、改革开放进一步深化的今天，中国女性如何去追求这种内心的饱满感？这又是一个大课题。世界的大势是，将会有越来越多的女性要求摆脱传统，要求改变传统的生活方式，与此同时，也会有女性关于回归某些传统的新思考。女性对社会生活的参与度将会越来越高，这个趋势不会变。

如果从“外婆的故事”算起，中国女性自强自立，又努力尽到女性本分的历程不过一百来年。这一百年的中国女性故事，在世界女性史上，绝对应该大书特书。

看看我们北大校园里的女性 80 后吧，袁明提议。她们中间有许多人已经为人妻、为人母，但是她们生活得那么主动、丰富、积极。无论是工作还是生活，她们都那么有创意、有激情，给整个校园带来许许多多正能量。袁明说，在她的微信群里，最令她感动的是这些 80 后的年轻同事们展现的朝气和美感。就女性与社会生活的关系而言，中国女性将超越什么传统，又将回归什么传统？这篇大文章，刚刚开始。北大将为中国作出什么贡献呢？

采访札记节选：

袁明老师对于女性、女性领导有着自己独到的见解。这既源于她自己的亲身实践，也来自于她一生中所接触到的那些杰出女性。抚养她长大的外婆就是封建时代没落时典型的新女性，时任北大西语系党总支书记的石幼珊是解放前北平的地下党员，还有当时活跃在北大校园内的彭佩云、汪家镠等。有句戏言说，成功的人总是成群结队地出现，或许，这就是环境对于人的塑造力的具体体现吧。

如今，北大校园里再不见当年繁荣的女性领导现象了，袁明老师也表达了自己的担忧。而对于社会上高知阶层中悄然兴起的“全职太太”热潮，她则不以为然。在她看来，女性与生俱来的许多优点：吃苦耐劳、追求完美、无私奉献等品质都能在领导工作中发挥巨大的作用。袁明老师对于女性的诸多观点都让我获益匪浅。虽然如今很多人还没有意识到女性的重要性，但是袁明老师坚信女性的崛起注定是一股不可阻挡的世界潮流。

袁明老师是我迄今为止接触到的最为优秀的女性之一。作为一名忧心着自己未来、在每日的忙碌中努力寻找方向的年轻女学生，与袁明老师的交流让我很受鼓舞。她本身的经历就是一个励志的故事，而她深刻的思想则促使我进一步去思考自己的人生。如果她能够在过去那样的苦难中重新站起来，并且取得巨大的成功，而我这样一个还没有遭受过真正苦难的人又有什么理由对未来感到茫然呢？

学生记者　吴蕙予

“以师生为重，管理和服务围绕教学、科研进行。”

“是不是女干部不重要，最重要的是一定要认真负责，干一件事就像一件事，这样的态度不仅仅是干工作，干任何事都会出成绩。”

——史守旭

风雨兼程　昨日如歌

——专访北京大学原校长助理、深圳研究生院原院长史守旭

昨日如歌，北大燕园五十年；风雨兼程，深圳创业十余载。自 1964 年考入北大，北大便成了史守旭教授无法割舍的事业与感情永恒的家。整整五十年，从北国飘雪到南国花开，是未名湖畔的家国天下书声琅琅，是办公室内的一丝不苟兢兢业业，更是南海之滨的胼手胝足筚路蓝缕。

细数史老师的五十年北大经历，不禁发现，她和北大的发展轨迹有着极大的契缘。史老师在燕园、昌平校区、深圳研究生院工作过，对北大的情况极为熟悉；担任过科研处长、秘书长、校长助理，参与过学校很多方面的工作。学校改革转型、百周年校庆、深圳事业的发展等等大事都有她踏实和勤奋的足迹。史老师的个人发展融入了北大的建设之中，是一种北大人的责任感在支撑着她，也正是这种责任感让她在自己经历的各个岗位上兢兢业业地奋斗了五十年，默默奉献了五十年。

成长篇：命中注定的北大缘

责任精神初长成

回首当年，北大并不是史守旭的首选。生活在山东烟台郊区的一个只有几十户人家的小村庄，在她不到一岁时父亲早逝，14 岁正在读初中二年级的姐姐放弃了学业，成为一名小学老师，协助母亲担负起了抚养两个弟弟、一个妹妹的生活重担。母亲虽然是没上过一天学的农村妇女，但她知道知识的重要，在普遍认为女孩子不用读书的农村，母亲还是坚持说只要她愿意读书就让她读吧！家庭状况使年幼的史守旭从小就很懂事。史守旭从小学一路以年级第一的学习成绩到高中毕业，从未让母亲操心。在填报高考志愿时史守旭为了减轻家里的负担，决定报考“吃饭不要钱”的师范院校，第一志愿是北京师范大学。史守旭的物理老师毕业于吉林大学，是这所中学少数几个在省外读过大学的人，他对史守旭的学习能力有深入的了解，极力劝说她报考北京大学，在物理老师的坚持下，史守旭改报了同样能“有助学金发”的北京大学。谁曾想到，志愿书上的轻轻一笔竟彻底改变了她的一生。那年秋天，史守旭成为这所中学建校以来第一个考入北大的学生，第一次走出烟台，第一次乘火车，第一次到北京……自此，燕园走进了她的生命里，再未离开。

1964 年的北大，是回忆里最浓墨重彩的一笔。9 月刚刚踏入大学校门，又参加了国庆 15 周年庆祝游行和联欢，让从山村来到北京的史守旭感到无比的激动和幸福。就在这年的 10 月 16 日，我国第一颗原子弹爆炸成功，当晚，这一消息就通过无线电传遍了全国。北京大学的广播站破例在晚上 9 点转播了中央人民广播电台的晚间新闻。史守旭到现在都记得，当全校学生听到这一消息后，大家从各个教学楼、宿舍楼冲了出来，自发地聚集到大饭厅，有的同学还跳到台上带大家一起高唱《东方红》和《我的祖国》等歌曲。沉浸在巨大的兴奋和荣誉中的史守旭强烈地感受到，科技的强大对祖国繁荣和人民幸福是多么重要！她暗下决心，一定要努力学习，报效祖国，做一个对祖国对人民有用的人。北大人的责任感在史守旭年轻的心里悄悄扎下了根。

但是 1966 年开始的“文化大革命”让刚刚学习了两年的大学课程戛然而止，

这对渴望学习的史守旭来说是终生的遗憾。后来，不管是在动乱中的“复课闹革命”，还是毕业后留校担任教师，来自小山村的她珍惜每一个学习机会来弥补这些缺憾。担任助教的课堂和学校工会组织的夜校，都成为她吮吸知识的殿堂。燕园里发生的事镌刻在了她的心里，一起刻下的还有北大人的勤奋、严谨、求实、创新的精神和天下兴亡女子亦有责的使命感。就像所有的波澜壮阔都有一段平静的开始，这些在史守旭的心中烙下了深深的印记，这也成为支撑着她不断努力，不断进取的信念。

管理是一门科学，更是一种服务艺术

1970 年毕业后，史守旭从学生变成老师。在昌平校区工作的一年时间里，她参加过中国第一台百万次的计算机的研究工作。但工作还未结束，史守旭就被调回物理系，其中又去北大在江西的“五七干校”，直到 1971 年 9 月才正式回到物理系从事教学和科研工作。“文化大革命”后的北京大学迎来了教学和科研的春天，史守旭在物理系也开始了她的职业生涯。这期间她担任过激光专业 73 级的班主任、“光学”课的辅导教师、近代物理实验课教师，后来又调入刚刚恢复的固体能谱研究室工作。不管在哪个岗位史守旭都是认认真真，刻苦努力的工作。功夫不负有心人，研究工作也获得了一点收获，她与同事们研究的小型激光拉曼光谱仪获得了教育部科技进步二等奖。

1984 年底，北京大学自然科学处（现科学研究部）要从物理系借调一名管理人员。因为史守旭曾担任过研究室秘书和物理系工会副主席等行政职务，时任物理学系副系主任戴远东就打起了史守旭的“主意”。史守旭服从组织安排，于是，在 15 年教学科研工作后，史守旭又开始了在管理工作岗位上的奋斗。“管理最重要的是有服务意识”——时任北京大学科研处处长、后任北京大学常务副校长王义遒教授的这句话让刚刚踏上管理岗位的史守旭受益匪浅：“服务好一线教师、帮他们解决后顾之忧，是我们科研处最重要的任务。”史守旭以服务者的自我要求十年如一日地认真对待工作。她知道为教学科研服务不是简单地靠热情，需要不断的发挥主观能动性来发现和解决问题。为此，每年她都和处里的领导同事走访每个院系，解决各个单位的不同问题。在科研处的 12 年里，她穿过了北大每一个实验室的夏雨春风，踏遍了学校每一个角落的冬雪秋霜。这些踏实认真地工作使她对北大理科科研状况谙熟于心，为学校的科研管理决策提供了准确的依据。同时她还与科研工作的上级部门如教育部、科技部、国家发改委、国家基金委等建立了密切的工作联系，为北大获得国家层面支持特别是为给一些海外引进人才争取科研经费和科研条件发挥了积极作用。那些当年还年轻的学者现在都已成为各自学科的带头人，有的已成为院士。时隔二十多年，他们总不忘感谢史守旭老师对他们的帮助，而史守旭老师也发自内心的说：那是我应该做的。脚踏实地的兢兢业业换回了来自多方的认可：当老师们遇到问题时，他们首先想到的就是找史守旭和她的同事们帮忙，大家都觉得科研处是为一线教师服务最好的部门之一。她也从一名普通科员晋升为科研处副处长、处长，以及后来的北京大学秘书长、校长助理。

1997 年刚刚担任北京大学秘书长的史守旭就遇到了筹备北京大学百年校庆的重大事件。这对史守旭来说无疑是一个很大的挑战，这期间她废寝忘食，任劳任怨配合校领导协调各方关系，调动多方资源，为百年校庆活动获得巨大成功做出了重要贡献。校庆过后总结时宣传部门要出一本纪念册，却发现很少有史守旭的镜头。他们向史守旭表示歉意，史守旭说只要校庆活动不出纰漏就是她最大的心愿。这就是实实在在的史守旭，认认真真做好每一件工作，从不追名逐利!

90 年代，她参与促进北京大学走出传统研究型大学的象牙塔，与山东、云南、广西和广东等省开展全面合作，开风气之先，努力使北大成为“全国人民的北大”。

创业篇：南海之滨的北大事业

我们不去，谁去?

多年后，当史守旭再遇见时任北大党委书记的任彦申时，不禁感慨地说，“任书记，您让我去深圳代管半年，可这一代管就是近 20 年啊。”书记则是报以微笑，“这一片事业正是你的责任心哪”。对史守旭来说，是身为北大人的责任感让她义无反顾地南下创业。

史守旭认为，北大与深圳的合作是相见恨晚。一边是改革开放以来，创造了举世瞩目经济奇迹的城市，一边是探索如何更好地发挥智力资源、为社会服务的大学。“深圳是改革开放的窗口和前沿阵地，社会、经济发展过程中产生了很多亟待解决的问题，北大是中国高校的排头兵，我们不去，谁去?”

1999 年 8 月 16 日，深圳市人民政府、北京大学、香港科技大学三方签署协议，建立深港产学研基地；2001 年 1 月 10 日，深圳市人民政府与北京大学再次联手合作，创办北京大学深圳研究生院；2001 年 9 月 5 日，深圳市人民政府与北京大学三度联姻，成立了《深圳北京大学、香港科技大学医学中心》，并将深圳市刚刚建成的深圳市中心医院正式更名为“北京大学深圳医院”和“北京大学深圳临床医学院”。在这个过程中，史守旭发挥了重要的作用，她积极促成市校合作，兼任了深港产学研基地主任、深圳研究生院常务副院长和深圳北京大学香港科技大学医学中心副主任，全面主持北大在深圳的工作。

相隔两千多公里，史守旭跨越了半个中国，将中国最具历史的大学和中国最前沿的年轻城市连接在了一起。从医疗到普通教育，从高等教育再到科研成果产业转化，史守旭笑言：“深圳人可以在北大系统里走完一生。”

让科技成果真正有用武之地!

“作为科研部长，以及协助校长分管科研的校长助理，我对当时很多的投入只转化为几篇论文就束之高阁，感觉十分可惜。”美国硅谷，以及台湾地区科研单位的成功案例让史守旭在原来推动国内合作的基础上，进一步明晰深港产学研基地要在大学和产业中搭建一座桥梁，让大学的科技成果通过产学研基地转化为产品或产业。使深港产学研基地成为深港湾区具有竞争力的科技成果孵化与产业化基地、风险基金聚散基地、科技体制创新基地、高科技人才培养与引进基地。

作为基地主要负责人和组织者之一，史守旭既要协调基地在深圳的建设，也要照顾香港科大的要求，还要不失北大的特色和初衷。初接任基地事务管理时，史守旭还兼任着北大本部的行政工作，所以她北京深圳两头跑；即便是在深圳，史守旭也不得“安生”，许多重大决策必须要双方会面时，她就得深港两地跑。基地项目还没结束，研究生院项目又接踵而至。

2000 年 2 月，那是史守旭最难忘的一次飞行。当时，北大、香港科大和深圳决定在产学研基地现址举办项目建设发布会，膝盖刚做完手术没几天就拄着拐杖一瘸一拐地飞来参会，在飞机上三个小时不能伸直双腿，在会场上几个小时不能起身走动，“真是难受极了”。即便如此，她还是无怨无悔地一路坚持了下来。

史守旭第一次踏上基地现址时，那里还是一片等待沉降的填海工程。如今，深港产学研基地 36000 平方米的大楼早已成为深圳科技园区的地标性建筑。在建立后短短的三年时间里，基地就孵化出了 16 家高科技企业；迄今为止，基地累计培育的企业已超过 300 家；基地还引入北大、香港科大资源，建立了包括深圳市数字媒体、环境污染治理、自动控制实验室在内的十余个实验室、技术研发中心及博士后科研工作站；同时，北大和香港科大已有二十多个产业项目加盟基地，分布在信息技术、生物工程、机电一体化和环保等前沿领域，为深圳高新技术发展和经济可持续发展提供了核心动力。

经过几年的努力，2008 年深港产学研基地被国家科技部认定为国家高新技术创业服务中心（即科技企业孵化器）；2009 年，深港产学研基地又被认定为第二批国家技术转移示范机构；2014 年中国产学研合作创新大会又授予产学研基地为“中国产学研示范基地”称号。目前深港产学研基地已经成为深圳乃至全国科研成果转化以及创新企业孵化的一面旗帜。

同创北大深圳国际化校区

深圳研究生院从创办之初就饱受争议，校内不少人对此持反对意见，有人认为国外没有一流大学异地办学的先例，北大这样做过于冒险；也有人认为北大办好北京本部就够了，不要在异地浪费时间精力，诸如此类等。在许智宏校长的支持下，北京大学党委书记王德炳力排众议：“北大不是北京的北大，是全国人民的北大。”敲定了北大“南下”的最后一音。

许智宏校长 2014 年在给《商界军校》——北大汇丰商学院创业史一书所写的序中说：“北京大学当年去深圳大学城办学时，我自己有一个梦想，就是希望在深圳这个改革开放的前哨，北大深圳研究生院能够更加开放、更加国际化，在那里可以尝试进行更多的教育改革。中国要成为在世界上真正有影响力的强国，必须有一流的高等教育，也必须培养出大批能够在国际事务中发挥作用的人才。‘国际化’是高校要走的路子，尤其像北大这样的高校，要建成世界一流大学别无他路。”史守旭老师就是这个追梦者。

从建院开始史守旭告诫自己和她所带领的团队，一定要严肃认真对待深研院建设的问题，她说“北大把牌子给了我们，我们不能砸了北大的金字招牌；深圳市把钱给了我们，我们不能浪费了深圳纳税人的钱；更重要的是，学生奔着北大来的，我们不能让学生失望”。研究生院的建设一定要保证和校本部“同一品牌，同一标准，同一质量”。为此她和时任北大校长的许智宏多次讨论深研院的定位。经过反复论证，学校对深圳研究生院的定位也逐步明确要成为北京大学教育改革的试验田和创建世界一流大学的重要组成部分。

深研院不是北大本部的缩微版，而是要实现差异化发展，与国际接轨，培养应用型人才。回看深研院的学科规划发展：环境能源、新材料、生物制药、互联网信息技术以及金融和法律，这些与特区发展需求结合紧密，仿佛早已预知到了深圳的未来。这都得益于史守旭和早期创业团队对于国情、校情、深圳市情以及国际趋势的精准把握，对社会、经济发展方向的明确与深研院人才培养的意义的定位。

签协议、定学科、招学生，北大深研院的建设在各种不确定中艰难地摸索起步。“当时最要命的是，我们定下 03 级新生开学入住新校区，但校区尚未竣工，所以我们最着急的就是能否如期开学。盖楼、装修、食堂等配套，都要在短短的工期内完成；考虑到工程质量，又不能催得太紧，只能努力和政府协调工期。我们一遍遍去交涉，当时主管大学城建设的建筑部门领导也被北大老师的精神所感动，他后来就向我们保证，一定让我们准时开学。”2003 年 9 月北京大学深圳研究生院第一个进驻了深圳大学城，史守旭深情回忆道。可是住进了学校，大家发现困难更多：食堂众口难调，校区交通不便，出租车司机不知道大学城在哪，邮件经常被送去深圳大学。所以，史守旭就去和邮局交涉、和银行沟通、和公交公司联系，这才有了邮局、银行和公交车。现在，随着深圳的发展和校区的继续建设，这些问题都陆续得到了更好的解决。

作为北大在深圳的一份新事业，史守旭为其付出了大量心血。从创院到 2013 年，她担任了 13 年的常务副院长，与陈章良、林建华、海闻等几任院长密切配合。“和我合作的几任院长都具有多年的海外一流大学的求学经历，有国际视野和办学理念，作为老大姐我毫无保留地支持他们。”在实际办学过程中，老大姐发挥了不可替代的作用，“以师生为重，管理和服务围绕教学、科研进行”——史守旭早年形成的理念，在北大深圳的国际化校区得到了更深刻的诠释和发展。她深知，一流的大学必须有一流的教师，而在旧体制中人才不能合理流动带来的弊病她深有体会，为此她在深研院师资队伍建设中努力探索以国际化的教师队伍为主体，技术队伍和行政队伍为两翼的合理人才结构。为吸引优秀人才，她顶着各种压力坚持合理使用深圳市批准的有限事业编制；为了支持优秀人才，在经费使用时不搞大锅饭，不搞“平衡”，用有限的资金建成几个高水平的实验室，使优秀人才有用武之地。化学基因组学实验室建设之初就采用引入国际评估的 Tenure-track 聘任制，吸引了一批立志在中国研发出具有自主知识产权新药的海外学子，成为全国最高水平的新药研发团队之一。他们的实验室已成为国家实验室的候选单位。景观设计硕士专业也是在深圳研究生院首开先河，培养的硕士生的设计作品曾获国际奖励。

深研院的成长从 2001 到 2007 是发展的第一阶段，办学模式大多是本部院系的延伸，办学情况并不稳定。作为深研院创始人的史守旭以执着的精神和北大人的责任感带领当时的深研院班子克服了重重困难，坚持了下来，为深研院的发展奠定了坚实的基础。

从 2008 年起，深圳研究生院发展进入新的阶段，逐步实现招生自主，师资不断实现国际化、本地化，学生规模也迅速攀升至近 3000 人。目前，深圳研究生院已经形成与深圳产业与市场高度融合的学科体系，拥有包括 150 多名高水平国际化教师在内的师资队伍，培养了近 8000 名高层次全日制研究生，形成了鲜明的国际化办学特色。在这个过程中，史守旭甘当配角，与海闻副校长紧密配合，兢兢业业，默默奉献。

如今，南国燕园茁壮成长，深港产学研基地蓬勃发展，史守旭却从不居功自傲，只是淡淡地一笑说一句：“我这个人，只会干活。”

结语：你是那一树一树的花开

史守旭温和干练的作风极好地诠释了一位北大女性在母校的成长。在采访中，她提到最多的一个词就是“责任”，她强调北大对自己的培养，但说的更多的是作为北大人对学校的责任，可一旦涉及到做出的成绩，又往往一笔带过，十分低调，“名利”在她身上显得是那么的云淡风轻。

在谈到家庭与事业的关系时，史守旭静了一下说：“女性要兼顾家庭，要处理好几方面的关系，需要放弃的时候要放弃，不仅是工作，家庭方面也要懂得放手。”为了家庭，1978 年，她放弃了报考研究生；为了工作和家庭，1985 年，她放弃了物理系的教学、科研工作；为了工作，2000 年，她放弃了与家人的日夜厮守从生活了 36 年的燕园来到了深圳。可是，有舍才有得，史守旭无悔于自己的人生选择，亦无愧于半个世纪的北大情缘。

北大情节是百余年来北京大学师生们的共享财富。在史守旭身上，魂牵梦绕的北大情节就是勤奋、严谨、求实、创新北大精神的培养和体现。有过困难、有过问题、有过不同的取舍，回首过去的岁月她无怨无悔，因为她无愧一个北大人。

采访札记节选：

第一次听说史守旭这个名字，还是在大一。当接到女干部访谈的任务之后，我才发现史守旭老师是一位女老师，担任校长助理，深圳研究生院常务副院长，引起了我的兴趣。她给我的第一感觉就是亲切，比我的父亲大二十多岁，可以算得上是我的奶奶级别。而且穿着得体，给人一种高贵典雅的气质感觉。

我和史老师的一番聊天，感受颇多，也从老师的身上学习到了很多。尤其是老师说到女干部的时候，她觉得是不是女干部不重要，最重要的是一定要认真负责，干一件事就像一件事，这样的态度不仅仅是干工作，干任何事都会出成绩。对于我们长在蜜罐的一代人来说这正是我欠缺的。没有坚持下去的精神，没有认真负责的态度，一事无成。

感谢老师！感谢北大！

学生记者　张一琪　杜瀚翔　周凡琛

“无论做什么工作都要做到极致，不留下遗憾，生命就是体验，既然体验只有一次，何不做到极致，这也是一种北大精神。”

——赵桂莲

在后勤岗位的三十九年
——专访北京大学原副总务长赵桂莲

1974年，她大学毕业后留校担任北京大学后勤党总支副书记兼团总支书记，从此之后，再也没有离开过后勤系统。从27岁到66岁，从北大后勤党委书记、北大副总务长到兼任实体中心主任，39年来她经历过最艰难的考验和最痛心的分离，却也收获了最真挚的敬意和最厚重的情谊。“无论做什么工作都要做到极致，不留下遗憾，生命就是体验，既然体验只有一次，何不做到极致，这也是一种北大精神。”怀着对北大深沉的爱，北京大学副总务长赵桂莲把人生中最美好最重要的时光交给了北大后勤。

从东北“铁姑娘”到北大学生

1964年，初中毕业的赵桂莲下乡插队。初入农村的她踏实、肯干，一股劲似乎怎么也使不完，而她这股精神也让那些面朝黄土地的农民们打心眼里佩服。

能干的她在完成农活之余还承担了生产队的记账员和饲养员。身兼多职的她始终风风火火地干着，不休息，也不喊累喊苦。凭着这股拼劲，下乡两年，她被全体农民选为生产队队长。大家都唤她“铁姑娘”。

1966 年，才 20 岁的她被推选为国家职工并调到黑龙江省伊春市东方红农场任副场长。1968 年，她被推选为伊春市贫下中农协会的副主席。

“当时在伊春市，赵桂莲可是个小有名气的知识青年”，“铁姑娘”的名气算是真正打响了。1969 年，她被伊春市二十多万贫下中农一票票选为参加中华人民共和国二十年国庆观礼代表，来到首都北京参加国庆观礼并亲赴周总理约请的国庆宴会。国庆观礼结束后回到伊春市，她在全市范围内作了二十多场精彩的赴京演讲，赵桂莲没想到自己的未来将和北京紧紧地联系在一起。

1970 年初，伊春市推选“工农兵”上大学，赵桂莲荣幸的榜上有名，就这样她成为了第一届“工农兵大学生”。1970 年的 9 月，她背上行囊，与全省赴京同学重新踏上了这片她热爱的土地，成为了北京大学经济系的学生。

刚刚进校的她就遇到了一个小插曲，她的行李与自己同班的一位杨姓男同学的行李弄错了。不过这小小的插曲丝毫没有影响赵桂莲对大学生活的憧憬和抑制不住的激动心情。很快，赵桂莲凭借自己风风火火的肯干性格被选为班长，迅速地融入了大学的生活，但此时的她面临着一个更大的难题：文化基础不行。“我只有初中文化啊，写东西就挺困难的”。赵桂莲那“铁姑娘”不服输的劲头再一次派上了用场：一遍没读懂就再读再想，文章写不好就不断修改。经过大学近四年的培养，赵桂莲成为了一个“会写、能说、肯干”名副其实的北大人。

潜心后勤工作三十九年

“大学毕业留校后，自 1974 年 3 月 11 日开始干后勤到如今，在后勤这个舞台我现在已经干了三十九年。这三十九年我没有因私耽误一天工作。”一个人一辈子只干一件事，把自己所有的精力和心血投入到一项事业中，赵桂莲她做到了，她把自己的全部都奉献给了北大后勤事业。从后勤党委书记，副总务长到兼任劳动服务公司总经理、后勤产业中心总经理、燕园社区服务中心主任、特殊用房管理中心主任，赵桂莲一路走来，始终以高标准要求着自己，“干什么都要潜下心去干出成绩”。她做后勤党务工作，后勤年年是学校先进党委，而这一路，赵桂莲也的确风尘仆仆。

“1989年初，学校几位领导分别找我谈话让我兼任北大劳动服务公司总经理。”当时的劳动服务公司亏损极为严重，已经到了无法继续运营的地步，而公司的七百号员工也面临着拿不到工资、吃不上饭的局面。面对公司“一片哭声”的现状，时任北京大学后勤党委书记的赵桂莲服从了领导的安排，全身心投入到“北大最困难的地方”去。

“第一年，搞承包责任制，把资源给你，你干一年交多少钱，年底就拿到了八十多万。第二年，转亏为盈。第三年，盈利。第四年，北大劳服成为全国高校劳服的一面旗帜。”

这短短一段话中的每个字都包含着赵桂莲沉甸甸的心血和付出，包含着她作为领头者当断则断的魄力和自信。而在盘活这片“死海”、为学校的稳定做出贡献的同时，赵桂莲与公司里的七百多号员工建立了深厚的情谊。“让七百多号人不闹事，脚踏实地地干好本职工作，并为学校师生服务，这不是一件容易的事”，赵桂莲的方法很简单——以心换心。“只要心交心地去交谈，真诚地对待他们，他们就能够理解你、信任你。”赵桂莲常常听到员工的困难就会掉下眼泪，“我在公司里不会有领导的派头，因为我是要和他们直接接触的，是要真正干实事的。”

1999年，北大后勤改革时成立了燕园社区服务中心，赵桂莲被任命为燕园社区服务中心的主任。用赵桂莲的话，她在社区八年间干了“几件大事”：一、用了三年时间稳妥地解决了计划经济进入学校的商业网点的使用权和经营权问题；二、承担了2003年非典期间返校疑似学生的住宿，北大所有住在隔离区学生的服务、全校公共区域的消毒；三、与山东日照城建集团合作开发了教授花园项目，北大400多教职工购买了休闲度假的住处；四、为七个教职工居住园区修建了服务设施，解决了单车存放的大难题。北大社区服务中心成为了北京市的样板单位，时任副校长林钧敬在全市社区服务工作会上介绍北大的经验。

赵桂莲轻描淡写，但熟知那段时光的人都知道，收回北大附近的商业网点和承担非典期间校园隔离区所有工作这两件事是需要多么大的毅力和勇气呐！非典时期，因为北大第一起疑似非典病例在入院前请了社区家政服务人员去照顾，所以当时整个家政服务中心人心惶惶。为了安抚家政服务中心的工作人员，赵桂莲带着两位副主任亲自去中心慰问："我们都不戴口罩，要是我们都垮了怕了，工作人员还怎么有信心为师生服务？"当时校园隔离区缺窗帘，赵桂莲就开着车在全北京城里跑，找不到一家还在卖窗帘的店，"最后还是把社区的几块布让裁缝缝好了挂上的"。冲在第一线是赵桂莲一贯的风格，而把事做到一流也是她一直所坚持的"北大精神"。

"北大哪里需要我，我就去哪里。"2007 年，已经 60 岁的赵桂莲再一次挑起了学校交给她的重担，来到了北京大学万柳校区。当时的万柳"一片狼藉"。"十几个部门的工作各管各的，常常出现死角"……看着这些场景的赵桂莲心在流泪，她接手万柳校区工作不久，学校决定撤掉所有部门，建立一整套全新的机制和班子。在组织机构调整过程中，面临部门不合作的种种困难，咬紧牙关一路闯下来。"在万柳的前两年真是没日没夜地干，一天就睡几个小时，差点把命搭上"。最终，运用市场规则管理的万柳校区从每年由学校拨款一千多万到每年向学校上交 4000 万元，六年间上交学校财政 2 亿多。食堂、保洁、健身、自习室、室外观景、班车……所有的细节都努力做到最好，万柳真正做到了让学生感觉自己就像在北大一样，让生活在这的老师和学生都很幸福。学校时任党委书记朱善璐称赞万柳学区的服务达到了世界一流大学的后勤标准。

回首赵桂莲在北大后勤的这三十九年，每一个阶段都俨然成为了一段传奇。在做这些事前，常常有人和她说"唉，这事铁定不成"或者"你三思而后行啊"，赵桂莲的回答很直接："只要用心做，铁杵也能磨成针。"赵桂莲用自己的领导才能，经营管理的智慧和执着磨细了一根又一根的铁针，并用这些针绣出了她生命中的锦绣河山。

爱是生命真正的意义

从 1970 年进入北大学习至今，赵桂莲就再也没有离开过这片园子。她常常说："北大对我不薄，而我确实也是把一生都奉献给了北大。"每一次北大需要她的时候，她都挺身而出，为学校解决困难，为学校师生提供服务。那个时候，后勤是她的职业，也是她的事业。

"一流的大学要有一流的后勤服务人员，学生和老师是第一位的，北大后勤的行政人员要服务他们。没有他们，就没有我们存在的必要。后勤做得再好，不会成为北大的一线。北大要出大师，要出最优秀的学生，这才是北大。”带着这样一份真心和责任感，无论赵桂莲在哪个岗位上，她都没有保留地献出自己，每一天都起早贪黑地工作。兼任劳动服务公司总经理时她“抱着上战场就义的想法，把孩子也送到了自己母亲那，准备就把自己给劳服了”。在替学校回收三角地的北新商店、面临超市员工的反对抗议时，她站在最前面，而收回的房子燕园社区服务中心一间也没留。“非典”时期，她身先士卒进入隔离区给被隔离的学生发水果，送去慰问和关爱。

赵桂莲把自己一生献给了北大，她不后悔。但她却深深地自责“因为太过重视工作，而没有照顾好自己的先生”。赵桂莲的先生正是她入校时彼此错拿行李的那位杨姓男同学——杨岳全。四年大学学习后，杨岳全也留在了北大并任教于经济学系。

杨岳全先生的文笔特别好，他经常说：“赵桂莲，你太能干了。等我退休了我要好好写写你，你对北大的贡献真的太大了。我是教书的，北大有很多我们这样的文人，但北大很缺少你这样懂经营会管理又有实干精神的人。”杨先生也一直是赵桂莲工作的支柱和坚强的后盾。但 2009 年 4 月 19 日，杨先生离开了。

赵桂莲在这一段谈话中数次落泪：“我先生好好的一个人，前一天晚上什么都挺正常的，还改学生论文呢。第二天早上起来等我给他做好早餐，我说‘那我走了’。等我晚上回去的时候人就这样没了。我也不知道什么病，什么都不知道。后来才知道他抽屉里一把一把的药，他就没有告诉我。”

“过去我们家三口人都拼命，整天好像一家人见不到几面。我晚上回家早点他们回来得晚点，我起得早些他们走得晚些，三口人在一个屋子里面住，却见不着面，自己拼自己的那一摊事业。”先生的离去让赵桂莲忽然失去了生活的重心。“一直两个人在一起，突然就剩了一个人。这个日子到什么程度呢？什么都不喜欢，什么好东西都对我没什么意义。多亏我有一个儿子。如果没有孩子，真的不知道怎么才能过来。”

这段最艰难最痛苦的时光，让赵桂莲明白了生命是最宝贵的东西，而爱是生命真正的意义。为事业的拼搏奋斗固然值得人尊敬，但重视爱、呵护爱更应该是每个人一生都要学会的道理。

因为爱丈夫，赵老师克服种种困难完成了杨先生生前没有做完的事——出版了那本属于两个人的书。因为爱北大，她认真对待工作，持之以恒地发光发热，并用自己的奉献浇灌出了最美丽的花。现在，赵桂莲带着“对北大的爱和执着”继续前行，而这些沉甸甸的爱将永不断裂。

采访札记节选：

没想到采访深入之后，在回忆那些泛黄的记忆时，赵老师在情深处却数次哽咽。并引得我这小小的听众也十分动情，一同含泪，并由衷地感慨道：后勤工作真的不容易。

赵老师属于极为坚强和肯干的人，正是因为这样，她多次在危急关头挑起学校交付给她的重担，并一次次交出令人敬佩的成绩。但老师却从不以功臣自傲，而是始终脚踏实地地干着后勤工作，努力为师生服务，为学校服务。

但坚强的背后往往会隐藏许多不为人知的心酸，记忆最深刻的是谈到杨老先生离去时，赵老师哽咽了，那种最深情感的流露让我真切地明白了什么是人生中最重要的东西，而每一份坚强背后都有不为人知的苦楚和心痛。

……

经历过时光和爱的洗礼，赵老师的身上留下了非常丰富的财富。我仅是略得一探，已经觉得收获匪浅。希望赵老师那种肯干、实干精神能更多地被传承，因为现今社会缺少的正是这样一种肯潜下心的苦干精神。

学生记者　朱垚颖

“我为能来北大学习工作感到幸运，为能为北大发展出力，服务师生感到满足，这样的生活很充实。”

——郭瑛

工作中的一位老兵

——专访北京大学信息科学技术学院原党委书记郭瑛

四十年时光漫漫，四十年岁月如梭，从一位来自内蒙古的北京知青成长为北京大学优秀的女干部，郭瑛在北大学习和为这里的师生服务了整整四十年。

如今的她依然在为学院和学校的一些工作而操劳，年过六十，但郭瑛依然保持着工作的激情与干劲儿，“我没觉得自己老，可能总是和学生在一起受到感染吧。”郭瑛的脸上充满了质朴的笑容，这份年轻和随和的心态让这位信息科学技术学院建院以来的首任党委书记和蔼而又亲切。

在前辈的指导下成长

1972 年，郭瑛进入北大成为无线电物理专业的一名学生。1976 年她留校任教，开始了自己在北大长达三十余年的工作生涯。刚开始自己作为一名年轻教员，郭瑛坦言从老一辈的学者先生身上学到了很多东西。“王楚、郑乐民老师注重在工作中培养年轻人，使我受益匪浅。他们是说真话、真干事、有真本事、懂教育并献身教育的人，是我留校以后帮助我打牢专业基础与工作基础的人。”谈到这些老先生，郭瑛老师充满了敬意与尊重。在她看来，正是这些老先生当初的言传身教，才让自己能够从一名年轻教员顺利地成长为合格教师和基层教育工作者。

党委领导班子的好班长

丰富的教学与工作经历，让郭瑛对于电子学系的工作业务非常熟悉。2002年北京大学为落实创建世界一流大学计划，加强信息学科建设以适应国家发展的需求，决定由电子学系、计算机科学技术系、信息中心组建信息科学技术学院。时任电子学系党委书记的郭瑛也自然而然地参加了筹备工作，之后被任命为信息科学技术学院的首任党委书记。郭瑛说这副担子要求高、挑战大，但她决心不辜负学校党组织和学院师生的信任，当好“班长”，做好党建工作，充分发挥党组织和干部作用，按照学校和筹备组专家提出的“平稳过渡”和“做加法”原则开展工作。经过一个暑假的忙碌，将三个管理方式不同的院系合并在一起，协调领导分工、确定机构负责人，组建各职能部门，郭瑛和同事们在假期做了很多的准备工作，信息科学技术学院在9月9日正式成立。

在郭瑛和班子的带领下，新学院的工作走上了正轨，可仅在半年多时间里连续遇到了山鹰社“山难”和2003年的抗击“非典”等大的事件，为学院工作增加了很大的难度。郭瑛说突发事件发生时领导要往前站，及时妥善处理好。尤其是“非典”时期，郭瑛带领学院干部教师部署、落实、检查各项防控措施，安抚学生情绪，关心留校同学生活，配合学校做好疑似病人家属的工作。她也坦言，那段时间压力很大，但是同事对自己很支持，领导班子也很团结，所以最终渡过了难关。

在郭瑛担任党委书记期间，学院党政班子紧密配合，围绕学科建设、学院发展和人才培养积极开展工作，注重加强领导班子、师资队伍和制度建设，学院实现了平稳过渡、稳步发展，科研教学成果不断。信息科学技术学院党委在探索新形势下党建工作新机制、新形式上不断创新，尤其重视基层党建工作，建立了党委学习、支部书记培训制度，七一表彰和报告会制度，成立组工委；注重规范工作程序，积极开展思想与政治工作；各党支部也积极响应学院基层党建创新立项工作，从2006年起共完成党建创新活动115项，其中完成党建创新立项43项，有多项活动获得学校奖励。学院党委积极领导和充分发挥工会、共青团及学生会研究生群众组织的作用，为师生工作学习创建了优良环境，为学院发展提供了支撑与保障。院党委从2005年起连续四次获北京大学党务和思想政治工作先进单位，2011年获北京市高校党务与思想政治工作先进单位。

学生的好师长、好朋友、好母亲

十年党委书记，郭瑛在自己的岗位上兢兢业业，与同事一道开创了信息科学技术学院党务工作的新篇章，也为学院的和谐发展打下了坚实的基础。能够取得这样丰硕的成果，还离不开郭瑛长期以来对教育事业的真诚与热爱。她认为教育的根本任务在于帮助学生全面发展成人成才，在于引领社会发展进步并为之输送优秀合格人才，为此她加倍努力学习以胜任工作，与学生教学相长共同进步。

留校任教以来，自1976年起，郭瑛与每个年级的学生都有接触，“我感受到一代代学生的青春活力，从他们身上看到时代的进步和对未来的希望。”80年代后期，郭瑛分管系学生工作，她全身心地投入其中，在科学性实效性上下工夫。她学习教育学、心理学等相关理论，进行毕业生调查和在校生状况研究，总结校系学生工作经验，结合实践开展工作研究，以点带面，富有成效，先后7次获学校学生工作先进系。与学生更加广泛的接触，让她与学生之间建立了深厚的感情。“看到学生成长进步，毕业后得到他们问候，特别是听到他们为社会做贡献的消息时收获快乐、幸福。感到自己工作和付出的意义。”在2010年，郭瑛连续获得了学生事业有成的喜讯。接到毕业三十年的76级学生聚会的礼物，更令她感慨万千。而学生们对郭瑛也是充满了感情。在学生眼中，郭瑛是他们的老师、朋友和母亲，能够放大他们的优点、进步比他们还快。郭瑛为同学们的成长付出的心血，让一批批学子顺利地从北京大学走向祖国的大江南北，走向世界各地，她对此也感到欣慰与满足。

"立德树人"教育的好导师

郭瑛为北大师生服务了三十余年，在她为信息科学技术学院的成立而呕心沥血并且连任第二届党委书记时已经快六十岁。但是在工作中郭瑛依然不辞辛劳，兢兢业业地完成学院的各项工作。"我感觉这是学校和老师们的信任，对自己是挑战、锻炼和成长的难得机会"。郭瑛在工作中充满了激情与动力，而事实上，学院大工作量就大，院内组成单位多、学科多，协调管理任务重，还要与学校经常上下沟通，任何一项工作都不轻松。而郭瑛在工作中也感受到了身上沉甸甸的责任。"这两届工作主要是基础性的，虽然是基层，基于北大的地位、学科的发展以及前辈们打下的基础，我们不能懈怠，只能干好。"

自 1995 年起，郭瑛还担任电子学系思想道德修养课的主讲老师，即使是她担任学院党委书记以后，在每天处理繁多的学院事务的同时依然坚持担任学院这门课的主讲老师。时至今日，郭瑛业已卸任党委书记，但她仍然承担着这门课的教学任务。在郭瑛眼中，"这是一门根据大学根本任务以及人才成长教育培养规律，帮助学生了解适应大学生活，明确人生目标与社会责任，全面成长发展的课，事实上也起着这个作用。"长期的学生工作经验，让郭瑛深感这门课的重要性，并且深知这门课对同学的帮助，所以郭瑛依然在第一线为同学们进行授课。而她的付出也得到了大家的认可，1990 年，郭瑛获得了北京市优秀德育工作者的称号，2010 年她荣获北京市"师德先进个人"等荣誉。面对这样的荣誉，郭瑛谦虚地表示，"这是对自己的工作和工作状态的一种肯定与鼓励吧。"

称职的好女儿、好妻子

在生活中的郭瑛，却同许许多多普通的女性一样，努力做母亲的好女儿、丈夫的好妻子。虽然自己承担着非常重的工作任务，但是郭瑛同样承担着自己对于家庭的责任。在 2009 年底郭瑛获得了"北京大学十佳教师"的荣誉，而她觉得这份荣誉是自己作为女儿带给一向支持自己工作，当时重病中母亲最好的礼物。虽说自己将很大的精力放在了工作中，但是郭瑛却认为"在特殊情况下，家庭责任有不可替代性”。2002年初的时候，信息科学技术学院正处在筹备阶段，郭瑛在筹备组有大量的工作要做。而与此同时，她的丈夫颈部发现肿物，需要做两次手术，风险很大。在这种双重压力之下，郭瑛坦言，“作为妻子当时也做了准备，必要时打算辞去工作。”不过郭瑛和她的丈夫最终都渡过了难关，丈夫有惊无险，郭瑛也出色地完成了学院成立的各项准备工作。

学校党务系统的好干部

郭瑛从最开始留校任教，以年轻教员的身份在老教师带领下做教学科研工作，兼做学生班主任、党支部副书记、书记等，到后来分管系学生工作，涉及从专业到全方位育人的各个方面，教授学生德育课程，再到成为学院党委书记负责全面工作，郭瑛一步步从一名初出茅庐的教员成长为学校的优秀女干部。

在她看来，“作为一名女性处理好家庭与工作两方面都不可或缺。我在通常情况下，安排上服从工作，必要时调动家庭资源保证工作，如孩子小时或出差，父母都来支援过。”而家人也自始至终地在全力支持，让郭瑛能够全身心地投入到工作中去。她认为，“女干部不容易的地方是中国的传统文化，重男轻女，男主外女主内以及妇女生理特点和养育子女方面的责任更重，因此，取得同样的成绩，女性会付出更多。”工作三十余年，郭瑛对女干部的特殊性也深有感悟。“女干部自尊、自强、自主很重要，在高校，首先是高校干部的要求，之后才是高校女干部，因此，应把加强自身素质和能力提高放在首位，要通过自身的能力与业绩来证明自己，赢得机会。要善于以平和的心态对待各种问题，增进身心健康，与男性优势互补合作共事。”在她看来，北大女干部工作在学校各个岗位上，已经成为了学校发展建设的重要力量。

“女性的解放与发展是社会进步的尺度。北大有好传统，蔡元培校长开招收女大学生先河，聘任陈衡哲为第一位女教授。现在学校开展大学制度研究，组织部进行女干部成长管理规律课题研究，必将促进女干部成长，为高校女干部工作做出积极贡献。”同时她也表示，一是希望开展学习培训，工作研究与工作交流，加强女干部能力培养；二是加大在实践中发现选拔女性人才力度；三要加强对女干部的人文关怀。

四十年见证发展，凝聚一份美好祝福

郭瑛凭借着自己的能力和素质，在辛勤工作的同时也得到了同事的认可，在信息科学技术学院现任党委书记魏中鹏看来，“郭瑛老师对自己的要求非常严格，她平时生活简朴，吃穿用等都非常简单，从来不会因为自己的职位而为自己和熟人谋私；具有良好的思想作风、工作作风、领导作风和生活作风；为人厚道，公道正派，作风民主，富有亲和力。清正廉洁，团结同志，体贴下属，从不计较个人名利、地位，深得广大师生员工的信赖和好评，是一名优秀的教育工作者。”从电子学系到信息科学技术学院，郭瑛贡献着自己的才干，付出了自己的心血。

郭瑛从“文革”中断学业当知青到进入北大学习，再到成为北大教员和院系干部的经历中深深体会到，改革开放是新中国高等教育曲折发展之路的重要转折点，北大和信息学科进入了快速发展期，取得了瞩目成绩。其间她有学习成长的收获，要面对学习、工作的巨大压力，完成角色的适应与转变以及克服困难等，她认为是“爱国进步民主科学”与“勤奋严谨求实创新”的北大精神、“自主创新、振兴中华”的王选精神和“科学发展，追求卓越，继往开来，再创辉煌”的信科座右铭引导她一路走来，同时她也见证了女性的发展。四十年的学习和工作，郭瑛与学院和北大之间的感情早就难以割舍，从信息科学技术学院党委书记卸任后她也依然关心着学院和北大的发展。“希望北大和学院早日迈进世界一流前列，顺应时代和国家发展需求，为祖国的繁荣昌盛，做出新的贡献。”这是郭瑛对自己服务和工作了四十年的信息科学技术学院与北京大学送上的最诚挚的祝福。

“今年是自己来北大学习工作四十周年，四十年来不管是做学生，做教员，还是担负院系责任，自己始终珍惜在北大学习工作的机会，始终保持一个积极进取、奋发向上的精神状态，结合工作努力学习相关知识和前辈经验，不断完善自己，与同事团结合作，努力做好工作，交了份合格的答卷。我为能来北大学习工作感到幸运，为能为北大发展出力，服务师生感到满足，这样的生活很充实。”

采访札记节选：

虽然采访的时间只有一个多小时，但是这短短的聊天以及采访前后我与郭老师的种种沟通，我都深刻感受着郭老师的人格魅力。我想，她个人的工作能力已经从她数十年的工作历程中得到了展现，信息科学技术学院的建立与发展也离不开她个人的辛勤努力。而她自身所具有的良好修养与出色素质却在同我的交流与联系中让我深深地感受到了。郭瑛老师的言谈举止、待人接物无不表现出和蔼、谦逊与朴实。她能够独挑重担，也能够兼顾好工作与家庭，但除此之外，她自身所具有的公正、务实、谦虚、严谨的作风以及对学生的关爱，更是她作为一名北大教育战线上的优秀工作者所让身边人敬仰与尊重的，而这在我看来也正是郭瑛老师真正的魅力所在。

学生记者　余哲西

“自己要摆正态度，不能把自己当成领导，我从心里也没把自己当领导，不就给大家服务的吗？把别人放在这个位置人家也能做好，可能比你做得更好。但是把你放在这个位置上了，你就非常有责任把这些工作做好，起码我尽了最大努力去做。”

无为而有为

——专访北京大学药学院原党委书记解冬雪

解冬雪老师，北医药学院前党委书记，从当辅导员到退休，一直工作在学院的管理岗位上。在解冬雪老师的工作生涯中，乍一看来，并没有什么惊天动地的伟业，没有什么让人艳羡的光环，她所做的事情皆是一点一滴、普普通通的事情，但就是这些看似微小的成就，宛如洁白荷花上的露珠一般，是那么的自然、清澈、完美。这点点滴滴的自然、清澈与完美，日复一日，年复一年，不断积累、放大，最终汇聚成一个哲学意义上的大的自然、清澈与完美。大音希声，大象无形，至誉无誉。多年来，解冬雪老师和北医药学院的教学管理团队一起，从“厚道”立心，从“完美”着眼，从“小事”入手，一步一个脚印，无为而无不为，在北大这个世界一流学府中干出了一流业绩。高山仰止，踏雪无痕。解冬雪老师，用她毕生的心血，诠释了“无为”这一最高管理境界的内涵实质。

九层之台，起于垒土

1978 年，从北医药学院毕业后，解冬雪老师留校担任了辅导员，同时兼任药学院团总支书记。从北医的学生迅速转变成了一名北医的教职人员，面对和自己年龄相仿的学生，解老师当时确实有些心里没底，说话发“怵”。好的是，谦虚和善是解老师性格的最大特点，遇到难题，她就向其他老师讨教，学习如何让学生尽快适应大学环境，如何了解学生的心理状态，如何减少同学的思想负担，如何让学生正确面对人生。很快解老师就进入角色，和学生们融在一起，成了“学生头”，每天跟着学生一起出早操、一起开展文体活动，一起打扫卫生。解老师天资聪慧，记忆力极强，一届学生一百多人，一两天内，她可以把学生的名字全部记下来，并对上号。可以想象，当自己的新辅导员像姐姐似的熟悉地喊出自己的名字时，学生心里是一种怎样的亲近感觉。除了在学习、纪律上严格要求学生外，解老师没有架子，和学生没有距离感，学生都信任她，愿意和她交朋友、说心里话，她和学生们也结下了深厚的感情。直到现在我们采访她时，解老师谈到学生工作的时候始终笑容满面，仿佛又回到了那些年轻的日子，她说非常喜欢学生叫自己“辅导员”，特有成就感，可见当年她对工作投入了多少热情和努力。“既以为人己愈有，既以与人己愈多”。一晃几十年过去了，当年解老师带过的一些学生仍然与她保持着联系。2011 年医学部百年庆典，学生们回到母校，一定要和解老师聚一聚，再叙叙旧时光、说说心里话。师生之真情，岁月又为它增添了沉甸甸的分量。

1982 年，在当了四年辅导员后，上级决定调解老师到药学院党委任干事。那时，药学院党委一共有四个人，都是女同志，一位书记，一位副书记，一位办公室主任，解老师主要是协助办公室主任工作，接电话，打报告，写总结，送材料，各种繁杂工作，总之是忙得不亦乐乎。解老师有一个长处，就是能够很快适应、融入环境，以积极上进的心态对待工作，力求精益求精，绝不敷衍塞责。1987 年，由于院校人事制度改革，药学院党委人事工作任务十分繁重，给教职员工评定职称、调整工资，涉及到每个人的切身利益。那时药学院党委只有解老师一名干事，一天忙到晚，送审材料，填写表格，各种准备工作都得做。当时材料完全靠手写，一份材料往往要几易其稿，工作量之大可想而知。解老师那时年轻，精力充沛，完成如此繁重的任务，不但不觉得苦觉得累，反而感到生活充实，挺有成就感。我们在采访解老师时，听解老师以很轻松的语气谈着这些往事，不得不由衷感叹，士真的不可以不弘毅啊！

1991 年，药学院党委除了行政办公室外，又下设了人事办公室，解老师任人事办公室主任。解老师为人随和、公正，有人事工作经验，干人事办公室主任得心应手，药学院上上下下的同志对解老师的工作十分满意。驾轻就熟，人缘又好，解老师自己觉得在这个岗位干的也挺好。1994 年，药学院党委换届，组织上推举解老师任党委副书记。对于组织上的这一考虑，解老师连续拒绝了几次。对于解老师的执拗，组织上连续找解老师谈了多次话，最终还是推选解老师任药学院党委副书记，分管纪检、工会工作，同时兼任人事办公室主任。那时，人事办公室仍然是解老师一个“光杆司令”，纷繁的人事工作花费了她主要的精力。1999 年，解老师兼任药学院副院长，分管人事。2005 年，药学院党委书记退休，解老师由副书记接任书记，兼任药学院副院长，分管人事、行政工作。有人向解老师表示祝贺，解老师回答：“当了正职，除了压力就是责任，有什么好祝贺的啊。”就在这一年，中央开展了保持共产党员先进性教育活动，北京大学设了三个试点，分别是本部数学科学学院、外国语学院和医学部的药学院。当时药学院党委刚换届，行政领导班子也是新的。接到开展试点工作这个艰巨任务，解老师感到很紧张，压力很大，因为试点与不试点的太不一样了，试点要试出经验来，再加以推广，而且北大本部有文科院系支撑，马列理论水平高，明显比医学部有优势。为了给医学部争光，解老师认真学习上级文件，吃透文件精神，细致筹划药学院开展活动的具体方案，在完成规定动作的基础上，努力搞出药学院的特色。活动期间，解老师每天要写自己的心得体会，要抽查各支部的活动开展情况，还要给各系的学生讲党课；每个星期要向北大党委汇报一次药学院的活动情况。当时，药学院党委只有解老师这个书记和一个办公室主任两个人，每天都要忙到夜里 10 点、11 点。回想到当年的紧张程度，直到今天，解老师还感慨地说：“那些天下班回家还是想着这些事情，当时真的不知道是怎么过来的，这一年太累了。”功夫不负有心人，药学院开展保持共产党员先进性活动的试点经验成为北大的样板，药学院党委被北大评为先进党委，解老师本人也被北大授予管理岗位的最高奖——李大钊奖。

深根固柢，长生久视

“班子要团结、和谐，不团结、不和谐的班子是搞不好工作的。班子和谐药学院才和谐，这一点太关键了。药学院和家一样重要，因为你在家待的时间很短，大部分时间是在办公室或实验室，这个环境太需要和谐了，这样大家工作起来才会轻松愉快。”以上这番话，是解老师在大会小会经常讲的一番话。在实际工作中，解老师准确定位自己的位置，既发挥好党委的监督、制约作用，又不越权越位。她把搞好党政配合、推进学院的建设与发展作为自己的首要职责。在药学院，院长之前都是做业务、搞科研的，当了院长也是不脱产，在管理上没有那么多时间；而解老师从年轻时就做办公室工作，对学院管理非常熟悉，工作中院长有想不到的，解老师会及时告诉他，院长有什么重要的事情，也特别愿意和解老师商量。他们几乎每天都沟通交流，无话不谈，包括工作、生活都能交流，彼此之间特别信任。对于他们密切的工作关系，别的学院都感到羡慕，说，这两个人怎么配合得这么好哇！

党支部建设工作历来是党建工作中一个普遍存在的难题。一般情况下，系、室主任往往是由资深的教授担任，支部书记常常是由资历浅的年轻教师来做。支部书记资历浅、职称低，和主任沟通交流都困难，不可能起到支部书记的监督、制约作用，发挥不好支部的战斗堡垒作用。为破解这一难题，解老师创新性地提出，在药学院由副教授以上职称的教师担任党支部书记，在系、室一级的领导班子中，支部书记与主任平起平坐，二者分工不同，地位相同，一样应该受到尊重。这个措施实行以后，药学院选好配强了各个支部的书记，激发和调动出基层党支部的工作热情，使其成为真正意义上党的战斗堡垒，院党委的工作安排能够在基层得到真正的贯彻落实。同时，药学院领导班子的团结和谐，直接影响到了各个系的领导班子，密切配合、团结和谐成为药学院的主旋律。系领导成员或教授们遇到困难和问题，会直接和解老师沟通交流，敢说知心话，上下级之间建立起高度的信任关系。药学院党建工作的创新性经验，得到北医党委的高度评价和推广。

为进一步促进学院的和谐发展，解老师坚持党对工会工作的领导，坚持教代会制度建设，提出“党工共建一个家、建家就是建学院”的工作理念；强调发挥基层党支部领导工会小组的作用，共同建设“和谐小家”，促进系、室的学科建设和教学科研工作。为加深对党工共建工作的理解，她主持召开了药学院党工共建工作研讨会，提出了从院党委到各党支部在实际工作中，要坚持“党建带工建、工建促党建、党工共建”合力推进学院发展的工作思路。为此，与增强基层党支部的战斗堡垒作用一样，解老师创新机制，把原来的技术员担任工会小组长的做法，改为由教员或副教授担任工会小组长，提高基层工会组织的层次，调动基层工会会员的积极性。“共建一个家”活动开展后，基层工会以主人翁的姿态，在教学、科研、民主管理制度等方面提出了很多合理化建议。在工会提出院务公开的建议后，解老师和院领导班子虚心接纳，围绕学校创建世界一流大学的工作目标、思路和任务，结合学院的工作实际特别是对群众普遍关心、关注的工作，提出加大公开力度，坚持做到院系两级公开的工作思路，使每个“家庭成员”有最大限度的知情权，了解学院的发展与建设，努力营造和谐的学院工作氛围。在她的带领下，药学院的院务公开工作取得了明显的成效，2006 年被医学部评为校务公开先进单位。

上善若水，利而不争

解老师说过这样的话：“自己要摆正态度，不能把自己当成领导，我从心里也没把自己当领导，不就给大家服务的吗？把别人放在这个位置人家也能做好，可能比你做得更好。但是把你放在这个位置上了，你就非常有责任把这些工作做好，起码我尽了最大努力去做。”无论是已经退休的老教师，还是刚毕业的新教师或年轻技术员，不管是生活上还是工作上的困难和问题，只要是找到解老师，在不违反原则的前提下，解老师如果有能力解决的，肯定会帮他解决，尽量会帮大家多做些事情；实在是没有办法、解决不了的，解老师也一定跟他谈，给他一个交待。一位退休老教师得了病，想找个好大夫给看看，就请解老师帮忙，解老师也不认识这位医生，但她还是辗转托人帮这位退休教师把事情办了。解老师很累，但是她说，大家找我办事是对我的信任，在现有能力情况下，我会百分之百全力把事情做好。

给群众办事情，一定要公平、公正、耐心、细致。把好事办好、实事办实，这是解老师在药学院赢得普遍信任、有着良好口碑的重要原因。职称工作与个人利益息息相关，解老师每每都会找公正客观的人来对大家的送审材料进行评议；同一个专业，她会找同一个人评，以保证标准一致。如果分配的职称名额少，申请的人数多，因为北大规定一个人只能申请两次同一职称，解老师总是要根据申请人的学术成果、教学量等的多少，给大家做思想工作，让他们自己比一比通过的可能性有多大，避免因为申请人数多而让有些教师失去一次机会。对调整工资，解老师要一个个看明白每个人的材料，不懂的地方就找专家看，都审到准确无误了，然后再报送评定。这样做解老师确实很辛苦，但她觉得这样做是最好的，是对每个人的公平。在岗位津贴的发放上，解老师反对平均主义，她认为，有的系任务重、成果大，而有的系人员和别的系差不多，工作却平平，如果奖金平均分配，这对任务重、成果大的单位是不公正的。因此她劳精费神，制订科学的分配方案，让这项工作在药学院有条不紊地进行，受到全院的好评。

每年春节前，在解老师的提议下，药学院都要请退休的老教师们到院里开次联欢会。解老师说，这些退休老教师是北医的基石，没有老一代的北医人，就不会有北医的今天，不管什么时候我们也不能忘了这些。联欢会上，解老师和同事们给老教师端上亲手包的饺子，共享节日欢乐，然后由她和院长讲一讲一年里药学院的工作情况和发展、变化，让老人们真切感受到，药学院没有忘了他们，他们依然是药学院这个大家庭的成员。

除了药学院这个团结和谐的大家庭外，解老师还有着一个温馨和睦的小家庭。解老师的女儿是一名护士，也深受解老师的熏陶，十分爱岗敬业，当2003年“非典”的阴霾笼罩了整个北京，解老师当时只有21岁的女儿便申请到一线参与救援，当她跟解老师说此事时，解老师只说：“你去吧！”医学人身上这种舍小家顾大家的奉献精神，这种无私和忘我实在令人动容。与丈夫结婚后，解老师和婆婆一起住了17年，从来没有和婆婆吵过嘴。解老师爱干净，业余时间，她总会尽量把家里收拾得温馨一点。亲戚朋友都夸解老师贤惠、善良。自己的丈夫或者女儿有时招惹婆婆生气了，解老师都是赶快让他们去给婆婆消气。现在，解老师退休两年了，在家里照顾照顾外孙子，锻炼锻炼身体，心情舒畅，其乐融融。

采访最后，解冬雪老师寄语年轻女性：

拥有事业的女性才会魅力永存，事业与家庭双馨才是精彩人生。希望奋斗在管理岗位上的女同胞们自信自强、勇于创新，加强学习、提升自我，实事求是、脚踏实地，热爱生活、和谐共赢！

采访札记节选：

解老师在多年的工作中取得了不少成绩，也获得了很多荣誉，但她把这些看得很平淡。相比于光环，她记忆深刻的是她做的那些工作。有些工作她花费了大量的心血去准备、去实行，一遍遍去修改完善，精益求精。她所在意的是这项工作本身的意义，而非藉此而来的鲜花和掌声。解老师不止一次地提到了她的领导和同事，强调每一荣誉的背后都饱含很多人辛勤的汗水。记忆中，她的领导给她创造了一个相互合作共同进步的工作环境，当她成为领导后，便维护着这样的氛围，感染着周围的同事，我想她的继任者也会将这样的传统一代代地传承发扬下去。优秀的人是有感染力的，不仅是工作中还是生活中。

对于解冬雪老师的采访已经结束，但我作为一个观察者、倾听者、求教者，所收获的东西，足够我用很长一段时间体味。解老师身上亲和而独特的魅力令我难忘。她对工作的热爱、对细节的关注、对荣誉的淡泊，都像金子一样闪光。女性的细腻，领导者的智慧，在解冬雪老师身上交相辉映。这就是一位优秀的女性领导者，正如解老师所说："拥有事业的女性才会魅力永存，事业与家庭双馨才是精彩人生。"她的人生经历就是对这句话最好的诠释，也是对后来女性领导者最有价值的激励。我以为，优秀的女性必定是美丽的。再一次的心怀感激，我是一名记者，我能够与优秀的人对话，我能够用我的文字记录下这份难得的美丽。

学生记者　苗永青

“老天对每个人都是公平的。每个人都会遇到无奈被迫选择的境地，但只要坚持下来，你就会发现这个选择没有你想象的那么糟糕，甚至不失为一个非常好的选择。”

——李萍萍

来自草原的天使

——专访北京大学肿瘤医院原党委书记李萍萍

李萍萍，1951 年出生，北京人，和绝大多数同龄人一样，他们有一个共同的身份——“知识青年”。“既然都要上山下乡，干脆到最边远的地方去吧！”1968 年 7 月 30 日，当时还是北京女一中初二学生的李萍萍，随着时代的洪流，奔赴内蒙古锡林郭勒盟阿巴哈纳尔旗（现阿巴嘎旗）。在胜利公社罕敖拉生产队，李萍萍挥起牧羊鞭，成为牧民。在草原上，李萍萍学会了剪羊毛、接羔、打草。草原上缺医少药，生产队没有医生，牧民看病非常困难。看到牧民生病，李萍萍等知青毫不吝啬地把从家里带来的药品送给他们。药到病除，牧民病好了，以后形成了一个习惯，一生病就去找知青，在他们眼里，知青似乎就是医术高明的医生。李萍萍从医很偶然。她插队半年的时候，锡林郭勒盟派医生到公社，要为每个生产队培训一名“赤脚医生”，因为那时候也就只有知青有知识，所以生产队推荐了她。李老师在生产队会计的帮助下，买了一个药箱。但是，仅有一个药箱也不够，没办法，李老师把知青们从家里带来的药品集中在一起，穿行在蒙古包之间，开始为父老乡亲看病。当上了赤脚医生，李老师半牧半医，牧民生病，她随叫随到，她还找来了针灸书籍，找来了针灸针，看着书在自己身上找穴位，忍痛扎针，百练不厌。后来一位牧民患病，李老师给他扎针治疗。经过一段时间的练习，她针灸技术已经相当娴熟。经过数月治疗，患病牧民康复起来。

提起插队时的从医经历，李老师说起了自己第一次接生的经历，让她终生难忘。牧民嘎吉德玛临产，去叫喇嘛大夫，半天不来。夜半，人们急了，问李老师：“你行不行？”李老师忐忑不安地说：“我来试试吧。”李老师没有一点儿接生经验，她掏出书来看，看完书开始忙活起来，最终顺利接生下一个男孩儿。

李老师为牧民看病，经常忙到天黑，路途遥远，她走到哪儿住到哪儿。一天，李老师在嘎吉德玛家住下来。嘎吉德玛家生有六七个孩子，是生产队最贫困的牧户，家里条件极差。睡觉时，嘎吉德玛递过一个枕头，脏乎乎的，家里再也没有其他枕头，嘎吉德玛脱下毡靴一放，枕着入睡了。这一幕让李老师感慨万千，拉近了她和牧民的距离。嘎吉德玛患有草原上牧民最常见的病：胃病、关节炎……为了给嘎吉德玛看病，李老师趁着放牧不忙，干脆搬进了她的蒙古包。李老师一边给嘎吉德玛看病，一边为她家做家务：烧茶做饭、照看孩子……嘎吉德玛被李老师感动着。更感动嘎吉德玛的是，她现在搬到了锡林浩特市城边居住，这些年，李老师只要回到草原，总要去看望她，还为她送些药品。

在草原上，许多人患有风湿性关节炎。每天，李老师放牧回来，雷打不动地去给他们扎针治疗。“蒙古民族最大的特点是包容，胸怀宽广，对知青没有一点儿戒备心理，感觉城里来了一群孩子，理所应当接受他们……”在草原上行医，李老师深受牧民们的欢迎，而她心里却装满了对牧民的感恩。一日，大雪纷飞，一位牧民找到李老师，说他的孩子感冒了，李老师骑马出诊，路过一位老人的蒙古包。这是一位孤寡额吉，被划成牧主的患病老人，没有劳动能力，而且家里贫困得连一只羊也没有。李老师先给老人扎针治疗后，天黑赶到了孩子感冒的牧民家。这位牧民是东北来的“外来户”，见到李老师立即恼怒指责她阶级立场太不分明，先给牧主看病，后给贫牧的孩子看病。李老师没有理他，给孩子查看病情，孩子并无大碍，只是感冒发烧，李老师为孩子拿了些药。这时，那位牧民却说："你住下吗？你要是走，在外面迷路我还有责任。"李老师听了很难过，心想："你让我住下是因为怕我迷路承担责任呀，我就是冻死也不住你家。"李老师跨上马，冒雪往回走。半夜，她路过一户牧民家，进去暖和了一会儿就睡了。第二天下午，生产队开会，李老师也去参加。会上，出乎李老师意料，当地好多牧民都批评那位"外来户"牧民。李老师奇怪，自己没有说这件事儿，牧民是怎样知道的呢？原来，牧民们非常有经验，他们根据李老师来的方向，就知道是从谁家出来。"当时我特别感动，感觉牧民特别淳朴善良，他们从心里把知青当做自己的孩子！"在草原上，李老师第一次流泪了。

李老师还被牧民推选为代表，出席锡林郭勒盟"活学活用毛泽东思想积极分子代表大会"。"在祖国北部边疆内蒙古锡林郭勒大草原上，有一个蒙古族打扮的女知青，不管是风雪弥漫，还是大雨倾盆，她总是肩背药箱，身跨骏马，驰骋在一座座蒙古包之间，她就是北京女知识青年李萍萍……"1970 年 3 月 18 日，《人民日报》刊发了题为《千里草原上的新牧民——记在内蒙古插队落户的北京女知识青年李萍萍》的通讯，报道了李老师风雨无阻的放牧和为父老乡亲看病的事迹。李老师的事迹还曾经感召了南京一批知青，他们向时任江苏省革委会主任的许世友将军递交《决心书》，立志到内蒙古边疆扎根一辈子。

回首那些年插队的经历，李老师觉得她学到的最受用无穷的就是牧民身上的朴实。她常说，草原净化了我们的灵魂，为自己想的少一点，多关心别人，能够像牧民一样朴实，这是最重要的。在行医上，你对患者好，关心患者，你就会赢得患者对你的信任。有些医生虽然技术还不错，但是如果他态度不好的话，也不会是一位很好的医生。她是这么想的，也是这么做的。恢复高考自主招生之后，李老师于 1973 年进入北京中医药大学医疗系学习，正式踏上从医道路。她认为医生与患者应是平等的互相尊重的，任何医疗行为首先是人与人的交往，而在医疗上医生应该是指导者，通过耐心的沟通，引导患者接受科学的治疗并尊重患者的选择。曾经有一位北大中文系学者，70 多岁，被诊断为右肺腺癌晚期，住院时，家属嘱咐医护人员，不要告诉患者病情。一天晚上老人就很迷茫地问李老师他的病情，她如实相告并详细解释了老人询问的其他关于肺癌的问题。聊了大约 20 分钟后，老人的心病解除了，并表示要配合医生，安心接受治疗。第二天家属感激地说昨晚是老人入院以来睡得最好的一个晚上。确定治疗方案后，李老师与老人交换意见，起初老人家对化疗有所顾虑，经过她细致耐心地讲解之后，老人也欣然接受。“作为医生，在医疗实践中收获的不仅是知识与技术，更要升华对人性的尊重与呵护。”李老师说。

几十年来，李老师兢兢业业，对待患者一丝不苟，对每位病人都关怀备至，在治疗中强调人文关怀，获得了患者的信赖和好评。著名医师作家李惠薪曾在《你的真诚，患者不会忘记!》这篇文章中讲述了一位肿瘤患者生命最后的故事。这位患者在向李老师求医之前，多番辗转被三位专家诊断为隐性乳腺癌。患者满是困惑与焦躁，已是古稀之年的她，身体虚弱，且患有多种慢性病，身处空巢家庭，离异、唯一的女儿又在美国。她每天在医院与家庭之间奔波，身心疲惫。她辗转找到了李老师，李老师建议住院，并详细解释：“住院可以请相关科室的专家来会诊，包括病理科医生。我们也希望进一步明确诊断，以便制订治疗方案。”在中医病房暂住期间，李老师每天都会去看她。从大夫那双略显倦意，但诚恳、善解人意的眼神中，患者得到了莫大的安慰。几天后，她终于得知她的病情经会诊最终被确诊为淋巴瘤，需要转到内科淋巴瘤病区进行进一步治疗。病人在离开中医病房时，竟潸然泪下，她被李老师的诚恳与认真负责深深地打动了。临终前，她向李惠薪表示，“我此生最大的遗憾之一，是没能对延迟了自己生命倒计时的医生亲口说一声谢谢。”

三十多年的从医道路让李萍萍教授对医生这份职业有了进一步的理解。医生治病需要用药，但对患者心灵上的抚慰，药物是远远达不到的。当你穿上白大衣来到患者面前时，首先面对的是人，是身有病痛的人。在这个充满竞争和诱惑的社会，恪守医生职责，静心看病是要有定力的。看孙思邈的《千金方》，李老师很有感触，最开始不是讲看病，而是如何为医，“凡大医治病，必先安神定志，先发大慈恻隐之心，誓愿普救含灵之苦”。在医术上精益求精，于诊治中持以仁术，李萍萍教授在从医实践中诠释着“医者仁心”的真谛。

虽然自认为不适合做管理，但李老师还是在2003年被推选为北京大学肿瘤医院党委书记，并连任到2011年。“你在这个位子上，你就要想着该怎样尽这个岗位的职责”，这是李老师的一个原则，她是一个尽职尽责的人。担任党委书记后，李老师也的确遇到了一个很突出的困难，党委的工作会占用很多时间，开会、讨论、分析问题、沟通事宜等，需要学习和了解的地方比较多。同时作为一位医生，还要完成临床、科研和教学的任务，压力很大。“个人空间减少，所以觉得前几年活得简直是太不像生活了。”李老师坦言，“只有安排好时间，没有别的办法，非占用业务时间不可的，那业务再用其他时间补回来，只能是多牺牲些时间，没有别的办法。”

作为一名女干部，李老师对高层中女干部比例较少的现象有自己的一些看法。她认为，从沟通上讲，女性并不一定差，沟通的方式可能更容易，但是有一些客观的对女干部发展会有更大影响的因素如家庭等等。“家庭和孩子，多少会带来一定的影响，女干部首先要处理好这方面的关系，才能做好工作。”李老师家人的支持和孩子的独立，使她能够有足够精力做好各方面的工作。这里不得不提一下李老师的教育观念，“做任何教育，言传身教，对孩子的影响是最大的”，正是基于这种理念，李老师一直坚持在几个角色间转换，在工作和家庭中都尽职尽责，给孩子树立良好榜样。

在谈到现在很多年轻人在成长过程中对成功的渴望过于强烈时，李老师直言这是受社会环境影响，整个社会有点浮华和急功近利，而年轻人的压力比较大，所以对成功过于渴望。李老师用齐白石晚年成名的故事告诫我们，“如果真正的想在自己热爱的事业上能够有所造就的话，就得沉下心来，认认真真，脚踏实地地去做，不能浮躁。”另外就是要懂得把握自己，知道自己真正要追求的是什么。在牧区插队的时候，很多知青被提拔到领导岗位，提拔得很高，但她坚决没去，很多人都不理解。最后她终于实现了愿望，念书考上大学。李老师推崇中医的中庸之道，年轻人追求名利是可以理解的，但无止境的追求可能就会走向反面，做一件事就要老老实实地做，才能实现人生的理想。

当说起机遇对个人成长的影响时，李老师对此是有切身的体会。在经历了投军不成，学医以后一心想从事妇产科，却最终在肿瘤专业越行越远，李老师对于机遇有一番她自己的感悟和见解。“老天对每个人都是公平的。每个人都会遇到无奈被迫选择的境地，但只要坚持下来，你就会发现这个选择没有你想象的那么糟糕，甚至不失为一个非常好的选择。”机遇可能让人成长得更快更顺利，但关键因素仍然是个人的主观因素。

回顾李老师这一路的历程，从知青到医学大家，从“赤脚医生”到医院党委书记，我们很容易发现，成功没有捷径可言，唯有朴实、真诚、坚持、踏实，潜心去做每件事，才能有所造诣，获得别人的信赖与认可。这也正是我们每个年轻人应该学习的地方。

采访札记节选：

在采访过程中，“质朴、真诚”这两个词时常出现在李老师的嘴边，她曾作为知青在牧区插队，为牧民治病，这也是她对牧民的由衷评价。牧民身上这种淳朴的性情也深深影响着李老师，她也一直身体力行，用自己的一言一行诠释着这两个词的意义。作为一名肿瘤专业的医师，李老师经常要面对的是生命进入倒计时的患者，因此对生命和人性比别人有更多的思考和感悟，在临床工作中，李老师用自己的真诚对待每一位患者，带给他们心灵的慰藉，鼓励他们勇敢面对病魔，点燃生命的希望。

曾经社会上流传中医不科学的言论，取缔中医的声音一度成为大家议论的焦点，面对此种情况，李老师依然在自己的道路上跋涉，从不理会外界的声音，虽然过程很艰辛，但最终一切都是值得的。从李老师身上，我更加深刻地领会到“坚定”这个词的真正含义，我们不能只是茫无目的地随大流，而是要坚定自己的信仰，跟着自己内心的真实想法走。说起来简单，可真正做起来并非易事，需要我们不断地历练，从而让自己的内心变得足够强大。

学生记者　赵小侠　柯静

“从我入党宣誓的那一刻起，一直到现在我都没有愧对自己的誓言，愧对自己的信仰，无论做什么工作，无论在哪儿，每一件事我都会尽最大的努力去做好。”

——吴新英

暖若冬阳

——专访北京大学外国语学院原党委书记吴新英

“你们俩来啦……就到我的教研室吧，这里是小了点，乱了点，但是暖和，快进来吧。”一脸慈祥的笑容，亲切并充满热情，就这样，我们走近了外国语学院前党委书记吴新英老师。

回眸·走过的岁月

“1970 年到北大，那时候我 18 岁，到现在也有 42 年了。”回眸走过的岁月，吴新英大半辈子都烙印上了北大的痕迹，在这里学习、成长、工作和收获，对过去成长历程的回顾由此开启。

在吴新英眼里，她成长的那个年代对她的塑造作用更胜过家庭。在雷锋、王杰这样英雄模范辈出的年代里，她读着《红岩》、《钢铁是怎样炼成的》、《欧阳海之歌》这些作品长大。刘胡兰、赵一曼、江姐这些女英雄是她学习的榜样。那个年代教给她“一不怕苦，二不怕死”的奉献精神，帮她树立起“毫不利己，专门利人”的信仰。1968年，坚信“好儿女志在四方”的吴新英作为知识青年到农村插队，因为突出的表现加入中国共产党。那时，在她下乡的吉林省怀德县党代会上，她是年纪最小的党代表。后来，她被县里推荐进入北京大学学习，成为了那个年代为数不多的“工农兵大学生”。但最初吴新英学习的并不是她后来倾注很大心力、研究了几十年的蒙古语，而是经济学。因为1970年周恩来总理接见北大外语学系的老师时指出“外语系要办，要培养师资力量”，学校开始在文科各系选择适合的优秀学生学习外语。就这样，在经济系学习了一个月后，吴新英被组织上“分配”到东语系蒙古语专业学习，开始了她与蒙古语的缘分，并一直延续至今。“我们上课的教室就在这个外文楼的一层西南角上的那个教室。”她至今还清晰地记得。外文楼曾经属于东语系，被吴新英视为珍贵的历史符号与记忆，言语中充满了对外文楼的深厚情感。

刚上大学时的学习生活并不轻松，军事化的管理，每天起床、跑步、背着书包去食堂，再到教室学习，又回到宿舍，这就是每天重复的学习节奏。课程也是单调的，开始时只有单纯的外语课，后来又开设了经济史和党史，但几乎就是在一门心思地学外语。但这并没消磨同学们的学习热情，大家都很珍惜来之不易的学习机会，十分刻苦。当时的学生除了学习还要参加大量的校园建设劳动，帮施工队“挖坑、运土、搬石头”，还要帮农民收大白菜、割麦子。学习的时间没有那么多，所以当时包括吴新英在内的学生格外珍惜读书的时间。对没有上过高中，经历了两年插队就直接进入大学的吴新英来说，大学学习之初没有那么顺利。“困难很大，但我不怕困难。”她决心很大，“早晨也不等起床号，只要天蒙蒙亮就起来，洗把脸就赶紧读书，有时间就读书。”那个年代的学生，“学习用功，劳动也很投入”。

到1974年大学毕业时，吴新英由大家投票推荐、东语系党总支决定留校当老师。对专业怀有很大热情的她本想留在教研室当老师、继续学习，却被调到学校机关宣传组工作。一年半以后，经她和东语系领导的强烈要求，对东语系感情颇深并十分熟悉的她如愿回到东语系，做学生工作，接连担任团总支书记、党总支副书记，并于1996年成为东语系的党总支书记。

1999 年，北大的四个外语系合并为外国语学院，吴新英担任外院的党委书记直至 2008 年卸任。卸任后，她又被文化部借调到中国驻蒙古国大使馆担任文化参赞至 2011 年 6 月。据说，她是我国派往驻蒙古国大使馆的第一位女文化参赞。

始终·不曾愧对的誓言

“我觉得从我入党宣誓的那一刻起，一直到现在我都没有愧对自己的誓言，愧对自己的信仰，无论做什么工作，无论在哪儿，每一件事我都会尽最大的努力去做好。”这是吴新英对自己的总结。说这段话时，那种严肃而坚定的眼神深深触动了记者。

采访过程中，让我们印象十分深刻的就是吴新英对党的深厚感情和“不论做什么事都要做到最好”的人生信条。而这可以追溯到她青少年时期时代背景的影响，“听毛主席的话，听党的话”几乎是当时人们的全部信念，也开始塑造了她坚定的信仰；革命英雄主义的渲染和“学雷锋”活动的热潮激发了人们“一不怕苦，二不怕死”完全为国家、为他人的精神追求，也深刻地影响了她不惧困难的心性。

16 岁时，还是一个孩子的吴新英在艰苦的知青生活中就克服了重重困难，开始表现出了她“做任何一件工作都很努力，都要做到最好”的特点，从年龄最小的党代表到成为全县被推荐进入大学的八人当中的一个。在之后的学习和工作中，她也是尽全力完成每一项任务，并确实用她的优秀回报了信任和培养她的人。为此她付出了很多时间、精力，也牺牲了放松和陪伴家人的机会，她也一直在为自己未能尽好一个母亲的职责而深感愧疚。

1999 年外国语学院成立以后，面临着院系之间生疏、资金困难、定岗定编矛盾多等问题。四个各自拥有几十年历史背景的风格迥异的外语系联合起来，非常重要的工作就是如何把大家团结起来、凝聚起来，让教学科研和后勤工作正常运行起来。面对这样一个大摊子，面对各系之间的生疏和不了解，吴新英首先做到领导班子的团结和融合，“班子团结了，全院的团结、建设、发展就有了龙头。”为此，她建立起面向全院的民主生活会制度，每周一次的党政联席会，重大事件都放到桌面上来解决。在最容易产生矛盾的定岗定编问题上，她努力做到公开公平公正。她身上有一股自信的劲头，“既然党组织信任我，我就有信心尽我自己最大努力，把外语学院的工作一点点尽自己最大努力做好。”在吴新英任外院党委书记九年的时间里，外院党委工作、学生、工会工作，都获得了学校的表彰。在教育部全国外语学科考评中获得了第一名的好成绩。

如此巨大的付出必然需要强大的精神力量的支撑，外国语学院时任党委书记宁琦这样形容她眼中的吴新英：“和吴老师一起工作很多年，她的一言一行在我眼中都分外的熟悉，在面对困难时我会常常想到她。我作为一名双肩挑干部，要兼顾教学和科研，在行政工作上的精力投入实际上远不及像吴老师这样的专职干部，而且我觉得以她为代表的那一代人是特殊材料做成的——她身上的那种奉献精神是我辈所不及的。”

吴新英前进的动力就是她执着的信仰，“听党的话跟党走”。学习上面临困境时会想到“是毛主席送我上了大学，要为党、为国家好好学习”，工作上遇到难处时就想着“只要是党组织交给我的工作，我就要尽百分之一百、甚至更多的努力完成，把事情做好”，由此，也就有了坚持下去的力量。四十几年时光里，吴新英绝大多数时间专职从事党务工作，努力奋发的工作业绩，得到了领导和师生的肯定，获奖不少，但其中她最看重的奖项便是“李大钊奖”——北京大学优秀党务和思想政治工作者奖。始终执着的信仰，使她确实没有愧对她的誓言，在外院的党务工作岗位上做出了贡献。

心语·时光的沉淀

数十年的女干部工作经历，经过时光许久的沉淀凝成了她说不尽的心语，一提起对于女干部工作的看法，她就如同打开了话匣子一般。

首先，女性细心、细腻、体贴的特性使女干部在工作上会考虑得更全面，更能体会到对方的感触，在做工作、化解矛盾上以及工作的许多方面比男同志更有优势。她在作为党委书记期间，除了工作，还会特别关注大家生活上的苦乐冷暖，细心解决大家的各种困难，让外国语学院的教职工和学生都感到家一般的温暖；她会亲自登门拜访学院的老教授，倾听他们对于外院建设发展的意见、建议，了解他们遇到的困难并帮助解决；参加年轻教师的婚礼，举办春游，在春节这样的节假日举办全院的联欢会，老教授的生日会，离退休人员的欢送会，“空巢”教师的临终关怀等等……这些都让由四个特点鲜明、风格迥异的外语系合并而成的外院紧密地团结在一起，极大地增强了彼此间的认同感。并且，她真诚地尊重老教授，拜访到了当时季羡林、金克木、李赋宁、龚人放、严宝瑜等老先生，把他们当成父辈，与他们建立了十分亲密的关系。她与季老是忘年之交，季老在三〇一医院发高烧记忆模糊时仍能认出她，说“我知道你是谁，你是小吴!”这样的情景让我们十分动容，同时也体现出了女干部的另一优势，就是更有亲切感，让人愿意亲近。在与学生、与赴蒙古国汉语志愿者教师、蒙古人民等等之间的关系上也明显体现出了这一点，她与他们之间都可以很融洽地相处。以前做学生工作时，她会经常往学生的宿舍跑，和学生很熟也很亲密，学生都亲切地叫她“吴大姐”或者“吴妈妈”，说到这里，吴新英会心地笑着，她感到很欣慰，“觉得自己的工作很值。”

其次，她说到了女干部在工作中遇到的特殊困难，指出生活上和生理上的问题使女干部的工作做出色非常不容易——她们要生养、教育孩子，照顾老人，承担家务，这些都需要很多的时间和精力，这时要把工作做好就需要付出得更多；如果出现了工作和家庭冲突，便只能选择放弃家庭和亲情而考虑工作。对此，吴新英也表示十分愧疚，她说自己并不是一个合格的母亲和妻子，因为“先别人后自己，先公家后个人”的观念根深蒂固，她始终将工作放在第一位，在家里，通常都是丈夫买菜、做饭，然后再等着她回家吃，对儿子更是“投入太少”，很少有时间陪在孩子身边。她讲到许多与儿子之间的故事：有一年的除夕夜，下着大雪，她答应了陪不能回家的学生一起过节，于是丈夫骑车带着她和只有两三岁的孩子赶到学校。孩子上小学一年级时，因应急工作错过了接孩子的时间，找不到孩子时的焦急和看到冻得满脸通红哭得满脸鼻涕眼泪的孩子时的心疼；从没有带孩子到未名湖遛过弯儿，就连孩子高考前一天也不能陪他放松，只能是赶回家给他做一顿热饭的愧疚……“我从来没有像有些父母那样潇洒过。”这当中的种种心酸她讲起来时常无奈地笑，从中也能感受到女干部的种种不易。

接下来，她还提到了对女干部选拔培养的许多建议。

第一，女干部的苗子在北京大学的氛围和土壤中基本上能够得到培养，能够得到学校、院系领导及老师同学的支持和重视，但还应该有所改善——比如女干部苗子的发现、选拔、培养和关心要有计划、有步骤、有跟踪，而现在缺少一种计划。她指出，可以让这些女干部在工作一段时间后从岗位上脱离一段时间学习和休整，可能更有利于工作。

第二，基层女干部要直接面对师生，千丝万缕一个针眼过，所有的工作最终都要落到她们身上，她们是最辛苦的，她们关心他人，也需要领导关心她们，听她们的倾诉，因此应该每年至少一到两次，给她们一个聚在一起交流的机会，一方面她们有了一个倾诉的渠道，另一方面也有利于学校领导了解她们的酸甜苦辣，这将有利于各项工作的开展。

第三，组织上要关心女干部，发现了一个女干部苗子就要在组织部备案，跟主要领导沟通，有专人进行关心。吴新英说，自己跟宁琦（外国语学院现任党委书记）有的时候打电话能打一两个小时，听她倾诉，给她提提建议、出出主意。“在我的工作中，她给予过很多指导和帮助，是我的领导；在生活中给我很多关心和照顾，是我的大姐。我过去一直不曾有过要做行政的想法，到今天我也不认为自己有像吴老师那样的能力，如果说还在坚持，就是因为有她的鼓励，还有我的同事和学生对我的信任和支持。”宁琦深情地说道。但并不是每一个女干部都能有这样一个可倾诉的对象，这时候就需要学校、组织上进行关心。组织部曾安排组织员和院系基层领导谈心，使基层干部感到很温暖。在关心方面，还要考虑到女干部的生活，让她们能够尽量在做好工作的同时照顾好自己的家庭，吴新英因为能够将心比心，所以只要是她主持的会，到了接孩子的时间，就会让女干部们先去接孩子。

最后，她还提到女干部选拔的标准：是否对工作负责；是否能百分之百地投入；对人好不好，是否具有亲和力，是否关心周围的人。她说，自己作为一个女干部，工作久了也就有了一种选拔女干部的眼光，发现了一个好苗子，就要有意地去培养，看到自己发现的人有所成，心里也是十分自豪的。

怡然·眼前的日子

退休后，不再有那许多工作的繁忙，突然清闲下来，吴新英还很不适应，不过她也对以后的生活充满了期待，尝试安排好自己的生活。“以前太忙了，许多书买了都没有时间看，现在要认真地多读些书了”，“现在有时间照顾好老伴了，有时间做一些家务了……最重要就是把身体搞好，身体健康，不要给组织上添任何麻烦”，每天看看新闻，先打开北大网页，关心关心学校的事情，适当参加一些活动，给学生讲讲蒙古的情况，参加相关学术团体及高校的学术研讨会……她平静而怡然，眼前的日子，可以更好地享受生活了。

结束了两个小时的采访，只觉得是听一个热忱的长者分享了许多故事与经验，听着她细致的关心和叮嘱，心中溢满了温暖，也不禁想叫她一声“吴妈妈”。

采访札记节选：

“吴妈妈”身上就是有这样一种魔力。这种魔力或许也是女干部的魅力所在——一种难以言传的亲切感，一股雷厉风行、风风火火的干劲，一种刚柔并济的精神。而吴妈妈身上，又更多了一层那个年代赋予的激情，“一不怕苦，二不怕死”的奉献精神，“毫不利己，专门利人”的信仰。

“尽最大努力做到最好”是吴妈妈采访中挂在嘴边的话，有了这样追求卓越的精神，再加上女性细致入微的特质和天然的柔情似水，才会有在四十年党务工作中的光辉业绩和荣耀，才会有几十年北大党务工作中领导的支持和老师同学的爱戴。

深秋的空气充满了寒意，我们的身上和心里却还满是温暖。因为，那种魔力，暖若冬阳。

学生记者　陈希　张瑶

“一个人想要成功，一方面自己要有明确的目标，另一方面，团队的能力和工作的氛围非常重要。”

——高子芬

志存高远的“铁姑娘”

——专访北京大学医学部基础医学院副院长高子芬

病理学诊断一直被认为是临床医学诊断的“金标准”，在当今病理诊断学界，北京大学医学部病理学系高子芬教授的名字就像是一面旗帜，代表着当代中国淋巴瘤病理诊断的最高水平。在广大临床医生和患者心中，高子芬就是淋巴瘤诊断的“金标准”。

因缘际会，投身病理

1953 年，高子芬出生于山西省一个中级干部家庭，自幼家教非常严格。童年时期高老师身体很不好，几乎每周都要发高烧，并患有严重的佝偻病（O 型腿），上小学后经常因病早退和请假，缺课是常事，但她学习刻苦，成绩还算可以。尽管体弱多病，学习也不是尖子，但在学校也是小有名气，因为她是学校的广播员，普通话说得很好，以至于她来北京上大学，大家都以为高老师是北京知青呢。1969 年，高子芬从山西省大同市中学毕业，当时正是“文化大革命”期间，前几届的毕业生基本都上山下乡了，而她那一年的毕业生有幸都安排了工作，每个班级有两个名额可以继续读书。各方面表现优异的高子芬得到了学习的机会，但是只能在师范和护校之间作出选择，考虑到父亲和自己的身体都不好，高子芬选择了护校，从此踏上了医学的道路。由于自幼受到良好的家庭教育，高子芬对自己一直高标准严要求，要求自己做什么就要做成什么，做护士就要做一名最优秀的护士。因此在从事护理工作期间，聪慧的高子芬快速地成长为业务能手，很受科室领导的器重，经常随科主任出诊为病儿打针输液。1972 年，在北京医学院（现北京大学医学部）的老师到地方医院招生考察时，正值高老师担任主班护士，考察的老师看到高老师为儿童扎静脉那个熟练劲，个个一针见血，虽然看上去还是个稚嫩的小姑娘，但业务技术如此熟练，招生的老师一下就被征服了，决定录取其为医学专业学生，成为了当时班级里年纪最小的学生。高子芬回忆说，自己小时候是个内向的孩子，不爱说话，走路也不敢抬头，正是在大学期间得到了锻炼，培养了沟通的能力，为日后进行广泛的国内外交流奠定了基础。

1976 年初，高子芬以优异的成绩从北医毕业，留校工作。她本想要成为一名妇产科大夫，但因当时我国的医药卫生水平相对落后，尤其是基础研究工作亟需人才，所以毕业分配工作时，基础学科得以优先选择人才，年轻优秀的高子芬被选中留校从事基础研究工作。

虽然留在基础医学院，但高子芬依然希望自己的工作能够更贴近临床，更多地与临床相结合，服务于一线。病理学是最符合其期望的学科，于是她向当年带她病理实习的老师提出了申请，希望能成为病理学系的老师，在那个“干一行爱一行、党叫干啥就干啥”的年代里，如此有想法的小姑娘很不多见。经病理学系的老师们商量，决定开创先河，为这位有主见的姑娘举行一场单独面试。当看到身穿打着补丁的旧军上衣，男士裤的高子芬时，老师们被她的朴实打动了，经过考核，就录用其为病理学系的年轻成员。当然她的代课老师孙毓凯教授（1960 年毕业留校的病理学教授，后定居美国）美言不少，起到了决定性作用。对于高子芬而言，这场面试是一个重要的人生转折——此后的几十年里，她始终战斗在病理学的第一线，服务于来自五湖四海的成千上万名患者，曾经彻夜不眠为工作，曾经临危受命赴前线，但是她始终无怨无悔。多年以后，高子芬回忆道，虽然自己曾经很想成为妇产科大夫，但是现在看来，病理学才是其人生的最佳选择。

进入病理系不久，就发生了唐山大地震，作为系里唯一的年轻教师，高老师奉命带领医学专业应届毕业生前往地震灾区进行抗震救灾工作。“汽车一进入灾区，大量的苍蝇就通过车窗飞入车厢，迫使我们再热也得关闭车窗，那个年代，大客车是没有空调的，虽然大家大汗淋漓，但没人抱怨。由于交通不畅，车行的很慢，这就使大家有充裕的时间观察震情：房倒屋塌，残墙上挂着各种物品，救灾的解放军不时抬出腐败的尸体、及时喷洒消毒液体并包裹转运，臭气满布空气中，看到如此惨烈的情景，真是心情难以描述，再看看车上的同事们，男士们个个强忍着不让泪水留下来，而女士们则已经是泪水满面了。大家可能都看了《唐山大地震》这部电影了吧，情况比那还惨烈呢。”作为唐山抗震救灾医疗队之一，高老师他们一行的工作持续了二十多天，主要任务是预防大灾后的疫情发生，组织大量的宣讲活动，宣传传染病的症状和预防知识，到学校组织学生演练疫情发生后的救治，也会深入到患病家庭进行诊治，发放药品。作为一个刚出校门的医学生，真正到了发挥自己作用的时候倒不自信了，好在一帮年轻人在一起，互相支持，学生们也能帮高老师出主意想办法，组织一些能吸引大家的宣讲活动，督促老百姓能自觉自愿地预防用药。经过大家的努力，抗震救灾任务完成得很顺利，受到学校领导的表扬。

参加过如此大灾的救治，看到如此惨烈的场面，对于高子芬来说可谓是一次刻骨铭心的教育，生命可贵，但如何更好地体现其生命的价值更是可贵。高老师非常珍惜病理系为她安排的专业成长计划，为期一年的全面而严格的技术培训，使她很幸运地成为了唯一一位从技术开始接受全面培训的青年教师。从病理样本的收集、编号，到组织脱水包埋、磨刀和切片等病理科的技术工作她都亲手操作过，为其今后的诊断和研究工作打下了坚实的基础。高老师在香港和美国学习期间科研课题高质量的切片都是自己制备的，这使当地医师和技术人员无不惊诧。至今，高子芬仍然感恩于自己的老师和前辈们，每每提及，感恩之情总是溢于言表。高子芬说：“我到教研室的时候只有 23 岁，老师们都对我特别好，特别关注也特别关照。我们病理系的老师们都非常强，有的人诊断做得特别好，有的人讲课讲得特别好，我就听过我们系所有老师讲的各章节大课和实习课，提高非常大，之后的这些年里我的教学能力被认可完全受益于这些老前辈的传授。一个人想要成功，一方面自己要有明确的目标，另一方面，团队的能力和工作的氛围非常重要。”

援藏支边，历练身心

1977年，工作刚满一年的高子芬又遇到锻炼的机会。北京市外派医疗队，前往西藏阿里地区进行医疗和教学工作，为期两年。基础医学院有2个任务名额，病理系需要派出1人，任务是承担阿里地区卫校的病理教学任务。高老师自愿报名参加了赴西藏医疗队，虽然身体底子单薄，也没有改变她的决心，唯一担心的是自己从来没有讲过课。当时途经6千米大阪，赶上大雪封山，看不见道路，车辆无法前行。北京医疗队的男性共产党员们全部下车，在车前排成一排踩路，车在后面跟着走。若是哪个队员一疏忽，很可能掉下山涧，可谓九死一生。到了营地，连最坚强的姑娘们也都忍不住抱头痛哭。虽然很艰辛，但是高子芬还是觉得这一年的锻炼非常值得。在她看来，援藏的经历是人生的资本，对一个人意志品质的塑造非常有益。到了西藏阿里，高子芬最主要的任务是讲授病理课。青藏高原艰苦的环境对于自幼体弱的高子芬来说，是一个重大的考验。居住在海拔4500米的阿里高原上，氧气稀薄，每天起床穿衣服都会感到很吃力。由于刚刚参加工作不久，年轻的她还没有授课经验，没想到自己竟是在西藏开始了教学生涯。为了能讲好课，她需要晚上先看书自学，然后第二天再教给学生，只要一用脑学习，心率就会加快，很是不舒服。第一讲是有高年资的医疗队员（第三医院整形外科前主任李建宁教授）听课的，课后李教授说：“你讲课的风格很像你们主任吴秉权教授，肢体语言比较生动。”李教授的肯定给了高老师极大的鼓励，之后的授课更是信心有余。病理课需要借助显微镜观察病理改变，以加强对理论的理解和记忆，但西藏条件艰苦，白天电的使用控制的非常严格，没有灯光，就用日光代替，高子芬指导学生们用最原始的单筒显微镜在院子里借助太阳光观察病理切片，这些孩子们哪见过细胞是这个样子啊，好新奇呀，他们排着队，一个个地观察着显微镜下的世界，每次病理课实习，在地区医院都是一景，周围围着很多患者和家属看热闹。高老师觉得只是单纯教学，自己的作用发挥得远远不够，就主动开设了一个针灸门诊，尽管固定的、长期治疗的只有2个患者（一位是高血压脑出血偏瘫的藏族患者，一位是因枪支走火伤及坐骨神经致下肢活动受限的边防哨卡的班长），当然也是边学边用了，尽管效果不怎么明显，但同时做做思想工作，聊聊当地趣人趣事也是蛮不错的。由于高老师的长相可能有点像西藏人，地区领导第一次与医疗队交流时轮到高老师竟用的是藏语，以为她是陪同医疗队的拉萨藏族。也由于像西藏姑娘，年龄又小，她与藏族学生们感情非常深厚，每遇晚上在露天场地里放电影，淳朴的藏族学生们会早早地为北京医疗队的老师们占好座位，北京医疗队一到场，学生们就会高呼着“高老师，高老师”，呼唤北京医疗队的老师们坐到前排，在这里，高子芬第一次体会到了当老师的骄傲。学生们还从自家养的羊身上剪下羊毛捻成线，为高老师织了一条纯羊毛的毛裤御寒，虽然羊毛很扎人没法穿，但是学生们的真诚，依然让高老师从心里感到温暖。在西藏的一年，高子芬的身体也经受了考验，有一次她当阑尾炎手术的第一助手，术者伸手要器械但没反应，回头一看人没了，才发现“一助”竟然自己先倒在手术台下，直立性低血压。由此高老师也受到很多的关照，发包奶粉啦、不用下乡打柴啦等等。“当然奶粉也是大家共享的，那年头，大家都缺乏营养，轮到谁做饭时真是难为的很，奶粉贡献出来给大家做奶茶喝，那才开心呢。”阿里之行，身体和身心都在锤炼之后变得更加坚强，把一个体弱多病，曾差点“要喂大同的狗”的小病孩，变成了一位从精神到体魄都能经得住考验、担得起大任的“铁姑娘”。1978年援藏结束回到北医，高子芬正式开始从事病理学教学、医疗和科研工作。

志存高远，四海求学

1991年，高子芬得到CMB项目的支持，赴香港大学深造，专攻淋巴瘤诊断和研究，此时距离高子芬毕业留校已经十六年，她已经组建了自己幸福美满的家庭。高子芬说：“在那个年代，这种交流的机会非常难得，我们经历过‘文化大革命’的人都格外珍惜学习的机会，为了学习知识，得到成长，什么都能放下，没有人因为个人、家庭、孩子的因素放弃学习的机会，家人也都非常支持。”高子芬的先生是其大学同班同学，同是医学领域的个中翘楚，所以非常能够理解夫人对求知的渴望。在家人的支持下，高子芬登上了飞往香港求学的飞机。在飞机上，高子芬用一张一张的小纸片给病理学系的前辈们写信，感谢他们多年的培养和教育，也表达了自己一定要学有所成的决心。此时，她在心里默默立下志向：一定要努力奋斗，一定要做到将来有一天，只要医生和患者需要复核淋巴瘤诊断报告，就想到要来北医病理系，想到高子芬老师，同时还要在老师的帮助下扩大淋巴瘤和血液病研究在国内外的影响，将来还想创办一家诊断公司，用诊断公司的收益创办一个患者俱乐部，为患者之间提供交流的机会，同时也为经济有困难的患者提供一些援助。高子芬说，人要有远大的志向，同时也要脚踏实地去努力。这些年来，她一步一个脚印地努力奋斗着，向着自己的目标逐一迈进。

在香港求学期间，高子芬师从的香港大学病理系主任是一位睿智的女强人，她希望能够通过这个项目为大陆培训优秀的病理科大夫。那时香港的病理诊断条件要比大陆先进很多，流程也非常规范。不过高子芬很有自信，“虽然客观条件相差甚远，但是我们大陆同年资的病理大夫的诊断水平并不比他们差。”最初，香港的病理医生们对大陆的病理科医生的水平并不很信任，但是经过一段时间的共同工作，港大的同仁们发现这位来自北京的高医生诊断思路清晰，水平还不错，而且没有架子，甚至能够亲自动手做切片，做一些基础性的工作，逐渐对高子芬更加敬重，由此建立起长达几十年的深厚友谊，之后还陆续接收了多位高老师推荐的北医学子在港大读书并获得博士学位。

此后，高子芬又先后多次前往德国、美国、新加坡等地学习和访问。她非常珍惜每一次学术交流的机会，甚至连续很多年的春节假期，高子芬都不得不放弃与家人团聚的机会，在国外进行学习访问。由于高老师谦虚，好学，每到一个地方都会给对方留下很好的印象，都能建立起良好的、长久的合作关系，不论是英国的剑桥、美国的 Omaha，还是新加坡的国立医院，都接收了多名高老师的弟子去合作研究或攻读学位。国外的导师们开玩笑地说：“送给高医师最好的礼物就是抗体。”高老师在外学习，省吃俭用，节约下来的钱用来购买抗体，质量好，价格也便宜。在香港学习时，高老师从事 NK/T 细胞淋巴瘤的研究工作，EBV-EBER 的检测是必需的，因为是一种探针，黏性很大，易于黏附于瓶壁上滞留。高老师注意到这个细节，就收集实验室弃之的 EBV-EBER 探针试剂瓶，经过高速离心后吸出集中，带回国内使用，当时国内还没有此种试剂的销售。她的行动感动了实验室的研究生们，试剂用完他们也不好意思直接弃掉，而是主动放在高老师的实验台上。直到现在，高老师创建的血液病理实验室管理严格，每位研究生在读期间均可以外出参加两次或以上的学术会议，但绝不容许一点浪费，实验室内没有任何一个人可以在一张新的纸上乱写字。高老师经常说的一句话：该花的钱1万也得花，不该浪费的1分钱也不容许浪费。血液病理研究室的老师们均在高老师的帮助下有机会去国外学习提高，甚至国际旅费都是实验室经费支持的。她就是这样不但自己不懈努力学习，而且支持年轻人的业务提高。因为她知道成长之必须就是学习和交流，走出去、请进来，互通有无，共同进步。高老师多年来为培养学生投入了大量心血，与学生们朝夕相处。对于学生们来说，高老师既是严师又是慈母，“高老师就像是母亲一样，把我们都当做是自己的孩子。”学生们总是这样说。学生何耀鑫曾经写下了这样一段饱含深情的文字：“我敬爱的导师高子芬教授，能成为您的学生是我此生最大的荣幸。第一次见面时，您亲切的关怀至今铭记在学生心头。您或许已经淡忘，多少次为了患者，您强忍病痛坚持到凌晨，面对得失却宠辱不惊；也或许不再记得，多少次为了学生，您设身处地尽心竭力，只为学生能有一个锦绣前程。您的身体力行，让学生渐悟做人至理；您的只言片语，解学生多少心中困惑。您对每一个学生都像自己的孩子。”但是他是腼腆的，从来没有将这段话说给高老师听。只是默默地写在自己的记事本上，然后每天勤奋地学习，以优异的学业成绩回报恩师。

多项重担，一力承担

从香港学成归来，高子芬步入了事业的快速上升期。从1998年到2008年这十年，对于高子芬来说是最操劳却也成长最快的十年。这期间，她肩挑教学、临床、科研、行政多项重担，而且她最爱的、影响她一生的父亲被诊断出身患肝癌。每天废寝忘食地超负荷运转，高子芬将“铁姑娘”的顽强发挥得淋漓尽致。

首先，在学术方面，这十年正是一个科研工作者快速成长的黄金期。广泛的国际交流经验，加之多年的专业积累，高子芬的业务能力突飞猛进，迅速成长为我国病理学诊断的知名专家，尤其是在淋巴瘤领域，更是首屈一指，为我国病理学事业的发展做出了突出的贡献。1999年，高子芬率先在国内病理界推广世界卫生组织淋巴瘤新分类；2001 年，她带领团队联合血液科、肿瘤科医生进行淋巴瘤分类及治疗知识的普及宣传，促进了我国淋巴瘤分类与世界接轨。同时，高子芬还肩负起淋巴瘤学科建设的重任，带领团队申请课题，承担了多项淋巴瘤基础研究项目，发表了大量高水平论文，也为我国病理学领域培养了大量人才。

高子芬不但在血液病理学方面有着突出的成绩，作为一名解剖病理和外科病理学家，她有着坚实的病理学基础和娴熟的临床技能。因此，在我国几次抗击新型传染病的战斗中，高子芬都临危受命，进入前线，冒着生命危险对感染者的尸体进行尸检。2003 年，SARS 肆虐，人心惶惶，大量的医务工作者被感染，以至于人人自危，每天公布的患病人数和死亡病例数迅速增加，使医务人员承担着极大的压力。很多领导意识到需要尽快开展尸体解剖工作，没有第一手的材料就无法研究病因发病，无法干预、无法制定应对策略。但是太多的未知数、没有条件，安排谁来进行此项工作？一连串的问题摆在目前。高老师和宫恩聪教授看在眼里急在心里，私下进行了交流，觉得是他们该承担责任的时候了，两人一拍即合，宫教授负责实验室建设，高老师负责解剖操作的流程规划。其后，得到学校的积极支持，全系人员齐动员，献计献策。高老师向香港大学病理系的朋友索取了传染病尸解的操作流程，并积极组建队伍。香港的朋友一再提醒：千万注意后期实验室的感染播散！高子芬坦言自己很有自信，一方面自信自己的身体很好，做好防护之后能够不被感染，另一方面，自信自己的技术足够娴熟，能够以最快速度完成解剖取材，所以才有勇气承担首批进入的重任。由高子芬，谢志刚，陆敏，李宁老师组成的第一小组首批进入地坛医院的传染病尸体解剖室，高老师担任主解医师，每一次进现场她都慎重地检查队员们的防护装备是否合格，尤其是在外出执行任务环境条件不足的情况下，必须在个人防护上加强再加强。由于连续作战，大家身体都有明显的透支，不是在解剖现场晕倒，就是在之后虚脱，事实证明高老师的身体素质的确不错，第一批人员中只有高老师没有出现过任何状况。最终在保证团队人员安全的前提下，胜利完成了任务，获得了 SARS 的第一手材料，为控制疫情和临床治疗做出了巨大贡献，同年高子芬被授予北京市“三八劳动奖章”。在此后抗击 H5N1 的过程中，高子芬又一次带领队伍前往江西的遂川，在大山上的殡仪馆进行尸检。他们利用现有条件，设计出流程，分出清洁区、半污染区和污染区，设计方案上报当地卫生行政部门备案，以迎接 WHO 专家组的检查。成功的工作体现在对尸解所获样本的研究结果，即 H5N1 的病理改变、致病机制及胎盘传播的发现，研究成果在国际会议上进行了交流，获得国家科研成果奖励。团队的默契合作形成了自称的“金搭档”，大家在穿着完全封闭的隔离衣、戴着面具，根本听不见外界声音的情况下，一个眼神、一个肢体动作就知道彼此的意思是什么。H1N1 的疫情发生后，由于条件所限，高老师只身一人前往西藏进行尸解工作，高原本来就缺氧，还要穿带上防止感染的封闭式隔离衣和面具，工作不了多久就出现了呼吸困难，不得已只能停下来，吸点氧再继续，这样经过三次吸氧后才完成解剖全过程。2008 年安徽手足口病流行期间，高子芬团队再一次承担了卫生部的紧急任务，对不明原因死亡儿童进行了病理研究，五天之内三次往返安徽阜阳现场，获得三例尸解，经过病理分析，及时获悉明确病因是 EV71 所致的脑炎，呼吸困难的原因不是重症肺炎所致，而是神经性肺水肿，死亡原因一旦明确，临床医师整个思路进行调整，重新制定诊疗规范，正确的临床处理，疫情得到及时控制，挽救了多名患儿的生命。每一次危难关头，高子芬总是在接到卫生部或卫生局的紧急通知后，第一时间汇报给系领导，及时组队、准备物品，出发执行任务，经常做尸检直到深夜，累得坐在地上爬不起来。当她看着满天的星星眨着眼睛、静静的殡仪馆内知了声声，想着北京校园的学子们在教室里自习的样子，老百姓家家喜乐融融，突然觉得自己的工作好伟大，很像边防战士守卫在边防线上，大家才能安逸地学习和生活一样，顿时觉得精神气倍增。具有这样的精神、这样的思考，她才能从不退缩，从不推脱，总是勇敢地担当起社会责任，堪称医务工作者的楷模。

为了解决北京地区医疗纠纷的尸解需求，在卫生局的支持下，高老师倡导成立了北京市尸检中心，挂靠在北京大学医学部病理学系，高老师任常务副主任，协调外部关系和规范工作流程。2006 年中心成立挂牌，当年完成医疗纠纷相关尸解 90 多例，大大缓解了卫生局的压力，现在每年尸解量保持在 70 例至 90 例，不但锻炼了病理医师，而且从死亡病例中分析出了医疗过程中存在的问题和需要改进之处，也为医疗行政部门提供了提高医疗质量管理的基础资料。同年成立的北京市病理质量控制和改进中心也挂靠在病理系，在高老师及同行们的努力下，认真学习和落实卫生部的《病理科建设与管理指南》，制定了地域性的病理科标准和检查体系，促使很多医院的病理科得到了不小的改观，尤其是一些地方性三级医院和二级医院变化更大，每每提起，他们都非常感谢高老师为病理行业作出的贡献。

从 1998 年 6 月开始，高子芬先后担任了基础医学院院长助理、基础医学院副院长、继续教育处处长等职务，繁琐的行政工作让她肩头的担子更重了。但是高子芬将这份工作视作一个学习和锻炼的机会，能够跳出自己的小圈子，拓宽视野，作为一个老师，也需要了解教育的发展。在高子芬做教学院长的五年半期间，基础医学院第一次获得了国家级教学成果奖。之后高子芬又担任了继续教育处处长，承担临床医院各级医师的培养管理及校内外各种医学继续教育项目，工作更加辛苦。高子芬说，虽然管理工作很辛苦，但是这也是自己回报母校的责任。在这期间，高子芬通过各种开会学习，视野变得更加开阔，由于工作的需要，参与了卫生部、卫生局多项医学教育管理、医疗行为和质量管理的相关文件的制定，随着医疗市场管理越来越规范，很多合理而不合法的事情被逐步认识。由于历史原因，位于学校的病理系老师们多年来一直进行着临床病理诊断工作，但是都只有教学职称。高老师意识到这是个需要及时解决的体制漏洞，经过调研，高子芬向学校领导如实反映情况，及时建议和规划病理学系教师进行双师型人才培养模式，逐一对病理系教师进行分析，提出老教师根据工作能力同时聘以对应的医疗职称，中青年教师们全部纳入住院医师培训，并且针对每一位教师的情况，提出个体化的培训、考核方案。目前已顺利完成病理系教师双师型职称转换，弥补了一个制度的盲区，避免了临床纠纷的风险。高子芬说，北医培养了自己四十年，自己从事行政管理工作将近十年，也算是为母校做一些贡献吧。

让高老师最为难过的是 1998 年底年近 72 岁的慈父被诊断出患有肝癌，当时肿物近 10 厘米。父亲知道高老师刚刚兼职基础医学院院长助理，主管教学工作，一定压力很大，就没有告诉女儿，可高烧不退、诊断不清，主管医师也急了，反复向高老师的父亲提出“你女儿在北京的大医院工作，应该征求你女儿的意见是否转北京诊治”。最后还是高老师的哥哥偷偷地告知了她父亲的病情，高老师连夜往返北京和大同请专家进行会诊，在很短的时间内确诊为肝癌，随后转院至北大人民医院和北京肿瘤医院进行救治。由于父亲身体基础状况不好，不能采用手术治疗，医师们经过认真分析后，决定选择介入治疗，每次治疗高老师姊妹们都有明确的分工照顾父亲，高老师都是承担晚上陪床，因为白天有太多的工作要做。晚上陪床高老师就睡在地下，医务人员们都说：“你看人家是院长还睡在地下。”高老师会说：“我现在是女儿。”当时正值专业水平需要提高的时期，在香港导师的帮助下，高老师得到在德国和美国进修学习的机会，可是父亲患重病在身，去还是不去？何时去？机会难得，父亲深知女儿的个性：不甘落后！尽管心里纠结担心见不到女儿，又不舍得女儿失去学习的机会。在与主管医师（北京肿瘤医院杨仁杰教授）仔细分析病情，认真筹划治疗和恢复时间后，高老师最终争取到了出国学习的好时机，实现了利用寒假赴德国和美国学习，连续四年都是如此。在这种情况下，可想而知，高老师学习更加努力和珍惜时间，父亲也更加积极配合治疗，等待女儿的归来，在这期间高老师与国外知名淋巴瘤专家联合在国内举办了多期淋巴瘤学习班和研讨会，高老师的成长和成功给了父亲极大的安慰，父亲的坚强也成了高老师业务成长的巨大动力。大家都知道肝癌是癌症之王，一般确诊后的生存也就是 3 个月至半年，但在医师高超技术的治疗下，在家庭子女们的精心照料下，身患巨块型肝癌的父亲坚强的与病魔斗争，成功生活了五年，可以说这是个奇迹。

2004 年，高子芬由于工作过度操劳，在一次讲大课后突发胃出血入院了。大家听说“铁姑娘”病了都万分关心，前来探望的同事们络绎不绝。在大家心目中，高子芬就是意志顽强、精力旺盛的“铁姑娘”，怎么能生病呢？刚住院两天，工作用的显微镜就搬进了病房，前来会诊的家属说：为了我们你也不能病呀！

高子芬说：“人们很强调先天因素对于以后成才的作用，虽然我认为自己遗传了做干部的父亲的敏锐，遗传了做家庭主妇的母亲的顽强坚韧，但是成功的主要因素还是后天的不懈努力，与病理系老前辈的指导和病理系的氛围也是密不可分。”她也就是这样，在如此好的一个学术团队中，把握住了机遇，一步步脚踏实地走向成功。

如今高子芬领导的实验室每年为全国四百多家医院提供会诊，2012 年的会诊病例量已经突破了 3160 例，这些会诊都是高老师和学生们加班加点干出来的。不远万里慕名前来求医的患者每日络绎不绝。在患者心中，只有高子芬诊断过了，才能够安心。“高教授说你是你就是，高教授说了不是才不是”，这是临床医师对他们的患者经常说的一句话，患者们用口口相传的方式为高子芬筑起信誉的长城。同时，患者的信任也给高子芬带来了巨大的动力和压力，为了服务于更多的患者，她更加勤奋地工作。病理是一个高风险高压力的学科，病理医生们要摒弃主观判断的干扰，以最客观、审慎、理性的态度判断，才能做出正确的诊断。有人形容病理科的大夫就像是在钢丝上跳舞的人，每日精神高度紧张。所以北医病理系的老师们工作压力巨大，高子芬更是异常繁忙，几十年如一日，每天都要工作长达十几个小时，全年几乎没有假期。高子芬回忆说，自己年轻的时候，老师就曾经告诉自己“八小时之内没专家”，所以想要成功，只有加倍的努力付出。临床医师的认可、患者的认可，使高老师在学术兼职上得到很多很多，她现在是中国抗癌协会淋巴瘤专业委员会副主委，是血液肿瘤专业委员会唯一的病理学科的常委，中华血液学杂志唯一的一位病理医师编委，获得很多学校、北京市的奖励，是享受国务院特殊津贴的专家。像所有病理科医生一样，高子芬也感到自己几乎将全部的精力都投入到了工作中，都奉献给了患者和病理学事业，留给家庭的时间太少了。高子芬非常感激自己的先生，这些年来，她几乎没能给先生做过早饭，先生在人民医院上班，远途回来还要买菜做饭，经常被楼里的老师们开玩笑，“高老师嫁给实验室了”。但是由于做基础研究的压力非常大，先生也很能够体谅，给予了莫大的支持，而且作为同学、同行，也深深地为自己爱人的成就感到骄傲。高老师有现在的成就，也一直非常感谢先生的支持和帮助。其实高老师的先生王老师也是非常优秀的医学人才，毕业后留校从事儿科工作，也参加过唐山抗震救灾，一起赴西藏医疗队，他是同批同学中第一个晋升正高级职称的人，由于凸显出管理的才能，较早就兼职医务处工作，并放弃业务，接任北京大学人民医院副院长，主管医疗工作 8 年。高老师自认为亏欠儿子比较多些，没有时间陪儿子玩，陪他学习，儿子说：“我也叫你老师吧。”意思是关心学生超过关心儿子，家里有什么好吃的，儿子都知道“带些去实验室吧”。“有了儿子和先生的理解和支持才有我的事业和今天，有了我的学生们，血液病理实验室才有今天的成就和地位。”这是高老师发自肺腑的感言。

血液病理实验室可谓收获颇丰，建立实验室近二十年，培养出的研究生正活跃在国内外病理行业的岗位上，真可谓桃李满天下；会诊的疑难病例遍布全国 400 多家医院，甚至有来自澳门、日本、美国和澳大利亚的病例；出版了淋巴瘤专著多部，今年还获得了国家级淋巴瘤基础研究及诊疗方面的科研奖励。未来的路还很长，仍需要保持思维的敏捷和不辞辛苦的工作耐力，加强合作和与临床的沟通，为临床和患者提供更好的服务。

采访札记节选：

乐观、热情、爽朗、健谈是高老师在采访中给我们留下的最深刻的印象。在短短两个小时里，高老师与我们回顾了她的成长历程、成就贡献和珍贵的人生体验、经历，我们沉浸其中、如痴如醉。

……在担任行政工作的时候是一个跳出小圈子的过程，在这之中获得的甚至比付出的还多，比如如何更有效率地利用时间，比如关于体制体系一系列事情的学习和明了。这让我们看到高老师眼界的广阔和心胸的博大，只要有益于学生，有益于临床工作，有益于病理界的发展，事情再多高老师也勇于承担，并勤恳踏实地把它做到最好。

采访结束后，我激动的心情久久不能平静，高老师给予我们的不仅是知识上的引领，更是做人之理、成功之路的导航。我脑海中总会描绘着这样的场景，在传染病尸解的第一线，高老师在换班的间隙穿着防护服坐在台阶上，头顶明月高悬，山下千家万户，与同事笑谈古今轶事，她心中的那份豪迈和守护了万千生命的成就感让我热血沸腾。

学生记者　苑琳　张少微

“好的管理者要以身作则、带头示范，但不是要事无巨细，事必躬亲；好的管理者知道怎样让合适的人做合适的事，使团队和谐、高效率地工作；好的管理者，特别是一个好的女性管理者，要有丰富的生活情调，高雅的情趣和悲天悯人的人文情怀。”

——孙祁祥

随缘自适　认真生活

——专访北京大学经济学院院长孙祁祥

“年轻时也没考虑过自己将来要从事什么职业，取得怎样的成就，只是想着要把眼前的事情做好。”谈起自己的人生经历，北京大学经济学院院长孙祁祥这样淡淡地说道。这种人生态度看似随意，但因为她与生俱来的那种“较真”的态度，悄然间降临的许多机会有了萌发的土壤，也让孙祁祥从一位“下乡知青”，一步一个脚印“结结实实”地走到了今天：从一名邮局的小话务员，到新学位制度设立以来北大的首位女经济学博士；从“北京大学最受学生爱戴的十佳教师”，到全国社科基金重大项目首席专家；从受命组建北大保险学专业并担任首位系主任，到北大经济学科 103 年历史上的首位女院长；从“中国经济女性年度人物”，到国际保险学会“约翰·毕克利创始人奖”，自 1972 年设奖以来的首位中国学者和首位女性获奖者……孙祁祥的人生轨迹精彩地诠释了“机会垂青有准备的头脑”的真谛。

“既然要做，为什么不做好”

1973年4月，高中毕业的孙祁祥下乡插队去湖南省岳阳地区中村公社大众大队当知青。下乡的第一年，孙祁祥和其他几名知青一起去公社挑种子粮。城市长大的她从未挑过哪怕10公斤的担子，但17岁的孙祁祥硬是挑着50公斤左右的担子走了二十多里，回到目的地后才发现，肩头已经被担子磨破，渗出的血水将衣服和皮肉粘在了一起。即便每天工作繁重，但孙祁祥从未放松过对自己的要求，不管是插秧还是割稻子，她都希望自己的动作标准得和每天在田间劳作的农民一样。凭着这一股拼劲，孙祁祥一到知青点就被推举为知青队长，并在农村入了党。在入党评议会上，带领知青劳动的一名七旬老农感叹道：“小孙这孩子，能吃苦。”

下乡四年后，孙祁祥抽调回城，在当地邮电局当起了电话接线员。当时话务班已有二十多个话务员，她们没有下过乡，而是直接招工就进入了话务班。当了四年知青的孙祁祥对于这份工作格外珍惜。看着那些老话务员工作好几年了还要查电话号码簿，孙祁祥心想，要是能记下全部号码，接电话的速度就能提高很多。于是，她在一周的时间里把市区各个单位的电话号码全部记住，由此大大提高了接线速度。当其他有些话务员在工作中聊天、或者漫不经心、甚至上个厕所半天不回的时候，孙祁祥总在精神饱满地工作着。由于工作认真踏实、业绩出色，一年以后，孙祁祥就被抽调到电信科以工代干。“能从农村回到城里，在邮电局这样一个好单位当个工人我已经非常心满意足了，没想到还能以工代干。”孙祁祥后来这样评价当时的工作调动带给她的那份惊喜。

在邮局工作三年以后，已经在局里的政工处以工代干的孙祁祥考入兰州大学经济学系。“那时，许多人吃惊地问我，‘你已经有了一份令许多人梦寐以求的好工作，为什么还要辞职去上大学？’我的理由很简单：没别的，就是想读书。”孙祁祥说。

中学时期，孙祁祥的成绩就十分突出。由于每一科的成绩都非常优异，有一年，她曾被全班同学选为语文、英语、数学各科的课代表。孙祁祥这股认真学习的劲头，到了大学还是没有变。有一次政治经济学课上，老师“突然袭击”进行随堂测试，在完全没有准备的情况下，孙祁祥凭借着平日里认真地听课、复习积累下来的知识，以 96 分的高分拿到了全班第一。由于成绩优异、能力突出，她被同学们推举当了三年的班长。

1987 年，孙祁祥的一篇题为《根本出路在于改革国家所有制形式》的论文被以加编者按的形式发表在《金融时报》的头版上，在当时引起很大反响。1989 年，她考入北京大学经济学院攻读博士学位，潜心学问，成果颇丰，1991 年荣获北京大学"首届研究生学术十佳"称号。1992 年，孙祁祥留校任教。1993 年底，经济学院进行学科调整，在保留原有的经济系和国际经济与贸易系的基础上，增设了国际金融和保险学两个专业，毕业留校仅一年多的孙祁祥被任命为保险系主任，从经济学领域转到了对她而言一个完全陌生的新领域。

二十多年过去了，孙祁祥早已在风险管理与保险学领域树立了卓越的名声。回首往事，从知青队长到北京大学的著名学者，随遇而安、但工作极其认真的孙祁祥，就这样一步步"被选择"地戴上了一个个"头衔"。但无疑，她的成功并不仅仅只是因为运气。"行成于思，而毁于随"。机会只偏爱有头脑准备的人。"我这人有个特点：既然要做，就希望在能力范围内做得最好。"虽然"较真"的态度令孙祁祥格外忙碌，但这也让她在机会面前坦然和自信。"不积跬步，无以至千里"，孙祁祥坦言道，"很多事情并不是我主动去追求的，但当机会来了的时候，我可能抓住了这些机会。"但抓住机会的前提是，你必须有这个准备和素质。

"当好领导"

在北京大学 2003 年的春节团拜会上，孙祁祥作为教师代表发言。在演讲中她提到了一个对于北大的梦想——"在这座高等学府里，学生不再为光怪陆离的功利诱惑所俘虏，而是都能沉浸于北大厚重的历史底蕴和宽广的现代文明之中，锻造自己，发展自己。"

千里之行，始于足下。认真做人、踏实做事，是孙祁祥对学生们提得最多的要求之一。"学生最重要的职责就是把学习搞好"，针对学习和社会工作之间的平衡问题，孙祁祥认为，"如果定位明确，又知道合理分配时间，肯定都能做好。"定位明确、合理分配时间，也是孙祁祥自己面对繁忙公务时的工作态度，"做了院长以后，这种体会更加深切。”

“当好领导”在中文语境中有两层含义：一是做一名称职、合格的领导，这需要严格的自我要求；二是做一名受人敬重、称赞的领导，这取决于他人的评价。这两层含义，从不同角度出发，描述出一个组织的决策者、带头人所应有的品质。于前者而言，作为经济学院首位女院长，孙祁祥除了具有刚毅的性格、干练的工作作风以外，更兼具了女性的细心、严谨和认真。而论及后者，她以身作则，知人善用，在小事上，她事事讲究完美，锱铢必较；在大事上，从百年院庆到经院教学、科研的各项改革，她善于决策、做事果断、敢于担当，深受经院师生钦佩和敬爱。

孙祁祥在经济学院百年院庆纪念文集中写过这样一段话：“经院是一座让人仰止的高山，是无数英雄豪杰托起了这个山峰；经院是一个令人炫目的大海，是无数夺锦之才汇成了这片汪洋。”从一名普通学生到“双肩挑”的学院负责人，在北大的二十余年间，这种自豪感和“朝圣般的敬畏感”一直伴随着她，鞭策她不断奋斗前行，因为“唯有努力工作，努力奉献，才能对得起这份荣誉，对得起这个百年辉煌的经院！”

潇洒享受人生

在许多人的传统印象中，“女博士”、“女学者”、“女领导”都是一些“呆板”、衣着随便、没有生活情趣；除了学问和工作，什么都不懂的人。但若是向经院师生问起对孙祁祥院长的看法，频繁出现在他（她）们描述里的却是“年轻”、“多才”、“高雅”、“有气质”等词汇。

孙祁祥爱好广泛，喜欢乒乓球，曾是中学校队冠军，并获得过北京大学研究生乒乓球赛的亚军。她还喜欢游泳、唱歌、打牌。孙祁祥说，“好的管理者要以身作则、带头示范，但不是要事无巨细，事必躬亲；好的管理者知道怎样让合适的人做合适的事，使团队和谐、高效率地工作；好的管理者，特别是一个好的女性管理者，要有丰富的生活情调，高雅的情趣和悲天悯人的人文情怀。”就像大海需要有纷繁多样的物种来维护生态平衡。在孙祁祥看来，要善待别人，也要善待自己，保持业余生活的丰富多彩，保持好的身体和心情，这是做好工作的前提。而悲天悯人的情怀则指的是一种设身处地为他人着想的性格，关注当下，同情弱者，在扫自家门前雪之前，忧他人之忧。

良好的心态是保持青春的秘籍之一，而这与孙祁祥“随缘”的生活态度也不无关联，其中关键在于对自己有正确的认知。“祸莫大于不知足；咎莫大于欲得”。“我不觉得自己有多能，或者认为自己努力了就一定有回报。如果总觉得自己才华横溢，什么都能做到，什么都应当得到，可能会让人心高气傲，或者心浮气躁。其实，如果一步一个脚印地走，别太在意‘结果’，某一天回过头去，突然发现自己已经攀登上这么高的山峰，心中必定充满惊喜和对生命的感恩，幸福指数会很高”。

在一篇被广泛转载的文章中，孙祁祥这样写道：“生命的每一个过程都是美好的：婴儿的童趣、少年的狂野、中年的潇洒、老年的神闲，这是一个完整生命的构图。既然老是无法抗拒的，但生活态度和生活方式是可以选择的，那我们为什么不去选择一种更好的方式？要我选，我就选快乐、优雅地老去！”

采访札记节选：

在采访中，她一直微笑着回答我所有的问题，采访结束后，还送给我们每人一本书，并贴心地签上“某某雅正”的字样，正如书名《跬步集》所言，书中收录的她历年来的演讲稿以及对她的采访，都是她人生中迈出的每一小步的记录，但正是有了这扎扎实实的每一步，才能让她走到今天的位置。古语有云“天下难事，必作于易；天下大事，必作于细”。孙老师“随缘”的处世之道和古之圣人“终不为大，故能成其大”的思想不谋而合……孙老师做过一场以“成长、成功、成才”为题的讲座，并希望刚入燕园的同学坚持好五个原则：学会放弃、不轻易随大流、开阔视野、掌握正确的学习方法、日积月累。孙老师在采访中分享的一些人生经验，让我有不少的感触。正如星云大师所说的“世间五不能”一样——揭弊而不能揭短，整装而不能整人，轻松而不能轻浮，自信而不能自满，随缘而不能随便。放轻自己、专注当下，以随缘的态度生存，以较真的态度生活，无论是学生还是老师，无论身处怎样的职位，我想这些话，都会有所裨益吧。

学生记者　季梵

“我只是学校里最普通的一员，尽心尽力去做好本职工作。”

——闫敏

勤勉守正，润物无声

——专访北京大学总会计师闫敏

在北京大学，百十年来，从来不缺少引领风潮的社会领袖，从来不缺少文章盖世的文豪大家，从来不缺少才学绝伦的顶尖学者，他们用自己的风采为北京大学不断的积淀价值和魅力。然而，燕园还有这样一种人，他们可能不会站在高台上慷慨陈词，可能不会在人群中高呼振臂，但是，他们同样用自己的使命感和责任感撑起了这所大学的一人一事、一草一木，给每一个来到这里的人丝丝入扣的呵护与关怀；为每一个从这里走出去的人坚如磐石的保驾和护航。她，就是这样一个人，北京大学财务部部长、总会计师闫敏。

如果你是一个在北大读书的莘莘学子，那你可能并没有时常听到闫敏这个名字，你可能只知道自己的校园银行账户里每月按时会有的生活补助，你可能只关注获得各类奖学金后该如何分配。但是如果你是在北京大学生活和工作的老师，那你一定对个名字十分熟悉。作为学校的原财务部部长，她的职责和工作范围涉及到广大师生日常工作和生活的方方面面，下至同学们的补助、教师工资，上至学校的预算、项目，都需要她的管理和协调。她，是北京大学的财务大管家。

财务合流（并账、统筹），汇并沧浪急湍

对于高校，财务问题是发展的基本线，其发展贯穿整个学校发展的各个层面。财务工作既是学校事业发展的重要保障，也是改革的排头兵。2001年，北京大学和当时的北京医科大学合并不久，两校在预算管理、会计核算等诸多方面都存在很大的不同。为了顺利完成两校合并，真正实现强强联合产生的增益效应，学校决定派一批同志参与医学部的财务工作，闫敏则被任命为医学部计划财务处处长。

当时，学校给她的任务就是尽快改善医学部的财政状况，规范管理、加强深度融合。她深感作为医学部财务处长责任重大，在2001年10～12月短短的两个多月时间里，她几乎每天都要加班到深夜，对医学部的财务、基建、产业的情况进行深入了解、调查和分析。这段时间，身在医学部工作的她，却只能带病工作、忙得连病都顾不上看。

仅仅过了3个月，她就向学校主管部门作了《医学部2001年财政状况汇报》，全面地分析了医学部的财政状况、提出了多项建议，为下一步明确医学部的财务工作方针奠定了基础。另一方面，改革了会计核算程序，明确树立了年度预算收支平衡、不出现新的财政赤字的目标，迅速实现了校本部与医学部在财务管理方面的五个统一。

在她的带领下，医学部开始每年编制收支平衡的《医学部年度校级收支预算》，该预算经过医学部部务会和北京大学党政联席会批准后，作为医学部具有法律效力的文件，年度日常经费开支严格按照预算规定的项目执行，任何人均不得作出减收和增支的决定，年度中间追加预算必须经过医学部部务会批准，计财处作为预算执行的职能部门负有监督与管理的职能，通过采取一系列的管理措施，有效地保证了预算的严肃性。自此，在保证医学部正常运转的情况下实现了校级预算的收支平衡，没有出现新的财政赤字。

闫敏在医学部的工作，有效地促进了两部融合，使两部财务工作迅速打开了局面，得到了学校各级领导和广大教职工的大力支持和充分肯定。从医学部合并以来，两部在财务上一直正常运转，在校级层实现了稳定和均衡，对北京大学接

下来十几年的发展提供了稳定的财政环境，其影响十分深远。

砥砺而为　甘做护花春泥

所谓责任，就是一个人对于自己的工作有一种神圣的虔诚和敬畏感。越是琐碎的工作，越能够砥砺心性，也越能够看出内化于心的责任感和使命感。一直以来，闫敏老师总是恪守这样的信条："我们有可能为学校做多少，就必须做多少。"她总是把学校的事情当做自己的事情来做，而总是会把自己的事情放到工作之后。

财务部的工作是琐碎而重要的，在财政层面的任何一个环节的疏忽，都可能对于学校建设和老师、学生的切身利益造成巨大的影响。财政事务无小节，在每个看上去琐碎的环节上尽心尽力、条分缕析，才能够胜任财政工作。

她长期分管财务部的收费及税收工作，这两项工作政策性强、难度大，在政策层面上，国家对高等学校的收费越来越关注，社会对规范高等学校收费的呼声也日益高涨；从工作的难度看，学校各类收费项目与收费标准都必须经过国家收费主管部门的批准，但是由于高校的改革进程与国家政策滞后的矛盾，客观上无法满足学校教育事业发展的需要。这就要求她必须在不违反国家政策的前提下，作好学校的收费及税收管理工作。在为学校争取税收优惠政策，特别是在高等学校缴纳企业所得税的问题上，她多次向上级主管部门反映学校的实际情况，争取得到他们的理解和支持，最大限度地增加了学校的办学收入、为教工谋求福利。

最近几年，她主持重新修订了《北京大学收费及票据管理暂行规定》，清理了校内收费项目，颁发了《北京大学校内收费许可证》，使学校的收费及票据管理有法可依，对规范收费行为起到了积极的作用，得到了收费主管部门的肯定。针对票据管理中存在的使用不规范、票据回收期过长等问题，逐步建立票据发放、领用、入账、回收等方面的规定，使得学校的票据处于比较严格的监控之中，在一定程度上避免了账外账和小金库问题的发生。

长期以来，医学部一直受资金不足的制约，基础设施相对落后，很多急需改造的项目无法开工，这些问题严重影响了医学部的正常运转，更成为了阻碍医学部迅速发展的瓶颈。在学校和医学部领导的大力支持下，她多方呼吁，通过各种渠道向主管部门反映学校的状况，提出自己的设想，终于得到了教育部、财政部的理解和支持，几年来多方努力为医学部争取了急需的专项经费，为医学部解决了燃眉之急，在很大程度上缓解了事业发展与资金短缺的矛盾。

她的努力有了斐然的成效。自闫敏主责财务工作以来，北京大学财务工作有了明显变化和改善。从宏观的财务政策到具体的财务措施，从学校层面到师生层面，从本部学院到医学部，都呈现出了健康发展的态势，财务工作取得了新的成就。

制度创新　稳步守正前行

制度建设是维护一个组织长久发展的重要工程，紧抓制度建设是每一个具有敏锐观察力和卓越领导力的工作主心骨。上到一个国家，下到简单的团体，无论当期发展有多良好，一旦疏离了制度建设，难以避免在组织运行过程中会造成低效和腐败，北京大学各个领域的制度建设和制度创新始终走在全国高校前列，这与一代又一代守正创新的学校领导、老师的高瞻远瞩和切实恳切有重要的关系。闫敏老师就是其中的一员。

2005 年 3 月，学校任命闫敏为财务部部长，同时医学部领导班子换届，经过述职、公示，闫敏继续任医学部副主任，分管财务工作。2007 年 11 月，学校任命闫敏为北京大学副总会计师；2010 年 7 月，她成为北京大学总会计师。一路走来，她深知一己之力有限，只有建立起科学完善的制度，才能使学校的财务工作长期稳定地发展。

2005 年 5 月份，闫敏老师在学校党委和行政的全面支持下，牵头起草了“北京大学财政工作报告”，力求在用好有限资金，确保基本运行的基础上，充分地调动各方面的力量，谋求多渠道的办学经费来源。并围绕继续贯彻财政工作“十字方针”，进一步开源节流等议题，统一了未来学校财政工作的基本思路，突出改革精神，兼顾大局意识，努力达成共识，为加快创建世界一流大学的步伐奠定坚实的财政基础。在会议圆满成功后，她不辞劳苦，连夜加班主持修订和制定了《北京大学经济责任制》等六个财经管理文件，迅速完成了会议成果的转化。

学校结算中心成立十多年以来，一直是隶属于财务部的一个职能部门，具体负责非法人独立核算单位的银行账户结算，闫敏作为结算中心的主要负责人，起草了《北京大学结算中心结算办法》和《北京大学结算中心会计制度》等规章制度，同时主持编辑了《北京大学结算中心规章制度汇编》，在作好服务的同时，合理调度资金。2003 年根据财政部、教育部清理银行账户的规定，在严格执行国家规定的同时，根据学校的具体情况，本着“严格管理、方便结算”的原则，协助财务部部长多次与后勤各部门的领导研究如何贯彻执行上级的规定，在意见统一的基础上对后勤原单独开户的中心实体银行账户转到结算中心开户，既满足了开户单位的结算要求，又符合上级对银行账户的管理规定。实践证明结算中心是强化学校财务管理职能、集中资金的有效途径。

会计派驻制是北京大学第十次党代会提出的财务改革目标之一，为实现这一目标，财务部负责起草会计派驻制规定以及实施细则方案，闫敏老师作为主要执笔人通过多方面的调查研究，征求各方面的意见和建议，于 1999 年 4 月完成了初稿并经过学校批准后正式实施，该文件的制定对启动会计派驻制起到了指导作用。

1999 年 6 月财政会以后，学校会计派驻制正式启动，从文件的起草、会计人员岗位职责的制定、院系所会计人员的调配以及会计人员日常管理，闫敏老师都付出了大量的心血和艰苦的工作，特别是在 1999 年会计派驻制启动初期，在没有经验可循的情况下，作为负责派驻中心工作的分管副部长，闫敏老师不仅要与院系主管领导共同商定人员配备以及工作职责，还要努力作好派驻会计的各项工作，切实解决他们的实际问题，通过制定岗位职责、人员轮换以及业务培训、建立内控制度等多方面的工作，使会计派驻制积极稳妥地向前推进，经过 7 年的努力，目前会计派驻中心的工作范围涉及学校的院、系、所、中心和部分独立核算单位，财务工作得到了各方面的普遍认同。

几年来在教育部财务司和中国教育会计学会的支持下，闫敏老师多次参加了教育部财务司和中国教育会计学会的课题研究项目。1997 年参加了教育部主持的《高等学校会计制度》起草工作，该制度经过财政部、教育部联合颁布，在全国高等学校执行。2000 年闫敏受教育部财务司委托，主持了“高等学校后勤社会化财务管理”的研究，同年参加了中国教育会计学会的《高等学校财务管理体制研究》课题，她作为第一执笔人撰写的题为《高等学校财务管理体制研究》的论文获得会计学会科研课题二等奖。2001 年作为课题组成员参加了受世界银行贷款资助的《大学财务管理》项目的研究。2003 年 7 月主持承担了教育部财务司立项的“部门预算与校内预算衔接”的研究课题和“医学财务网络”项目，以上研究得到了教育部和中国教育会计学会的经费资助。

推动一个组织的制度创新和制度进步绝非易事。在不断地发现问题、交涉问题、解决问题的过程中，闫敏对北京大学财务制度中存在的问题以及问题的症结有着清楚的认识，对财务制度的未来发展和改革方向有着精准的判断。无论是结算中心会计制度、会计派驻制还是在与教育部相关的项目中了解到的高校教育改革相关制度，都被证明符合北京大学实际情况，能够实现财务预算决算的高效透明，为进一步改善北京大学财务工作效率，维护财务工作健康发展有着长远的意义。

采访札记节选：

与她在工作岗位上的坚定执着与雷厉风行不同，日常生活中的闫敏老师是一位随和的普通人，倘若与她在生活中交流，丝毫不会感受到她是一个如此重要岗位的领导。这种随和谦逊的性格让她与周围生活的老同事和老朋友们感到十分难得。同她一起相处多年的老同事们都说，闫敏是个朴实无华的人。无论她为学校的发展做出过怎样的贡献，无论她的三十余载的付出改变了燕园多少人的生活，在她自己的眼中，闫敏老师认为自己只是一个普通的北大人。而在和她接触的过程中，我们却能够深深地感受到她身上洋溢着的对工作和生活认真的态度，能够感受到她浑身永不枯竭的热情。

坚守在一个没有掌声与喝彩的岗位，一干就是三十个春秋，一干就是一生一世，她虽然并没有过多的谈及自己的付出，但这一万多个旭日初升的清晨和披星戴月的深夜早已为她所恪守的信条做了最珍贵的注解，她身上充溢着的平和与质朴的背后是最华丽的人格和气韵。

勤耕卅载，平凡中尽展风骨与格调。闫敏老师无愧于“北大人”这个称号。

学生记者　张欣

“跟老师们交流时常常能体会到，大家要的其实很简单，他们视北大如家，也希望家里能有个知心人、贴心人、暖心人，我愿意也理应担当这个角色。”

——孙丽

不忘初心　方得始终

——专访北京大学校长助理、工会主席孙丽

孙丽，北京大学校长助理，工会主席，从1977年参加工作的她至今已在不同的工作岗位上兢兢业业三十余年。在北京大学工会的办公室，我见到了这位带领着一支协作共进的工会“战斗队伍”，组织了如此丰富多姿的工会活动的孙丽老师，忙碌的工作中，她仍活力四射、自信从容；采访中，她独特的女性领导者的魅力展露无遗，赤子之心令人动容。

咬定青山不放松，立根原在山岩中

“信念坚定，是成事的基础；而且，有舍才有得，很多时候放弃眼前既得的，是为了实现更大的人生理想。”孙丽，出生于1958年“大跃进”时期，求学时代遭遇“文革”岁月，在历史汹涌的大潮里，她身不由己，却能坚守初心，激流勇

进。中学一毕业，孙丽就下乡成了知青，在青年点里担任点长，夏天光着腿在田里种水稻被水蛭叮咬吸血，青黄不接的季节里常常只能饿着肚子，这些经历对孙丽来说，都是再寻常不过的了。

干活之余，当大部分知青都在打牌闲聊的时候，孙丽抓住一切学习的时间，读书、看杂志，“在那段艰苦岁月里，我只要找到书就读，坚信将来会有用的。”在那个风起云涌的时代里，没有人能预测自己的命运将会如何，知青们聚在一起谈论理想时，大部分人想着回城后做一名工人就很好，但是孙丽却一直怀揣着走入大学校园的梦想，而在前途、命运未卜的年代里，她只能将这个梦想深藏心底。

真正做事有魄力的人，敢于在人生面临重要抉择的关口，坚定信念，不被一时的安逸所吸引、不被嘈杂的声音扰乱了方向。1977 年，由于“文化大革命”的冲击而中断了十年的中国高考制度得以恢复，中国由此重新迎来了尊重知识、尊重人才的春天。孙丽说，这是他们那一代人重大的人生转折点，她抓紧有限的时间，边劳动、边学习，最后考取了中专，正当所有人为她高兴雀跃之时，孙丽做出了一个让大家都意想不到的决定：放弃中专入学资格，重考一次。虽然亲朋好友都不理解，但她始终怀揣着神圣的大学梦，毅然放弃了这次机会，终于在第二年考入了大学，实现了自己的梦想。孙丽回想起那时的际遇，不禁感叹自己当年那种“初生牛犊不怕虎”和敢拼敢打、坚持理想、敢于放弃的精神！

无论在什么岗位上，都把活干好

经过大学求学后，1982 年，孙丽便开始在高校工作，辗转了东北、西北和华北三个地区，巨大的地理环境和风土人情的差异让孙丽感到有些不适应，但她谨记小学老师的谆谆教诲：“到一个地方，就要爱一个地方，这样才能把事儿做好。”在东北，她是优秀班主任；在天津，她是全市高校“三育人优秀青年教师”。

1993 年，孙丽来到北京大学概率统计系（后并入数学学院）做学生工作，她说，虽然自己并不是土生土长的“北大人”，但是她很快地调整好自己的心态，迅速的让自己融入北大，以主人翁的姿态去为北大默默地奉献自己，这么多年来，她觉得自己已经对这座校园有着强烈的、难以割舍的归属感，北大已成为她的精神家园。

在数学科学学院这样一个学生众多的大院里，却只有孙丽一人是专职做学生工作的，她将自己的家庭电话公布给全院的学生及其家长，每年新生一入学，她就开始努力地对着学生的照片记名字，以保证能关心到每一个人，“这是女性细致入微的品格特性使然。”孙丽如是说。

90 年代，全国各大高校对大学生心理健康教育还不够重视，孙丽敏锐地观察到了这一点。“咱们北大的学生是全中国最优秀的学生，但那时候还是有不少学生受到心理健康问题的困扰。”孙丽利用业余时间去学习心理学课程，向有经验的负责学生工作的前辈学习经验，这些努力果然在她的工作中起到了不容小觑的作用。她及时发现了少年班一位十九岁的研究生存在抑郁倾向，通知学生家长来京，帮助他们找住处、找工作，及时的心理干预和治理使得这位学生重新回到了学习生活的正轨。

她不仅为学生排忧解难，还创立了新生家长见面会，增进与学生家长的沟通交流，创办了首届“数学文化节”，如今成为数学科学学院的品牌活动。凡此种种，都记录在孙丽创办的院刊《心桥》当中，也都印刻在学生们的心中。她的默默付出赢得了全院学生的信任，“当时的学生们都说我是妈妈一样的存在”，孙丽满脸欣慰。1997 年，孙丽获得了北京大学第三届“十佳教师”的称号，而在此前，获得这一称号的几乎都是教员，鲜有学工老师。她说：“这是我这么些年获得的所有荣誉里最让我觉得自豪和骄傲的。”做一个能让学生们认可的学生工作老师，是她觉得最光荣的事儿。

为了能更好地做好学生工作，孙丽还在北大马克思主义学院思想教育专业攻读了在职研究生，她认为，思想政治工作的真谛是对“人”的教育和培养，在大学教育里占据着重要的意义，而细腻、善解人意、无私奉献等美好品质往往能使女性在工作中起到以柔克刚的作用。

2002 年 8 月 7 日，北京大学山鹰社登山队在攀登西藏希夏邦玛峰的过程中，五名队员不幸遭遇雪崩。不幸发生之后，媒体上出现了很多不实报道，北大面临着巨大的舆论压力，孙丽作为学工部副部长，临危受命，代表学校第一次召集了五名遇难学生的家长进行沟通协调，“当时压力特别大，我虽然代表学校，但是站在学生家长的角度上去思考问题，感同身受，跟着家长们一起流了好多眼泪。”孙丽为事件得以平稳解决付出了巨大的心血，做出了重要贡献。时任主管校领导郝老师常说：“什么事儿找到孙老师，就放心了。”

虽是女性，但是紧要关头敢于担当，可谓巾帼不让须眉，这一点孙丽在2003年抗击“非典”中表现的更加突出。冒着被感染的风险，孙丽主动请缨，加入了北大抗击非典办公室，冲在抗非前线，“整整两个月里，和当时停课在家复习高考的儿子很少见面，孩子和丈夫都非常支持我的工作，反而让身为母亲和妻子的我感到更加愧疚。”令孙丽感到欣慰的是，儿子在当年高考中以所在高中第一名的成绩考入北大，而她也凭借在抗击非典中的突出表现获得“首都抗非典型肺炎工作先进个人”荣誉称号。采访中，孙丽讲起这些事儿都云淡风轻，但当年所经历过的挣扎与痛苦只有她自己最清楚吧。

以女性的关爱持家，鼓舞温暖凝聚人心

如今，身为北京大学工会主席的孙丽常常挂在嘴边的一句话就是：“工会是我的另一个家。”作为工会的大家长，孙丽“持家”自有独到之处。她带领北大工会积极践行“党政所需、职工所急、工会所能”的原则，不断创新机制，连续8年获得北京市教育工会工作十大成果奖（特色工作奖），为北京大学赢得了“全国五一劳动奖章”，这些荣誉是上级对北京大学工作的肯定，更是孙丽辛勤耕耘、带好队伍、“持家”之道的缩影。面对这些荣誉，孙丽始终保持着一颗平常心。她说自己做得还远远不够，是工会各位同仁的奉献和奋斗成就了她，工会取得的种种成绩都是建立在以前工会人努力和积累的基础之上的，离不开学校领导的重视和全体教职工的支持，自己会再接再厉，用有限的时间为北大、为社会做出更多贡献。

工会在学校数量庞大的部门和组织中，不算是“热门”单位。但是，有心人捧着满腔赤诚做事，辛勤的耕耘会带来不一样的丰收和喜悦。在工会十一年的工作中，孙丽做了不少颇有成效的开拓与创新。2005年，孙丽在总结以往各种座谈会、恳谈会经验的基础上创建了“校领导与教职工沟通会”制度，至今已成功举办近40次沟通会，为广大教职工参与学校管理、直接表达意见和建议，为学校党政领导充分阐述学校方针政策、了解民情、集中民智搭建了面对面沟通平台。孙丽介绍，沟通会制度得到了校领导的高度重视和教职工的大力支持，来到工会与教职工面对面沟通的校领导达到50余人次；上级工会也给予了充分肯定，北京市教育工会两位老主席评价沟通会制度为“民主管理的新发展、和谐学校的新途径、沟通上下的新突破、校务公开的新方式、工会工作的新抓手，是一个大金娃娃，是工会工作的一个牛鼻子”，建议在北京市推广。

平民学校是孙丽又一倾注了大量心血的项目，其渊源可追溯至1918年蔡元培老校长创办的“校役夜班”和邓中夏、廖书仓等北大学生创办的“平民学校”与“平民教育讲演团”。2006年，工会携手教育学院、团委、后勤党委等部门，秉承“传承平等理念，成就平民梦想”的宗旨，重新创办了“平民学校”，为校内工友提供免费培训服务，孙丽任常务副校长。如今，平民学校已走过十年，990名工友走进课堂，600余人次北大师生员工参与志愿服务，得到了《人民日报》、中央电视台、《瞭望》等权威媒体的报道和社会公众的关注。孙丽说，平民学校不仅是一个学习文化知识和提高综合素质的平台，更是工友们的精神家园，在这里，他们找到了同为“北大人”的归属感，找到了展示风采的舞台，得到了锻炼与成长，很多学员已经成长为单位的业务骨干，更加积极热情地为北大的建设发展贡献着力量。为了更好地了解课堂效果和学员需求，孙丽亲自参与每位教师志愿者的课堂，与学员一同参加高强度户外活动，十年如一日地坚持在平民学校办学管理的第一线。“建设之初，我们付出了很多心血。平民学校走到今天，维护它、发展它、办好它，我们只会更加用心”，孙丽言辞之中只有坚定。“与这些学员打交道，我们做的小小的事情和努力，都会换来他们的真诚和感动。他们特别淳朴，怀着一颗感恩和感动的心在北大，更好地服务北大师生。”女性细腻而敏感的特质，使得她在主持工作时能够设身处地为服务对象考虑，进而凝聚人心，带领大家齐心协力完成许多任务和挑战。

在校园里，教职工的大事小事都是孙丽的心之所系。身为母亲和妻子，她常常设身处地为教职工着想。走访慰问家庭经济困难教职工，她艺术地处理，使被慰问职工既感受到学校送去的温暖，又不会尴尬和不自在。近年来，她结合教职工的需求，创立帮扶互助长效机制——“工会爱心基金”，启动教职工心理健康支持计划——“幸福学堂”，建设“母婴关爱室”、“儿童读书室”等温馨、实用的“教职工之家”活动区。她的办公室时刻为教职工敞开着，常有教职工前来寻求帮助，她总是以真诚和体贴，耐心地倾听心声，理性地疏导情绪，最大限度地帮助教职工排忧解难。“跟老师们交流时常常能体会到，大家要的其实很简单，他们视北大如家，也希望家里能有个知心人、贴心人、暖心人，我愿意也理应担当这个角色”，“能帮就帮”是孙丽的工作准则，“拒绝帮助一个人，冷的是一群人的心，有多大光就发多大亮，每个人都这样，这个社会才会有温度”。

勤勉做事不忘初心，为女性发展谋福祉

孙丽说，能在北大工作是自己的幸运，“感谢组织的培养，领导的关怀，感谢工会各位同仁和全校教职工一直以来的理解与包容、支持与帮助，我永远心存感激”。走出校园，孙丽担任两届北京市政协委员，兼任北京市教育工会副主席，她从未忘记“替教职工办实事，做教职工娘家人”的职责，为各个群体谋福祉是她不变的初心。在孙丽的众多身份中，不乏为女性谋福利的职务。作为北京大学中外妇女问题研究中心副主任，孙丽承担了中心很多的工作任务。她多次邀请北京市高校工会的女主席参加妇女中心举办的各种论坛、座谈会、报告会等，充分利用北大的教学资源和学科优势，将女性研究与工会女工工作很好地结合在一起，也将妇女中心的工作和工会女工工作很好地结合在一起，为妇女中心工作的开展付出诸多心血。此外，她还是海淀区妇联执委、中国教科文卫体工会女职工委员会委员、曾任北京市妇联执委、北京市女教授协会监事会副会长等，这些职务时刻提醒着孙丽为维护女性的利益而奔走，为推进男女平等事业而奋斗。

“真正的男女平等有相当长的路要走。”孙丽面露忧愁却并不悲观，“至少从北大，从我自身，为女性呼吁和争取平等。”2010 年，工会招聘新员工，招聘团队几乎一边倒的希望能招两个男生，孙丽晓之以理、动之以情，最终力排众议，为一位面试表现出色的女生争取了名额。在某次校内中层干部招聘会上，有单位公开宣称想要提拔男性员工，孙丽义愤填膺，坚定地表明了立场：“在北大，男女尚且不能平等，又如何在全中国实现?”

尽管孙丽对自己在工作中的表现问心无愧，但她坦言，自己在家庭中没有扮演好重要的女性角色——母亲。“儿子从小经常被锁在家里，一个人吃饭、睡觉，或者跟着我一起加班。”讲到孩子，孙丽眼眶泛红，“我为学生做到了百分之一百，却为自己的孩子做的太少太少。”儿子曾经满腹委屈地对孙丽说过一句话：“我不想当你的儿子了，我想做你的学生，做你的学生比做儿子更幸福。”“那你就考上北大吧。”就因为孙丽半开玩笑的一句话，孩子凭借自己的努力如愿考上了北大。“对学生全心全意的付出我并不后悔，但对儿子疏于关心和照顾是我这一辈子难以弥补的。”

作为一名女性领导者，孙丽表达了自己对于北大领导中男女比例失衡的遗憾和担忧，她认为，相比男性管理者，女性管理者有天然的亲和力，在管理工作中，更顾及员工的感受；女性管理者沟通能力更强，她们能清晰地表达自己的意愿、工作的目标，并且与下属员工有很好的沟通，不觉得孤独；另外，女性管理者在工作中，也更擅长激励全体员工，充分调动员工的潜能。女性管理者更强调关系的和谐，女性更注重关心与信任、沟通与激励，强调团队的积极参与和合作，她们决策清晰、善解人意，工作方式富有人情味，这些都形成了独特的女性领导风格和领导艺术。孙丽强调说，女性和管理者这两个身份并不冲突。

带着一份赤子之心，从曾经的学工老师，到如今的工会主席，孙丽为北大兢兢业业、勤勤恳恳工作二十余年，不忘初心，砥砺前行，方得始终。

采访札记节选：

孙丽老师在多所高校工作过，年轻时辗转了东北、西北和华北三个地区，即使面对巨大的地理环境和风土人情的差异，面对不同性质的工作，孙老师还是能够及时适应，既来之，则安之，并且在不同的岗位上都能够取得好成绩。“到一个地方，就要爱一个地方；干一行，就要爱一行。”这是孙丽老师信奉的人生信条。这很值得我们年轻人深思，在这个愈发浮躁的社会，我们往往三分钟热度，对任何事情都不能做到全力以赴，坚持到最后，并且常常将最终的失败归因于环境而不是自身，孙老师的经历让我深受启发、反思自己，如今我已步入研究生的阶段，但我并没有完全适应这一阶段的学习和生活的节奏，我会谨遵孙老师的教诲，积极适应与融入，不虚度接下来的生活。

尽管孙丽老师已经远离学术多年，但她在采访过程中常常跟我提及读书的重要性……孙丽老师坚定地认为，读书不仅能够陶冶情操，提高品位，也可以让人生活得更美好，知识确实能够改变人的命运。对我自己而言，能否像孙老师一样让自己沉下心来去读书是一个考验，我会试着去找回读书的初心，享受学习的乐趣，不浪费在未名湖畔、博雅塔下最后两年美好纯真的象牙塔时光。

我们在采访结束后，欣喜地得知孙丽老师荣获北京市劳动模范，这既是对孙丽老师的肯定，也是对北大工会工作的肯定。

学生记者　韩沛奇

“我的青春热血，乃至生命都和北大附小融合在一起了，完全离不开这片热土。”

——尹超

用一颗真心拥抱世界

——专访北大附小校长尹超

尹超的办公室在一栋旧式小洋楼的二层，和其他办公室只是门墙相隔，在屋内都可相互答话。走进她的办公室，首先传入耳中的是她爽朗的笑声，看到我们进屋后，尹超十分热情地迎了出来，为我们倒上热水。正式采访之前，她说，“我们随意聊聊，不要那么多的束缚。”

心系北大，青春奉献北大附小

尹超从小生活在中关村，从中关村第一小学毕业之后进入了北大附中学习，之后考上了北京第三师范学校。“就是对北大很向往，觉得这辈子没考北大特别遗憾，想去北大的图书馆。”所以从师范毕业之后，尹超选择了到北大附小当老师，以圆自己从小的“北大梦”。从 1984 年大学毕业至今，尹超已经在北大附小工作整整 31 年，从来没有离开过附小，也从来没有想过要离开附小，“我的青春热血，乃至生命都和北大附小融合在一起了，完全离不开这片热土。”其间有很多机会，尹超都可能“高升”，“但从来没有动摇过，就是一直心系北大，喜欢北大的和谐、人文、开放。”尹超认为，北大没有地方政府和官员的层级制，具有十分人性化的一面。她喜欢这样的氛围，同时，北大附小也和北大一脉相承。

尹超和附小语文团队共同创作了附小的《校园三字经》，把附小的办学思想和理念，以及对学生老师们的期待融汇其中。“山之巅，惠风荡。水之源，恩泽长。北大附，小学堂。阅百年，历沧桑……承北大，秉人文。尚风骨，崇理想。倡自由，求民主。兼包容，主开放。”北大附小和北大一样已有百年历史，跟北大一起在成长。能承袭北大的传统，是让尹超和学校老师、学生们都很自豪的事，附小一直都致力于跻身国际一流小学，力争与北京大学相匹配。北大人有理想、有风骨，独特、不同流合污，是尹超十分欣赏的一点。曾有一次，北京大学周其凤校长给附小推荐一位英语老师，然而考虑到目前英语师资富裕，无力消化额外教师的情况下，尹超委婉地拒绝了。周其凤校长给她回复“谢谢尹校长”、“其凤明白了”等句子，客套中带着亲切、带着理解，这让尹超觉得十分惭愧，只有北大人才有这样的境界和胸怀。同时，北大的民主、开放、包容由来已久，附小也是这样；“不能只有歌功颂德”，有不同的声音、有多元的思想才是真正的北大、真正的北大附小。北大的文化底蕴十分浓厚，尹超希望未来的北大少年是翩翩君子，儒雅大气、眼界开阔、心怀坦荡。尹超十分喜爱附小的《校园三字经》，采访时热情洋溢地为我们朗读并阐释了这篇作品；她不仅是学校里第一个完整背诵下来的，还经常会在课堂上默默地记诵，“每次背的时候都会特别激动”。在未来附小的体育馆上，将会刻上《校园三字经》，让附小精神代代相传。

沃土滋润，爱心抚育祖国花朵

“附小的每个孩子都应该是卓尔不群、个性独特的，同时又是合合相长、互相包容、互相欣赏、和谐共生的。每个孩子都应该有看世界的眼光，无论是对祖国、对家庭还是对个人，都要有责任感，敢于担当。”顺应孩子的天性，让每个孩子都健康地成长，发挥他们的独特之处，在尹超看来最为重要。有一年教师节，一个六年级的学生给尹超写了一封邮件，把在小学六年里每个老师让她感动的所有事情都记录了下来。尹超一边看一边流泪，感动至深。她说："我从教了二十多年，此时此刻，我才真正感受到我们从事的是太阳底下最光辉、最幸福的职业。我看到了孩子们对你的爱、对你的认可。我们付出了，他（她）们发生了改变，这就是一种幸福感，比挣多少钱都幸福。"因为每天都是跟阳光灿烂的孩子们在一起，尹超始终保持一颗年轻的心灵。在每年毕业典礼的校长寄言上，她都会流眼泪，其中有对孩子们的不舍，也有感受孩子们成长带来的欣喜。六年时光飞逝，每天都看到孩子们变化，每天都能活在喜悦和快乐当中。

附小的学生和尹超的关系很亲密，总是喜欢和她亲热。学生们对尹超的称呼各种各样，从尹老师、尹超校长，到校长阿姨、校长奶奶，十分逗趣。偶尔孩子们会叫错，但"我也会答应，我从来不会纠正孩子。他们开口叫你，就是对你的一种尊重，不用太在意形式。"不管是有多忙或者接待重要的来宾，只要孩子们向尹超问好，她都会回复他们。一天，三年级的孩子在体育课上练习跳绳，孩子们跳的断断续续，不连贯。"出于老师的天性"，尹超当即走过去，主动给他们摇绳，教孩子们怎样才能连续地跳。下课铃打响之后，六年级的孩子也围过来，叽叽喳喳的抱怨："校长，凭什么你给他们摇，我们吃醋了。"一个二年级的小男孩儿从后面抱出住了尹超的腰，用脸轻轻地蹭着她的衣服。尹超一边继续给学生摇绳，一边用手抚摸小男孩的脸。这时，一个六年级的大姐姐说："去，别在这儿拍马屁。"尹超哈哈大笑起来，"特别幸福，大的小的，老的少的。跟孩子们在一起很温馨，这才是真正的校园。"

尹超经常跟老师们说，最不能欺骗的就是孩子。孩子从老师的眼神里就能够感受到你爱不爱他，无论什么时候都要真诚地对待孩子。尹超疼爱附小的孩子们是"出了名的"。2009 年六十周年国庆大阅兵时，附小的学生应邀去天安门排练方队，尹超也一直跟着学生的队伍走。凌晨，孩子们只能在水泥地上休息，困倦不已，手里拿的气球不小心被放飞了。城管发现后，疾言厉色的责备孩子。"我就火了，过去跟他急了。气球飞了怎么了，有什么不能原谅的呀？他还是个孩子，你为什么这么训斥孩子啊？"即使是在学校，尹超也不容许老师们责骂孩子。她认为，对孩子不是不能批评，只是不能伤害他们的自尊，要让孩子知道那是关心和爱护他的表现。尹超喜欢孩子，愿意和孩子们在一起。在附小朝霞石上，有尹超题的字："孩子们像一粒粒饱满的种子，在附小的阳光、雨露、沃土的滋润下茁壮成长。”

和谐家庭，真诚对待辛勤园丁

附小的老师们说：“如果要是从事小学教育，北大附小是最好的选择。”而尹超说：“小学老师都特别单纯，包括她自己在内。尹超把自己比作一家之长，作为校长，她要让这个大家庭过得幸福，“我不能说让老师们能有多富有，但我一定会努力让老师们有尊严地生存和生活，不为衣食发愁。”附小经常组织老师团购房子、解决在校老师子女的上学问题、为老师们购买最好的保险等，免除老师们的后顾之忧。只有老师们自己过得幸福，才能把幸福和快乐真切地传递给学生，学校也才能成为一个温馨的大家庭。尹超清晨五点半准时起床，六点半之前到校，每天第一个到学校。学校老师们在七点之前都能全部到位，每天看到校长办公室的灯光老师们就觉得很安心。尹超对老师们说：“从你选择成为小学老师的那一天起，你就要有心理准备，我们肯定不能成为经济上的富翁，但我们可以成为精神上的富翁。”

尹超对招聘老师的要求很高，在选人上非常重视，年轻的一批老师都是硕士研究生。中小学老师一定得阳光灿烂、心态好。同时人品和性格要优良，因为孩子太天真，老师传递给孩子们什么样的价值观，对孩子的健康发展至关重要。尹超一直认为，一个团队需要来自不同专业的、各有擅长的人才，学校才能百花齐放。附小老师跟校长开玩笑：“校长尽出奇招，我们这里哪儿的人都有。”尹超对待老师很宽容，不管老师是继续留在附小还是离开，她都非常尊重老师的选择。

尹超跟老师们的关系特别和谐，喜欢“跟老师们逗”，她经常把身边的事情跟老师们分享，通过一些故事把道理讲出来，希望能对老师们产生影响。尹超说话很有感情，走到哪儿，哪儿就有笑声。老师们如果有什么不高兴的事情，她总能把他们“揉高兴”。在附小老师心中，比起一个高高在上的领导者，尹超更像一个长辈：无论大事小事，都可以和她交心，得到温暖、依靠和力量。尹超喜欢和老师们互动，她有一个大本子，记着许多老师给她发的短信。一次在全体会上尹超很含蓄地指出了一个老师的错误，会后老师给尹超发短信：“校长，今天下午的校会我们开得很开心。我们常感到，听您说话就像欣赏脱口秀节目，即使是批评的话，也能愉快接受，我们很幸运能和您一起工作，谢谢。”附小的老师很爱开全体会，“每次听校长‘忽悠’完了都热血沸腾”。在开大会时，看到尹超坐在会场，老师们感觉特别心安，“像妈妈一样”，因为尹超总是用慈爱的眼神看着他们。和老师们的互动，让尹超都觉得很温暖，在她的心中，“老师们也像孩子”。她认为只要真诚、平等、尊重、坦荡地跟老师们交流，老师们也会真心实意地对待自己，也会尽心竭力地为附小和孩子们付出。许多人称赞附小，认为附小和别的学校不一样，老师都夸校长，校长也夸老师。但是对于原则性的问题，她还是会很厉害地说，并且是不留情面的。然而这些都是在私底下，在全校面前，尹超从来都是表扬老师，因为“老师有自尊”。并且老师们都“很聪明”，“你的眼神老师都知道，你不冲他笑他也知道”。在尹超的心目中，每个人都是平等的，每个人都应该得到彼此发自内心的尊重和爱。而在老师们看来，校长批评很正常，因为“人无完人”，最重要的是双向的沟通和交流。

看到老师们的成长，尹超觉得自己的工作很有价值。“我现在最大的期待就是他们赶紧成长起来，接力棒往下传。”

智慧管理，用心尊重生命个体

“管理是一门艺术。人和人之间没什么太大的差距，之所以老师爱不爱你、学生喜不喜欢你、同事欣不欣赏你，就在于言行的艺术。还有真诚，只有真诚是最能打动人心的。”尹超如是说。尹超经常对学校的行政干部说，为老师评课的时候要以鼓励为主，首先要充分地说优点，接下来提出自己的疑惑和老师们共同探讨。切忌高高在上、指手画脚，只有放低自己的时候，大家才能相处和谐。附小老师任辉夸赞尹超做事“有张有弛，严慈并济”，作为学校的管理者和领航者，在实施管理制度和制定政策方面，尹超有魄力、很果敢。但在和老师的接触中，她又是一个朋友，同时也是真正的师长。尹超和附小老师都不约而同地认为，不管是什么冲突或者矛盾，只要相互之间沟通、交流，就一定能够解决。

2002 年，尹超开始担任附小的校长。上任之后，尹超开始施行校园改造，最大困境就是资金的缺乏。经过尹超和全体附小老师坚持不懈的努力最终筹到几千万的资金用于改造旧校区，为老师和学生们创造一个更加美丽、舒适的校园环境。如今的附小校园古朴与典雅结合、东方文化和西式风格交相辉映、古树紫藤和生态教学楼相得益彰，每一处都凝聚了尹超的心血和汗水，她亲自参与了所有方案的设计和整个改造过程，就连校舍墙砖的颜色都挑了二十多种，为了和北大、燕东园的色调相匹配，最后选择了一种独特的亮灰色，既不沉闷又很时尚。在每四年一次的教师代表大会上，尹超都会做主报告，给老师们下一个四年的梦。完成了校舍的改造后，附小下一个四年的梦便是学校的特色课程建设、名师梯队、附小泡泡体育馆、附小的私立幼儿园等，“要让老师们有希望，有梦想”。

十多年来，附小从未停下主动发展的脚步，硬件软件建设两手抓。在硬件方面，除了修建一万多平方米的生态教学楼以外，学校还修葺了名人故居、新建了学校操场、地下车库，这两年又率先建立了植物温控室、数字天象厅、四个机器人专业教室等，明年年初，一万多平方米的现代化泡泡体育馆也宣告落成。在软件建设方面，学校一直重视师资建设，大面积引进和培养研究生，有计划、成梯队地培养名师、不断开展国际交流，让成千上万的孩子、老师走出国门。2010年，学校完成了学校生命发展课程的顶层建设，语文、数学、英语等学科课程建设也渐成体系，学科优势品牌日益显著。

对于教育，尹超有自己的理解。当尹超还是附小的教学副校长的时候，她听过的一堂课让她终身难忘。那是一堂一年级学生的语文课，授课的是一位已经退休的王老师。课上讲解一些较难的字词，在讲到“碧”字时，王老师希望孩子们能很快地记住这个笔画多的字，这时一个小男孩立马从座位上站起来，大声地说：“王老师，白又胖，坐在一块石头上，碧、碧、碧绿的碧。”说完，全场老师都哈哈大笑。王老师大笑着走过去抱住那个小男孩儿：“宝贝，你可真棒。”尹超经常把这个故事讲给老师们听，她认为“这才是北大附小的孩子，才是北大的孩子”，每个人都要有自己的想法。这是对孩子天性的解放，其中传递的是包容、民主和多元的声音。无论是老师还是学生，有什么意见或者建议都可以直接到校长办公室向尹超反映，而尹超会以心换心地对老师和孩子们解释。附小六年级的学生开设了一门经济学课程，这在北京市的小学里面都是创新的；同时，附小也为老师们请专家进行经济、理财方面的讲座，“为了让老师和孩子都学会规划自己的生活，活的更舒心。”除了经济，在教育、公益、环保等方面，尹超也会经常邀请专家来为老师和同学们讲课，“特别希望大学老师来带小学的课，用他们开阔的眼界来影响老师和学生，给学校注入新的活力。”

在学校，尹超从来没有特殊化。作为校长，她没有自己专门的司机，走到哪里都是自己开车。尹超和老师们一样，即使是出去开会、到北大上课也要签考勤表，到医院看病必需写请假条。不管是后勤、教学或者学校其他方面出现了问题，都是从尹超开始扣奖金进行处罚，但尹超从来没有觉得委屈，反而很坦荡，因为这是学校的规定，每个人都得遵守，并且“我是学校的法人，是学校的负责人，我必须承担责任。”

“尊重每一个生命个体”，是尹超在工作、生活中的理念。尊重孩子，尊重老师，尊重学校的行政领导，同时，尊重学校的临时工。尹超每天上班第一个打招呼的是校门口的保安，和他们的关系也很好。今年北京下第一场雪的时候是在周末，学校的许多树枝被压断了，主管后勤的白雪生组织临时工们扫雪，尹超接到电话后马上从昌平的家里赶到学校。扫雪的临时工看到尹超特别高兴，热情地和尹超打招呼。整个学校走遍，尹超的鞋袜和裤腿都湿透了，但她却为临时工们能够这么辛苦地为学校付出而感动，特意给他们发放了加班费。附小专门为食堂员工、保安等学校的临时工拍摄视频，在周一的升旗仪式上为全校学生播放，让他们在升旗仪式上发表演讲，希望学生们能够学会体谅和尊重学校的工人。尹超一直相信善有善报，“因为你对人善良、你真诚、你乐于助人，所以你遇到困难的时候一定会有很多的朋友想回报你，想帮你。”

性情中人，阳光度过生活瞬间

2010 年，尹超被评为第三届“北京市海淀区杰出人才贡献奖”，是当年评奖中教育界的唯一代表，并且是十位获奖人物中唯一女性。获得这个奖完全在尹超的意料之外，她本人并没有申报这个奖项，她笑称自己是“中了狗屎运”。评奖组委会奖励尹超二十万元，刚一听说这个消息，尹超就打电话给她的爱人，决定把这二十万分给附小老师。尹超认为，这个奖并不是她个人荣誉，而是来自于“附小老师们的共同努力，这个荣誉是整个附小的”。在她心中，这是社会对附小的认可，跟大家分享才是幸福。

附小老师对尹超的评价是：有追求、有情感、有风采、有魅力、有品位，并且是个“性情中人”。工作之余，尹超很喜欢运动。无论每天多晚回家，她都会快走四十分钟；每到周末，还会去爬香山、游泳，或者去颐和园散步、骑自行车。每年附小的联欢会还会和老师们一块唱歌跳舞。

尹超校长十分注重打造名师梯队。2014 年 4 月，海淀区共有 9 名教师被评为北京市特级教师，而北大附小就占了 3 位，分别是数学教师李宁、英语教师范冰、信息技术教师何立新。第一批名师梯队的梦想已经实现了。下一个四年，尹超校长又在广聚四方贤能，迎接八面来风，用一个又一个的机遇点“靓”校园，提升北大附小的生机与活力。

“教学就是贯通学与玩，管理就是融汇情和理”，在尹超看来，教书育人应该是快乐的，做校长也是快乐的。她希望办好这样一所学校，在这里，孩子们“专心地学习，痛快地游玩”，老师们“专心地工作，痛快地享受生活”，这才是北大附小的名片，教育永远的真谛。

采访札记节选：

在尹超的谈话中，有很多关键词：“北大”、“梦”、“真诚”和“尊重”，而“北大”和“梦”给我印象尤其深刻。尹超提到最多的就是“北大”和“北大附小”。她说北大附小要和北大一脉相承，这其中的传承让她以及北大附小的老师和学生都非常骄傲，并且本就应该如此。尹超和附小的老师们总是不约而同地这样说：“北大也是这样”、“这才是真正的北大，真正的北大附小”。特别是对“北大人”，尹超非常有感悟。在她眼中，北大人重儒雅、尚风骨，不同流合污，不阿谀奉承，她希望北大附小的孩子也能成为翩翩君子，有内涵、会读书，和北大整体民主、开放的氛围相符。

学生记者　杨飒

二 / 理论篇

高校女性领导干部的特点与选拔机制研究

萧鸣政[①]

彼得·德鲁克在2003年接受台湾《商业周刊》采访时对女性领导力作出了高度的评价，他认为女性将有越来越多的机会在每一个管理的阶层与男性一争长短。女性正在崛起，她们不仅进入了中低管理层，而且正逐渐进入政府和组织的领导高层。由于她们自身具备独特的性别特质，因而在组织中发挥着特有的性别优势，以促进领导力的提升；并以自己的人格魅力与独特的领导力在组织中发挥着非凡的作用。

当前女性领导力的研究西方已相当成熟，由于我国特殊的国情，目前女性进入高层管理的比例还较低，所以我国对女性领导力的研究尚在探索阶段，以至国内学术界未呈现系统的研究成果。并且目前国内学者对西方女性领导力方面的研究也十分稀少。女性领导干部选拔是一套系统工程，所涉及的内容比较广泛，目前系统分析党政女性领导干部选拔的专门文献较少，因此，深入地探讨这个问题具有一定的意义，是适应公共部门行政变革的需要，是实现公共部门人力资源合理配置的需要，也顺应实现社会可持续发展的需求。

一、社会性别理论对女性领导干部选拔的认知

社会性别理论，旨在推动女性争取和男性一样平等参与政治、经济和社会活动等各个领域的权力和机会，女性参政和女性领导力问题也一直是女性运动和女

① 萧鸣政，教授，博士生导师，北京大学政府管理学院行政管理系主任。

性主义关注的焦点问题。女性平等地参与政治生活，在提高女性地位的整个过程中起着不可或缺的作用。

社会性别理论认为，生物差异并不是造成两性角色及行为差异的决定性因素，制度和文化因素是造成男女角色和行为差异的原因；社会性别是由在社会文化中形成的对男女差异的理解以及社会文化中形成的属于女性或男性的群体特征和行为方式；社会对妇女角色和行为的预期往往是对妇女生物性别规定角色的延伸；人们现有的性别观念是社会化的产物，因而是可以改变的。因此，现代社会中，用先进的社会性别文化来代替传统落后的社会性别文化，从而为我国女性减轻社会和心理压力，促使更多的女性进入领导岗位，可以为女性领导力的开发和提升提供社会支持。

20 世纪 70 年代末到 80 年代初，在社会经济各领域迅速崛起和管理学迅速发展的背景下，女性领导者研究成为管理学研究的重要组成部分。在我国，女性领导力的研究蓬勃发展。从女性领导研究的发展来看，可以分为两个阶段，一是 20 世纪 90 年代前期，研究主要集中在女性领导者的领导行为研究；二是在 20 世纪 90 年代后期，在知识经济大潮的推动下，组织和组织管理发展的新趋势日益明显，管理学界对领导力背后的性别力量开始关注。

我国开始关注对领导力背后性别因素的研究，加强了对女性领导力的研究。但我国对女性领导力的研究多以访谈、培训、调查问卷、论坛等方式进行，通过对女性领导者经历的描述，总结出女性领导者所需的领导技巧。童兆颖认为女性领导干部选拔的基本元素包括核心专业技术能力、敏锐性、进取心、组织力和创造环境的能力等。屠立霞对女干部的行政领导能力进行了研究，指出女性领导在很多方面呈现出的优势正是新经济时代所要求必备的领导能力，如有能力推进远景规划、不惧怕革新陈规、全神贯注于事业、在高科技时代采用友情感召的工作方式、将挑战转为契机、关注顾客的偏好、勇于力排众议，标新立异等。

二、国内外研究综述及其对女性领导干部选拔的认知

国外对女性领导选拔的研究主要围绕两个方面四个角度开展，一是社会学界的学者一般从性别的角度研究，包括“性别特色视角”和“社会公平视角”等；

二是管理学界的学者选择从管理学角度展开研究，包括“管理视角”、“结构平衡视角”等。

从性别角度的研究可以概括为三个方面，一是主要研究女性参与高校行政活动的主要特征及组织能力，他们往往在进行有效领导的基本技能方面，表现出比男性强的一面；二是对女性潜在障碍的分析，主要表现在传统观念女性人才应该从事“辅助性”和“服务性”的工作，组织中占主导地位的文化是男性文化，工作安排时女性领导者的需要被较少的考虑，并在工作中遭遇过多的挑剔；三是对女性领导改革战略的研究，主要包括为女性提供教育培训，以确保获得更多的机会，并帮助她们制定事业发展规划，确保不被排斥在政策议程之外。

国外从管理角度的研究同样可以概括为三个方面，一是对组织中性别比例的研究，最早研究的学者坎特指出组织的最终目标是实现两性性别的平衡，达到合理的人力资源配置状态。后期罗宾进行了比较研究，以高校女性领导干部为例，认为提高女性在较高位置上的比例，而不仅仅是提高女性在较低职位上的比例，能帮助组织留住有才能的女性，从而降低离职率；二是对女性领导风格的研究，如斯蒂芬·P. 罗宾斯综合研究领导风格差异后，得出结论，女性更倾向于采用民主和参与式的领导风格；三是对女性领导作用的研究，认为吸纳更多的女性领导者加入团队，使得工作风格呈多元化发展，有利于带来更多地满足感。

对女性领导干部选拔问题的研究日益得到社会的关注，我国部分高校设立了专门的妇女研究机构，如北京大学中外妇女问题研究中心，并发表了一些论文。我国对高校女性干部选拔管理中的性别研究还非常有限，其研究内容多集中在对已经取得成功的女性管理者的描述性总结研究上，或对女性参与管理的一般描述，虽有一些研究涉及到女性参与管理的障碍问题，但较多地集中在女性领导者自身。对高校女性领导进行一般性研究的文章较多，有理论深度和实际应用价值的研究文章并不多见。我国高校女性领导人才选拔培养机制研究的问题，也有研究者对性别管理理论做了初步的研究，但也只是单一地从某一角度进行研究。总体来说，尚没有从组织机构上或从理论高度上深入、系统地探讨女性参与领导的潜在障碍和她们遇到的问题，更没有涉及到在人事管理实践中如何选拔和培养女性领导。随着我国女性大量走上领导管理岗位，对管理中的性别策略进行全面深入的研究显得尤为重要。

今后的研究需要从两大方面继续推进，一是必须注重实际研究，研究者应将大部分精力转移到女性领导人才选拔培养的实践研究中去。目前，研究高校女性领导人才选拔培养的理论和实践的成果明显不足。只有对高校女性领导人才选拔培养的实践和现状作细致深入的研究，才能够找到适合我国国情的高校女性领导人才选拔培养之路。二是女性领导选拔培养的理论研究也很重要，它事关高校女性领导人才选拔培养的方向和目标，必须具有前瞻性和战略指导性，像女性领导的角色冲突，女性领导的领导风格等重大理论问题的研究必须有新的创新和突破。

三、高校女性领导干部的内涵和特点

人才包括的种类很多，领导人才是人才中处于较高层次的一类人才。领导人才是指具有较强的领导素质，在组织和管理社会活动的各级领导岗位上，用自己的创造性劳动，为社会发展和人类进步做出显著贡献的人。

女性领导人才是根据性别划分而得到的一个领导人才群体。而高校女性领导干部就是指在高校管理行政事务的领导岗位工作的女性人员，也就是我们通常所提及的在校、院两级部门工作的女干部、女领导等。

女性领导者在领导活动中，充分运用自身的权力，女性独有的特质、魅力和行为方式等影响被领导者与其共同作用于一定的领导情境实现领导效能最大化所形成的一种合力。这种合力能够激发组织中人的潜力，并能使组织取得卓越的成就。然而，高校女性领导干部不仅具备女性领导干部的一般特征，还具备自身独特的特征。通过文献分析和实践，将高校女性领导干部的特点概括为以下几个方面。

第一，知识性。相对于其他行业领域的女性领导人才而言，知识女性是高校女性领导人才中，素质较好、就业层次高、社会地位较为突出的一个群体。她们是高校领导人才队伍的重要组成部分。作为知识女性，她们都接受过良好的教育，具有较高的知识水平和素养，往往在学术、教育、管理等方面有一定的成就，大部分有自己的专业、在某一领域具有过人的造诣，潜心于专业研究。她们在各自的岗位上勤奋工作，与男性并驾齐驱，为高等教育事业，奉献聪明才干和创造力；同时又在家庭中发挥着其他家庭成员所不能替代的家庭主妇作用。她们往往集双重角色于一身：职业妇女和家庭妇女。

第二，独立性。相对于男性领导而言，高校女性领导在工作中比较坚持客观，独立性、原则性较强，立场坚定，不容易被眼前纷纭复杂的形势所迷惑，更不会为别人说法而人云亦云，不会因一时冲动，盲目行事而造成被动局面或不可收拾的后果，比较克制自己的情绪，不采用激烈的表达方式和手段，在一定程度上缓解了社会压力，避免矛盾的激化，促进社会的和谐与稳定。高校女性领导人才是一种活跃的资源，由于历史、社会、生理、心理等原因，她们在获得自尊、安全、荣誉感、成就感等需求方面比男性更为强烈。在被选拔培养过程中，具有更强的能动性。有学者将这个特点概括为“可激励性”，其前提是对方具有能动性。这就要求在制定发展战略时，不能只靠技术性指标的增减和数学公式的推导，还要靠政策去调动她们的积极性，以最大限度地发挥其主观能动性，使其才智增值。

第三，亲和力。高校女性领导较男性领导相比具有更好的亲和力，对员工比较尊重，对下属，对于他们的心态、感情和家庭，及他们自己的成长更加关心，更加敏感，而男性在这方面相对较弱一点，许多男领导对下属的工作关注较多，很少关注他们下属的生活、感情、家庭等关于个人方面的问题。在这样的情况下，女性领导在这方面比男性更具有亲和力和影响力。与男性领导相比，具有爱心和耐心是女性领导无可替代的独有优势。女性所担任的母亲角色在生育和教育子女的过程中，变得更加耐心、博爱、宽容，更加关注人性，这些母性的优点使女性更加适宜做高校领导。

四、高校女性领导人才选拔机制探讨

高校女性领导人才选拔机制的建立，既要结合我国实际情况，又要学习国外切实有效的措施。

国家政策层面，制定法律并建立监察机构，制定促进女性进入决策领域的法律，为有效选拔女性领导干部提供保障。如挪威专门制定了《男女平等法》，对政府和市政委任委员会中的性别比例做出明确规定；法国制定并通过了《平权法》，规定市政府官员中一半的候选人必须是女性；比利时也规定候选人中女性要达到1/3。为保障这些法律的实施，联合国和各国设立监察机构，保证法律条款的落实。适当地制定倾斜政策，使性别比例得以调整。

与国外相比，我国在高校女性领导干部选拔措施方面与国外有一定的差距。选拔培养女性领导人才，推动女性平等参与决策，不仅要求单纯的公平或民主，也是使妇女利益得到考虑的必要条件，是社会性别纳入决策主流的重要环节。决策领域没有女性的参与，就没有社会的公正和可持续发展，女性只有充分地参与公共决策领域的管理，才能得到有效地认同和培养。

1. 制定倾斜的选拔政策

目前，一些高校在选拔领导干部时，对女性干部实行了倾斜政策。事实表明，自上而下地采取针对女性的倾斜政策，能极大地保障高校女干部的比例，在短时间内最大限度提高女性领导干部的比例。

表 2-1-1　选拔女性领导干部的倾斜政策

优先原则	在提拔和配备干部时，坚持男女平等的原则，在具备同等德才条件的男女干部中，要优先提拔女同志。
“不批”原则	在各级领导班子换届之前和届中调整前都及时提出选拔配备女干部的具体要求。如下级呈报的换届人事方案中无女性人选的，原则上不予以审批。
先进后出又叫“加板凳”	有些部门领导班子职数已满，又缺少女领导干部，采用暂时增加一名职数的方法，让女干部先进班子，以后逐步调整班子到规定的职数限额内。
留位子也叫“男不占女位”	女领导由于提拔或离任空出的位子，原则上选配女干部填充，以保证女性领导在领导班子中的比例。

现有倾斜政策在制定时考虑到了高校女性领导干部面临的困境，在政策制定层面是一种进步。但也存在一定的局限性，如没有充分考虑女性参与高等教育管理的外在因素，如男性领导干部潜意识中对女性领导干部培养带有保守性，男女人际交往方式也削弱了女性在高校的影响力，很难真正进入男性主导的政治圈子。

2. 完善激励机制

高校要设立奖励机制，以用人部门为单位进行奖励，物质奖励与精神鼓励相结合。一是按照绩效优先、按劳分配的原则，建立个人收入与岗位责任、贡献、业绩相适应的分配体系，拉大分配档次，使高校女性领导人才的待遇得到较大幅度提高。二是设立高校“女性领导人才发展奖励专项基金”，经费用于奖励攻读硕、博士学位和有突出贡献的高校女性领导人才。定期表彰一批优秀拔尖人才和有突出贡献的青年优秀人才，保证女性占有一定的比例。

3. 设立灵活的晋升渠道

目前，担任领导职务的高校女领导干部大多数集中在行政后勤系统，而领导班子任命正职时往往习惯于看干部是否有主战线（党政组织部门等）工作经历，使得高校女性领导干部很难有担任正职的机会。同时，女干部的婚姻、生育等特殊情况导致女干部使用的黄金周期相对较短，因此，尽可能地在合适的时候发掘潜力，适时选拔培养，改变高校女性领导干部“年轻时不急用，年富力强时不重用，超龄时不能用”的现象。

4. 改进考核和评价标准

中国妇女研究会“促进妇女参政课题组”对妇女参与高等教育管理需求的调查中，36.6％的人认为现行干部考核标准对女干部有不利之处。主要表现在：第一，性别歧视，对女干部求全责备，考核标准严于男干部，对女干部的自身特点进行负面评价，比如细腻，在女干部身上往往被视为能力差、缺乏决断力，而在男同志身上则被视为思维周密等；第二，选拔机制不完善，现行干部考核政策难以提拔真正德才兼备的干部，渠道太窄，太注重具体领导（主管工作人）的倾向，对女性尤甚，还有考核多是具有时间性、任务性的，不容易发现女干部的优点；第三，女干部基数少，职级低，工作虽然出色，但由于不处于主要工作岗位，难以被评为优秀；最后，考核标准是一样的，但掌握标准的部门对女干部的任用仍存在偏见；或者考核标准表面看是中性、客观的，但执行中明显存在着歧视，“玻璃天花板”就是突破不了，原因是在领导心目中，对女干部的考核标准比男同志严格。

综上，高校女性领导人才的选拔培养不仅与男女平等、社会意识的转变有着重要的联系，最重要的还是取决于自身的努力。高校女性领导人才只有通过不断的学习，完善自我，才能克服障碍，为自己的发展创造条件。

【参考文献】

[1] Crystal L. Hoyt. The role of Leadership Efficacy and Stereotype Activation in Woman' s Identification with Leadership. Journal of Leadership and Organizational Studies，2005：11-15.

[2] Robin J. Ely. The Power in Demography：Women' s Social Constructions of Gender Identity at Work. Academy of Management Journal，1995，Vol. 38，No. 3：589-634.

[3] 史蒂芬·P. 罗宾斯著，黄卫伟等译，管理学［M］. 北京：中国人民大学出版社，1997.

[4] 杜洁．我国培养选拔女干部政策措施评估和社会性别分析［J］．妇女研究论丛增刊，2001（6）：16.

[5] 童吉渝，杨琼英．对培养选拔女干部政策执行的分析［J］．中国妇女，2000，（5）：23-25.

[6] 林聚任．美国科学社会关于科学界性别分层研究的综述［J］．自然辩证法通讯，1997，（1）.

[7] 张寅红．从社会性别视角看高校知识女性发展权的维护［J］．安徽工业大学学报，2002，（11）.

[8] 童吉渝，杨琼英．对培养选拔女干部政策执行的分析［J］．中国妇女，2000，（5）：23-25.

[9] 林慧珍．妇女参政——一个并不乐观的社会话题［J］．理论学习，2004，(12)：35.

[10] 朱立言，刘兰华．我国政治领域女性领导发展中的问题及对策［J］．北京行政学院学报，2005，(5).

[11] 岳素兰．女性人力资源与开发［M］．北京：北京大学出版社，2008.

[12] 陈雪洁，张丽军．领导管理领域女性成才的条件与障碍［J］．理论界，1995，(6).

[13] 邓晓梅．高校干部选拔任用机制改革的实践和思考［J］．经济与社会发展，2006，(12).

[14] 张晓红．关于高校干部制度改革的思考［J］．辽宁教育研究，2006，(7).

[15] 赵承胜．高校领导干部选拔任用机制探析［J］．西安石油大学学报，2003，(3).

[16] 冯晓宪．高校处级干部竞争上岗工作的实践与思考［J］．教学研究，2004，(增刊).

[17] 蒋文昭．对国外高校教师聘任制的几点思考［J］．焦作教育学院学报（综合版），2001，(2).

[18] 王通讯．人才学通论［M］．天津：天津人民出版社，1985.

[19] 叶忠海．中国女领导人才成长和开发研究［M］．上海：上海科学技术文献出版社，2000.26.

[20] 彭佩云，进一步提高认识积极推进培养选拔女干部工作——在中组部专题研究培养选拔女干部发展女党员工作会议上的讲话［J］．妇女研究论丛，2001 增刊。

理念　规律　机制

——关于做好妇女干部工作的一些思考

陈宝剑[①]

习近平总书记强调，做好党的妇女工作，关系到团结和凝聚占我国人口半数的广大妇女，关系到为党和人民事业发展提供强大力量，关系到巩固党执政的阶级基础和群众基础，必须坚持男女平等基本国策，充分发挥我国妇女的伟大作用。

在全部的妇女工作中，女干部工作居于十分重要的位置。妇女参与国家和社会事务管理，是促进妇女与经济社会同步发展的客观需要，是保障妇女权益的应有之义，也是社会文明进步的重要标志。我们党历来高度重视培养、选拔和使用女干部，在革命、建设和改革的各个重大历史时期，广大女干部为国家富强、人民幸福、社会发展做出了不可磨灭的贡献。当前，我们正处在全面深化改革，加快实现中华民族伟大复兴"中国梦"的关键时期，做好女干部工作，培养选拔大批优秀女干部，不断提高女干部执政水平，是一项十分迫切而重要的任务，也是我们需要认真思考和研究的重大课题。

一、转变传统观念，解放思想提高认识

近代以来，"男女同权"、"妇女解放"的观念在追求自由、民主、平等的社会思潮中逐步深入人心。中国共产党历来把解放妇女、赋予妇女平等的政治权利作为重要的革命使命。我们用以指导妇女运动的理论，正是马克思主义基本原理

① 陈宝剑，北京大学校长助理，发展规划部部长。

及其妇女观。

马克思主义妇女观以“男女平等”为核心，运用辩证唯物主义和历史唯物主义的世界观、方法论，对妇女社会地位的演变、妇女的社会作用、妇女的社会权利和妇女争取解放的途径等基本问题做了科学分析，对从原始社会的男女平等到妇女受压迫地位形成的历史过程做了全面研究，揭露了妇女受压迫的根源和实质，指明了无产阶级妇女解放和发展的道路，是整个马克思主义理论体系的重要组成。

伴随着“五四”新文化运动，马克思主义妇女观传入中国。作为中国最早的马克思主义者，李大钊首先把中国妇女解放运动和国际妇女解放运动及工人运动联系起来考察。1921 年中国共产党成立，中国妇女解放运动从此成为中国共产党领导的新民主主义革命运动的重要组成部分。另一方面，广大妇女的觉醒与参与，又成为了中国革命胜利的必要保障。新中国成立后，党和国家更加重视提高妇女的政治和法律地位，颁布了一系列重大法律法规，使妇女的政治权利得到了强有力的法律保障，“男女平等”已成为我国的基本国策。

但是，也应该看到，时至今日，妇女参政议政无论是在广度还是深度上与男性相比都还存在较大差距，妇女参政人数总数偏少、比例偏低、高层更少的问题明显，而且女性干部往往多为副职。在经济建设主战场上，女干部的比例往往还要更低一点。

造成这一现象的原因，很大程度上还在于传统观念的束缚。因此，要做好培养选拔女干部的工作，提高女性参政议政能力，第一位要解决的就是认识问题，要正确看待“男女有别”的问题。1972 年，美国学者安·奥克利（Ann Oakley）在对比生物性别（sex）后提出了社会性别（gender）的概念。她认为，生物性别不一定与社会性别相符，生物性别是生物的，而社会性别则是建构的，两性间的许多差异实际上是文化性的而不是生物性的。当前，社会性别理论已经成为研究性别问题以及女性参政问题的重要基础理论。就实际工作而言，要解决观念问题，需要做到“三破除，三树立”。

首先要破除传统偏见，树立巾帼不让须眉的观念。长期以来，在我们的文化传统和思维习惯中形成了“女子天生不如男”、“女子无才便是德”等看法，更多地将妇女的社会角色定位在相夫教子、操持家务上，而不主张其抛头露面，参与公共事务管理。可以说，这些观念直到今天依然是影响女干部成长的根源之一。科学已经证明，男女在智力上不存在因性别导致的差异。事实上，在实际工作中可以看到，对于绝大多数岗位而言，女同志和男同志是同样胜任的，甚至在很多岗位上，女同志比男同志具有更大的优势。如果有一定数量的女同志进入一个领导班子，有利于班子成员的气质、性格互补，更为和谐，也更有整体性。毛泽东同志早在 1956 年同南斯拉夫妇女代表团的谈话中就明确指出："在中国，参加政府或全国人民代表大会工作的妇女毕竟也是少数……将来女同志的比例至少要和男同志一样，各占百分之五十。如果女同志的比例超过了男同志，也没有什么坏处。"综观世界历史，无数女性在政治、经济、科学、文化、军事等舞台上长袖善舞，发挥了巨大的作用，产生了深远的影响。在今天，男女平等的观念早已深入人心，社会的发育与进步也为妇女从政提供了更为广阔的平台，因此要更加重视女干部工作，让更多优秀女干部承担更大的责任，更好地发挥"半边天"的作用。

其次要破除思维定势，树立唯才是举的观念。客观地说，我国的政策制定与执行基本上没有主观故意的性别歧视。但是，在制定政策时忽视性别平等原则，或在政策执行过程中产生歧视的现象却一直普遍存在。从某种意义上说，正是社会政策的制定和执行限制了女性与男性平等享受资源的权利和机会。学界将此称为"性别盲视政策"，其在妇女参政议政问题上，表现为两个固化倾向，一是女干部主要集中在卫生、教育、计划生育、纺织等领域，二是培养选拔女干部的出发点往往是为了完成组织部门所要求的比例。因此，务必要纠正这一偏差。随着教育的发展、社会的开放以及广大妇女对自身价值的追求，妇女已经逐步走出原先相对集中的行业，活跃在各个领域，这就为女干部的选拔提供了丰富的人才资源。更应明确的是，选拔女干部，不是完成一项机械的任务，而是要根据唯才是举、人尽其才、才尽其用的原则，为优秀人才搭建平台，推进事业的发展。

再次要破除忧惧心理，树立大胆使用的观念。出于对女干部能力、性格、身体等方面的担忧，特别是对女性在孕哺两期影响工作的担忧，很多单位对女干部不能放手使用，往往安排其负责一些枝节或点缀性工作，久而久之，这又进一步强化了女干部不能压担子、不能打硬仗的认识误区。恩格斯在《家庭、私有制和国家的起源》中论述妇女解放的条件时指出："妇女解放的第一个先决条件就是一切女性重新回到公共的劳动中去"，"公共的劳动"除了包括创造物质财富的生产性劳动，还包括公共服务、社会管理等非生产性劳动，后者又必然包括政治活动。毛泽东同志很早也谈到："时代不同了，男女都一样，男同志能办到的事情，女同志也能办得到。"实际上，一个干部优秀、成熟与否，不但取决于自身素质，更取决于锻炼的多寡。如果能对女干部进一步大胆使用，她们同样会成长为能独当一面的优秀干部。无论从社会发展需要还是从妇女个人发展需要来看，让妇女更多、更全面地参与政治生活，都是十分必要的。

二、把握特点规律，因势利导发挥优长

长期以来，由于"男主外，女主内"等观念的影响，人们对女干部的行政能力质疑较多。不可否认，由于性别、社会历史、社会大环境、社会习惯、思维差别等因素的影响，男女干部的领导风格还是存在一定差异的。但是，从加强女干部队伍建设的角度来看，正确把握女干部的缺点和长处，是实现干部队伍优势互补、和谐进步的重要保证。女干部的成长有其独特规律，因此，做好女干部工作需要深入了解其共性，并且就这些特点，加以合理的引导，做到扬长避短，以长补短。

一是内外兼顾。家庭与事业是人生的两大主题，同样也是女干部的共同追求。与"以事业为主"的男性不同的是，女性往往能更好地平衡家庭与事业，并将贤妻良母作为主要目标。当事业和家庭发生矛盾时，大多数女干部能以家庭为重，在时间和精力的分配上也会更多地顾忌家庭，在角色定位上更强调妻子、母亲的身份。如果我们考察女干部的成长经历，会发现一个规律，那就是女干部的事业成就与其家庭幸福感成正比。2010 年，由中央国家机关工委开展了"中央国家机关女干部成长规律研究"，面向 60 多个部门 3000 余名女干部进行问卷调查，对机关女干部成长成才成功经验，以及影响女干部成长的主要问题进行了深入调查研究。结果显示，女性司局长做家务的时间比女性科级干部多，幸福感也强。调查的结论是，家庭事业兼顾并不矛盾，家务劳动不应该成为女性事业成功的制约因素。女干部需要更多艰苦努力和科学安排。

二是刚柔相济。莎士比亚有句名言："女人啊，你的名字是弱者。"这句话在

一定程度上反映出女性相对柔弱的特点，但如果辩证地看待这个问题，可以发现，这恰恰是女干部独特的优势。很多工作都是一个复杂体，决策过程往往不是单向度的，女干部的性格特性可以使其不急不躁，静思深虑，而能较好地避免因武断导致的决策失误。反过来说，女干部固然有柔的一面，但是也有其刚强、果敢、自信的一面。近代女民主革命志士秋瑾，将争女权与兴民权、女权革命与民权革命结合起来，强调女界欲实现男女平权，就首先必须像男子一样勇尽爱国之义务和责任，共谋国家独立和昌盛。她在《勉女权歌》里唱出妇女“爱自由”更要“恢复江山”的心声，强调“四万万男女无分彼此”、“天下兴亡，匹妇亦有责”，带领一批先进女性，积极投身爱国运动、参加反清斗争、掀起了参政运动的热潮。现代，以北京大学为例，著名科学家杨芙清院士、唐孝炎院士无不是从艰苦年代走出来，在简陋甚至恶劣的环境中，白手起家，坚定“为国奉献，我之所愿”，执着追求，攀登科学高峰，最终成为各自领域研究的开拓者，培桃育李，孜孜不倦，带领团队创造一个又一个科研奇迹，以女性特有的刚强、果敢、自信，谱写出为国奉献的壮丽诗歌。前辈们的功绩至今令无数人景仰，也为当代女干部树立远大目标，培养锲而不舍、锐意进取的精神树立了榜样。

三是人文关怀。女性天生具有细致、体贴的特性，特别是很多女性生育后更会油然焕发出母性的光辉，这就使得女干部们在工作中往往更具亲和力。相比于男性领导的大刀阔斧，女干部更关注细节，更懂得变通与体谅，在合理合法的基础上做到入情入理，让人心悦诚服。长期以来，我们的很多女干部被同志们称为“大姐”，就是因为她们能做到关心、知心、贴心，很多原本尖锐的矛盾和问题，就在这种人与人的真诚交往中，得到了很好的化解。同样的，当这种人文关怀被注入行政过程，往往会使工作更好地推进，达到化繁为简、事半功倍的效果。周恩来同志亲密的革命伴侣、伟大的无产阶级革命家邓颖超同志就是中国妇女的杰出代表。在她 70 多年的革命生涯中，为中国革命、建设和改革事业毫无保留地奉献，也因其严肃待己、认真待事、真诚待人的作风，被公认为“大家永远的邓大姐”。

四是淡泊名利。人们在工作中普遍比较关注职务升迁，这固然是干部成长的一个目标追求，但是对于绝大多数女干部来说，这不是唯一的，甚至不是主要的。基于自身在家庭和事业上的角色定位，很多女干部更多地能拥有一颗平常心，宽厚平和地对待职务、级别等问题。正如原国务院副总理吴仪在谈到自己的成长感悟时说：“我认为，在任何位子上都有一个淡泊名利的问题，名利问题处理不好，就会成为一个枷锁，就会给我们带来很多的苦恼。我担任现在的职务，以前从未想过，我一直是服从组织分配，组织上让我干什么我就干什么。我对这些事看得比较平淡，心态也很平和。我今天在这个位子上，是组织让我干的，我就得把它干好。”正因为有了这样的心态，才能在工作中心无旁骛地投入，进而获得更多的幸福感。

三、创造有利条件，完善机制促进成长

培养和选拔女干部是一项系统性工程，需要多方协调和共同努力，特别是努力创造各种有利条件，形成适合女干部成长的丰沃土壤。

要为女干部成长创造良好社会环境。全社会要努力构建先进性别文化，倡导在承认男女性别差异和个性需求的前提下，以公正为准则，实现两性互补，寻求两性平等和谐。特别要做好教育环节的工作，要积极推动性别教育进教材、进课堂。近年来，北京大学的专家学者在哲学、史学、文学、人类学、人口学等学科领域中，开始从妇女的角度来审视传统学科，试图补充、发展和完善人文科学，产生了一批研究成果。同时，北大在女性学学科建设上也作出了很多卓有成效的探索。北大是全国第一个设立女性学学科方向的高等院校。作为跨学科的教学与学术研究机构，北大中外妇女问题研究中心于1990年10月成立，1998年，经国务院学位办批准，首次招收女性学方向的硕士研究生，迄今为止，已有十多届学生陆续毕业并从事女性学研究，中心在理论研究、人才培养和社会实践中均取得了丰硕的成果。妇女研究的全面推进尤其是独立的女性学学科的建设和发展，将有利于中国特色社会主义妇女解放理论的丰富和完善。此外，还要开展多种形式的宣传，充分发挥传媒的作用，营造良好的舆论氛围，提高全社会的性别平等意识，充分展示妇女参与国家和社会事务管理的重要意义，介绍奋战在各条战线上优秀女干部的先进事迹和突出成就，正面展现女干部的精彩人生。各用人部门，特别是组织部门要进一步破除传统思想和观念的束缚，要完善对女干部的选拔管理制度。现实中，由于女性群体在从政过程中处于相对弱势地位，因此在干部选

拔、聘（任）用、晋升中一方面要切实贯彻“民主、公开、竞争、择优”原则，保障妇女不受歧视，加强对公务员录用、培训、考核、奖励、交流、晋升等各环节的严格监管，保证妇女平等权利；另一方面也要采取必要的政策和措施向女干部倾斜。要明确的是，适当的保护是我们党的优良传统和成熟经验，也是国际通用的量化方式。在1933年召开的苏维埃代表会议选举中，中共就曾提出“必须达到妇女代表占25％的任务”。1939年陕甘宁边区第一届参议会也规定“各级参议会应有25％的女参议员”。从国际上看，早在1985年，第三次世界妇女大会就已经提出，要实现决策职位中妇女占30％的指标。近年来，世界范围内越来越多的女性走上政治舞台，在参政质量和任职结构上有了很多实质性的突破。当前，我们应从实际情况出发，确定中国妇女参政的比例，拓宽性别保障政策在女性参政领域的覆盖范围，我国政府提出的“采取具体措施，实现担任决策职位的人中有30％是女性这一短期、基本的目标，长期目标是50％”的目标是合理可行的。当然，需要进一步明确的是，政策倾斜也并不是降低标准，可以采取的形式包括：在同等条件下，优先选拔女干部；对特别优秀的女干部，适当放宽职务级别和任职年限的条件破格提拔；在公开选拔、竞争上岗中，拿出部分职位定向选拔女干部等。

要加强对女干部的培训工作，建立良好的培训制度。国家应该着手建立多层次的培训体系，重点抓好理论素养、思维能力，以及知识经济、现代行政和领导管理等方面的培训，不断优化女性领导人才队伍的知识结构。以解决实际问题和提高能力素质作为培养教育的出发点和落脚点，要采取各种有效措施，明确培养目标，制定培养计划，落实培养措施。在开展常规培训的基础上，要针对女干部的特殊需求，增加相应的培训内容。要注重通过培训，增强女干部政治素质、政治敏感性和政治鉴别力，提高履职能力，提升逻辑思维、临机决策、危机处理等水平。在培训方式上，要多提供学习考察、实践锻炼的机会，注重提高应用能力和领导能力。同时，要形成终身教育的培养机制，建立全过程、多方位的女性领导人才教育培训模式，重点做好职业生涯发展的全过程培训、素质结构的综合培训、学历教育和中短期进修相结合的培训。还应呼吁积极建立培训与使用相结合的激励导向机制，使培训工作与选拔挂钩，把她们的培训经历、学习表现和成果作为选拔任用的重要依据，确保使学习落到实处，为选拔任用大批优秀女性领导人才打下坚实基础。要积极面向女干部开展宣传培训，不断提高其决策和管理水平。

要加大培养、选拔女干部力度。邓小平同志曾经明确提出“妇女干部是党的干部的最大来源之一”。在社会主义制度下的广大妇女，不仅可以培养成为有觉悟有文化的劳动者，而且可以培养成为担当历史重任的各级领导干部。机关团体，特别是政府部门要贯彻落实相关法规政策中关于女干部培养选拔和配备的要求，科学规划，优化配置，将女干部的培养作为深化干部人事制度改革的重要内容，努力挖掘各级各类优秀女性人才，壮大后备干部队伍。要积极拓宽思路，创造机会，通过轮岗交流、挂职锻炼等形式，选拔一定比例的女干部到重要部门、关键岗位担任主要领导职务，不断丰富她们的工作经历和人生阅历，使其在实践工作中逐步走向成熟。另外，要注重从基层、生产一线培养选拔女干部，对于政治素质好、业务水平高、工作能力强、成绩突出、群众公认的优秀女干部，要敢于打破常规，放手使用，对于特别优秀的，要将她们提拔到核心部门和“一把手”的位置。

中国妇女地位的国际比较

王其文[①]

关于中国妇女地位方面的研究工作已有许多文章从多个方面进行了深入细致的论述，本文将用世界银行发布的数据，运用数据挖掘方法，围绕妇女地位问题开展国际比较研究。基本的思路是：基于大数据、宽角度、多层面的观察与比较，在观察比较的基础上引申出结论。

一、数据资料介绍

我们所利用的主要是世界银行发布的“社会性别统计”数据库（Gender-Stats，The World Bank）。该数据库是年度数据，但按季度更新。本文研究所依据的数据是 2014 年 11 月 7 日更新的。

世界银行网站强调“对妇女的赋权和提倡性别平等是实现可持续发展的关键”。指出：“性别平等的改善意味着消除女性获得与男性同等的人力资本禀赋、权利及经济机会的障碍，从而可以提高经济效率，并强化其他的发展成果。使妇女获得平等的机会可以让她们扮演起社会和经济舞台中的角色，影响并塑造出更加包容的政策。改善妇女的地位也能够增加她们对子女的教育、卫生和综合福利方面的投入。”

---

① 王其文，教授，博士生导师。北京大学光华管理学院原党委书记。

该数据库包含432个指标，分属人口、教育、卫生、劳动力和就业以及政治参与等方面。数据涉及247个国家、地区与地区集合，其中214个属于原来意义的国家或地区，33个属于各种地区集合，如阿拉伯世界、加勒比小国、东亚及太平洋地区、高收入、中等收入、低收入等。原数据是用电子表格保存的，共有106704行，每行包含1960至2013年的年度数据。若没有缺失数据，数据量为576万多条。不算缺失数据，有效数据有966992条，有效数据密度为16.8%。虽然有83.2%的缺失数据，但从指标的详尽程度、国家地区的广泛性和时间跨度几个方面考虑，对于进行妇女地位的国际比较研究来说，这是一套难得的权威统计数据。

二、国际比较研究的设计

1. 比较方法选择

常见的比较方法有两种：一是比较指标的数值，比如各国的人均GDP是多少美元。这种比较方法的长处是精确，短处是不直观。另一种比较方法是排序，比如，中国从2010年起按美元汇率计算的GDP排名世界第二。这种方法的长处是直观，短处是不太精确，因为两个相近名次之间的实际值可以很接近，也可能相差很远。

我们在本文中主要采用排序方法，除了它有直观易懂的长处，另一个原因是：我们将用多个指标进行比较，用排序的方法便于把多个指标排序整合在一起，得到一个综合指标；而如果采用直接比较指标值的方法，多种指标的量纲不同，数据变化差异很大，不便于整合。

2. 比较范围选择

“社会性别统计”数据库包含214个国家与地区（简称经济体），这些经济体的规模差异很大。比如，图瓦卢2013年的人口只有9876，是中国大陆人口的百万分之七；从经济规模看，2013年图瓦卢的GDP为3813万美元，只有美国的百万分之二。为了便于展示比较结果，应该适当缩小比较的范围。

（1）较大经济体

考虑到人口总量与国内生产总值是衡量一个经济体规模的重要指标，我们采取“抓大放小”的思路，按以下办法选择人口较多和国内生产总值较大的经济体：

① 经济体按2013年人口从多到少排序，选择经济体直到累计总量达到全世界的90%以上，结果选到61个经济体。

② 将经济体按2013年美元汇率计算的GDP从多到少排序，选择经济体累计总量达到全世界的90%以上，结果选到41个经济体。

将以上选到的经济体集合在一起，得到73个经济体。根据选择标准，称为“较大经济体”。

（2）相近经济体

以上选到的经济体，在人均收入方面差异很大。按2013年的数据，排名第一的挪威人均100819美元，排名73的尼日尔只有413美元。考虑到与妇女地位相关的受教育条件、健康水平、社会保障等与人均GDP有密切关系，选择人均GDP与中国接近的经济体进行比较具有明显的合理性。

中国2013年的人均GDP是6807美元，在73个经济体中排名第39位。我们选择人均GDP与中国接近的40个经济体，其中比中国高的20个，比中国低的20个。最高的是以色列，2013年人均GDP 36151美元，最低的是印度，2013年人均GDP 1499美元。

根据选择标准，可称这41个经济体为“相近经济体”。

（3）主要经济体

以上选择的经济体数量较大，不便于做仔细的比较分析。为此，我们再次精选更少量的经济体。考虑到人们讨论世界经济事务经常提到的工业七国（G7）和金砖国家，这12个国家既有收入水平很高的发达国家，也有收入水平中等的发展中国家。从经济总量看，2013年GDP排名前11名都在这12个经济体之中。我们可以将这12个经济体简称为“主要经济体”。

图2-3-1显示的是2013年主要经济体的GDP。单看这幅图，中国是第二大

经济体，而且比第 3 名的日本高出 90%多。然而，若看到图 2 中显示的人均 GDP，中国在 12 个国家中排名第 10，只比南非和印度高。

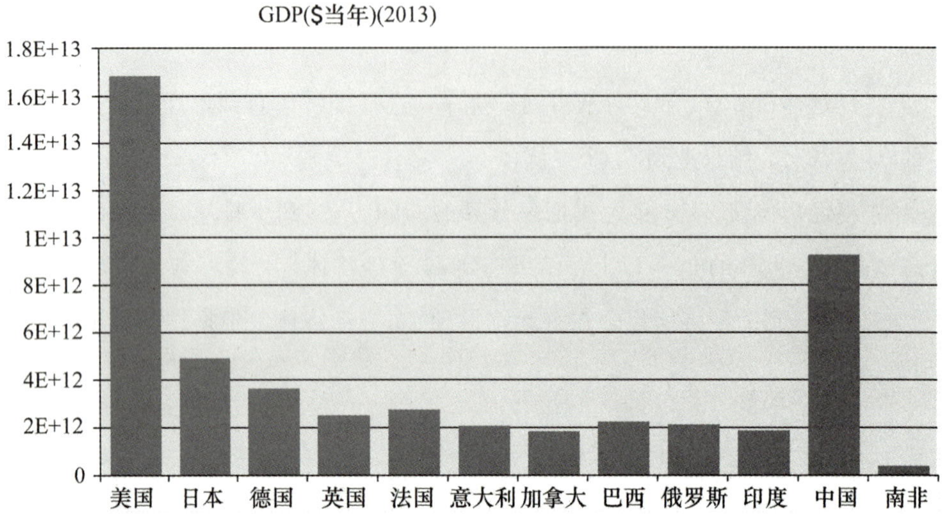

图 2-3-1　G7 与金砖国家 2013 年 GDP

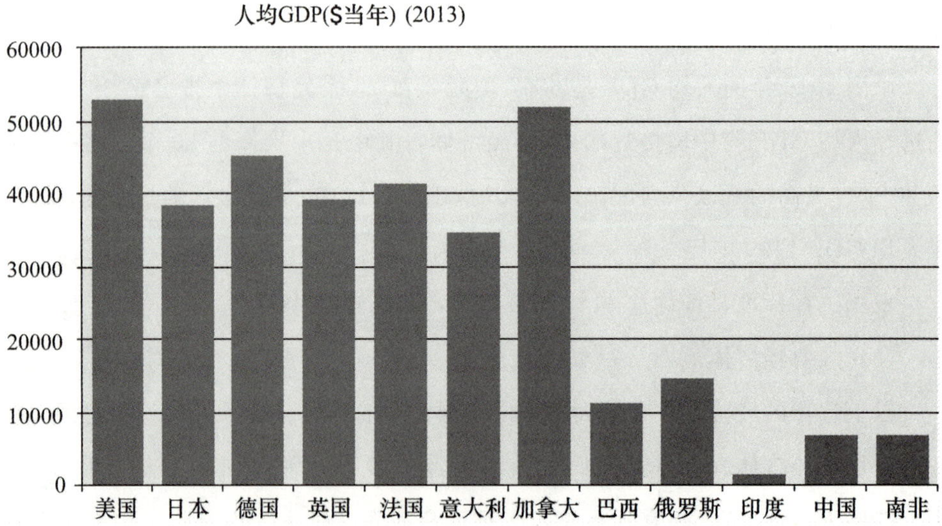

图 2-3-2　G7 与金砖国家 2013 年人均 GDP

在做国际比较时，我们的心态要放“平和”。我们在和发达国家比较时，是为了向高标准学习，找出差距，找到前进的方向，但万万不可因为看到差距而自卑。与人均收入与我们相近的经济体比较，可以得出相对客观的评价。既不失自信，也不失前进的方向。

3. 比较指标选择

虽然 432 项指标都在某种程度上与妇女地位有关，但基于以下原因，我们还需要对指标进行筛选。

① 有些指标虽然重要，但数据缺失严重。因为我们研究的是中国妇女地位的国际比较，如果某项指标缺少中国数据，我们只能“忍痛割爱”。如果数据齐全，一个指标要有 54 条年度数据。本文设定若中国的某项指标数据少于 4 条，则在比较时舍弃该指标。比如，有 5 项指标是有关妇女在家中是否受丈夫虐待的，因为没有中国的数据，在比较中只能舍去。

② 有些指标与妇女地位联系相对较弱，也舍弃了。比如，与男性有关的统计指标，像“青年男性识字率”、“男性劳动力失业率”等指标在比较时也不考虑。

③ 有些指标虽然重要，也有中国的数据，但比较国家的数据缺失较多，比如“营养不良患病率，年龄身高，女（5 岁以下女童的百分比）”在 41 个经济体中只有 10 个经济体有最近 5 年的数据，不宜作为比较指标。以此标准，我们再去掉一些指标。

最后，我们选择了 62 项比较指标，分为教育、健康、就业、社会地位、经济状况五大类，如表 2-3-1 所示。表 2-3-1 中列出是所比较的指标“与妇女地位相关性”：若为正数，说明该项目数值越大越好，比如“青年女性识字率”越高，说明妇女地位越高；反之，若数值为负，说明该项目数值越小越好，比如“女性劳动力失业率”越低，说明妇女就业更有保证。在相关性一列，除了 1 和－1 以外，还有 0.5 和－0.5，其符号表示相关性的方向，0.5 表示其相关性比较弱。

表 2-3-1 所选定的比较指标分类及其与妇女地位的相关性

指标类型	与妇女地位相关性	比较项目
教育	1	青年女性识字率（%，15～24 岁）
	1	15～24 岁识字青年女性比男性
	1	成年女性识字率（%，15 岁及以上）
	1	初等教育入学女性比男性
	1	初中完成率，女性（相关年龄组的%）
	1	高等教育入学女性比男性
	1	女性大学毛入学率
	1	女性小学毛入学率
	1	女性中学毛入学率
	1	小学生女生比例
	1	中等教育女学生比例
	1	中等教育入学女性比男性
	1	总初中毕业率，女
	1	预期学校教育年数，女性
	1	小学和中学教育女生与男生的比例
就业	1	15～24 岁女性就业者比例
	1	15 岁以上女性就业率
	1	15～64 岁女性就业者比例
	1	就业人口比率，15～24 岁，女性
	1	劳动力中女性比男性
	1	劳动力中女性占总劳动力的比例
	−1	15～24 岁女青年劳动力失业率
	−1	15～24 岁青年失业女性比男性
	−1	女性劳动力失业率
健康	1	公共卫生支出（占 GDP 的百分比）
	1	人均卫生支出，购买力平价（2005 年不变国际美元）
	1	改善的卫生设施（%，调研人口）
	1	改善水源（%，调研人口）
	1	免疫接种百白破疫苗率（孩子年龄 12～23 个月）
	1	免疫接种麻疹疫苗率（孩子年龄 12～23 个月）
	1	肺结核病人发现率（%，所有形式）
	−1	青少年生育率（每 1000 名妇女，年龄 15～19 岁）
	1	避孕普及率（妇女年龄的 15～49%）
	1	接受产前护理孕妇（%）
	1	产假福利（在此期间内支付占工资的百分比）
	1	产假周数

续表

指标类型	与妇女地位相关性	比较项目
健康	1	医务人员接生率
	−1	新生儿死亡率（每千名生育婴儿）
	−1	孕产妇死亡率（每 10 万生育）
	−1	婴儿死亡率（每 1000 个生育）
	−1	婴儿死亡率，女性（每 1000 个生育）
	−1	婴儿死亡率，男性（每 1000 个生育）
	−1	5 岁以下儿童死亡率（每千名生育婴儿）
	−1	5 岁以下女童死亡率（每千名生育婴儿）
	−1	死亡率（每 1000 人）
	1	女性出生时预期寿命（年）
	1	60 岁女性预期延续寿命（年）
	0.5	出生时预期寿命，总（年）
社会地位	−1	出生人口性别比（男婴比女婴）
	−1	妇女生育率
	1	平均初婚年龄，女性
	1	妇女在部级职位的比例
	1	妇女在国家议会的席位占比
	1	高等教育女教师比例
	1	中等教育女教师比例
	1	小学女教师比例
经济状况	1	人均 GDP（MYM 当年）
	1	人均 GNI（图表集法 MYM）
	1	人均 GNI-PPP（国际 MYM）
	−1	基尼系数
	−1	通货膨胀率，居民消费价格
	−1	贫穷人口比率［按每天（PPP）MYM 1.25］

4. 比较年度选择

如果数据齐全，我们可以利用每年的数据进行排序，查看和分析比较结果，而且特别关注最近年份的比较结果，比如 2013 年各国在选定指标的排序。然而，因为有较多数据缺失，而且不同国家数据缺失的年份又不相同，为应对数据不全，我们采用以下 3 种方法进行了比较。

① 最近 5 年平均值：取 2009—2013 年有效数据的平均值，缺失数据不参与求平均；

② 10 年平均值：取 2004—2013 年有效数据的平均值，缺失数据不参与求平均；

③ 最近 5 年最新值：取 2009—2013 年有效数据最后一年的数值。

对于以上 3 种选择我们都进行了计算。第 1 种和第 3 种所得到的有效比较样本是相同的，第 2 种由于时间跨度大一些，比较的经济体样本更广，但最近几年的权重降低。我们以下报告的结果是按第 1 种计算方法进行比较的。

三、国际比较研究结果

我们在电子表格中运用模拟运算，得到众多国家在各个比较指标上的排序。在此基础上，我们进一步展开比较分析。

1. 单项指标的统一化

由于数据缺失的原因，参与不同指标比较的经济体数目有较大差别。比如，在相近经济体中，有些指标，像与就业有关的绝大多数指标，所有经济体都有数据；有些指标只有不到 20 个经济体，如“总初中毕业率”只有 18 个经济体。在比较样本数量差异太大时，同样的排序，但含义不同。例如，在 41 个经济体中排名第 6 与在 18 个经济体中排名第 6，其寓意是大不一样的。另外，比较指标与妇女地位的关系有正有负，我们还需要加以调整。

为使各项指标排序统一化，我们将排序名次转化为百分制。对于正向指标，将第一名变为 100 分，最后一名变为 0 分，中间按线性插值。对于负向指标，先变成正向指标，最后一名调整为第一名，然后按正向指标变换。

2. 多项指标分数综合

在得到每项指标的分数之后，我们按照表 2-3-1 给出的权重进行综合，计算每个经济体的综合评分。

由于数据缺失的原因，即使我们用近 5 年平均，也有些经济体在一些指标上没有数据。我们在综合的时候不能将这些缺失数据设为 0。为此，我们在加权平均得到综合分的时候利用以下公式：

$$\text{某经济体综合分} = \left(\sum \text{该项指标权重} \times \text{该经济体该项指标分数}\right) / \sum \text{该项指标权重}$$

前文提到，按照 2013 年的人均 GDP 数据，中国在 73 个较大经济体中排名第 39，在 41 个相近经济体中排名第 21。如果按最近 5 年人均 GDP 的平均值，中国在73个较大经济体中排名第43，在41个相近经济体中排名第25。如果妇女地位完全与人均GDP高低相关，中国与73个较大经济体比较的加权平均分数应该是：41.7分，在与41个相近经济体比较的加权平均分数应该是：40分。

表2-3-2列出了中国妇女地位国际比较的分项分数与综合分数。中国的加权平均分数60.33和59.24分，都明显高于上段所提到的41.7、40分，由此可以得出如下结论：无论是与较大经济体比较，还是与相近经济体比较，总体来说，中国的妇女地位高于按人均GDP衡量所能达到的水平。

我们再对表2-3-2中的一些指标进行深入分析。为此，我们选择中国的强项（分数明显高）与弱项（分数明显低）指标各5项。

① 中国的强项：女性小学毛入学率、免疫接种百白破疫苗率（孩子年龄12～23个月）、免疫接种麻疹疫苗率（孩子年龄12～23个月）、产假福利（在此期间内支付占工资的百分比）；

② 中国的弱项：出生人口性别比（男婴比女婴）、小学生女生比例、预期学校教育年数（女性）、改善的卫生设施（% 调研人口）、中等教育女教师比例。

表2-3-3列出了41个与中国人均GDP相近的经济体妇女地位的综合分。表中国家顺序是按2013年人均GDP从高到低排列的，经计算，这41个国家最近5年的人均GDP均值与妇女地位综合分存在正相关关系，相关系数等于0.715。但是，综合分的排序与按人均GDP的排序存在差异，有些经济体的差异较大。中国的排序提升了5位（按人均GDP排名第21，按妇女地位综合分排名第16），提升最多的是乌克兰，提升15位；降低最多的是沙特阿拉伯，降低19位。

表2-3-4展示了在中国的强项指标上主要经济体的指标分数。从中可以看出，中国在这些指标上的表现在世界名列前茅，甚至超过一些人均GDP大大高于中国的发达国家，与发展中国家相比优势更加明显。

表2-3-5展示了在中国的弱项指标上主要经济体的指标分数。从中可以看出，中国在这些指标上的表现不尽如人意，与人均GDP高于中国的发达国家相比，差距十分明显，就像“改善的卫生设施所占比例”这一指标，日、德、法、英并列第一，得到100分，美国与加拿大也在60分以上，中国只有31.3分，还低于俄罗斯、巴西和南非的水平。得分最低的是出生人口性别比（男婴比女婴），得到0分，也就是在排名经济体中居末位，即男婴比女婴的性别比最高，这应该与我国重男轻女的传统观念和计划生育政策推波助澜有关。

表 2-3-2　中国妇女地位的国际比较分项与综合分数

比较项目	与较大经济体比较	与相近经济体比较	比较项目	与较大经济体比较	与相近经济体比较
青年女性识字率(%,15～24 岁)	82.6	78.8	青少年生育率(每 1000 名妇女,年龄 15～19)	77.8	90.0
15～24 岁识字青年女性比男性	50.0	39.4	避孕普及率(妇女年龄 15～49)	100.0	100.0
成年女性识字率(%,15 岁及以上)	60.9	51.5	接受产前护理孕妇(%)	62.5	38.9
初等教育入学女性比男性	72.3	72.2	产假福利(在此期间内支付占工资的百分比)	100.0	100.0
初中完成率,女性(相关年龄组的%)	90.2	90.0	产假周数	44.4	45.0
高等教育入学女性比男性	52.4	47.1	医务人员接生率	83.8	78.3
女性大学毛入学率	33.3	23.5	新生儿死亡率(每千名生育婴儿)	49.3	52.5
女性小学毛入学率	96.9	100.0	孕产妇死亡率(每 10 万生育)	49.3	52.5
女性中学毛入学率	35.4	28.6	婴儿死亡率(每 1000 个生育)	53.5	60.0
小学生女生比例	9.9	5.1	婴儿死亡率,女性(每 1000 个生育)	53.5	60.0
中等教育女学生比例	29.0	24.3	婴儿死亡率,男性(每 1000 个生育)	56.3	65.0
中等教育入学女性比男性	75.4	62.9	5 岁以下儿童死亡率(每千名生育婴儿)	53.5	60.0
总初中毕业率,女性	93.1	94.1	5 岁以下女童死亡率(每千名生育婴儿)	52.1	57.5
预期学校教育年数,女性	32.2	19.4	死亡率(每 1000 人)	61.1	47.5
小学和中学教育女生与男生的比例	79.4	70.6	女性出生时预期寿命(年)	44.4	45.0
15～24 岁女性就业者比例	76.4	92.5	60 岁女性预期延续寿命(年)	45.8	47.5
15 岁以上女性就业率	83.3	87.5	出生时预期寿命,总(年)	56.9	67.5

续表

比较项目	与较大经济体比较	与相近经济体比较	比较项目	与较大经济体比较	与相近经济体比较
15～64岁女性就业者比例	72.2	92.5	出生人口性别比(男婴比女婴)	0.0	0.0
就业人口比率,15～24岁,女性	79.2	95.0	妇女生育率	75.0	72.5
劳动力中女性比男性	69.4	87.5	平均初婚年龄,女性	36.8	43.8
劳动力中女性占总劳动力的比例	47.2	65.0	妇女在部级职位的比例	31.9	43.6
15～24岁女青年劳动力失业率	86.1	85.0	妇女在国家议会的席位占比例	50.0	65.0
15～24岁青年失业女性比男性	98.6	100.0	高等教育女教师比例	76.5	66.7
女性劳动力失业率	86.1	87.5	中等教育女教师比例	37.5	22.2
公共卫生支出(占GDP的百分比)	39.4	37.5	小学女教师比例	39.3	29.4
人均卫生支出,购买力平价(2005年不变国际美元)	42.3	40.0	人均GDP(MYM当年)	41.7	40.0
改善的卫生设施(%,调研人口)	31.3	19.4	人均GNI(图表集法MYM)	42.3	41.0
改善水源(%,调研人口)	39.7	35.1	人均GNI-PPP(国际MYM)	38.0	33.3
免疫接种百白破率(孩子年龄12～23个月)	100.0	100.0	基尼系数	30.4	41.4
免疫接种麻疹率(孩子年龄12～23个月)	100.0	100.0	通货膨胀率(居民消费价格)	58.6	68.4
肺结核病人发现率	93.1	95.0	贫穷人口比率(按每天(PPP)MYM 1.25)	38.1	26.9
			加权平均分数	59.34	59.43

表 2-3-3　41 个与中国人均 GDP 相近的经济体妇女地位综合分及名次比较

经济体	按 2013 人均 GDP 排序	妇女地位排序综合分	妇女地位排序综合分排序	综合分比人均 GDP 排序上升名次	经济体	按 2013 人均 GDP 排序	妇女地位排序综合分	妇女地位排序综合分排序	综合分比人均 GDP 排序上升名次
以色列	1	75.55	1	0	伊拉克	22	25.35	37	—15
意大利	2	68.54	7	—5	秘鲁	23	54.81	20	3
西班牙	3	73.23	4	—1	南非	24	39.55	30	—6
韩国	4	69.85	6	—2	泰国	25	62.05	13	12
沙特阿拉伯	5	49.75	24	—19	安哥拉	26	27.81	36	—10
希腊	6	64.69	10	—4	阿尔及利亚	27	36.95	32	-5
葡萄牙	7	75.42	2	5	伊朗	28	38.88	31	—3
捷克	8	73.87	3	5	乌克兰	29	60.84	14	15
智利	9	62.33	12	—3	印尼	30	39.62	29	1
阿根廷	10	64.28	11	—1	埃及	31	28.85	35	—4
俄罗斯	11	66.20	8	3	斯里兰卡	32	51.15	22	10
委内瑞拉	12	49.33	25	—13	摩洛哥	33	30.19	34	—1
波兰	13	69.92	5	8	尼日利亚	34	18.23	41	—7
哈萨克斯坦	14	64.80	9	5	菲律宾	35	40.02	28	7
巴西	15	59.73	15	0	越南	36	50.81	23	13
土耳其	16	44.60	27	—11	乌兹别克斯坦	37	45.02	26	11
马来西亚	17	56.97	17	0	加纳	38	30.54	33	5
墨西哥	18	55.04	19	—1	苏丹	39	20.45	40	—1
罗马尼亚	19	56.86	18	1	科特迪瓦	40	23.14	39	1
哥伦比亚	20	52.98	21	—1	印度	41	24.84	38	3
中国	21	59.43	16	5					

表 2-3-4　在妇女地位的国际比较中，主要经济体在中国的强项指标上的分数

	中国	美国	日本	德国	法国	英国	意大利	加拿大	俄罗斯	巴西	印度	南非
女性小学毛入学率	96.9	24.6	44.6	40.0	76.9	73.8	33.8	20.0	30.8		92.3	43.1
免疫接种百白破率（孩子 12～23 个月）	100	54.9	81.7	62.0	91.5	54.9	64.8	56.3	74.6	76.1	9.9	5.6
免疫接种麻疹率（孩子 12～23 个月）	100	43.7	57.7	76.1	32.4	39.4	38.0	70.4	85.9	100	15.5	16.9
产假福利（期间内支付占工资的百分比）	100		11.4	100	100	24.3	20.0	2.9	100	100	100	4.3
15～24 岁青年失业女性比男性	98.6	87.5	88.9	83.3	63.9	90.3	37.5	94.4	61.1	11.1	50.0	29.2

表 2-3-5　在妇女地位的国际比较中，主要经济体在中国的弱项指标上的分数

	中国	美国	日本	德国	法国	英国	意大利	加拿大	俄罗斯	巴西	印度	南非
出生人口性别比（男婴比女婴）	0.0	73.6	38.9	33.3	50.0	52.8	15.3	44.4	30.6	54.2	1.4	86.1
小学生女生比例	9.9	76.1	70.4	62.0	63.4	69.0	39.4	67.6	85.9	15.5	26.8	60.6
预期学校教育年数（女性）	32.2	86.4	55.9	71.2	72.9	84.7	81.4		54.2		25.4	
改善的卫生设施（%调研人口）	31.3	67.2	100	100	100	100		65.7	32.8	43.3	19.4	37.3
中等教育女教师比例	37.5	68.8		64.6	66.7				97.9	83.3	20.8	54.2

从表 2-3-5 看出，中国在“小学生女生比例”这项指标上得分低，其原因应该是由于出生人口性别比高所致，即使所有女孩都上小学，女生比例仍然偏低。在“预期的学校教育年数（女性）”指标排名低的原因可能是重男轻女的传统观念作怪，特别在偏远的农村地区，由于经济能力有限，父母常选择供应男孩读书而让女孩工作。“中等教育女教师比例”这项指标与我们平时的印象不一致。一般人认为中国的中学女教师很多，但统计数据显示的并非如此。表 2-3-6 列出了主要经济体中学女教师所占比例的数值，可以看出俄罗斯的中学女教师占 81.7%，除了中国和印度，该比例都超过了一半。再看表 2-3-2，中国在“小学女教师比例”指标上得分也低于预期水平。然而，“高等教育女教师比例”的两项比较得分却相当高，其原因应该是在城市女教师所占比例比较高，而在广大农

村的中小学，女教师所占比例偏低。

表 2-3-6 主要经济体中等教育女教师所占比例（%）（日本、英国、加拿大数据缺失）

中国	美国	德国	法国	意大利	俄罗斯	巴西	印度	南非
48.6	61.4	59.3	60.0	66.7①	81.7	66.8	40.1	54.8

最后，我们来分析有关妇女社会地位的两项指标：“妇女在部级职位的比例”与“妇女在国家议会的席位占比例”。表 2-3-7 列出了主要经济体在这两项指标上的得分与近 5 年的平均值。

表 2-3-7 在妇女地位的国际比较中，主要经济体在中国的弱项指标上的分数

	中国	美国	日本	德国	法国	英国	意大利	加拿大	俄罗斯	巴西	印度	南非
妇女在部级职位的比例得分	31.9	81.2	36.2	87.0	66.7	60.9	58.0	76.8	50.7	52.2	26.1	88.4
妇女在部级职位的比例/（%）	11.5	30.3	11.8	33.3	23.6	19.9	19.2	28.3	16.3	17.1	9.9	37.2
妇女在国家议会的席位占比例得分	50.0	35.7	12.9	82.9	55.7	51.4	60.0	64.3	25.7	8.6	17.1	98.6
妇女在国家议会的席位占比例/（%）	21.7	17.3	9.9	33.6	22.1	21.8	23.4	23.7	13.8	8.6	10.9	43.2

对表 2-3-7 数据进行分析，若按“妇女在国家议会的席位占比例”看，中国的得分和实际值表现尚可，但在“妇女在部级职位的比例”这项指标上，与许多国家相比存在很大差距。作为发展中国家的南非在 12 个主要经济体中位居榜首，妇女在部级职位的比例达到 37.2%，美国和德国也都超过了 30%，而我国仅是 11.5%。我们也注意到，作为发达国家的日本在这项指标上的表现还不如俄罗斯、巴西这样的发展中国家，是否与东亚文化有一定关系值得进一步研究。

四、结论

本文基于世界银行“社会性别统计”数据库提供的数据，选择了与妇女地位

① 因为意大利最近 5 年数据缺失，表中是最近 10 年平均。

相关、数据缺失较少的 62 项指标，在 73 个较大经济体和 41 个与中国人均 GDP 接近的经济体范围内，进行了多层次的国际比较分析，计算了衡量各个经济体妇女地位的综合分数，并对中国的强项指标和弱项指标进行了具体剖析。

研究表明，与人均收入相近的经济体比较，中国妇女地位总体看来比较高，值得肯定。有一些强项，如女性小学毛入学率、免疫接种疫苗率、产假福利等，应该继续发扬光大。有一些弱项，特别是出生人口性别比（男婴比女婴）、预期学校教育年数（女性）、改善的卫生设施比例、中小学教育女教师比例等，与收入相近的经济体比较偏低，与发达国家相比，差距更加明显，需要下工夫努力改进；像妇女在部级职位的比例偏低一类的问题，也应该引起重视。

本研究尚有一些欠缺。有些指标因为数据缺失而舍弃，使得计算的综合分并不能全面完整表示一个经济体的妇女地位。比如，有关妇女在家庭中的经济地位和是否被虐待的指标都十分遗憾地被舍弃了。另外，关于权重的设定还比较主观、简单，应该征求更多专家的意见。尽管有这些不足，只为抛砖引玉，特将此文呈献给读者，敬请大家批评指正。

高校党外女性干部队伍建设相关问题探讨

吴明[①]

无论是女性参与高校行政管理，还是培养民主党派女性人才，以及为政府培养女性行政管理干部，高校党外女性干部队伍建设都十分重要。但高校党外女性干部队伍建设面临着很多挑战。本文在分析影响高校党外女性干部队伍建设主要因素的基础上，就相关问题进行探讨，提出推进高校党外女性干部队伍建设的建议。

一、高校党外女性干部队伍建设面临的挑战及其影响因素

本文研究对象为在高校从事行政管理的处级及以上的专职和兼职非党女性管理人员（称为高校党外女性干部），不包括高校职能部门中工作的一般行政人员。

高校党外女性干部一般有四个产生渠道：一是在高校专职从事行政管理工作者的逐步升迁；二是从事教学和研究的专业人员，因业务表现突出而被推选或提拔，通常为兼职担任院、校级管理人员；三是执行统战政策中党外干部任职比例的规定，领导班子中需有党外人员任职或单位各级领导干部达到党外干部的规定比例；四是作为人才引进，从社会、海外招聘。其中，党外干部的产生渠道以第三种渠道和第二种渠道为主。

从高校干部的升迁路径和主要影响因素看，年龄、学历和专业水平、管理经验和管理能力是重要的客观因素，其中，对于专业人士来说业务水平高非常重

① 吴明，教授，博士生导师。北京大学医学部主任助理。

要，可以因此而快速得到提拔，甚至越级提拔。但在中国目前的干部选拔机制下，人际关系好、会表现、引起领导的注意和受到重视等也是非常重要的因素，有时甚至是很关键的因素。

对于党外人士，由于统战政策“配比制”的规定，在推荐和选拔干部时，受到的关注程度和保证程度会相对高一些，如果考虑到党外人士的基数，可能升迁的概率也会大一些。但是，党外人士，尤其是女性党外人士，在成长的过程中也会面临比其他人更大的挑战。

1. 女性生理特点、社会角色以及中国社会文化因素的影响

一方面，女性需要承担生育、照顾孩子和家庭成员生活的职责，通常在工作上投入与男性一样的时间和精力是有很大难度的，需要牺牲自己更多的休息时间，在生育期间还会导致工作的连续性受到影响，这成为女性在管理职位上竞争力度不如男性的原因之一。另一方面，中国不喜欢外向、张扬的女性，再加上中国社会认为贤妻良母才是好女性，女性的主要职责是照顾好家庭，这种文化在一定程度上影响了女性对自己的定位和参与的主动性。受传统文化的影响，中国女性有依附心理，习惯于将自己摆在不重要的或者弱者的位置上，即使是在管理岗位，也会有相当比例的女性不愿意“出头”、甘当副手、接受和服从的成分相对较大。当然，对女性还存在着社会偏见，对于同样出成绩的女性和男性，社会做出的评价可能迥然不同。“女强人”在中国几乎是一个负面词，女强人并不太被社会所接受和认同。因此，从社会来看，缺少女性竞争管理职位的社会文化基础；从女性个体看，主动竞争管理职位的意愿不强、意识淡薄、诉求相对匮乏，且不太愿意在众人面前表现。这成为阻碍女性步入干部队伍的重要因素，也使得女性参与高位管理的渠道和机会不如男性。

2. 社会关系网的影响

因业务成绩突出而被推选或提拔，是党外女性走上高校管理岗位的主要渠道之一，这也遵循中国“学问好＝管理好”的公式，很多高层管理人员都是业务拔尖者。但是在中国，女性在科研领域的成就往往不如男性。根据全国妇联女性高层人才成长状况与政策推动项目课题组开展的“科技领域女性高层人才成长状况与发展对策”研究，科技领域女性高层人才数量较少，所占比例较低，存在着比

较明显的5%现象。分析原因，除了历史形成的家务分工外，科技领域男性化的社会交往方式，如烟文化、酒文化、饭局文化等非正式交往方式盛行，在当今以男性为主掌握相关资源的中国社会，由于科技女性很难融入男性社交圈，在关系、至少是人际关系的练达成为获得资源的重要因素之一的当前，女性在争取科研、评优评奖、评选学科带头人等方面，与男性相比，都处于不利地位，是优秀女性不容易在同行中“出类拔萃”的重要原因之一。也因此导致“因业务成绩突出而被推选或提拔到管理岗位”的女性基数低，可供选拔的人才少。此外，女性社会关系网小，在推选或选拔高位管理者时，也比男性更处于不利位置。

3. 政策因素的影响

一是女性退休年龄规定的影响。女性退休年龄早于男性，而由于生育、照顾孩子和家庭等又影响到女性的工作时间，尽管在北京大学等很多高校，正高职称的教师不论性别退休时间相同，但副高职称的女性教师仍然早于男性。因此，女性的总体工作时间短于男性。在中国阶梯式逐步升迁的体制下，女性比男性升迁的机会就少了很多，在管理岗位的时间也短于男性。

二是人事制度、职称评定政策的影响。在中国的人事制度下，受编制等多种因素的限制，事业单位是“一个萝卜一个坑”，女性在生育期间会影响到部分工作，不仅是一些单位更倾向于招聘男性的主要原因，也会因此给人以“不如男性‘好用’”（在同等能力的情况下）的印象。此外，提拔和职称晋升的基本前提条件是在当前岗位或职位上工作一定年限，“熬够年头”才能进步，破格提拔基本上是凤毛麟角，很多女性因生育职位升迁和职称晋升要晚于男性，而中国的管理岗位又强调年轻化，与男性相比，相当比例的女性进入干部队伍没有年龄优势，对于进一步升迁是个不利因素。

4. 党外女性工作多重压力的影响

党外女性除了与其他教师、科研人员一样要从事教学、科研等业务工作，与其他女性一样要承担养育下一代、照顾家庭的责任外，还需要承担和参与所在党派、无党派的相关工作和活动，尤其是民主党派成员。能够进入高校管理干部队伍的民主党派成员，通常在单位是业务骨干，业务成绩突出，也是在党派中参加活动积极、工作表现突出者，包括从事各级社务工作，参与党派的参政议政和社会服务工作。因此，党外女性干部会面临多重压力，比其他人要付出得更多，有时甚至会顾此失彼，影响业务发展，还可能会引发家庭成员的不满、周围同事的不理解，常常会面临着“有所为就要有所不为”的选择。这会导致部分原本从事管理工作意愿就不那么强的女性，放弃进入女性干部的队伍中。

5. 民主党派人才选拔机制的影响

选拔民主党派成员到高校管理层，也会受到民主党派人才选拔机制的影响。在民主党派中，业务上绩效好、表现突出的成员更容易被推举到管理岗位。这与中共在选拔人才方面有所不同。在执政党中，干部来源主要包括两类人选：一是业务好的人，二是行政能力强的人，对于后者的职位安排和升迁并没有考虑业务能力和绩效。立志于做管理工作者，只要将管理工作做好就能够得到提拔和升迁，但对于民主党派的人才选拔，通常只有成为业务和本职工作的骨干或取得突出成绩这一条路，协调管理能力强和参加基层组织社务工作的积极性和成效并没有得到肯定。此外，目前一些年轻、未到退休年龄的民主党派干部因届满而不能够继续从事党派工作，但并没有给他们相应的安排，相比之下，中共会有相应的安排，从而形成了反差。对于这些党派干部来说，从党派管理岗位退下来后，如果专业水平不高，则会处于一种很尴尬的境地。这必然会鼓励部分党派成员“身在曹营心在汉”，不仅不能够放下专业，还要保持一个较高的水平。因此，民主党派成员的选拔和任用不仅途径较窄，在激励机制的导向上也存在偏差，形成“重业务轻党务”的局面。不仅影响到党派工作，即使因业务好被推举到高校管理岗位，部分人也会因经验和能力不足，不一定能够适合管理岗位。

6. 党外干部培养机制的影响

部分高校对党外干部培养的重视程度不够，缺乏计划性，搭建平台、创造机会不够，没有形成结构合理的、有能力从事管理工作的党外干部后备梯队，甚至后备人才储备严重不足，尤其是女性党外成员。但由于统战政策中规定了党外人士和女性进入领导岗位的比例，当需要选拔党外成员进入到管理岗位时，通常可选范围窄，只能以业务好作为选拔标准（而中共还可以选择管理能力强的人），也会出现即使是人员“青黄不接”，即使是没有很合适管理工作的人选，也要拔苗助长。虽然执行了政策，但可能会对管理工作质量产生影响，还会使人们对女性党派成员进入管理队伍之事“另眼相看”，对女性管理能力产生不认同，进而对党外女性干部队伍建设产生负面影响。

二、推进高校女性干部队伍建设的建议

1. 形成鼓励和推出党外女性参与高校管理的助推力

根据前面的分析，缺少女性竞争管理职位的社会文化基础以及社会关系网等客观条件，而女性本身主动竞争管理职位的意愿不强、意识淡薄、诉求相对匮乏，且不太愿意在众人面前表现，这些会阻碍女性步入干部队伍，女性参与高位管理的渠道和机会也不如男性。与女性有关的社会文化是长期形成的，很难在短时期内得到改变，社会关系网等环境因素的影响也很难在短时间内消除。受这种文化和环境的长期影响，形成的女性主动竞争管理职位的意愿不强、意识淡薄等特点也会在较长时期存在。但是，没有主动参与管理的意愿不等于没有管理能力，也不等于不能做好管理工作。因此，需要针对女性的弱点采取措施。即要有意识的发现和推举有能力的党外女性参与高校的行政管理，形成一个外部助推力。对于意愿不强者（完全没有意愿者除外）应首先做好动员、鼓励工作，尤其是在岗位有竞争的情况下，更应该做好前期工作，减少因女性竞争意愿不强带来的不利影响。对于能力相同者，应摈弃偏见，让男性和女性都有同等的机会进入到管理层。

2. 增强党外女性干部培养的计划性和针对性，建立起长效机制

建立党外女性干部培养的长期规划，并做好基础性工作。包括：在基层管理工作中有意识的选拔和推荐女性担任；搭建平台、创造更多的渠道为女性提供锻炼、积累管理经验、提高管理能力以及“表现”自己的机会等；根据培养对象特点制定个性化培养方案，在不同的发展阶段有针对性和有侧重的进行培养等。目的是增加党外女性后备人才储备的厚度，形成结构合理的党外女性后备干部梯队。

3. 建立与民主党派基层组织工作绩效挂钩的选人和用人导向机制

在民主党派基层组织从事社务工作，更能锻炼政治把握能力、协调和组织能

力以及服务意识等在行政管理方面所需要的素养。因此，要建立鼓励党派成员积极参与社务工作的激励机制。除了旗帜性和代表性人物外，应拓宽在民主党派人才的选拔与任用的渠道，将积极参与党派基层组织社务工作、且绩效好的成员纳入选拔和任用的范围中，同时，学习中共从有基层工作经验的管理者中选拔的做法，建立人才主要来自于基层的通道，对于代表性和旗帜性人物的任用也应该首先安排到党派基层了解情况，甚至一定时间的基层锻炼。改变目前党派的选拔和用人导向，避免重业务轻党务问题给基层组织工作带来的不利影响，也为高校管理层培养人才。

体育·女性·领导力

——体育对提升女性领导力的作用研究

张锐[①]

一、前言

当今社会，女性正日渐深入地参与到职场竞争之中，越来越多的人进入到管理层、领导层。同时，随着社会经济和企业经营管理的发展，在一些管理领域出现了“女性化倾向”（feminine orientation）或者称为柔性化管理倾向。管理大师杜拉克曾经明确指出：“这个时代的转变正好符合女性的特质。”而预言家奈斯比特更是认为：“女性领导者是未来组织发展最需要的力量。”我国向来重视女性对于社会发展的重要作用，将男女平等列入基本国策，这是对女性参政议政的一个极大的鼓舞。习近平总书记在联合国全球妇女峰会上重申承诺“推动妇女和经济社会同步发展。要创新政策手段，激发妇女创新潜力，推动广大妇女参与经济社会发展”。2015 年初，在全国妇联执委会上中央领导明确提出，要充分发挥妇女在社会进步中的独特作用。要鼓励各界妇女树立为实现“中国梦”奋斗的理想信念；现代女性要适应经济发展新常态，创业创新创优；积极参与改革，学法遵法守法用法，为实现全面小康和现代化目标贡献巾帼力量。

体育运动对于个体而言有促进个体社会化、帮助人际关系协调发展、保障健康、提高效率、提供充沛精力、调节心理、树立积极的自我认知等功能。而这些功能作用在女性个体的身体、心理上正好能够弥补女性通往领导者道路上的多种

---

① 张锐，教授。北京大学体育教研部直属党支部书记。

缺陷。体育对于成就女性领导者不是一个首要条件，但确是一个助力因素。本文旨在从体育功能的视角出发，参照国内外研究成果，将体育与女性领导力提升进行对比，探寻女性领导力提升的途径。

二、研究方法

本文主要运用了文献资料法查询现有关于领导力的研究现状。运用数理统计的方法对于女性领导力的研究进行统计。运用归纳的方法，总结关于女性领导力的特质需求。最后，运用体育社会学、体育管理学、组织行为学等知识，将体育的功能、领导力素质、女性领导力提升困境三者进行比较，总结体育对于女性领导力提升的作用。

三、国内外研究综述

（一）基本概念界定

领导——“领导”是领导科学里一个核心的定义，国内外学术界从不同角度出发，给出了许多关于“领导”的定义，目前已形成了多达 65 种不同的分类体系。但归纳起来，领导包含的核心要素有：① 领导是一个过程，② 领导包含影响力，③ 领导发生在一个群体的环境中，④ 领导包括目标的实现。基于此，我们可以采用美国著名的沟通交流学教授彼得·诺斯豪斯（Peter G. Northouse）的观点，对“领导”做如下定义：“领导是个体影响一群个体实现共同目标的一个过程”。

领导力——所谓领导力就是激发他人跟随你一起工作，以获取共同目标的能力。这种能力是通过日常生活经验积累获得的。领导力完全是一种主观性的东西，无法客观测量，也不能仅通过学校学习掌握。关于领导力，几乎所有的文献资料都用一个类似的词对其加以形同——难以度量。但是综合多种因素，现代的领导力被认为应该包含下列 5 种能力，分别是前瞻力、决策力、亲和力、毅力和执行力。

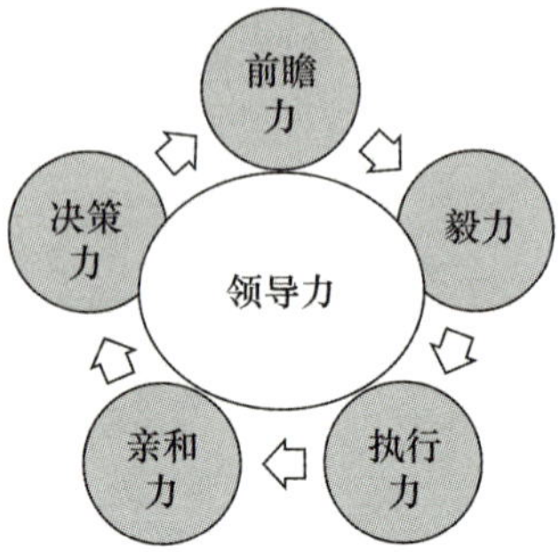

图 2-5-1　领导力构成要件

（二）领导相关理论

1. 领导特质理论

早在 20 世纪 30 年代，心理学家假定领导者的个性、社会、生理和心理特质不同于被领导者，对此进行了大量的研究，以此来确定选拔和评价领导者的标准，即早期的“领导特质理论”。这一理论的代表人物有伯德（Bird）、斯托革迪尔（Stogdill）、契赛尔（E. E. Chiselli）等。其中斯托革迪尔提出了 10 个领导者的特质：才智、强烈的责任心、完成任务的内驱力、坚持追求目标的性格、独创精神、自信心、合作性、忍受挫折的能力、善于社交并有说服力、处理事物的能力。而契赛尔的研究表明，对领导影响最有效的因素是：推理能力、职业成就动机、智力、自我实现动机、自我监督和决策。

作为西方领导理论发展的第一阶段，领导特质理论的积极意义在于指出了领导者素质的重要性，但该理论忽略了领导活动其实是一个动态、互动的过程。除了先天的素质，领导者的特质和品质是可以在后天中培养的，也可以在实践中通过训练获得。同时，该理论也忽视了组织环境对领导者的影响。具备某些特质确实能提高领导者成功的可能性，但个人特质只是领导者成功的必要条件，而非充分条件。

2. 领导风格理论

特质理论是从静态的角度对领导者进行研究，风格理论则从动态的角度对领导过程进行研究。伊格利（Eagly）和约翰逊（Johnson）（1990）的研究发现，女性表现出更加主动参与型和民主型的领导风格，而男性表现出更加直接型与专制型的领导风格。且女性领导风格大致可以分为三种不同的研究思路和基本观点：第一种注重女性人格“特征”（traits）的研究；第二种着重特征中“共同特性”（common characteristics）或影响女性行为发展的特殊性的发现；第三种则强调“属性”（attributes）的分析。

3. “玻璃天花板”理论

“玻璃天花板”一词最早出现于 1986 年 3 月 24 日的《华尔街日报》中，在汗默维兹（Hymowit）与谢尔哈德（Schellhandt）撰写的一篇关于企业妇女的报告中首次使用，用来描述女性试图晋升到企业或组织高层所面临的障碍。随后，“玻璃天花板”效应引申为“玻璃天花板”理论。这一理论指的是组织中存在着压制中层职位的女性继续晋升高级职位的种种无形障碍，如组织障碍、人际障碍和个人障碍等。这些看不见但却真实存在的或可以感觉到的障碍阻碍了妇女的职业选择和职业晋升。尽管国际社会努力了几十年，希望建立起有规模的组织与社会机制制约“玻璃天花板”效应，女性领导者自身也不断努力，力求冲破“玻璃天花板”，但取得的效果并不十分理想。关于阻碍女性领导者发展的原因，以及通过体育运动是否能改变这种现象，是笔者关注此问题的初衷。

四、研究结果

（一）女性领导者特质及领导现状

1. 生理特点：女性领导者拥有较强的忍耐力、抗饥饿力

罗慧兰（2001）最早提出了女性的性别优势，她指出，由于生理上的差异，女性具有男性无法比拟的忍耐力，如：生育痛苦。女性身体脂肪量大，抗饿力高于男性，这些生理上的优势使得女性领导者具有更好的坚韧性和自控能力。且女性身上的雌激素有利于缓解压力，在面对多变的领导环境和突发事件时，女性领导者可以表现得更加沉着和稳健，更能经受住考验。

2. 情感特点：具备较强烈的使命感和柔性、民主化的领导方式

谢泼德（Shepherd）（2003）的研究指出，女性领导者一个显著的特质是具有强烈的使命感。他认为，在女性怀孕、生子、养育的过程中，很容易形成一种

传承心理与使命感，而这种特质也成为本性中极为重要的一部分。女性在成为领导者之后，这种特质依然存在，进而转化为带领组织成长、带领员工进步等不同于男性领导者的柔性、人性化的领导方式。

由于生理上的差别，女性领导者天生比男性领导者更加敏感，对周围的人和事有更强的直观观察力，再加上女性通常更加感性，就使得女性领导者在感情方面表现的更加善解人意，更具亲和力。女性领导者多倾向于部署问题，用更多时间去思考而自己仅仅提供辅助和引导的角色。大部分的女性领导者无论在工作上还是在部属的私人生活上都投入了较多的关切，她们不仅希望了解成员在工作上的表现，而且喜欢和成员进行深度的交谈，谈话的内容包括理想、抱负、家庭、情感等方方面面。

3. 女性领导者现状

（1）政治领域中，女性参政议政的趋势增强，但整体数量和质量上明显弱于男性

1999年，瑞典成为第一个女部长人数多于男部长人数的国家（当时有11名女性部长和9名男性部长，截止到2007年，瑞典内阁成员中女性部长的比例达到60％）。这不能不说是令人欣喜的成果，但是在世界的其他国家和地区，女性参政的情况并不乐观。2009年，摩纳哥成为最后一个吸纳女性成为政府成员的国家。截止到2012年底，在世界范围内，一共只出现了58位女总统或女总理。

从质量上来说，女性在政府部门中大多数担任副职，所任职位也通常具有明显的性别特征。根据联合国对两性按领域分列政府决策职位中的占有率统计，大部分地区的外交部、国防部、内务部、财政部、贸易部和工商部等实权部门基本都由男性出任；女性领导则多出现在环境部、社会事务部、卫生部、教育部、家庭事务部、性别或妇女事务部以及文化部。

（2）经济领域中，女性开始崭露头角，尤其在一些新兴经济领域取得更大成就

数量上，女性领导者比之前有了大幅提升。2006年，美国职业女性中从事管理、商务、金融运行行业的人数比例由32％逐年稳步上升到42％，这个数字与1972年的18％形成鲜明对比。但是和政治领域的情况极为相似的是，女性领导者在经济领域也呈现了就职领域较为集中的情况。多数的女性都在行政职能部门，或者是一些辅助部门，没有真正进入到生产技术和管理的核心层。

同时我们也发现，男女领导者除了在数量和质量的不平衡之外，在整体的行业中也呈现了差异性。在评出的九大魅力女性企业领导者中（包括环球电影公司总裁斯塔西·施奈德，哥伦比亚电影公司总裁米·帕斯卡尔，eBay 公司总裁兼首席执行官梅格·惠特曼等），几乎都来自新兴产业，且集中在影视传媒，互联网以及高端化妆品制造业。同时，和政治领域的女性不同，在经济领域崭露头角的女性在商界的发展更多靠自身的素质和能力，这就需要女性在体力、智力、精力最为旺盛的时期进行经济领域的各种活动，这也就是我们看到的女企业家都是产生在中青年女性之中，而男性企业家的职业生涯可以延续到 70 岁甚至更高龄年纪的原因。

(3) 教育领域中，女性基数大，但学术型精英群体罕见

女性参与科研的规模优势未能转为质量优势。中国科学院院长路甬祥院士说：2003 年世界女性研发人员约占研发人员总数的 27%，其中非洲为 29%，亚洲为 15%，欧洲为 32%，美国为 24%。2009 年中国女性科技人员约 1437 万人，占科技人员总数的 33%。具有高级专业技术职称的女性数量占总数的 25.7%。遗憾的是，这种规模优势未能转化成质量优势——一边是女性参与科技的总量不断增长，女状元频出，大学校园阴盛阳衰；一边则是高层女科学家稀缺。截至 2014 年数据显示，在中国科学院和中国工程院院士中，女性所占比例只有 5%；“973 国家重点基础研究发展计划”的 175 位首席科学家中，女性只有 8 人，占 4.6%；“长江学者”中，女性占 3.9%；而“863”国家高技术研究发展计划专家组成员中，没有一位女性。

世界公认的科学界最高奖项之一诺贝尔奖百余年历史上，女性获奖者少之又少，迄今全球共有 15 位女科学家、16 次获得诺贝尔奖，女性占 2.8%。在物理学奖和化学奖方面，除居里夫人获得了 1903 年物理学奖与 1911 年化学奖外，只有 1 名女性获物埋学奖，2 名女性狱化学奖。

（二）制约女性领导力发展的主要因素

1. 制约女性领导力发展的个体因素

(1) 生理因素

研究表明，女性在身体机能上不论从灵活性、肌肉爆发力、骨骼坚韧度等方

面都远不及男性。在不断挑战人类极限的奥林匹克运动28个大项中，只有在考验耐力的马拉松项目上，女性有可能在绝对成绩上超过男性。

女性最易缺乏钙和铁，并在体能、体力活动方面呈现出不如男性的特点，且对于女性来说还有一个重要的因素就是要面临生育的问题。在我国普遍认为，女子适合婚育年龄在24～29岁之间。而在这一年龄段的女性，大多是刚刚大学毕业或者是刚工作不久，就算积累了一定的工作经验和人脉资源也会因为结婚，婚后的生子问题而耽误在职业生涯上的时间投入及工作上的连续性。

（2）心理因素

英国心理学家西蒙·伯龙·科恩表示，女性拥有“情感化”大脑，男性拥有“机械化”大脑。根据学者的研究，笔者将女性和男性在心理以及由心理引致的行为特点总结如表2-5-1。

表2-5-1　女性与男性心理及行为特点的比较

	女性（情感化）	男性（机械化）	备注
对外表现	设身处地为他人着想，感性	外表冷酷，不太能理解他人	
外在影响	易于接受暗示，如催眠、迷信等	更加独立，不易受外界左右	
感情表达	因其母性本能，多心地善良 富于同情心、怜悯心和爱心	出于父性本能，保护欲强	女性在慈善中表现突出
行为弱点	脆弱，胆小，藏不住话，背后议论，虚荣心和自尊心较强	勇敢，好斗，敢于冒险，深沉，敢作敢当，果敢。	
外在特点	举止文雅，娇柔，爱美	粗犷，对于外在不及女性	
思维方式	形象思维	抽象思维，理性思维	
知觉记忆	阅读，记忆能力强，但善于记住细节，记忆速度快，做决定速度也快	细节，推论，归纳，逻辑能力强。记忆问题注意大局，对细节常常忽略	
直觉	有耐性，直觉记忆能力强	更加自信，相信自我判断	
抗压能力	机智、灵敏，能较快从困境中解脱出来。易于向伙伴倾诉内心烦恼，以消除压力	更为独立，深沉，不易倾诉压力。在逆境中容易受挫	
心理健康	受生理因素影响更容易患抑郁症。进入更年期后，女人患痴呆的可能比同龄男性大	身体健康状况优于女性，在中年后更为突出	
工作方式	喜欢以同一个节奏工作 按部就班，循规蹈矩。	喜欢冲锋式的工作，间隔休息	

如上表所述，女性在建立和发展领导力上可能存在如下不足。

① 女性的感性思维使其容易受到外界影响，当机立断的胆识魄力不及男性。因此做出判断的时候反应力，决断能力不如男性。

② 虽然善于理解他人且更易于相处，但也容易出现软弱、优柔寡断的行为。被外界事物影响所羁绊，在形象和心理上难以成为他人的依靠。

③ 在工作方式上由于女性喜欢循规蹈矩的生活方式，因此与男性相比没有太多的侵略性，同时也缺乏处理问题的探索精神，创新理念和意识差，自主意识不强。

④ 受女性行为弱点的限制，她们大多容易在微观层面或者小范围上得到更多的认同，但是在大范围中难以掌控全局。

⑤ 女性优于男性的抗压能力，往往来自向外界寻求帮助，最典型的例子是向同伴倾诉。这就使得女性的形象有时不够稳重，不能很好地保守秘密。而男性采取的内化的抗压方式，能够使其显得沉稳，值得信赖。

⑥ 女性虚荣心较强。但这种精神放在公正、公平、公开的竞争环境中就能成为较为正面的进取心。

2. 制约女性领导力产生和发展的社会因素

领导者需要具备自信、独立、坚强、乐观、果断等良好的心理素质。然而，在我国数千年封建制度及“男尊女卑”等思想的影响下，妇女长期受到歧视，地位低下，个性受压抑且没有真正自由的人格发展。在社会化的过程中造成了女性自卑、软弱、狭隘、依赖和从众等心理特点，成为女性参政的潜在短板，束缚和压抑了她们领导能力的提高，成为女性领导发展过程中的障碍。

此外，女性所承担的社会角色受社会道德规范的影响较大，虽然女性领导的出现打破了社会对女性工作领域的限制，女性不仅进入了公共领域，而且进入了具有较高社会地位的高层管理领域，但她们还带有更多的家庭责任，受传统道德规范的影响较大。生育高峰在30岁左右的女性，从思维和感情上开始向家庭转变，从精力和责任上向家庭靠拢。因此，30～40岁男女的差异开始凸显，女性领导力的培养和提升也随着家庭重任的产生而丧失。

（三）体育的功能和作用

在表面上看，体育对于女性领导力的提升并无直接关系，但在经过认真的比对分析后发现，体育运动在潜移默化中对于人的身心健康的塑造和领导力的培养所需要的各种要求有着某种切合。根据原全国体育学院教材委员会组织编写的《体育概论》一书对体育功能的表述，本文将体育功能从宏观到微观进行如下划分。

宏观层面：社会感情功能、社会教育功能、政治功能、经济功能。

中观层面：促进个体社会化、帮助人际关系的协调发展。

微观层面：改善和提高中枢神经系统的工作能力、防病治病、娱乐、调节心理健康、提高人体适应能力、树立积极的自我认知，有助于培养女性健全、独立的人格，帮助女性提升思想境界，获得乐观、豁达的心态。

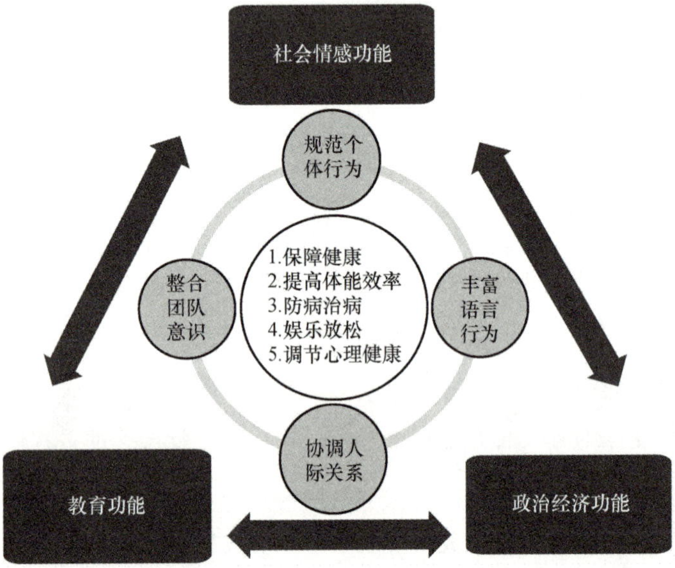

图 2-5-2 体育的功能（分层分析）

本文着重探讨体育在个体发展中的微观作用。在这个层面上，体育的作用就成了“1 和 0”的关系：首先，体育运动能够塑造一个健康的人，在拥有健康的前提下，物质财富、资本积累、社会地位才有一个可依附的实体。其次，体育运动是一种积极、主动的活动过程，锻炼者必须组织好自己的注意力，有目的地感知（观察）、记忆、思维和想象。在此过程中，整体的精神状态、记忆力、反应能力都会增强。最后，经常参加体育运动能改善人体中枢神经系统，提高大脑皮层的兴奋和抑制的协调作用，使神经系统的兴奋和抑制的交替转换过程得到强化，从而改善大脑皮质神经系统的均衡性和准确性，促进人体感知能力的发展，使得大脑思维想象的灵活性、协调性、反应速度等得以改善和提高。

（四）体育的功能与领导力要素及女性发展领导力困境的对比分析

本文在结合大量参考文献后，提取关于领导力应具备的必备因素，结合体育的功能及提升女性领导力的制约因素，试图通过比较的方式将三者进行对比，总结如表 2-5-2。

表 2-5-2 体育功能和领导者素质等对比

体育的功能		领导者素质		女性领导力困境和提升办法	
宏观	感情功能：释放压力 教育功能 政治功能、经济功能				
中观	促进个体社会化功能：认识自我，建立自信。认识社会，正确定位	自信，追求成就、权力		缺乏自我认同，缺少自主创新意识，循规蹈矩	参加团队运动培养团队合作意识，激发创新能力
	提升人际交往能力，丰富交往手段	良好人际关系，擅长外交，敢于放权		社交手段少，难以顾全大局，重细节，轻全局	参加团队活动，培养大局意识
	提高沟通能力	女性沟通语言能力较强			
微观	保障健康	体力充沛	应对重负工作	体能弱	增强体质
	提高效率，体力充沛	有效管理	充沛精力	有效工作时间短	提升体力，提高效率
	娱乐，缓解烦恼抑郁			对外倾诉释压	运动释压
	防病治病，延长寿命			有效工作时间短	延长寿命、工时
	调节心理健康树立向上价值观，并有效传播	有良好的信誉和工作记录	对自己严要求重视自我信誉		
	竞争进取精神	自我价值观	积极的行为准则；客观公平	易受到外界影，优柔寡断	参加竞赛，培养自强独立品质
	树立公平竞争的信仰	进取精神		虚荣心强	正确引导虚荣心

表 2-5-2 中，我们将体育的功能和作用、领导力的必备特质、女性领导力提升困境做了对比。从表中可以明显看出，在个人素养的培养上，不论是从身体还是心理层面，体育对于女性提升领导力都有着非常关键的作用。

1. 体育能有效增强女性体质，弥补体能差距

领导者必备素质中，极其重要的一条就是需要充沛的体力，但这也正是女性相较于男性在生理上不能改变的劣势。但事实证明，女性通过体育锻炼，能在体能、心肺负荷、柔韧性等方面得到大幅提升。体育在预防或治疗心血管疾病、肥胖以及女性常见的乳腺癌、骨质疏松方面可起到积极的作用，为缩小男女间的体能差异，承担繁重的工作提供体能保障。

2. 体育能提高女性时间利用效率

女性需要承担生育子女，抚育子女的重任，因此和男性相比，在同样的寿命中，女性所能利用在工作和事业上的时间远不及男性。在时间精力的问题上需要通过两个方面来提升。一个是积极主动地参加锻炼，以强健的体质抵御疾病，达到延长寿命、增加有效工作时间的效果；另一方面，有限时间的利用需要提高效率。通过体育运动，提供充沛能量和精力，改善和提高中枢神经系统的工作能力，从而提高工作效率。

3. 体育能培养女性独立思考能力，塑造良好自我意识

曾多次被评为“世界上最有权力女性”的德国总理默克尔是一名“疯狂”的女球迷，世界杯、欧锦赛、德甲联赛的坐席上都能看到这位德国队的“铁粉”。除了足球，这位日理万机的女总理还钟爱越野滑雪、慢跑等体育运动。在她看来，“足球之所以吸引我，是因为它到最后一分钟都是令人紧张的。政治也同样具有这个特点，足球运动员和政治家同样都需要良好的身体素质和耐力。当面临新机会出现时，要懂得利用。”

体育运动的重要表现形式——体育竞赛，能够在一定程度上帮助女性产生独立思考、自立自主、坚忍不拔的意识，克服女性在工作过程中容易出现的受外界影响等问题。在纷繁复杂，形式多变的赛场上，保持自我意识，排除外界干扰（包括对手，观众，同伴），冷静决策和判断是对于女性领导者独立的判断和决策能力的最好锻炼。

4. 体育能开拓思维，开发女性创造性领导力潜质

同男性相比，女性领导者缺乏创新意识，容易给人按部就班，循规蹈矩的传统印象。当然实际上，女性受传统思想的束缚在主观能动性上不及男性。受这种传统思想的束缚，女性在社交的手段和方式上不及男性多样化，因此也难以碰撞出智慧的火花。而现如今，休闲体育，团体项目的一些运动方式已经成为了越来越时尚健康的休闲、娱乐、交友、甚至是商务谈判的新方式。在体育休闲活动中吸收他人先进的管理方式、管理理念，将积极健康的生活方式带入工作中，能够弥补所谓女性创造力的不足。同时，体育锻炼也可以培养女性不断挑战自我、与时俱进的精神。因此，通过体育锻炼搭建多元文化的创新平台，不断挑战自我能够助力女性领导者的领导力培养。

5. 体育能增强女性抗压能力，疏导负面情绪

多数的研究认为，女性抗压能力、韧性强于男性。而研究者同时也指出，女性的抗压能力得益于她们的语言天赋——在遇到困难的时候，女性易于采用她们擅长的方式，通过向他人倾诉的方法来缓解自己的痛苦。通过倾诉，并得到倾诉对象的反馈，能够缓解压力。但倾诉也是一把双刃剑。一方面它可以缓解内在压力，但是一方面也会使他人形成对于倾诉者不利刻板印象，如敏感、脆弱、抗压能力差、爱抱怨等。并且，这样的刻板印象一旦形成，要改变是非常困难的。这就需要一种既能够释放压力，又能够塑造自己良好形象的释压方式。而体育的功能中有非常重要的一个作用就是缓解释放压力。只要参与体育运动当中，不论是观看体育比赛，还是参与体育活动都能够缓解紧张、焦虑的心理。运动能够释放大量的内啡肽，这种物质能够愉悦人的神经。更有研究表明，参加集体运动所产生的内啡肽多于个人运动，因此，积极主动地参加集体活动是缓解和释放压力的有益做法。

6. 体育能引导女性正确对待虚荣心

心理学研究出的结论，女性拥有比男性更强烈的虚荣心。但是拥有虚荣心并不见得是什么坏事，虚荣心的背后是希望取得胜利的扭曲的自尊心。对于所谓的虚荣心，只要经过正确的引导，就能够转化成为积极的进取之心。而体育所倡导的公平竞赛、正当竞争的环境，严格的规则裁判，能够使个体在公开公平公正的

环境中，最大限度地体现自己的实力，实现“有约束条件下的最大自由”。

五、研究结论

（一）女性在社会各阶层领域占据一定地位，但领导力施展空间受限

政治领域女性参政议政的趋势增强，但整体数量和质量上明显弱于男性；经济领域，女性在一些新兴经济领域取得重要成就，但就职领域较为集中，多数的女性没有真正进入到生产技术和管理的核心层；学术教育领域，女性基数大，但学术型精英群体却是凤毛麟角。

（二）个体因素和社会因素均制约女性领导力产生和发展

女性领导力发展的个体因素受生理、心理因素的影响，主要体现在体能逊于男性，承担繁重工作时的精力不如男性；要经历结婚和繁衍后代的过程，占用大部分的时间和精力；女性感性思维易受到外界影响，判断力与决断能力不如男性；工作方式上循规蹈矩，缺乏处理问题的探索精神，创新理念和意识差，自主意识不强等。社会因素主要体现在“男尊女卑”等封建思想的社会组织构建；组织层面上培养、选拔、晋升、退休、婚育、组织文化建设等制度规定也影响了女性领导力的开发和提升。

（三）体育在女性领导力发展方面具有促进作用与功能

体育活动能够在身体素质、体能上给予女性充沛体能，在身体素质上为女性提供健康保障；体育活动能够塑造坚忍不拔、自信灵活的性格，为女性成就自我的领导力助力；体育能提高女性时间利用效率；体育锻炼能够释放压力，引导女性正确对待虚荣心，对女性领导力负面影响起疏导作用。

（四）不同体育运动对于个体的影响不同，女性需根据自我特质进行选择

团队运动项目，能够培养参与者的团队协作、包容创新能力，提供沟通和交流的社交平台，在竞争中确立合作关系。需要培养容忍力，比较强势的女性可以通过团队运动提高自身对于外界事物的容忍力。处事风格柔弱，常常寻求外界帮助的女性参加个体对抗性项目，能够培养参与者在困境或者顺境中保持自我的独立判断意识，取得最终的胜利。总之通过对于自身的判断，选择合适的体育项目，弥补自己性格上的缺陷。

（五）体育活动对于女性领导力的提升并非面面俱到

体育运动能够帮助女性在身体、心理上受益，同时能够优化她们的沟通社交手段，但是不论是作为政界还是商业的领袖，他们对于自己所处行业的专业知识的掌握，对于行业的宏观背景的了解不是体育运动能够获得的。总体来说，体育对于女性领导力的提升在于身体、心理等微观层面，以及社会适应能力的提升方面。而具体专业知识的习得，还需要女性通过更多的努力，更加刻苦地学习获得。可以说，体育锻炼可以赋予和提升甚至是保障女性领导力的塑造和发展，但是女性领导力的全面修炼也需要良好的环境，更丰富的专业知识，多方面社会、生活技能，以及组织培养和个人努力，甚至是社会制度作为保障。

【参考文献】

[1] 李银河．女性主义［M］．济南：山东人民出版社，2005.

[2] 十八大报告［DB/OL］．http：//baike. baidu. com/view/ 9566565. htm.

[3] 十八大时政热点："男女平等"写入十八大报告［N］．2012.

[4] 十八大代表女性比例 北京全国最高［N］．中国妇女报，2012.

[5] 奈杰尔．尼克尔森．布莱克威尔组织行为学百科辞典［M］．北京：对外经济贸易大学出版社，2003.

[6] 现代管理词典编委会，现代管理词典（第一版）［M］．武汉：武汉大学出版社．2009.

[7] http：//www. guide2womenleaders. com/Presidents. htm. ［EB/OL］.

[8] http：//www. guide2womenleaders. com/index. htm. ［EB/OL］.

[9] 统计局：全国总人口 13. 39 亿（全文）［N］．人民网，2011.

[10] 联合国发展研究所．男女平等：在不平等的世界争取公正［M］. 北京：中国对外翻译出版公司，2007.

[11] 蒋莱．女性领导力的现状及发展趋向［M］．山西师大学报，2012.

[12] 世界九大魅力女总裁［DB/OL］．教育人生网，2009.

[13] 女科学家"玻璃天花板"现象是一个全球性难题［N］．中国青年报，2010.

[14] 男女体质的十大差别．［DB/OL］．http：//weihai. ycsnlw. com/fuwu/html/news _ 201161211464. html.

[15] 石庆华等．女性领导力浅析［M］．延边党校学报，2012.

[16] 跨入婚育年龄，你为今后的职业发展做好准备了吗？［M］．http：//wenku. baidu. com/view/48945541336c1eb91a375def. html

［17］男女体质的十大差别［DB/OL］．http：//weihai. ycsnlw. com/fuwu/html/news _ 201161211464. html.

［18］女性心理需求［DB/OL］．http：//baike. baidu. com/view/3080947. htm.

［19］中外学者呼吁关注女科学家生存状况［DB/OL］．http：//www. doc88. com/p-389488999650. html

［20］郝光安．保健体育［M］．北京：人民体育出版社，2006.

［21］健康［DB/OL］．百度百科．http：//baike. baidu. com/view/18021. htm

［22］全国体育学院教材委员会，体育概论［M］．北京：人民体育出版社，2005.

［23］花妙林．体育基础理论［DB/OL］．复旦大学网络课程．http：//jpkc. fudan. edu. cn/s/223/t/427/p/11/c/5777/list. htm

［24］郝光安．保健体育［M］．北京：人民体育出版社．2006.

［25］北大召开体育与女性生活质量研讨会［DB/OL］．2012.

［26］虚荣心［DB/OL］．http：//baike. baidu. com/view/782773. htm

［27］童兆颖．女性领导力与柔性化管理［J］．领导科学，2004，(20)：37-38.

［28］许一．女性领导理论述评［J］．当代经济管理，2011，(04)．

［29］徐美娜．我国女性领导者的特质及其发展［D］. 吉林大学，2007.

［30］Alice H. Eagly，Mary C. Johannesen-Schmidt：The leadership style of women and men［J］. Journal of Social Issue，2001.

［31］陈晓云．“天花板现象”与女性领导胜任力的保障、培育与开发［J］. 行政与法，2007(7)：72-74.

［32］全国体育学院教材委员会．体育概论［M］．北京：人民体育出版社，2005.

高校女性职员激励机制研究
——基于期望理论的分析

李海燕[①] 付雪峰[②]

为了适应高等教育改革与发展的需要，一段时期以来，对高校管理人员的队伍建设的重视逐渐成为一种共识。2000 年以来，随着中组部、教育部等有关部门的相关政策的陆续发布，高校职员制改革在全国范围内陆续展开。从政策文本分析以及各高校的实践来看，教育职员制度的内容是比较明确和完整的，职级设计、岗位设置、聘任、待遇等内容基本都已经呈现在改革后的各高校人事制度中。然而，改革是否指向了其目标，即“建立一支优化、精干、高效的高等学校职员队伍，提升高等学校管理水平”，怎样才能更好地指向这一目标，仍然处于探索过程之中。

显然，改革的绩效目标导向确定了上述职级设计等内容的存在与否并非职员制的核心要素，更重要的是，这些内容的设置及其内在的运行机制，是否形成了对职员进行有效激励。

本研究试图对高校女性职员的激励机制进行分析的原因如下。

第一，在当前的教育管理领域，我国女性职员从人数比例[③]上以及与之相关的对工作任务的实际承担上，日益地体现出其重要性。

第二，已经有研究证实，女性对教育管理岗位的匹配程度要高于男性。通过对不同性别的教育管理者的效能以及工作风格对比发现，女性管理者和男性管理

① 李海燕，时任北京大学离退休工作部副部长，现任北京大学政府管理学院党委书记。

② 付雪峰，时任北京大学化学学院副院长。

③ 教育部 2014 年统计数据显示，高等学校教职工中，女性教职工 1098886 人，占比 47.05%而这一比例在进入新世纪后的十几年间呈现缓慢增长态势。

者一样有效，有时甚至比男性管理者还要有效。

第三，正如美国社会学家坎特（R. Kanter）所比喻的那样，女性的职业发展被一层玻璃一样的组织结构和组织文化所封闭，女性凭借自己的力量难以打破以男性为主导的控制模式。这一点即便在女性已经占了优势数量并体现出优势能力或风格的教育管理领域也同样突出①。换言之，包括我国高校组织在内，女性职员的激励机制与更好地推动组织绩效之间还存在偏差。这一点，在本文的第二部分还将进一步分析。

基于以上，本研究认为，在我国进行以提高管理绩效为目标的高校职员制改革中，激励机制是指向组织绩效的关键因素。目前，女性职员的占比以及与教育管理岗位的匹配程度较高与尚不能尽如人意的激励现状已经形成了一对影响绩效的矛盾。通过分析女性职员的激励要素、变革激励机制将会推进职员制改革并进而提升教育管理的组织绩效。

一、关于分析工具的概要介绍

从泰勒开始，对生产率/绩效的追求是一个永恒的主题。20 世纪中叶以来，激励理论的发展进入了一个繁荣时期②，尽管每个理论的诞生都不能解决所有的问题，并且或多或少地受到批评，但这些研究毕竟支持了人们对获得更高绩效的理论探究，并且帮助管理者在实践中逐渐找到解释组织成员行为的方法。

本研究针对高校女性职员的激励机制的研究，将基于期望理论的分析框架，并综合考虑公平感知对其影响。

选取期望理论作为分析框架的原因是因为，尽管也遭受了种种批评，期望理

① 有研究表明，我国高校女性职员的任职特征普遍存在着职务低、岗位边缘等现象。在我国高校组织决策高层中，女性领导者的比例不超过 10%，而且一般担任处于决策边缘的副职，能够担任正职的女性比例甚至不到 1%。

同样，美国的一份研究表明，女性在参与教育管理、教育政策制定的领域也呈现数量少、职位低、领域边缘等特征。

② 这一时期，学术界对动机与行为的解释关系抱有极大的讨论热情，马斯洛的需求层次论、自我决定理论和认知评价理论、目标设置理论、强化理论、期望等动机理论，这些理论或者为了提高生产率，或者解释离职率，尽管每个理论都受到了批评和质疑，但同时，每个理论也都在一定程度上体现出其效度。

论仍然得到了大多数研究证据的支持。该理论在实际应用中对绩效的有关变量的解释效度较高，这使得斯蒂芬·P. 罗宾斯等人对当代动机理论的整合中，综合考虑了成就需求、工作设计等其他有关动机理论，并最终以期望理论为基本框架。

研究已经证明，公平理论旨在解释员工的“生产率、满意度”等问题，毋庸置疑的是，制度、文化等环境因素会明显地影响女性职员的公平感知，并进而影响其行为乃至绩效。这对以期望理论为框架进行分析女性职员群体的激励要素是一个必要的辅助。

当然，由于这些理论“并不矛盾……许多理论都是互为补充的”，因此在本文的分析过程中，对理论的应用主要关注、但不是仅仅限于这两个理论。

1. 关于期望理论（expectancy theory）

到目前为止，维克多·弗鲁姆的期望理论是获得最广泛认可的激励理论之一。斯蒂芬·P. 罗宾斯等人认为，该理论“对员工生产率、缺勤率和离职率等绩效变量提供了有力的解释”认为，人们以某种特定方式行为的意愿强度取决于他们对某种特定结果的期望程度。简单地说，就是当员工相信努力会带来良好的绩效评估，并进而带来他们期望的组织奖励（奖金、加薪或者晋升等）时，员工可以被激励付出更高水平的努力。期望理论主要关注以下三种关系。

① 努力—绩效关系。

② 绩效—奖励关系。

③ 奖励—个人目标关系。

期望理论预测，当一个员工感到上述三个关系之间存在密切联系，他就会努力工作。在这里，组织奖励需要关注的几个要点是：是否满足员工个体需求、满足的程度以及这些潜在奖励对个体的吸引力。

2. 关于组织公平（organizational justice）

组织公平理论是激励理论的重要组成。所谓“组织公平”是组织成员对工作场所公平性的整体感知。简言之，当员工认为他们所获得的结果以及获得结果的方式是公平的时候，才会认为组织是公平的。概括而言，这一理论的主要观点是：① 组织成员的行为动机与认知有着密切的关系；② 成员的公平感知来源于对自己和参照对象的报酬和投入的比例的主观比较。由于这是一种个人的主观感知，因此，公平感与不同的人格特征联系紧密，没有统一的标准；③ 组织成员在既有公平感知的激励下通过调整自己的行为——更加努力工作，或减少工作投入——获得新的公平感知；④ 通过设定组织激励干预认知能够改变行为动机，并进一步改变组织绩效。

一般而言，学者们基本认同组织公平包含三个内容维度：分配公平[①]（distributive justice）、程序公平（procedural justice）和互动公平[②]（interactional justice）。

研究证明，上述三个维度间也有着密切的交互作用，比如，当员工对一项不利的分配结果产生负面的公平感知时，如果分配的程序是公平的，并且，员工获知结果的方式易于被接受，即互动公平程度较高，该员工产生不公平感知的程度以及随之出现负面行为的可能性就会大大降低。

二、高校女性职员激励现状分析

如上所述，本文将以期望理论为基本分析框架，并综合考虑影响女性职员公平感知制度环境，对高校女性职员的激励现状进行分析。

根据期望理论的三对关系，本研究通过三个问题分析女性职员的激励现状。

① 绩效评估是否体现员工付出的努力（对应“努力—绩效关系”）。

② 良好的绩效创造者能否获得奖励（对应“绩效—奖励关系”）。

③ 奖励是否符合员工需要（对应“奖励—个人目标关系”）。

第一个问题：绩效评估是否体现员工付出的努力。

根据斯蒂芬·P. 罗宾斯等学者概括，绩效评估中三组常用的标准是个体的任务结果、行为和特质。对照我国高校现行的评估制度，我们发现，这三个标准

---

① 分配公平实际上是一种结果公平。亚当斯认为，组织成员对报酬的关注包括绝对数量（自己的付出以及学历、智慧、经验等与回报进行比较）和相对数量（与他人进行比较）。当人们在比较中产生不公平感时，采取行动来进行纠正。

② 在组织行为学中，对互动公平的研究多关注于上级管理者对下级员工的尊重及关怀。在分配程序、分配结果的信息传递过程中，传递的手段和方式都会影响员工的公平感知。

长期以“德、能、勤、绩、廉”五个维度所体现：任务结果对应“绩”，行为对应“勤”和“廉”，个体的特质对应“德”和“能”。在具体实践中，首先，这五个维度的评估并没有进一步的具体指标；其次，在根据这五个维度对客体进行评估时，一般有三个可以选择的评价档次：优秀、合格、不合格。

这也就是说，高校女性职员所面临的绩效评估，既没有具体的评价依据，也没有明确的评定标准，评估者对评估对象的评定完全依靠主观的印象进行。这一现状加剧了对女性的刻板印象（stereotyping）① 对评估结果客观性和准确性的影响。如已婚女性更多地关注家庭、对工作的投入会随家庭事务等增加而减弱等等。

那么问题随之而来：① 没有依据的评估，何以控制评估者的主观性、片面性甚至随意性？② 没有标准的评估，何以体现被评估者的努力程度和业绩水平？

接下来的分析关注评估主体与评估程序。

首先，主体——从制度形式上看，当前高校组织对职员的评估一般采用全员体制。也就是说，从形式上，被评估者所在人事隶属单位的所有职员都要参加评估。

其次，程序——由于评估内容的模糊，评估程序在实践中，往往被简化为“投票”。同时，无论在年度评估还是晋升评估中，平级和下级的评估都无法发挥影响决策的作用，因此，有效评估的主体应该是上级或者是对决策有影响力的其他个体。与自上而下的评估方式相对应，评估结果的传递通常是对上而不对下，个体对评估结果的获取非常有限。

此种情况下主要问题有：① 组织的层级化结构对信息传递的准确度产生影响，同时由于信息掌握和观察的角度，上级对下级的评估带有一定片面性，结合由于评估内容和标准的模糊造成的主观性，这种实质上的单向度评估在客观性和准确性上的偏差是不可避免的；② 正如既有的研究所指出的，集体主义文化控制下的亚洲国家不重视正式的绩效反馈，薪酬分配和绩效评估之间无密切联系，程序的封闭进一步刺激了组织成员为获得较好的评估结果而进行工作外沟通的行为动机，这为权利的异化和寻租提供了催化剂，这种评估机制下，职员在寻找“付出”与“评价”的结合点的过程之中受到阻力、感到困惑都是必然的，也进

---

① 当基于某人的所在团体的知觉对其进行判断时，人们常常使用的捷径。

一步加剧了职员不公平感知的程度；③ 评估过程中的员工低参与度，和难以获知的评估结果，使员工很容易认为评估与绩效、薪酬、晋升不存在实质性的关系，对绩效评估效度的质疑或不信任必然会支持其降低行为动机。

第二个问题：良好绩效的创造者能否获得奖励？

一般来说，对良好绩效的奖励回报通常包括：固定薪酬、绩效工资、晋升津贴或者其他形式的奖励。

① 固定薪酬：对高校职员来说，高校提供的薪酬（包括保险金、退休金在内的福利，往往被视为薪酬的一个组成部分）具有一定的竞争力，特别需要说明的是薪酬的稳定性和可预见性，这是提高职员岗位吸引力的一个因素。

② 绩效工资：是对薪酬的增值，具有一定灵活性。

③ 晋升津贴。这意味着对职员的能力和业绩的肯定，同时也意味着地位和收入的提高，对资源掌控权的扩大。目前高校组织的职员晋升体现以下特点：高级管理岗位稀缺；遴选方式的单一性，即通常是通过“组织”遴选与考察的形式；确定晋升人选的单向性，即，自上而下的“选拔”；晋升程序的半公开性；晋升结果与评估结果的分割性，等等。

④ 其他形式的奖励：多以各种荣誉称号的形式体现；同时，高校职员获得了受人尊重的社会地位。

第三个问题：奖励是否符合员工需要？（或者，员工需要什么样的奖励）

在第一问题的分析过程中，本文试图说明，在现有的绩效评价制度下，没有证据显示，教育职员，特别是女性职员很容易获得与自己努力相匹配的评价结果。

在第二个问题的分析中，本研究认为，高校组织中的女性职员即使在不考虑“绩效”的情况下，也能够获得可以预见的奖励，如包括薪酬在内的“保健因素”的回报，但很难对其行为产生有效的激励[①]。

① 薪酬：根据马斯洛的需要层次论的有关理论，当安全、尊重等较低需求大体上获得满足时，“就不再具有激励作用”。

② 绩效工资：在实践中，并没有体现出与绩效评估的典型因果关系。这一

① 根据赫茨伯格的“双因素理论”，薪酬水平等因素只能使员工没有不满意感，而不能使其产生满意感。

方面是由于，制度在执行过程中明显地受到了集体主义文化的影响，出于和谐氛围等因素的考虑，一般来说，绩效工资/奖金方案地制定与传统的资历薪资的原则区别不大。另一方面，实践中的绩效评估结果往往囿于主观和模糊，从而使“灵活”分配额度的依据不足，分配难度增大。评估与奖励的分割，使实践中职员往往把“绩效工资”当做是一种既得权力，绩效工资“完成公司所设定的目标”的激励作用并没有很好地体现。

③ 晋升：对于教育职员来说，晋升几乎是发展的唯一明确标志，是激励性较强的因素。在高校管理中，教学科研人员专业技术职务晋升制度相对成熟，标准容易量化，过程相对公开，非正式权力对正式权力的影响力相对较小。相比较而言，教育职员，特别是女性职员的晋升机会就体现出机会更少、评价标准更模糊、程序开放程度低等特点。组织的扁平化发展趋势造成了越来越严重的高层次管理职位稀缺，高校组织中“双肩挑”现象的合法化在给予教学科研人员更多晋升机会的同时，也更进一步窄化了女性教育职员的晋升通道。而许多文件中所规定的“至少结合一名女性”等文字，更无益于宣告了女性职员参与决策的点缀地位。这种制度文化的持续作用，形成了女性发展障碍的路径依赖，即：一个班子中如果有一名女性，一般而言，其他同龄女性管理者就不会再有期待空间。

④ 其他奖励：一方面，受年资文化影响以及职位观念的强化作用，奖励的评定并没有与绩效发生直接联系；另一方面，这些称号对职员的进一步发展并不发生明显的作用。

在与同性别之间的比较①中，高校女性职员也较女性教学科研人员易于感知到不公平的存在。由于上文所述制度等原因，后者在职务晋升的过程中往往与男性基本处于同等的竞争地位。也即，女性教学科研人员通过自身的努力，获取回报（晋升）的机会相对较多②。这会使处于狭窄的职务晋升通道的女性职员在对比时产生不公平感。同时，由于教育职员工作性质的公共性、支持性，绩效标准

① 研究证实，男女员工都倾向同性别之间的比较。因为这样的对比具有可比性，从而更容易让个体的感知更为敏锐。

② 现实的数据也印证了这一点，例如北京大学的资料显示：2014 年 8 月，该校女性教职工共 2352 人，其中，教授 169 人，占比 7.19%，副教授 330 人，占比 14.03% 。其中正处长 26 ，占比 1.11%；副处 95 人，占比 4.04%。

的模糊性和晋升程序的非公开性，个人能力、水平的显示度较低，因此在教学科研处于中心地位的高校组织内，职员的边缘化是必然的，女性职员，作为“边缘中的边缘”产生不公平感知的机会更多。

比较还存在于不同工作岗位的社会评价中。尽管教育职员从事的工作基本都属于支持性质，但由于在高校的不同领域发挥作用，对资源的控制权和使用权，差异较大，甚至由此产生了较大的收入差异，对职员的公平感知影响巨大。更由于部门利益影响下的制度环境的制约，教育职员的岗位轮换制度并没有建立起来。其结果是：在相对核心的部门，保健因素的作用下，职员没有受到激励，而努力提高绩效；在相对更加边缘的岗位，职员对晋升、轮换都不可能有期望，强烈的不公平感知会使其有动机改变自己的行为来配合不公平感知，换言之，就是放弃努力。

以上，概括而言，即：职员能够期望并获得的（如薪酬等因素），不具备激励作用；具备典型的激励作用的（如晋升），由于职位的稀缺和程序的封闭，绝大多数职员不能获得甚至不被激励有获得的期望。

在这种激励机制下，高校组织与职员之间往往形成了这样一种交易：组织付出稳定的和具有一定竞争力的薪酬换取职员的稳定、熟练乃至经验，职员付出持续的工作换取安全感知和生存的可能。由于绩效评估和升职程序中的制度设计现状，如前文所述，女性教育职员产生不公平感知的机会更多。根据美国心理学家、行为科学家斯金纳（B. F. Skinner）提出的强化理论，人的行为只是对外部环境刺激所做出的反应，强化能够起到对行为的加强作用并增加其被重复的可能性。在职员的付出没有得到奖励时，该行为则继续重复的可能性不大，更进一步，如果职员的付出不仅没有得到奖励，而且还从制度环境中感知到更多的不公平，那么这将对其付出行为产生一种负强化，刺激职员修正自己的行为，停止不可能收到回报的增进组织绩效的行为。强化理论关注于环境对个体行为的影响，是对动机理论的有效补充，同时也为现实中“干好干坏一个样”、“不求有功但求无过”的行为提供了合理解释。

三、高校女性职员的激励要素与有效激励的构建策略

当下，高校正在进行以提升组织绩效为目标的职员制改革。本研究认为，其

核心应该是，形成这样一种机制，它不仅能够可以提供给职员，特别是女性职员，提供一种生存的可能性和安全感，更应该通过制度的设计，使职员感受到公平、满意（没有不满意不等同于满意），与组织之间建立彼此的认同和信任，进而通过动机影响行为，增进组织效率。

1. 符合高校女性职员期望的激励要素分析

根据期望理论的分析框架，有效激励的形成，要以给员工“符合其需要的奖励”为前提。那么，高校女性职员需要什么样的奖励？

在这里，赫茨伯格的双因素理论以及彼得德鲁克等学者对知识型员工的分析或许可以提供有益的思路。赫茨伯格认为，要想激励员工积极工作，必须重视与工作有关的因素或是与工作的结果直接有关的因素，如晋升机会、个人成长机会、认可、职责和成就。之后的许多研究数据证实了这一理论。例如华信惠悦关于新加坡 101 家企业的调查数据显示，薪酬因素对于低层次岗位的员工很重要。但对于中层和高层管理岗位，学习与发展的机会被放在比较重要的位置。

德鲁克等学者关于“知识型员工”概念的提出，最早是为了把“利用知识和信息工作”的经理人与工人区分开来并有针对性地进行管理。之后的大量关于“知识型员工”的研究扩充了这一概念的内涵和外延。本研究认为，高校女性职员因为受到良好的教育、具有一定的知识或技能、依靠脑力劳动实现个人价值，符合“知识型员工”的群体特征。

随着科技的发展以及因此而产生的社会分工的不断变化，学者们日益关注知识型员工的激励要素①。其中，玛汉·坦姆仆模型指出，激励知识型员工的前四个因素依次为：个体成长（约占总量的 34%）、工作自主（31%）、业务成就（28%）和金钱财富（7%）。知识型员工更重视能够促进他们不断发展的、有挑战性的工作，对知识、事业和个体的成长有持续不断的追求。华信惠悦的实证研究更是比较了男性和女性知识员工的激励因素差异：尽管男性和女性都把薪酬、学习和发展的机会放在前三位，女性把学习技能的机会、晋升的机会置于薪酬之上，这是与男性职员的显著差异。

① 有学者认为，关于知识型员工的激励研究中，玛汉·坦姆仆模型和安盛咨询公司研究提出的“知识型员工激励因素”比较有代表性。

根据玛汉·坦姆仆模型，综合考虑当前高校职员激励现状以及女性职员的公平感知基本状况，本研究尝试分析提出符合女性职员期望的激励要素如下。

① 目标导向的职员管理。

② 客观的绩效考核——科学的绩效考核体系。

③ 规范的工作流动——流程。

④ 完备的培训——有针对性的教育培训。

2. 女性职员有效激励的构建策略

（1）建立目标导向的职员管理体制

根据第二部分的分析，本文认为，我国高校尚未建立起有效的职员激励机制。一个根本性的原因是，长期以来，我国高校的职员与高校之间实际上存在一种过渡承诺型的雇佣关系。也即，职员从组织中获得了高度的就业保障，但并没有被要求明确的绩效。目前，大部分学者认为，良好的绩效意味着在任务绩效（task performance）和公民行为（citizenship）两个维度上表现出色，而避免出现反生产力行为[①]。其中，任务绩效即工作任务的完成，是对组织成员角色内行为的规范，是达成组织绩效的基础。

受典型的高语境文化[②]影响，包括高校在内的许多组织在对职员的管理中往往采用过程管理而非目标管理，热衷于用道德律令要求职员的无私奉献而不是明确地规定职员的岗位职责。在这种管理体制下，职员的角色内行为无从制约，角色外行为[③]无力制约成为必然。

本研究认为，要建立有效的激励，建立目标导向的管理体制，应该在明确规定岗位职责的基础上对职员实施目标管理，在明确规定职员的角色内行为并进行

---

① 根据斯蒂芬等学者归纳，任务绩效指履行职务规定的任务和职责，以生产产品或服务；公民行为指有益于组织分为的行为，如帮助、尊敬他人、提出建设性意见等；反生产力行为指有害于组织的行为，如无故缺勤、不尊重、损坏或偷盗公共财物等。

② 美国文化人类学家爱德华·T. 霍尔在1976年出版的《超越文化》一书中指出，文化具有语境性，并将语境分为高语境（High Context，即 HC）和低语境（Low Context，即 LC），高语境文化中，信息只有少部分体现在传递过程中，更多的是存在于信息的接受者以及背景中，因此一个典型的特征就是模糊。

③ 鲍德·萨可夫（Podsakoff）等学者经过实证研究提出“组织公民行为”的概念，认为员工“愿意为工作付出额外努力”、“经常主动加班”等行为可以为组织绩效提升发挥积极作用。后经学者们进一步发展，提出与“角色内”相对的“角色外”行为。

管理的基础上，再考虑角色外行为的激励。

第一，明确规定岗位职责。这是对职员角色内行为进行规定的基础性机制。高校职员岗位多属支持性岗位或咨询性岗位，对员工的专业背景等条件要求排他程度较低，体现出鲜明的职位“个性”的难度较大。因此，制定“职位说明书”①（即职务的职责，以及与职责相匹配的对从业人员的学历、年资、专长等要求等等），应该倾向于对岗位职责、甚或是职位所需行为特征的具体描述。当具体的“职位说明书”可以较好的描述某个职位需要承担的任务时，标准的模糊程度就大大降低了。对于组织来说，这不仅为甄选候选人提供了标准，也为之后的绩效评估的公正、客观进行奠定基础。对于职员来说，可以通过职位说明书获知关于岗位的更多信息，了解组织期望，培养职员的岗位意识。在此基础上，职员对岗位以及之后的职业规划的明确性和可控性可以因之进一步提高，有助于消除职员的迷惘和困扰，便于其确定目标并主动地将个体目标与组织目标结合在一起。

第二，以明确的目标管理替代模糊的过程管理。在对岗位职责进行描述的基础上，目标的确定可以为职员的工作规定明确的方向、内容以及需要付出的努力，减少工作的随意性，同时也是有效评估的必要基础。洛克的研究表明，“明确而具体的目标能够提高工作绩效。”同时，他指出目标的难度以及可接受性都是可以对激励发挥作用的因素。

尽管在目标设置理论（goal-setting theory）的有关研究中，有研究表明，上级指定的目标在高权力距离的文化中能够带来更高的目标承诺。在实践中，人们发现，员工的适当参与能够提高目标本身的清晰度和可接受性，从而使人愿意为达到目标而努力。

早稻田大学对职员体现出典型的目标管理（management by objectives）② 的原则。其管理流程大致如下：职员的年度职位目标由职员根据所在单位组织目标自行拟定，并在与上级职员交流、讨论后进行确认；学年中期进行与上级职员的

---

① 在管理发达国家，通常应用职务说明书（job description）对每一种职务的职责、作业范围以及绩效标准作出界定，作为规范和评定任职者职务绩效的依据。

② 目标管理强调员工参与设置明确的、可检验的和可测量的目标。其中的四个关键要素是：目标的具体性；目标设置的参与性；明确的时间期限；绩效反馈。

第二次沟通，对职员行为与目标的偏差、目标是否需要进行调整进行讨论；学年末进行绩效评估与反馈。早稻田大学的这种管理机制通过授权，使职员参与目标的制定，不仅使工作目标有了更高的确定性和清晰度，与组织目标有更好的契合度，从而提高了可行性，同时也容易使职员增加认同感，便于形成职员与组织间的利益共同体，形成共识。主体意识的增强，对增强工作动机有积极作用。对我国高校职员管理有较强的借鉴意义。

（2）建立科学客观的绩效评估机制

由于绩效评估不仅能够评价和管理组织成员的行为，还能够为遴选、晋升提供依据，从而帮助组织形成人力资源储备，作为目标管理体制的有机组成部分，评估在管理过程中的重要性不言而喻。

结合既有的国内外研究成果，针对目前我国高校的职员管理特征，本研究认为，建立科学客观的绩效评估机制，需要把握以下四个要素：评估内容、评估主体、评估反馈、评估结果的使用。

首先，结合职位说明书规定明确的评估内容。1990 年，坎贝尔（Campbell）提出的绩效模型具有很好的启发意义。坎贝尔将绩效划分为八个方面：职务特定作业绩效、职务非特定作业绩效、写作和口头交流、努力、遵守纪律、为团体和同事提供便利、监督与领导、管理。对职务行为的进一步分类将有助于对其进行客观描述和有效评估。实践中，日本早稻田大学对职员的行为管理也体现出较好的参照价值。因此，我国的高校职员制改革中，对内容的关注应聚焦于既定的绩效目标与职员的行为规范，用可测量的行为评估内容取代传统的模糊的五维度（德、能、勤、绩、廉）评估内容，将进一步明确组织对职员的绩效要求。

第二，变单一主体和单向度的评估为多主体、多角度的评估。360 度评估是研究者们提出的最新的绩效评估方法。包括上级、同级和下级在内的多主体、多角度的评估，将有可能提供相对更为全面和客观的评估结果，对员工的公平感产生影响，并进一步影响行为和绩效水平。这里需要提出的是，形式上的全员评估并不等同于 360 度评估。只体现在形式上的全员评估既没有意义，也没有必要。多主体的真正内涵是要体现不同层次，即同级、下级、上级都有一定代表，能从程序上保证真实的意见表达；如早稻田等大学在职员评估中的制度设计，下级对上级的评估是通过网络进行的，评估主体的选取体现了较大的随机性，整个过程也通过匿名性保证了表达的真实。这种不同层次主体的代表性、选取的随机性、评估过程的匿名性，积极地推动了评估结果的客观和准确。

第三、建立规范的评估结果反馈机制。绩效反馈，使员工了解自己在实现目标过程中的实际效果，判知自己的行为与目标之间的差距并进行调整或修正，因此，反馈是指导行为的有效举措，正如大量的实证研究所支持的观点："有反馈比无反馈能够带来更高的工作绩效"。

绩效反馈同时也是增进员工参与的一个有效措施。与目前的绩效反馈度较低产生的激励结果相比较，建立规范的评估结果，在可能的情况下甚至可以与上级就其绩效和职业发展问题进行讨论。参与对其他职员特别是上级的有效评估，能够更好地增加其参与感，通过程序公平改善公平感知和行为动机，从而提高绩效评估的效度。

第四、评估结果在管理中的有效使用。正如本文第二部分所提出的问题——"良好的绩效是否能够获得奖励"。评估结果在管理中的有效使用是体现绩效评估效度的核心指标。

朱迪·罗森纳（Judy B. Rosener）提出，女性领导者的成功至少要包括的两个因素之一就是"组织中有明确的业绩评价体系"。而"明确的业绩评价体系"的一个基本条件应该是评估结果在组织管理中得到有效使用，换言之，就是对晋升、奖惩等组织行为发挥基础性作用。由于高级职位的稀缺性，程序的设置是影响职员，特别是女性职员公平感知的重要因素。因此，对自上而下的晋升程序进行实质性的变革，在晋升过程真正纳入对绩效结果的考量，并通过公示等机制公开绩效评估结果，使职员对程序公正产生正向感知，并对增进工作动机发挥作用。

此外，绩效工资的数额分配以及在一定范围内的公开性也是体现评估结果是否被有效使用的关键因素之一。

（3）建立规范的工作流动机制

根据对知识型员工的特征分析，因为较低层次的需求不再对教育职员的行为产生激励，工作本身及其体现出来的公平和发展空间更值得关注。

对工作要素的关注基于这样的逻辑：技能的多样性、任务的完整性和重要性等维度使人们体验到工作的意义，从而产生高水平的内部动机并激励绩效。

为了增强激励而对工作的再设计通常通过工作轮换（job rotation）和工作丰富化（job enrichment）来实现。尽管组织必然要承担职位更替后的培训和适应的成本，工作轮换的优势仍然是显而易见的：① 可以减少员工长期重复工作带来的枯燥感，新的工作岗位不仅带来新的工作体验和新技能，也带来新的挑战；② 对组织来说，一方面增加了为工作岗位引入新思维的方式和机会，另一方面，员工知识和技能的提高同时也意味着组织人力资源储备的增长，可以使组织更好地适应变革。因此，工作轮换有时也被称作是“交叉培训（cross-training)”。理论和大量的实证研究证明了工作轮换对增进组织绩效的积极作用。[①]

针对我国高校的工作轮换现状，本研究认为，亟待解决的两个问题是：① 制定严格的岗位轮换制度，用明确的时间、规定的程序来规范轮岗，打破岗位终身制的路径依赖的现状；② 对不同岗位的职员进行工资、福利进行统一管理，减少并最终消除由于高校内设组织的各自为政而产生的收入差距，以及由此而产生的为维护小集团利益，或者个体利益对轮岗的抵制。

（4）建立完备的培训机制

有学者认为：影响女性成功的组织因素主要是职业激励、培训和晋升通道，其中，最关键的组织要素是享有培训和发展的机会。对知识员工的激励要素分析也与之相印证——不仅包括激励他们更好地投入工作，产生更好的绩效，同时也应该包括激励他们努力学习，更好地“维护和改善其人力资本”。

组织通过职员职业技能的提高，从而提高人力资源整体水平，并为后续发展做好人力资源储备。而员工则可以从培训中不仅获得更好地完成岗位任务的知识和技能，同时也有可能获得实现个体成长的其他知识，得以更清晰、更主动地进行职业生涯规划。更重要的是，在晋升、工资制度相对不可期待的前提下，得到需要的培训不仅意味着知识的获得，还可以让员工感知到组织支持（perceived organizational support)，即相信组织看重他们的贡献并关心他们。从而“产生较高程度的组织公民行为、较低程度的拖拉行为和更好地客户服务”。

---

① 道格拉斯·麦格雷戈（Douglas M·McGregor）在著名的X理论Y理论中，提出了认为工作内容的丰富化是激励的一个重要手段。国际上很多大学对职员的管理都实行工作轮换制度。例如日本早稻田大学、新墨西哥大学等等。资料显示，后者中通过交叉培训让员工学习新技术，并通过轮岗实现不同任务的承担，收到较好的效果。

完备培训的几个要件如下。

① 在内容上强调岗位培训和知识培训相结合。职员可以通过岗位培训更好地了解自己的职位需求以及对组织的贡献，在积累完成工作需要的技能和经验的同时，通过增强对工作的认知改善员工的动机。知识培训可以使员工丰富自己的知识结构，不断完成内在成长。

② 在结构上强调义务性培训和奖励性培训相结合。通过义务性培训强化员工的学习，通过奖励性培训对员工参加更多的学习提供激励。奖励性培训可以通过多种方式进行，如工作时间的奖励、培训费用的奖励，等等。

③ 在时间上强调常设性和常规性。长期存在的、规范性的培训设置可以增强员工对培训的预期和规划性，引导职员把个体的成长需要与组织的发展需要结合起来，当自己在组织中的发展前途是清晰的和可以预期的时候，职员才能有动力为组织发展尽心尽力。

④ 申请程序的公开性。程序公平对绩效的影响不再进一步赘述。

小结

需要说明的是，本研究对女性教育职员激励机制的关注，并非旨在建立一套专门针对女性的福利体制。这是因为，第一，尽管女性职员感受到不公平的机会更多，她们终究不可能脱离制度环境而存在。对包括女性职员在内的制度的变革将会有效地改善对女性的激励。第二，更多地聚焦于整体的激励制度的变革，另一个重要原因是，本研究无意赞成对女性的法律外“专属福利”。因为这将把女性置于一个名义上的“保护层”，从而在现实中陷入公平评判的负面泥潭。

同时，本研究对高校教育职员，特别是女性职员的激励要素和激励机制研究，是建立在期望理论为基础的分析框架上的质性研究，西方理论对中国本土现实的参照价值，以及激励要素对绩效的现实关系，尚需在继续的实证研究中进一步的验证和推进。

【参考文献】

[1]《教育部高等学校职员制度暂行规定》(教育部人事司 1999 年 12 月 24 日) 第 1 条。

[2] 钟婉娟：美国女性参与教育管理状况的分析 [J]．教育理论与实践，2003（12）：33-36.

[3] Rosabeth Moss Kanter Men and Women of the Corpration New York Basic Books，1997.

[4] 刘志华．学校领导学 [M]．广州：广东高等教育出版社，2008.

[5] H. G. HenemanIII，D. P. Schwab. Evaluation of Research on Expectancy Theory Prediction of Employee Performance [J]. Psychological Bulletin，July 1972，pp. 1-9.

[6] T. R. Mitchell. Expectancy Models of Job Satisfaction，Occupational Preference and Effort：A Theoretical，Methodological and Empirical Appraisal [J]. Psychological Bulletin，November1974，pp. 1053-1077，etc.

[7] 斯蒂芬·P. 罗宾斯，孙健敏等．组织行为学 [M]．北京：中国人民大学出版社，2012.

[8] V. H. Vroom. Work and Motivation [M]. New York：Wiley，1964.

[9] J. S. Adams. Inequity in Social Exchanges，in L. Berkowitz（ed），Advances in Experimental Social Psychology [M]. New York：Academic Press，1965.

[10] J. L. Hilton，W. Von. Hippel. Stereotypes [J]. Annual Review of Psychology，vol. 47（Palo AltoAnnual Reviews，1996），pp237-271.

[11] F. Herzberg B. Mausner，B. Syderman. The Motivation to Work [M]. New York：Wiley，1959.

[12] A. Maslow. Motivation and Personality [M]. New York：Harper & Row，1954.

[13] EArita. Teething Troubles Aside，Merit-Based Pay Catching On. Japan Times（April 23，2004），search. Japantimes. co. jp/cgi-bin/nb20040423a3. html

[14] C. Ostroff，L. E. Atwater. Does Whom You Work with Matter? Effects of Referent Group Gender and Age Composition on Managers' Compensation [J]. Journal of Applied Psychology 88，no. 4（2003），pp725-740.

[15] B. F. Skinner. Contingencies of Reinforcement [M]. East Norwalk，CT：Appleton-Century-Crofts，1971.

[16] 方礼兵．如何吸引和留住战略性人才 [J]．商务周刊，2003（1）：56-57.

[17] 邓玉林．知识型员工的激励机制研究 [M]．南京：东南大学出版社，2011.

[18] Tsui，A. S. Pearce，J. L. Porter，L. W. & Tripoli. A. M. Alternative Approaches to The Employee Organization Relationship：Does Investment in Employees Pay off? [J]. Academy of Management Journal，1997，40：1089-1121.

[19] Podsakoff，P. M，MacKenzie，S. B. Orgnizational Citizenship Behaviors：A Criticle Review of the Theoretical and Empirical Literature and Suggestions for Future Research [J]

. Journal of Management 2000，26（3）：513-563.

[20] McCormick E J. Job Analysis：Methods and Applications [M] . NY：Amacom，1979.

[21] E. A. Locke，G. P. Latham. Budding a Practical Useful Theory of Goal Setting and Task Motivation. American Psychologist，September，2002，pp705-717.

[22] M. Erez，P. C. Earley，C. L. Hulin. The Impact of Participation and Goal Acceptance and Performance：A Two Step Model [J] . Academy of Management Journal，March，1985，50-66.

[23] R. Rodgers，J. E. Hunter. Impact of Management by Objectives on Organizational Productivity [J] . Journal of Applied Psychology，April 1991，pp322-336.

[24] Campbell J P. Modeling the performance prediction problem in industrial and organizational psychology [J] . In：M D Dunnette，L M Hough ed. Handbook of industrial and organizational psychology. 2nded. Palo Alto，CA：Consulting Psychologists Press，1990. 687-732.

[25] E. A. Locke，G. P. Latham. Budding a Practical Useful Theory of Goal Setting and Task Motivation [J] . American Psychologist，September，2002，pp705-717.

[26] Judy B. Rosener Ways Women Lead [J] . Harvard Business Review，1990（6）.

[27] J. R. Hackman，G. R. Oldham. Adapted by permission of Pearson Education，Inc，Upper Saddle River，New Jersey.

[28] Career Development-Job Enrichment. University of New Mexico Department of Human Resources（hr. unm. edu/compensation/jopbenrichment. php）

[29] 何建华．组织环境对女性职业生涯发展的影响 [J] ．软科学 2007（10）：117.

[30] 邓玉林等．知识型员工的激励机制研究 [M] ．南京：东南大学出版社，2011.

[31] P. Eder，R. Eisenberger. Perceived Organizational Support：Reducing the Negative Influence of Coworker Withdraw Behavior [J] . Journal of Management，34，no. 1（2008），pp. 55-68.

女干部发展的边缘化与制度化成长

王思斌[①]

市场化改革促进了我国经济的较快发展，社会发展也取得了一定成绩。但是，就经济社会协调发展来说，我国的社会发展还是相对滞后的，反映在性别问题上则是女性经济和社会地位相对较低。本文从理论上分析市场化机制下女干部的成长问题，并从制度的角度探索女干部成长的途径。

一、女干部成长问题的分析视角

1. 女干部及其成长的多种视角

在我国，女干部似乎是一种特殊的身份，她们是社会中的佼佼者。女性干部地位的符号评价与我国数千年来儒家思想对女性的贬抑有关，也与女干部在女性中比例较少有关。我国女干部的大量出现得益于新中国成立后，社会主义意识形态的扩展和在经济、政治和社会领域普遍开展的妇女解放运动。在计划经济体制下，男女平等（包括男女干部平等或男女干部数量上的相对均衡）被作为政治现象来看待。在实行激烈的市场化改革，特别是市场经济获得较大发展之后，我国各领域女干部的地位相对降低、她们被明显地边缘化，她们的成长发展道路不畅，越来越引起了人们的关注。

本文所说的女干部是从广义上来说的，指的是在某种正式的工作岗位上，负有一定领导和管理责任的女性，特别是指在行政岗位上负有管理责任、有一定管

---

① 王思斌，北京大学社会学系教授，博士生导师。原北京大学社会学系主任。

理权力的女性。在我国，女干部一般指在行政系列中、有干部身份的人士。虽然一些技术人员有时也享受某种“干部待遇”，或他们有时被称为技术干部，但是，就本文的研究主体来说，女干部还是狭义的，指的是在我国的干部系列中、有干部身份、有一定级别的人士。对于某些“双肩挑”的人来说，要看她是以干部工作为主，还是以其他（主要是技术工作）为主。这里的“有一定级别”是以某人所在的工作单位的行政级别为参照的，即他在自己所在的工作单位中不应该是最基层的工作人员，而是占据一定管理职位的人。

女干部成长是一个动态概念，它指的是女干部被选中、被提拔，在行政系列往更高层级发展的过程和结果。所谓女干部成长问题指的是具有女干部身份的人，她们在成长发展中遇到的问题，从现在我国的实际情况来看，指的是成长发展途径不畅和受阻的问题。

对女干部成长的理解和分析，可以有不同的视角，因为成长有多重意义，我们可以对之有多重诠释。就成长概念来说，可以有心理学、社会学和政治学的理解。心理学把人的成长理解为他（她）的生物性和社会性的发展，是生物性成长与社会性发展的统一，是人的自我发展与社会要求的统一，这里说的是自我与社会的同一性。人都有生物性的成长，但与此相应要承担一定的社会角色或社会责任，要完成相应的人生任务，这是人的真正成长。

从社会学意义上来讲，女干部的成长是她承担社会角色能力的增强和社会地位的提高。所谓社会地位的提高是在高低有序的社会结构中，她的地位在上升，表现出要承担更大的社会责任，更能施展自己的能力。这又与政治学意义上的干部成长相联系，即她是否能在人们都期望往上走的干部职级阶梯上向上发展，拥有更大权力。从我国当下世俗的干部成长概念来说，女干部的成长就是指他们的向上发展，走向更高层级或走向更具责任和权力的职位。因为对一般人来说（对职业女干部也是如此），升迁也代表着某种成功。

说到这里，笔者认为一个不应忽视的问题是：从个人的角度还是从家庭的角度，抑或从社会的角度去看，女干部的成长可能具有不同的意义。这里的不同角度是指在什么背景上看待女干部的成长，或者把女干部的成长看作哪个更大的人类活动的一部分。

2. 女干部成长问题的制度分析

关于女干部的成长，学界已有不少研究。一些研究指出了影响女干部晋升的因素，也有学者从问题的角度分析女干部成长的障碍。在我国当前的语境下，女干部的成长问题主要带有政治的含义，它指的是女性、女干部群体在干部阶梯上发展遇到的问题。其主要表现：一方面是女干部数量偏少，而且越到高层，女干部的数量和比例就越少；另一方面是与男干部相比，女干部的职权比较弱，她们或者担任副职，或者被安排在相对不重要的部门或岗位。干部的职责就是具有一定的管理权力和负有相应责任，当女干部数量较少、层次较低、岗位边缘时，我们就说女干部的成长出现了不容忽视的问题。

不用做精确的统计，从对现实政治生活的观察上就可以发现，我国女干部的成长或发展存在着问题。当这种问题大面积存在时，我们只能做制度上的分析。所谓制度分析，就是从制度的角度、用制度因素去分析社会现象。制度分析不等于制度主义的观点。近二三十年来制度主义在经济学、政治学、社会学等领域产生了广泛影响，并且产生了诸如历史制度主义、理性选择制度主义、社会学的制度主义以及组织的新制度主义等众多理论流派，他们为分析社会现象提供了有意义的多元视角。本文所使用的制度分析，不拘泥于上述某一个理论，而是从一般的意义上使用制度分析，其基本观点是：某种问题的大量存在，不能用个人因素、偶然性因素去解释，而应该考察这一问题背后的制度原因。具体到本文研究的女干部成长问题，我们的假设是：女干部成长不顺利、女干部在数量和岗位上与应有的结构存在较大差距，主要是由女干部的选拔和评价制度造成的。由于本文所分析的是一个广泛存在的现象，而不是一个具体的、局部的事实，所以这里所说的制度也不是指干部选拔的哪一个具体规定，这种规定的实施情况，而是就一般制度因素而言进行分析。所以，本文所说的制度分析，不是实证主义的，而是进行宏观的理论分析。

制度也称社会制度，是社会学的一个基本概念和范畴，它指的是人们在共同的经济、政治、社会生活中形成的、指导人们共同行为的规范体系。制度是由具体的规范组成的，但某一具体的规范还不成其为制度，制度是成系统的、比较稳定的、指导人们某类行为的正式的或非正式的规则，它包括具体规定、共同价值观、共识约定等。女性当干部、女干部的成长发展，受到了各种规则、约定、观念的影响，我们把这些广泛起作用的、系统化的规则、约定、观念称之为制度。这样，制度就可以来解释较大面积出现的女干部成长遇阻的问题。当然，这种制度分析绝不排斥某些个人因素对女干部成长发展的影响，只是认为个人因素是相对次要的。

那么，具体说来，本文的制度分析要包括哪些制度因素呢？由于不是进行具体的实证分析而是分析社会现象，所以本文着重从市场转型、经济增长的核心化、社会政策的边缘化等宏观角度分析女干部成长发展的问题，并试图从承认的视角（或高度）对这一问题做进一步分析。

二、社会转型与市场化竞争对女干部成长的影响

1. 非均衡转型下的社会结构失衡

当前我国存在的女干部成长发展成为问题的基本参照是党和政府一贯的干部政策和计划经济体制时期的基本做法。作为执政党，中国共产党一贯强调男女平等、注重培养和选拔女干部。在计划经济时期，这一政策基本上得到了贯彻执行，当然这种贯彻执行又和计划经济体制密切地联系在一起：在政府部门、事业单位和国营（国有）企业中，甚至在基层经济社会组织中，要求广泛设置女干部岗位。经济基础决定上层建筑，公有制经济支持了执政党所要求的、同时作为执政党联系广大女性群众纽带的妇女组织和女干部的发展。

20 世纪 80 年代以来，农村实行以家庭联产承包责任制为基础的经济体制改革，它一方面解放了社会生产力，大大促进了农村经济的发展，另一方面也导致集体经济的解体。在接下来的以市场化改革和产权改革为标志的城市经济体制改革中，市场因素在改革中发挥决定作用并排斥社会因素的作用，其中一个重要表现是非经济因素的、被认为是意识形态表现形式的工人组织、女性组织的地位大大弱化。同时出现的是普通劳动者和女性劳动者的经济地位、社会地位的相对边缘化。在各级党政工作中，发展经济成为最核心的任务，经济增长（或 GDP）成为各级各地党政部门追逐的第一目标，实际上也成为选拔和使用干部的第一标准，在这种背景下，实际上就出现了社会的非均衡转型——经济快速向市场转

型，社会发展则被漠视，强经济、弱社会成为我国非均衡转型的基本特征。

市场经济把各种劳动者标准化，即把他们标准化为一般劳动者——他们是制造具有市场交换价值产品的劳动者，至于劳动者的其他自然属性和社会特征（年龄、性别等）是基本被忽略的。于是，我国经济与社会发展的失衡是根本性的，因为全社会（包括政府、企事业单位）都被纳入这一适者生存的竞争和评价体系之中。

2. 非均衡转型下女干部的发展

以走出贫困为基本冲动的发展具有原始的特征，那就是要想尽一切办法实现经济的增长，“把饼烙大”，以使大家要有饭吃，在宏观意义上则是要摆脱落后国家的状态，建立富强国家。在传统发展战略或增长第一战略的主导下，全国上下都被动员起来，每一部门都被动员起来，为经济的增长去尽最大努力。反映在干部政策上，则是选拔懂经济、能干和敢干的人带头抓经济，至少是促进经济的发展。在非经济部门也要像经济部门那样，竭尽全力、不顾一切、奋勇争先。这就是长达 20 多年的全国、各地追求 GDP 政绩的现象。在我国，在一个比较贫困的国度，在一个落后就要挨打的时代，追求经济的快速发展、增强国家经济实力、改善人民生活是具有充分合理性的，但是要将整个国家系之于此一维，则不尽合理。

在上述追求经济强势发展、社会发展受到约束的情况下，干部的选拔和成长是与 GDP 政绩、特别是与创新性政绩连在一起的。那些 GDP 快速发展，社会秩序得以维持的地方和部门的干部更易于获得提升的机会。这样，女干部的成长也处于并不有利的社会环境之中，因为就女干部的社会性格特征、文化传统、综合的社会角色来说，让她们像男人一样，在崇尚“丛林法则”的市场里去冲杀，会遇到很多困难。

在以 GDP 论英雄和一个政治文明相对缺乏的环境中，女性干部的升迁是受到制约的，因为不论是表面的发展成绩还是实际的发展业绩，女性干部常常逊于更加敢干的男性干部。这里有政治结构、干部选拔机制、官场文化、社会文化及个人性格多方面的原因。

在这种社会背景下，女干部的发展被双重边缘化。一方面，领导干部在结构上处于被排挤状态。因为多年来选拔干部是看比较外显的政绩、看干部的创新能力和气魄。在这方面，那些具有“女汉子”特征的干部可以得到提升，但是“女汉子”毕竟不是女性干部的“常态”。因此只有少数女性有可能被选中进入相应的领导层。于是，在干部结构上女干部是处于弱势的。另一方面，在男性主导、“丛林法则”支配的竞争环境下，在发展和升迁方面，女干部也“缺乏”竞争能力。女性在生理、生命周期，承担的家庭责任和社会责任上的特殊性，使得她们不可能像男性那样去冲杀、去搏斗，以在干部升迁博弈中占据优势。

在我国的女干部的发展方面，负有一定职权的干部群体常常有一个男女配比的要求，所谓男女干部配比是指必须保证领导班子中要有多少名额的女干部，也就是女干部的最低数量。这看起来是对女干部的保护，实际上是对女性发展歧视的某种保护性反映。按一般道理，从一般机遇来说，领导班子中有一定比例的女干部是正常的，但是现实中似乎却达不到，于是需要上级用确定最低名额的方法来保证最少数量的女干部被当选。这种通过特殊“保护”才能达到最低比例要求的方法，自然包含了某种用低于男性的标准来选任女干部的含义，这好像是保护性的歧视。

3. 女干部发展的社会承认问题

当我们说到女干部的发展整体上遇到障碍，并且其中包含了被边缘化、被歧视的意义时，实际上是说女性在干部领域、女干部的发展没有得到应有的承认。20 世纪 80 年代以来，在全球出现市场化力量推动下某些基本群体被边缘化的现象时，新一代西方马克思主义者用承认理论去进行解释。他们认为，这些基本群体（劳动者、女性等）在市场力量作用主导的处境，实际上是这些群体不被承认。所谓不被承认指的是在相互的地位和身份认知上歧视对方。而这种不被承认不是来自于应有的、出于共同体意识的人们之间的互相理解和认可，而是工具性地对待他人，是建立在利益争夺、贬低对方基础上的人与人的关系。简言之，这是社会公正的价值被侵害、资本战胜劳动、强者战胜弱者而形成的关系。

我们不能用西方马克思主义的观点来套用和分析我国女性、女干部的社会地位状况。但是我们也必须承认，在市场主义占主导地位的情况下，很多人被工具式地对待了，女干部更是如此。这里的女干部的地位和作用不被承认，不但是指她们在领导班子结构中的数量较少，而且常常被置于比较不重要的职位上。或者只有她们表现为“女强人”时，好像才具备了干部的真正资格和能力。

实际上，女性在社会政治生活中、特别是在干部队伍中较为弱势，既有政府和全社会以推动经济高速度、“创新性发展”所要求的“强人手段”方面的原因，也有忽略人的全面性、社会生活的丰富性方面的原因。女干部是一种政治身份，但是政治身份并不应该排斥人们的社会身份特征。发展经济、推动经济快速发展的强人是需要的，为这种“强人”的强势推动减少阻力、减少不良后果的缓解社会矛盾、解决社会问题的其他方面的工作也是需要的。一般地，女性更适合于做比较深入、比较柔性的工作，而不太适宜做相对“粗野”的工作。但是，在千方百计把经济搞上去、追求尽可能高的 GDP 成为干部评价体系的情况下，差不多只有风风火火的女干部才有更多的上升机会。这里还不用说，在干部晋升的整个评价体系中，拉关系、获得上级好感是一个较普遍存在的现象，有的基层干部为此还要陪吃陪喝等，做女性不适宜做的事情。实际上，在“粗暴性增长”的大背景下，上述干部晋升制度对女性干部是缺乏承认的，它在制度上把女性晋升和发展置于边缘地位。

在走向现代社会、构建和谐社会的过程中，女干部的成长应该受到关注，应该更加公正地对待女干部的发展。需要在坚持干部的政治标准、能力标准的前提下，从社会性别平等、对女干部的社会期望、女性的特殊性的角度去看待她们的发展问题，使女干部得到更多的承认。

三、新的治国理念和发展战略与女干部的制度性成长

1. 新的治国理念和发展战略与女干部的成长

中共中央十八届三中全会指出，全面深化改革的总目标是完善和发展中国特色社会主义制度，推进国家治理体系和治理能力现代化，并对全面深化改革，其中包括创新社会治理体制做出了战略部署。女干部的成长应该与这一战略部署相适应。面对新的发展目标，需要对什么是真正的发展，怎样才能真正推进经济社会协调、可持续发展做出新的思考。正如上面所说的，过去 30 多年我国基本上是在传统发展战略（经济增长战略）的指导和驱使下谋求发展的。在贫困笼罩着

大多数人口，国际竞争需要强大国力的背景下，推动经济快速发展有其合理性。但是，在传统发展战略的消极后果已较充分暴露的情况下，我们必须坚定不移地走向科学发展之路。十八届三中全会做出了很好的战略部署，在涉及干部任用和提升问题上，习近平总书记提出要改变过去靠 GDP 评价干部的状况，十六届六中全会也曾提出要注重培养选拔熟悉社会建设和管理的优秀干部……不断提高各级领导班子和领导干部管理社会事务、协调利益关系、开展群众工作、激发社会创造活力、处理人民内部矛盾、维护社会稳定的本领。实际上，如果把和谐社会建设，把强化公共服务、社会服务作为政府职能的重要组成部分，那么，就会为女干部的发展和成长提供较好的发展机会。

在社会快速转型期，在原来的发展模式不可持续，并需要找到新的治国模式的背景下，在需要处理好改革发展稳定关系的总要求下，在切实贯彻创新、协调、绿色、开放、共享发展理念的实践中，需要对当下合格和优秀干部的条件和标准作出新的思考。在经济增长走向新常态，从创新国家治理、政府治理和社会治理的角度来看，需要重新审视国家治理和理政服务的能力。治国理政能力以往常常被认为是权力的行使、是强硬的手腕和谋略，但是从直接接触民众的角度来看，治国理政能力既要包括权力的使用，也包括权威的作用；既包括同意性权力，也包括认同性权力；既包括强制力，也包括软实力和亲和力。在创新社会治理体系，强调互相协商、达成共识、促进和谐的总思路下，有能力、能服人、具有亲和力的干部更加需要。我们迫切需要既有魄力、又易于被社会接受的干部去处理社会矛盾和社会问题。毫无疑问，在男干部中不乏具有上述素质的优秀干部，但是，我们必须注重女干部在这方面的优势，进而使她们有较快的成长。

2. 建构女干部发展成长的良好的制度环境

无论从我国现代化发展的迫切任务，还是从现代社会要促进“人的全面发展”的角度看，或者从促进我国女性的政治和社会参与的角度看，我们都需要有更多女性走上干部岗位，承担起更多的社会和政治责任，也为社会和谐发展做出更大的贡献。要做到这一点，对比过去女干部被边缘化的事实，一项重要的工作是构建一个有利于女干部成长的制度环境和社会环境。所谓有利于女干部成长的制度环境是干部选拔制度和干部发挥作用的制度空间，社会环境是指女干部在其中工作的管理服务的制度空间和女干部在其中生活的社会制度空间。

相当一段时间以来，在干部不是带领群众做事，而是逼迫群众做事；干部的主要工作是解决冲突和灭火，而不是从事公共服务；干群关系也成为水火关系而不是鱼水关系。在这种社会环境下，需要的是强人、能人，对女干部来说需要“女汉子”。当我们确立了新的发展思路后，就需要懂得社会管理和公共服务、熟悉并善于与各类民众协商共事、建立良好关系的干部，干部政策就要向社会治理能力、公共服务能力上倾斜。对女干部的使用也应更加注意发挥她们的优势。没有区别就没有政策，在女干部问题上则是不考虑女性的特殊情况就没有女干部政策。

在社会环境的建构方面，应该既把女干部看作干部同时也承认她们是女人。不管我们的愿望如何，我国的传统文化和现实生活依然对女性有自己的期待。我们不能认同传统文化中落后的、贬抑女性的观点和做法，但是我们也不能把女干部看成是没有性别的人。女性有自己的生活方式、处世风格，也有自己的社会分工和家庭分工。能够顺应人的“天性”、让人们“自然地”去扮演某种角色，不但能更好地做好事情，而且更能够得到社会的承认。我们的社会也应该对女干部有更加包容的看法。

这里实际上涉及女干部的承认问题。一方面是干部政策方面要对女干部予以制度上的承认，在制度规定、制度安排上为女干部的成长建构更大的空间。不能在制度安排上考虑到女干部的特点，不能用她们的优势去使用干部，而是将她们“非性别化”，或许是实际上的性别歧视。另一方面是社会价值、社会评价方面的承认，女干部是干部，更是女性。她们有自己的生活、自己的家庭，能够理解这一点，或许女干部的压力就相对小一点。

3. 女干部需要自己素质的提高和能力发展

女干部成长中遇到的问题，实际上是社会性别在干部领域中的表现。当我们期望女干部应该有一个好的成长环境时，也希望女干部应该有自主性。所谓女干部的自主性是说女性在是否做干部的选择上要有自主性，在进入干部队伍之后也应该有一定的“自选动作”空间。如果女性完全用由男人统治的话语系统形成的价值观去看待自己，则一定会出现女性、女干部被边缘化的现象。所以，女性、女干部首先要自我承认。

实际上，女干部的发展和成长既是上级的选择，也是个人和家庭的选择。一个女性是否要当干部和怎样去当干部以及自己在干部阶层中上升的预期，实际上与个人因素、家庭因素的作用是密不可分的。对于女干部相对被边缘化、不被承认的现象而言，从我国社会发展进步的角度来说，应该有更多的女性从事干部职业，也应该有更多女干部走向更高层次，使我国的干部队伍结构更加合理，更有利于和谐社会建设。为了解决女干部结构失衡，特别是中高级干部极度缺乏的现象，除了把社会性别因素纳入干部选拔制度之外，还要切实促进女性发展和女干部的能力建设。要为女性增能，为女干部增能。女性如果有从政意向，愿意以此为业，并有持续上进的追求，就要努力提高自己的素质，进行自我增能。如果能在干部制度层面和社会层面创造更好的环境，在个人层面和社会层面能为女性、女干部实现增能，女干部被边缘化现象就可能会有所扭转，真正的性别平等和性别和谐的局面可能来得更快。

四、结语

在我国，女性从政、女干部的成长是一个历史问题，更是一个现实问题。近几十年来，我国女干部的成长出现了逆转现象，这是与市场机制至上相关的。干部队伍的性别结构过分失衡，不利于女性的发展，不利于和谐社会建设，也不利于社会进步。可以说，中高层性别失衡问题解决的程度，是我国政治和社会进步的重要指标。我们应该在干部制度、特别是女干部选拔和发展制度上进行反思，促进女干部队伍的健康发展。

【参考文献】

［1］阿克塞尔·霍耐特．为承认而斗争［M］．上海：上海世纪出版集团，2005.

［2］佟新，刘爱玉．我国政治精英晋升的性别比较研究［J］．江苏社会科学，2014（1）.

［3］王思斌．社会学教程（第三版）［M］．北京：北京大学出版社，2010.

［4］夏彩云，马亚梅．女性领导干部成长现状及其改善［J］．人民论坛，2014（9）.

［5］薛晓源．全球化与新制度主义［M］．北京：社会科学文献出版社，2004.

［6］《中共中央关于构建社会主义和谐社会若干重大问题的决定》，北京：人民出版社，2006.

女性管理者的使命和素质

杨书澜①

如果说有了社会，就需要相应的管理者，那么随着社会规模的不断扩大，社会结构的日益复杂，管理者的使命也在不断变化，对管理者素质的要求也就越来越高。近几十年来，女性越来越多地参与社会活动，女性管理者逐渐成为许多社会团体的中流砥柱，其在管理中的作用明显增强，女性角色特征也愈加明显。

世界政治舞台上，德国总理安格拉·默克尔、美国前国务卿希拉里·克林顿、中国前国务院副总理吴仪等女性代表大放光彩，展示了女性领导者的政治能力和特有魅力。国务院新闻办 2015 年 9 月发布的《中国性别平等与妇女发展》白皮书显示，中国女企业家群体不断壮大，女企业家约占企业家总数的四分之一，其中互联网领域创业者中女性占 55%。2013 年十二届全国人民代表大会第一次会议女代表比例为 23.4%，2013 年中央机关及直属机构录用的公务员中女性比例为 47.8%。来自中国企业调查系统的一份数据也显示，女性高层管理者在全国企业中的比例从上个世纪 80 年代的不到 10%快速上升到现在的 20%，预计在接下来的 3～5 年内，这一数据还会增加到 30%。大到国家，小到企业，女性在社会管理中扮演越来越重要的角色，但新的背景和形势以及性别特征对现代女性管理者提出了更高的使命和素质要求。

---

① 杨书澜，编审，北京大学出版社综合编辑部主任。

一、现代社会发展对管理者的要求

由于新知识急速增长，技术不断翻新，信息流量巨大，人口流动越趋频繁与相对集中等多种因素，现代社会越发成为一个充满巨大变数的社会，社会复杂性对各类社会管理者提出了更高的要求。人的使命、社会人的使命似乎是一个很难完成或实现的价值使命或目标，因此各级组织，尤其是机构庞大的政府各个层次的管理者应是自觉地负有使命的榜样，因而对他们的素质要求是组织或国家目标实现的保证。

我们这里谈管理者的使命和素质或者具备什么样条件的才能成为管理者是有前提条件的。这个条件正是我们所处的现代社会的时间和空间背景。我们所说的管理者素质不是指传统社会下的概念，而是指现代社会的管理者应有的素质。因此有必要先区分一下现代社会与传统社会的主要特征。

中国传统社会有几大特征：一是大一统的集权政治，二是金字塔式的等级社会，三是血缘家族宗法社会，这些都强调了权威、等级和集体利益，这些因素的综合作用下，社会进步缺乏动力，整个民族缺乏深刻的思考能力，在一百多年的近代史中处于挨打屈辱的境地。

就政治层面来说，所谓的现代社会就是指人人平等的社会；从经济上来说，现代社会的经济本质上是市场经济，具有自主性、规范性、开放性、竞争性、分化性等特点，社会至善中的公正、自由、效率正是市场经济要求的必然结果。这些本质特点从根本上规定了现代社会首先必须是法治社会，是不断向前发展的社会，是强调个人利益，推崇个人创新的社会。

以上我们对现代社会和中国传统社会做了一般区分，这种区分旨在说明我们今天正由传统社会向现代社会转型，当今的中国社会有太多传统社会的痕迹，作为管理者要清醒地认识到自身的责任和使命，同时要作为引领者，旗帜鲜明地坚持趋势性的东西，摒弃落后并阻碍社会进步的东西。很多时候，作为引领的管理者，要承受大多数人的不理解，甚至反对。在大多数的时候或场合，引领者往往是孤独的。但与男性管理者相比，女性管理者的长处在于她们更善于沟通，处理问题较为平和，女性管理者的这一优势，使她们在转型期的当今社会有越来越多的用武之地。世界进入和平和发展的新时期，沟通、交流、和解是当今世界处理国际国内问题的特点，女性，尤其是知识女性，其优雅的气质，亲和的态度，长于沟通的特性，更具有奉献的精神使其脱颖而出，在管理的岗位上做出自己卓越的成就。

二、现代社会对女性管理者的素质要求

作为现代社会和现代组织的管理者，社会发展变化的既定现实和趋势对管理者的素质提出了很高的要求。同时，女性这一特定性别角色也受到格外关注，笔者认为，与现代社会发展相匹配的女性管理者需要具备以下素质。

1. 德行素质：女性管理者首先必须是能够把自我完善作为自觉的理性目标的人

因为管理者是政府或组织作为手段以保证实现社会至善或组织目标的执行者，换句话说，政府管理者或企业管理者应是超越了个人名利的“成己”者，她们应懂得并身体力行创造自己的意义世界；她们要深刻地认识到：每个人之所以成为人，他们并不单纯是生活在一个纯粹的物质世界里，而且也同时生活在一个由自身所创造的意义世界里。所以人所面对的存在问题实际上是一个存在意义问题，它不仅仅反映着一般的人与物的关系，而且更体现着人与人或人与世界的价值关系，体现着人对“意味着什么”的价值层面的意义探寻和“应当成为什么”的精神境界的追求。进而言之，人生在世的最崇高的使命并不是要去获得越来越多的权力和财富，去漫无节制地占有外部世界资源，而是要立足自我，以积极自觉的姿态不断地去创造和丰富自己生命的价值和意义，而且更进一步要通过自我的活动而赋予对象世界以意义或价值，而这样的一个意义世界才是真正真实的、自然安适的生活世界和精神家园。

因此，管理者首先应是一个追求自我完善的人，也就是说，她应该是明确人的使命的理性人。对于传统感性色彩较浓的女性而言，这一点尤为重要。作为现代女性管理者，尤其需要具备反省能力和超越能力，作为能够自我反省的管理者就是能够自我批判的人，只有能够进行深刻而系统的自我反省的人才能够真正达到超越自身的目标。

2. 思维素质：女性管理者应是有深刻而系统的思考能力的理性人

仅仅明确了人的使命而不具备为社会至善而管理的思维素质显然是不够的。因为不同于古人的行动，现代政府组织或任何现代企业中的管理者的行动主要是靠以理性思维为基础的工作流程进行的。也就是说，在树立了正确的人生观或价值观之后，管理者的使命就是要为实现政府的或企业的短期的或长期的目标而积极努力精细的奋斗。由于现代社会中的政府或企业管理呈现出极其复杂的结构和错综复杂的关系，这就要求管理者要具有正确、系统而深入的思考能力，以便合理而有效地进行管理。

因此，管理者首先要学会正确有效地思维，其次，管理者还要学会系统地思维。系统是物质存在的属性和普遍方式。由于公共社会越来越趋于复杂，社会和组织都是自成一体的系统，无论是行政管理者还是企业管理者，只有学会系统思维，才可能实现管理的目标，完成管理任务。除此以外，管理者更要有战略思维。中国有句古语："不谋万世者，不足谋一时；不谋全局者，不足谋一域"。这句话是对战略思维重要性的精辟概括。现代社会、现代组织、现代企业是复杂的开放系统，需要用长远的发展的观点来分析，考察当下的或现实的问题，才能实现管理目标。战略思维方式是战略思维基础、战略思维定势和战略思维运行共同构成的统一的思维方式。这种思维方式以管理者的知识系统、社会经验、理论素养，乃至世界观为基础，考虑外部因素和条件、环境的影响，是对全局性、高层次的重大问题的筹划和指导，因而具有系统性、超前性、开放性、创新性、自觉性等特点。

一般来讲，从生物的意义上看，男性的思考力比女性强，作为现代的、开放的、进步的社会管理者或企业管理者，为适应管理工作的需要，女性管理者应该有意识地加强思考力方面的训练。

3. 知识素质：女性管理者要有较全面的相关领域的知识

由于目前的管理，无论是政府管理、社会管理，还是企业管理，其管理所面对的都是复杂的、开放的系统，只有所谓的"德"是不行的，必须具备全面的、专业的相关知识，也就是必须是德才兼备者，才具备管理者的资格，外行领导不了内行。

管理是所有的人类组织都有的一种活动，通常这种活动由五项要素组成：计划、组织、指挥、协调和控制。管理者做计划时要调查研究，在充分听取各种意见基础上，做出判断形成决策，没有相应理论指导其调查就是没有方向的，没有相关领域知识做出的判断难免武断，由此形成的决策必然会出问题。另一方面，管理实质是对人的管理，因此，管理者不仅要有专业知识，还要懂得哲学、心理学知识，更要有系统的管理专业知识等，只有这样才能制订有可行性的计划，有针对性地组织、卓有成效地指挥、必要地协调和有利于目标实现的控制。

以上三点阐述了实现管理者使命对管理者素质的要求，或者说具备以上三个条件者的女性才有资格成为管理者。需我们注意的是，现代管理科学本身就是引进的。所以我的看法是，要积极而有效地提升女性管理者的境界，必须着重培育自己的理性思考能力，在此基础上竭力进行制度创新。转型时期，作为成功的管理者，无论是政府的管理者还是其他各种组织的管理者，必是创新型时代的引领者，否则组织很难发展，社会也难有进步。

三、女性在现代管理中的优势

王文英等学者在对女性管理者的性别角色认同进行研究的时候发现，女性管理者的性别角色认同体现出明显的双性化和女性化特征，但是人们对优秀管理者性别角色的期待却表现为强烈的男性化特征，并且这种期待不受性别和职业的影响。在实际的管理岗位上，女性管理者更多地用男性化和女性化的双重标准定义自己的性别身份。但女性的性别身份和特征在使得竞聘等受到部分限制的同时，也创造了独特的管理特点，与男性管理者相比具有某些方面的天然优势。

1. 女性柔性特质和柔性管理

陈家琪教授认为女性，尤其是东方女性，与我们的象形文字有关，更富想象，而想象力是人的意识活动中几乎最为重要的要素。想象力一般倾向于美好的方面，所以女性展现出更多的亲和力、宽容、理解，主观上愿意与人沟通。这些女性固有的特质我们称其为柔性特质，建立于该基础上的管理称之为柔性管理，相对应于男性的“刚性管理”，这是女性管理者最大的特征和优势。男性的长处，如逻辑思维、系统化、战争解决问题、支配力，其反面不一定就坏，但很多时候适得其反。很多人认为东方女性固有的美好的东西：敦厚，寡言、安静、羞怯等正在被现代社会所遗弃。我认为恰恰相反，这些柔性特质所体现的人本意识和亲和力对于团队管理、社会管理都意义不凡。

俗话说，管事先管人，管人先管心。相对于男性的权威和不可挑战性，女性的柔性化管理更注重平等、尊重、激励和员工的自我意识。可以这么说，如果人类有更多女性管理者，就国家而言，也许战争的可能性会降低；就一个团体而言，也许艺术（如绘画、音乐、小说、诗歌）的气氛会更浓，人们有更多的相互依附性。

同时，女性身上所体现的“弱势道德”，在当今也很重要，在种种不利局面下，也要或只要维护起码的尊严，这特别适合我们的处境。我们现在要的不是“强势的道德、梦想”，不是要显示什么，而是在细微处能照料到基本的需要，就如我们不要“积极自由”，要的是伯林意义上的“消极自由”一样。

2. 女性细致观察力和沟通协调能力

沟通是组织管理中的重要环节。社会文化环境造就了女性在沟通和交流环境中的优势。女性天生具有细致的观察力，比如体察嗷嗷待哺的婴儿的需求，比如和老人的细致沟通等，相比男性更能设身处地替人思考，并及时、准确地发现对方的需求，进而对症下药；女性一般都拥有良好的说服能力和赞誉能力，比如男性在管理中很难将对别人的赞美之辞直接表达出来，女性则在很多场合都应用自如。相比男性直截了当的拒人千里之外或者严厉、直接的批评，女性的委婉更容易让人接受。同时，女性也更愿意分享和注意满足人际交往的各种需要。这些，都为女性管理者建立更好的人际关系提供了必要保证。

3. 女性的直觉和决策能力

传统观念认为，男性更具战略意识和冒险精神，在决策中更加果断，女性更多优柔寡断、魄力不足。其实不然，女性特有的直觉能力更有助于她们果断决策。而在传统决策中，由于工作机制和传统观念的约束，男性更占据主导地位，女性的决策能力往往被忽视甚至怀疑。

实际上，决策能力一方面和知识水平相关，随着社会发展和女性教育水平的不断提升，女性管理者的知识水平已完全不逊于男性管理者。另一方面，决策的艺术性体现在“断”字上。女性在关键时刻的“狠”和直觉的“准”，更容易让她们对形势最初快速的判断，尽管这也可能导致“拍拍脑袋想方案”，但这种快速反应和决断在很多时候远胜于常规的、拖延的解决方式。这种对时间性的把握在管理决策中和决策水平同样重要，而这正是女性管理者的重要优势。

【参考文献】

[1] 何锡蓉．具体形上学的思与辩：杨国荣哲学讨论集［M］．北京：北京大学出版社，2013.

[2] 王琦．女性性别优势在管理中的应用研究［J］．现代妇女问题相关研究，2014（11）.

[3] 邓子娟，林仲华．国内企业女性管理者研究回顾与展望［J］．妇女研究论丛，2015（4）．

[4] 沈卫菊．中国女性领导者角色规范研究论述［J］．人才资源开发，2011（3）.

高校女干部成长规律浅析

高慧芳[①]

习近平总书记在2013年6月召开的全国组织工作会议上指出，“成长为一个好干部，一靠自身努力，二靠组织培养”。干部成长有着一定的规律。优秀的女干部，她们的个人素养、外在气质、行为能力都有与众不同之处，追溯她们的成长经历、剖析她们的成才原因、探讨她们的心路历程，会发现是有一定规律可循的。女干部无论在生理特质还是心理特点上，都与男性有着显著的差异。客观认识这种差异的存在，认真分析和梳理女干部的成长规律，有利于女性自我成长成才，也可以为组织工作的开展提供新思路、新方法，推动其针对女性特点提供展示才华、施展特长的机遇和岗位，打破传统观念的壁垒，真正实现人尽其才、才尽其用，既能够为组织工作开拓新篇，又有利于推进女干部事业的发展和进步。

为此，我们通过对丰富的样本进行调查和统计，力求归纳出具有普遍意义的共性特点，提炼出高校女干部的基本成长规律。本文展开讨论的基础是对20位北大优秀女干部成长经历的梳理和访谈，以及对2000位北大教职工和学生的问卷统计分析，并结合40位在校专家学者的深度访谈，力图对北大女性实现自身成长目标的个性化道路进行分析。通过梳理与探讨，概括出她们的主要成长成才途径，从而为科学分析高校女干部成长规律，有针对性地制定适合女干部发展的政策和制度提供参考。

本文通过详细的数据分析和扎实全面的调研与理论探讨，将高校女干部的成长历程基本上归纳为五个方面的有机结合：个人成长与组织需求相结合、理论积

① 高慧芳，时任北京大学党委组织部综合办公室主任，现任北京大学党委统战部副部长。

累与实践锻炼相结合、自我修养与组织培养相结合、组织选拔与群众推荐相结合、政策导向与制度保证相结合。女干部在成长中实现这五个结合的过程，也是女干部不断成长、走向成熟的过程。在这五个结合的实现过程中，往往会出现一系列规律性的成长要素。具体来说，主要呈现为八个具有普遍意义的规律或条件，即：家庭熏陶人、环境影响人、时代塑造人、政策引导人、教育提升人、组织培养人、岗位磨炼人、机遇造就人。绝大多数女干部的成功都离不开这八条规律所覆盖的主客观条件，如果从内因和外因方面来分析，就是内因上需自身努力，外因上靠组织培养。接下来，本文将围绕这八条规律对女干部成长成才的全过程进行具体分析。

一、家庭熏陶人、环境影响人

家庭环境的熏陶，对于人的健康成长和性格形成具有奠基性影响。前苏联著名教育学家、作家安·谢·马卡连柯说：“家庭是最重要的地方。在家庭里面，人首次向社会生活迈进。”所以，我们在这里讨论的家庭是指原生家庭，也就是个人出生之后，与父母或养育者组成的家庭，这是个人融入社会生活的原生形态。

家庭教育的重要性早已在教育界形成共识：家庭对于个人培养起着基础性、关键性的作用。在原生家庭中，个人的品德行为、学习习惯、做事方式都会形成一定的模式。如果家庭教育出了问题，那么孩子在成长过程中就会随之出现一系列的问题。当然，良好的家庭环境并不意味着一定要出身富贵。因为“艰难困苦，玉汝于成”，困境有时候更能够激发人的斗志，使人昂扬奋发，取得更大的成绩。重要的是无论富贵还是贫贱、无论顺境还是逆境，都要保持开朗乐观的心态，顺应人生规律，奠定良好的成长基础。

我们在调研中发现，86%以上的受访者都强调了原生家庭对于自己的重要影响和支撑作用。特别是父母的言传身教和幼年生长环境，对于个人的性格塑造和世界观、人生观、价值观的形成有着不容替代的基础性影响。北京大学人民医院妇产科主任、医学部原副主任魏丽惠回忆自己的成长之路，对于父母毅然放弃海外的优越条件投身祖国建设，父亲主动参加抗美援朝的爱国之情记忆犹新。她坦言："家庭对我最大的影响有两点，一是造就了我的性格，二是让我选择了学医。"当她有机会留在海外，享受高薪岗位和丰厚待遇时，她却毫不犹豫地选择回国，投身到国内医疗事业中。这些都受益于童年时期父母的言传身教和潜移默化的影响。

对于女性来说，在原生家庭中担任的是女儿的角色。在女性的成长过程中，基本上先后担任三个角色：女儿、妻子和母亲。家庭环境对女性承担的这三个角色持续产生影响：作为原生家庭中的女儿，在成长过程中受到家庭中长辈的教诲熏陶，基本确立了个人思想、气质、世界观、兴趣爱好等基础人格特点，并将影响和伴随其一生；作为长大成人之后的新组建家庭中的妻子，在中国传统文化观念之中，女性担负着家庭大部分的家务与劳作；生儿育女之后，作为母亲，女性不仅要教养子女，还要做好自身的工作。

在这三个角色之中，原生家庭也就是作为"女儿"的身份角色时，女性个体受到的影响最为基础和深远，一般都形成个人基本特征。在成家立业之后，女性身份衍生出妻子和母亲两重新的角色。这是对原生家庭中女性角色的丰富和拓展。家庭生活虽然繁琐，但是对女性的锻炼和支持作用非常大。首先是工作与家庭的时间和精力分配，非常考验一个人的掌控力、自制力和执行力。女干部在做好工作的同时，还要付出不小的精力把家庭事务安排得井井有条，能够同时做好这两件事情，本身需要的素质和能力就不亚于同等条件下的男干部。而且，女性的韧性，耐力与平和、稳重、抗压的心态也由此得到更多的强化，这有助于提升女干部统筹协调复杂工作局面和科学合理解决问题的能力。

调研结果显示，82%以上的女干部在家庭教育和子女培养中承担着主要角色，教育子女的过程也是自身获得成长和开阔视野的过程。她们坦言，正是幼年时期在家庭之中受到的教育，促使她们在成年之后开展新家庭亲子教育过程中，以开放的心态和更大的耐心、热情来接受新知识、熟悉社会新状况；在子女教育过程中，思考对象和观察问题、思考问题的视角不断拓展，带动自身的学习提升和开拓创新。这一过程，既是"被动学习"，也是"教学相长"的主动探索。而且，作为子女的榜样和家庭的"操盘手"，女性有着自然的爱心与荣誉感。这一方面使女干部在子女教育的过程中不断升华关怀、爱护、教导、沟通的能力。同时，受到子女的反馈和激励，女性会自觉注意提升自己的内在修为和外在形象，以使自己更加符合“引导者”与“奉献者”的身份。所以说，家庭的熏陶和影响对于女性来说非常重要。在女性身上，家庭影响的显示度也明显高于男性。

我们说环境影响人，既包括家庭环境也包括社会环境。所谓社会环境，就是对我们所处的社会政治环境、经济环境、法制环境、科技环境、文化环境等宏观因素的综合。社会环境对我们职业生涯乃至人生发展都有重大影响。狭义的社会环境指人类生活的直接环境，如家庭、劳动组织、学习条件和其他集体性社团等，这就是我们讨论的对象。

环境对个人成长和发展有着重要的影响，古人对这一问题就已经有清醒深刻地认识。战国时期，荀子就指出“居必择乡，游必就士”（荀况《荀子·劝学》）。著名的孟母三迁的故事，也是古人重视环境对于儿童成才的重要影响的例证。

我们在采访中，许多取得骄人成绩的女教授、女干部都深情回忆了自己所经历的学习成长环境。杨芙清院士年幼时读书的教室后墙上贴着居里夫人的画像，这激励着年少的她以其为榜样，致力于成为一名居里夫人那样的女科学家。北京大学基础医学院病理学系教授、博士生导师，血液病理学研究室主任、北京大学第三医院病理科主任医师高子芬教授，讲述自己所在的科室有着严格的训练和培养环境，使她从病理样本的收集、编号，到组织脱水包埋、磨刀和切片等病理科的技术工作都一一亲手操作，为其今后的诊断和研究工作打下了坚实的基础。由于这样扎实的培训和成长环境，她在香港和美国学习期间科研课题高质量的切片都是自己制备的，这使当地医师和技术人员无不惊诧。至今谈起这些经历，高子芬教授仍然感恩于自己的老师和前辈们营造的育人环境，她说：“我到教研室的时候只有 23 岁，老师们都对我特别好。我们病理系的老师们都非常强，有的人诊断做得特别好，有的人讲课讲得特别好，我听过我们系所有老师讲的各章节大课和实习课，提高非常大，之后的这些年里我的教学能力被认可完全受益于这些老前辈的传授。一个人想要成功，一方面自己要有明确的目标，另一方面，团队的能力和工作环境非常重要。”

活跃在达沃斯世界经济论坛、三边委员会、罗马俱乐部等很多重要国际交流活动和学术会议上的袁明教授，现在担任北京大学国际化建设的重镇——燕京学堂的院长。她将自己从学从政的成功经历，归功于良好的工作氛围和北大的优良传统。她说：“新中国成立以后，党和政府对女性的支持力度和政策，即使放在世界范围来看也走在前列，这是中国现代史上浓墨重彩的一笔。解放前的北平地下党中就有许多优秀的女性，她们追求进步，有理想、有激情。后来这些女性中有不少都到了北京的各大院校工作，当然也包括北大，譬如彭佩云、汪家镠、石幼珊等。”1962 年，17 岁的袁明从上海考入北京大学西语系。回忆起当时的北大，她满怀深情地说：“进入北大，就进入了一个女性世界。当时在学校领导岗位上的女性，占了很大的比例，至少在西语系党总支周围，女性绝对占多数。那时的女领导女老师，在冬天，披着自己做的各式各样的棉坎肩，虽然朴素，但却是一道美丽的风景。她们在创造那个时代的一种时尚！”当时，袁明先后担任系团支部书记、团总支委员等职务，学习和工作都十分突出。从学生干部到独挑大梁的领导，如今，五十多年过去了，袁明将北大称作自己的“精神家园”。她认为，早在上个世纪五六十年代北大就形成了有利于女性发展成才的历史传统，但是这个传统被打断之后没有得到及时的总结、反省和传承。女性会很快判断出自己在群体中所处的位置，埋头做事，在最艰难的时刻撑起危局。女性顾起大局来，是男性无法做到的。当人处于团结向上、朝气蓬勃的环境中，个人的积极性和主动性都会得到更好的发挥。反之，懒惰和拖沓的氛围之下，人往往也容易随波逐流，失去严谨和自律。

“家庭熏陶人”“环境影响人”，这两个外因其实对于塑造女性的内在性格特点、行为特征起着重要的基础性作用。

二、时代塑造人、政策引导人

涅克拉索夫说：“谁为时代的伟大目标服务，谁才是不朽的。”个体生命只有投入到时代的洪流之中，奋勇搏击、中流击水，才能成为时代的弄潮儿。女干部的成长也不例外，必须与时代发展和需求相适应，才能得到更顺利的发展。吴玉章将时代机遇与个人发展概括为 32 个字，激励年轻人珍惜时代机遇：“人生有世，事业为重，一息尚存，绝不松劲。东风得势，时代更新，趁此机遇，奋勇前进。”

国家在不同的发展阶段，会有相应的人才政策和需求。早在 2003 年，国务院就发布了《中共中央国务院关于进一步加强人才工作的决定》（中发【2003】

16号），对于各行业的人才需求进行预测、对人才工作的战略发展进行部署；2006年，中共中央办公厅、国务院办公厅《关于进一步加强高技能人才工作的意见》（中办发【2006】15号），对于专门领域的人才工作进行细化指导；2012年，党的十八大报告提出人才工作新理念：首次在报告的小标题中提出“坚持党管人才原则，把各方面优秀人才集聚到党和国家事业中来”，明确提出加快确定人才优先发展战略布局，推动我国由人才大国迈向人才强国，充分利用国内国际人才资源，积极引进和用好海外人才，建立国家荣誉制度等等，开创人人皆可成才、人人尽展其才的生动局面。了解国家对于人才工作的部署和人才需求，才能够因人而异、因地制宜，使得人人尽展其才。

当前，党和国家对人才、特别是对女干部的重视力度空前。党的十八大报告除了对人才工作进行全面部署，还明确提出“坚持男女平等基本国策，保障妇女儿童合法权益”，以习近平同志为总书记的党中央高度重视女干部培养选拔工作，十分关心女干部的成长进步。习近平总书记在同全国妇联新一届领导班子集体谈话时明确指出，要重视女干部培养选拔工作，加大对女干部的教育培训、实践锻炼力度，关心她们的成长，为更多女性人才脱颖而出打造宽广舞台，这为做好女干部工作提供了重要遵循。2015年10月24日，中央统战部专门召开了全国培养选拔年轻干部和女干部、少数民族干部、党外干部工作座谈会，提出一系列新举措保障女干部的成长和发展。一是大力推动男女平等基本国策的宣传贯彻，二是加大对各类女干部的培训力度，助力女干部综合素质和领导力提升，三是及时发现和推荐优秀女干部，四是切实加强对女干部的人文关怀，五是为提高女干部各项能力提供锻炼平台。

个人的发展只有与时代的需求相结合，投身到时代建设和国家需求的事业中，才能够最大限度地发挥个人才智，实现人生价值。杨芙清院士在接受采访时豪迈地表示：“国家需要就是我的志愿，为党奋斗、为国奉献，我之所愿、其乐无穷！”1969年12月，当国务院正式向北京大学下达研制每秒100万次大型计算机的任务时，37岁的杨芙清激动不已，她承担了150机指令系统设计和操作系统设计的任务。在昌平200号基地紧张攻关的过程中，资料极度匮乏，她在系统调试过程中，别出心裁地将课题组成员分为了计算机中的各个“部件”，通过模拟程序运行的方式使单调的调试过程变得妙趣横生，也大大提升了研究人员的参与热情和工作效率。盼来的机遇，积蓄已久的能量，在拼搏精神和创新思维的激发下，创造了一个又一个奇迹。随着150机、200系列机、青鸟工程等一系列创新成果的推出，杨芙清院士用实际行动向祖国递交了一份满意的答卷，她这样描述自己的心路历程："我的一生没有刻意地来设计自己，但党和国家给了我很多的机遇，我只有认认真真地干好每一件事，在这个过程中我也就抓住了机遇。"时代需求为个人发展提供了宝贵的机会，个人也要积极努力，响应时代的呼唤，在奉献中实现人生价值。

政策往往随着时代要求和形势变化而发生变动。1995年，联合国第四次世界妇女大会在北京召开。在大会上，我国首次提出"把男女平等作为促进我国社会发展的一项基本国策"，这也是我国政府对国际社会的郑重承诺。2012年，党的十八大报告首次将男女平等基本国策写入全国党代会报告，党的十八大报告明确提出："坚持男女平等基本国策，保障妇女儿童合法权益。"

在2015年全国统战工作会议召开之后，中央专门召开了全国培养选拔年轻干部和女干部、少数民族干部、党外干部工作座谈会，着眼此后五到十年领导班子和干部队伍建设需要，对加强改进有关工作进行研究部署。政策要求，贯彻落实男女平等的基本国策，重视培养选拔女干部，为更多女性人才脱颖而出打造宽广舞台。

根据有关数据，截至2014年底，全国各类机关和参照公务员法管理的事业单位共有干部826万人，其中女干部217万人，总量和占比逐年稳步增加。在县处级以上干部中，女干部占18.8%。但是，在充分肯定成绩的同时，我们也要看到问题，有些人依然把选拔女干部当做凑结构、当陪衬，存在忽视、轻视的倾向；有的重换届、轻平时，重使用、轻培养。

对女干部的发现、培养、储备和管理，关系到推进国家治理体系和治理能力现代化的长远大计，我们必须高度重视。从协调推进"四个全面"战略布局，实现"两个一百年"奋斗目标，实现中华民族伟大复兴中国梦的高度，深刻认识做好女干部工作的特殊重要意义。

在新政策的引领下，新时期女干部工作已经全面铺开，逐步打开新局面。目前，女干部的退休年龄改革已经起步，这是显性层面的改革；与之相伴随的，是女性参政议政意识的增强和活跃度日益增加，越来越多的女性走向政坛、走向核心工作岗位，发挥越来越大的作用。这些新发展、新态势，都离不开政策的引导和推动。

时代需求和政策导向对于干部队伍建设和人才发展趋势有着显著引导作用，科学地对人才工作进行引导，有利于干部人才和蓄水库的涵养水源，从而培养出更多适应时代需求的人才。

三、教育提升人、组织培养人

“完美的人是教育造就出来的”，前苏联著名教育实践家和理论家苏霍姆林斯基这样评价教育的重要作用。教育对于个人的提升和塑造，的确有着不可低估的巨大力量。我国著名教育学家叶圣陶也说，“教育就是要养成良好的习惯”。通过教育和学习，个体的知识和能力得到不断地丰富和提升，懂得社会秩序和行为规则，能够和谐地与他人相处。因此，教育不仅是提升自我的重要渠道，也是整个社会走向融洽、共存、发展的重要保障。

教育对个体的提升作用毋庸置疑，在接受教育的过程中，由于个体差异，每个人吸取的知识在数量和范畴上都有不同，个体性格和禀赋也都会有差别。时至今日，教育已经远远不是局限于校园之内的青少年求学阶段，而是延伸到全社会和人生的各个阶段，也就是“活到老、学到老”。这也就要求我们在工作和生活中一直保持学习的心态，接受新知识、新思想、新文化，不断丰富和提升自己。

北京大学党委组织部党校办公室承担着干部培训和入党积极分子教育工作。根据培训对象的范围和特点，设计了干部研讨班、中青年骨干研修班、党内专题教育中层正职研讨班、时政热点专题培训班、干部境外培训、干部网络选学、青年干部未名管理论坛、党性教育读书班和党的知识培训班等，针对不同群体，有针对性地进行培训和教育，收到了良好效果。

大量来自基层的干部在接受了系统的“国情国策”“校庆校策”“治校理教能力”三个阶段培训之后，提升了管理水平和政治意识，对于民主集中制和学校各项重大决策在基层的实施起到了明显的推动作用。据不完全统计，自 2011 年起，“中青年骨干研修班”共培训 216 人次，其中已经有 65 人走上中层领导岗位，教育培训效果显著。管理作为一门科学，需要综合性素质，无论是专职行政干部还是出身院系的教职人员，经过系统的教育培训之后，搭班子、干事业的时候能够更加注重原则的坚定性和措施的灵活性，经过实践锻炼逐渐成长为复合型干部，更能胜任工作。

在采访和调研过程中，大家对于教育的提升作用有着高度一致的认识。北京大学人民医院大外科副主任祝学光教授回忆了自己在沙河创办“半农半医学习班”，以传帮带的方法，切实提升学员的医疗水平。为了更好地完成“普及医疗教育”的任务，她将医学院的各门课程融会贯通，用最朴实的语言深入浅出地为学员讲解，甚至在极其有限的条件下开设实验课，带领学员给家兔做手术。在讲解体温时，学员们不明白“36.7摄氏度”中“0.7摄氏度”的含义，她就用日常生活中的“三块六毛七”进行类比，让学员们茅塞顿开。为了让学员们真正掌握医疗技术，让沙河村能开办起诊室，祝学光老师全身心投入到学习班的教学工作中。在她的不懈努力下，学习班培养出的11个“半农半医”的学员在各自的岗位上发光发热，其中有一个成为工农兵大学生，毕业后在昌平县医院当儿科医生；另外一名后来成为沙河公社卫生所所长，还有两人一直工作在村卫生室中。这些人直至今日，都对当年参加学习班接受医学教育的经历满怀感激和庆幸。

在个人成长历程中，教育的提升作用至关重要。纵观女干部的成长过程，她们都受到过系统的教育。这既有学校传授的知识和书本教育，也有社会实践锻炼。从一般规律上来说，有着强烈的成长成才愿望，自我严格要求，有强烈的自律意识；在实际工作中肯付出、讲奉献、顾全大局的女性往往比同龄人更容易取得成功，更容易在领导岗位上工作。在女干部成长过程中，对个人素质要求也有一定的规律可循：德艺双馨型人才成长成才较快，这符合国家“德才兼备、以德为先”的干部选任政策。思想修养和道德品质对塑造个人领导气质和人格魅力具有至关重要的意义。“为天地立心，为生民请命，为往圣继绝学，为万世开太平”，宏大的理想抱负和对普通民众的深厚情感，是个人成长成才并最终脱颖而出的重要条件。

“百尺竿头，更进一步”，“见贤思齐，见不贤而内自省也”，具备这样的品质，才能不断追求进步，提升自身修为。“干一行，爱一行，专一行”。从小事做起，积累真本领。这些都是个人取得成长进步的重要阶梯。成功的女干部在成长过程中，都非常注重自身修养。除了有正直的人品、令人称道的品质，还要有真才实干和突出的沟通协调能力。德才兼备的人才是国家和事业发展的必要保证，也是成为称职管理干部的必要条件。特别是在高知群体中，对于品德的要求更为明显。女性细致周到、认真严谨的态度和温婉谦逊、和蔼可亲的性格，都增添了作为领导者的魅力和独特优势，往往能够起到男性领导无法替代的作用。因此，接受系统的高等教育，在品德、知识、实践等方面受到良好训练和磨砺的女性，往往更容易成才成功，成为领导者。

组织对个人的培养在人才工作和干部工作中都发挥着关键作用。正如习近平总书记所说："成长为一个好干部，一靠自身努力，二靠组织培养。"每个人在校园学习阶段结束之后，更长的生命阶段是在工作中，也就是各个不同的组织中展开活动。因此，组织文化和组织对个人的发展起着至关重要的作用。良好的组织文化和风清气正的用人环境，使个人的成长如虎添翼。

组织培养包含的内容非常丰富。一是组织可以为人才成长提供良好的政策支持，二是为人才发展提供平台和机遇，三是为人才锻炼提供岗位和场合，四是组织对人才成长进行引导，趋利避害。组织可以从人才的发现、培养、选拔、使用和管理的各个环节切入，真正将人才工作做通、做透。为了充分发挥组织培养在女性人才工作中的作用，首先要建立女性后备人才数据库，有一本清晰的台账，这是组织开展工作的基础。在这个基础上，为女性发展量身定制培养方案，激发她们的工作热情和创新精神，真正施展才华，做到才尽其用。

组织也要不断强化自身建设，努力营造公平、公正、公开的工作环境，从而推动干部工作和人才工作的科学化、规范化、制度化建设。其实，不仅是女干部的培养、选拔和管理使用需要良好的组织文化氛围和风清气正的用人环境，组织工作自身的科学化、规范化和长效化机制的形成也需要达成这一目标。在植物学的"园林植物播种育苗实验"中，处在阳光充沛、水源充足、通风良好、土壤肥沃的实验田中的幼苗往往最先长大成才，并且结出累累硕果；那些接受残酷环境实验的幼苗，为了检验和发掘出耐盐碱、耐干旱、耐高温、耐贫瘠的生长环境而培育出的幼苗，往往百棵中都很难成活一颗。当然，一旦成活一颗都是科学家和植物学家眼中的至宝，因为分析提取它们的基因，将为幼苗更好地成长提供宝贵经验。实验的最终目的，还是为了更多的幼苗顺利成长成才。人才的培养过程也是如此，“水涨船高”，只有良好的组织文化和风清气正的用人环境，才能为各类人才特别是女干部的成长提供必要的条件，从而帮助女干部走出成长成才的第一步。

在高校女干部成长规律的调研中，35%的受访者都认为不需要额外照顾，只要能够保证现有体制下的公平公正，女干部自然就可以脱颖而出。还有65%的受访者认为，即使在相对公平的教育、科研领域，比如在高校环境中，也需要一定的政策倾斜和引导，女干部才能得到相对公平的机会。因为女性的生理规律和在家庭中承担的角色注定了没有天然的平等，所以组织必须有一定的政策来支持和保障女性权益，为女干部成长成才提供条件和保障，才能实现两性的和平共处和真正意义上的平等。

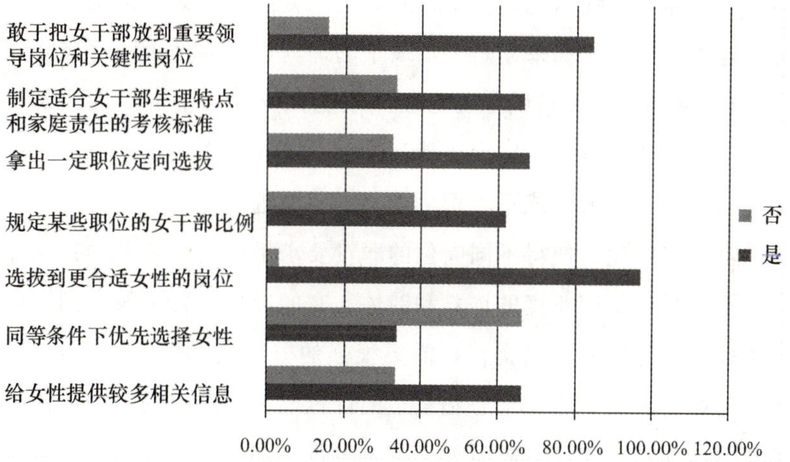

图 2-9-1 提高女干部选拔机制

正如上图分析所示，提高女干部选拔机制是一项系统工程，需要各方面的协调配合，不断完善体制机制建设。

良好的组织文化，不是一朝一夕能够形成的。一方面，需要组织有意识地对女干部进行培训，将培训固定化和长期化，形成长效机制。与之同时，根据国家和社会对人才的需要，不断丰富和完善女干部的培训内容。

干部培养工作需要长远的眼光和步骤清晰、目标明确的举措，对于女干部的培养更是一个长期的过程。要有意识地加以培养和引导：德与才兼备，理论与实践并重，个人努力与组织培养都是缺一不可的。不能认为“长江后浪推前浪，革命自有接班人”，要从政策到实际措施都落实女干部的选拔培养，形成女干部人才蓄水池，才能真正避免出现青黄不接的尴尬。

在这个过程中，一方面要遵循干部培养和选拔的一般性规律，另一方面，还要关注女性群体的特点，有针对性开展一系列有特色、有针对性的举措，真正形成有利于女干部成长成才的组织文化。

四、岗位磨练人、机遇造就人

《雷锋日记》中有这样一段感人至深的话：“如果你是一滴水，你是否滋润了一寸土地？如果你是一线阳光，你是否照亮了一分黑暗？如果你是一颗粮食，你是否哺育了有用的生命？如果你是一颗最小的螺丝钉，你是否永远坚守在你的岗位上？”工作岗位对一个人来说，既是发挥才能、实现人生价值的场所，又是学习成长、丰富自我的地方。所以，热爱和珍惜自己的工作岗位，充分把握每一次锻炼和学习的机会，个人才能不断积累经验，获得进步。

社会分工的多样化，使得不同岗位的职责要求呈现出显著差异；从而也使人在不同岗位上，受到不同角度的培养和锻炼。有的岗位，要求较高的人际关系协调能力、沟通表达能力；有的岗位，需要很强的分析研判能力、综合协调能力；有的岗位，需要巨大的耐心、细心和复杂的计算能力；还有的岗位，需要强健的体魄、超长时间加班加点，有随时处理突发事件的能力。

北大经济学院孙祁祥院长回忆起年轻时曾经在当地邮电局当过电话接线员，看着那些老话务员工作好几年了还要查电话号码簿，往往影响接线时间和速度，她在一周的时间里把市区各个单位的电话号码全部记住，由此大大提高了接线速度。由于工作认真踏实、热情饱满、业绩出色，一年以后，孙祁祥就被抽调到电信科以工代干，开启了工作的新局面……除了具有刚毅的性格、干练的工作作风以外，长期以来在不同岗位上积累和锻炼出来的细心、严谨和认真，都成为她不断追求进步的助推器：在小事上，她以身作则、事事讲究完美；在大事上，从百年院庆到经济学院教学、科研的各项改革，她善于决策、做事果断、敢于担当。

三十年后，当她成为经济学院首位女院长，这些岗位的磨砺和锻炼都成为宝贵的经历。

对于女干部来说，不仅要珍惜每一个岗位和每一次锻炼机会，更重要是在不同的岗位上丰富才干、增强能力、拓展视野、增长见识，最终成长为适应整体工作和事业发展需要的优秀人才。比如基层工作经历，特别是一线教学和科研工作经验，有利于高校女干部的更快成长和全面发展。北京大学党委组织部部长柴真先后在院系和学校职能部门担任主要领导。在生命科学学院，她一方面抓教学和科研，担任主干基础课教师，开展科研工作；另一方面抓管理工作，先后担任生命科学学院党委副书记、书记；在做好院系教学、科研和管理的基础上，她又兼任了学校发展规划部副部长，对学校的学科发展建设整体工作献计献策。不同的岗位，磨砺和造就了她多方面的才能，也使得她将不同岗位的要求融会贯通，开创出工作新思路、新局面。在担任两届院系党委书记之后，她被任命为学校党委组织部副部长，全面主管学校干部工作，在学校发展和管理工作中发挥着更大的作用。

高校作为以教学和科研活动为基础的单位，有着一线教学经验的女教师往往更容易了解和把握教学科研工作的管理，成为管理和协调有关方面工作的干部。单纯在机关行政部门的年轻女干部，往往由于实践经验和阅历所限，成长和发展空间有限。“纸上得来终觉浅，绝知此事要躬行”，这也为组织部门培养和选拔女干部提供了经验，如果有发展潜质的机关工作人员，要多鼓励和提供到基层院系和教学科研一线单位锻炼的机会，丰富她们的视野增长她们的见识，在实际工作和挑战中提升她们处理实际教学科研和社会服务工作的能力。

在复杂环境和工作局面下经受锻炼，提升协调能力、组织能力和应对复杂局面的能力，对于日后成长为优秀女干部至关重要。在调研开展过程中，有一个比较有趣的现象，根据统计结果，有很大比例的女干部出自一些“大院系”，比较集中的有化学学院、生命科学学院、外国语学院、国际关系学院等等，这些院系工作摊子比较大，特别是管理工作要协调的对象和工作内容非常丰富，涉及到几个甚至十几个系、教研室，几十位到上百位教授、副教授。由于长期的基层实践经验，锻炼了这些院系出身的管理干部的协调能力和组织能力。基层实践锻炼使得干部能够经风雨、见世面、开阔眼界，对各类情况和复杂局面的把控力也有很大提升。

而且，从基层工作中走出来的女干部，了解师生的关切，清楚群众的诉求，知道如何做最能够满足群众的需要；加上女干部天然具有的亲和力和细致周到的特点，能够将女干部的优势发挥得更加充分，在协调矛盾和纠纷中，女干部的这类特质往往能够得到淋漓尽致的发挥。实际案例表明，在多个存在一定矛盾和历史问题的院系，女领导干部往往能够以柔性的领导力，充分发挥沟通协调作用、开展耐心细致的思想工作，带领团队从教学科研中心工作出发，调动各方力量化解矛盾、凝聚共识、顾全大局，实现既定的发展目标。

“机遇造就人”，但是机遇不是一蹴而就的。巴斯德说：“机遇只偏爱那些有准备的头脑的人。”女性在成长过程中，特别是与男性的竞争中，本来就处于相对的劣势。如何得到机遇的垂青？必须不断地积累条件，完善自我，提升才干，当机遇来临的时候才能够真正有能力、有精力、有魄力把握住机会，实现个体的成长和进步。北京大学肿瘤医院中西医结合科主任医师，教授，博士生导师李萍萍在谈到自己的成长经历时，语重心长地告诫年轻人：“如果真正的想在自己热爱的事业上能够有所造就的话，一是要沉下心来，认认真真，脚踏实地地去做，不能浮躁；二是要懂得把握自己，知道自己真正要追求的是什么。”她在牧区插队的时候，很多知青被提拔到领导岗位；她也有机会被提拔到很高的岗位，但她坚决没去，很多人都不理解。最后她选择念书考上大学，实现了悬壶济世的愿望，成为一代名医。

高校女干部的成长机遇，从个体生理特点和自然规律方面分析，也有一定的规律，这与生命个体的自然生长过程相吻合。能够较好地适应和把握这一规律，对女性的全面发展至关重要。首先，在年龄上女性事业的黄金期基本上呈现为三个阶段：一、未婚育期；二、子女三岁之后至中学之前；三、子女入大学后。随意延长第一个阶段，往往会在起跑阶段处于暂时的优势，但是也会承担一定的家庭压力和心理压力，而且，伴随着压力不断产生，情绪的舒缓化解也需要一定的智慧和把控力。在完成了第一阶段之后，伴随着婚后家庭事务的增多和哺育子女，女性开始面临第一个黄金期之后的“低谷”。这个状态一般会持续到子女入托，随后，在家庭和子女事务中日渐娴熟、运行自如的女性会迎来事业发展的第二个黄金期。直至孩子进入中学，开始面临升学压力，此时，家里的老人一般年事已高，需要花费更多时间和精力照顾，这个时候一般进入了“上有老、下有小”，需要蜡烛两头烧的第二个“低谷”。经历了这个阶段的磨砺，女性会焕发出更加成熟的气质和魅力，能够娴熟地处理家庭和工作时间的冲突，耐心地解决一个个挑战与难题，更加有经验和魄力地开展工作。自此，女性迎来长达十年左右的事业发展的第三个黄金期，直至退休。

通过案例分析和数据采集，我们发现事业较为成功的女干部，往往是顺应这一成长规律，较好地把握了个人、家庭和事业三者的关系，用俗语说就是“在应该的年龄，做好了该做的事”。从时间段上考察，通过对 2000 份调查问卷的回收统计和技术分析，76.2％的女干部基本上在 25～30 岁完成了结婚，30～35 岁完成了生育，从而在 25～30 岁、35～40 岁、45～55 岁达到事业的三个黄金期。

唐代政治家、诗人张九龄说“机不可失，时不再来”。我们既要尊重个人成长和发展的基本规律，也要珍惜和把握好“黄金期”，实现个人的人生价值与社会价值，当个人发展与社会需求相结合，个人的价值才能得到最大程度的发挥，进而促进社会的整体进步与和谐发展。

在研究女干部成长规律的过程中，我们可以发现每一条具有普遍意义的规律，如果想要在实际工作中进行操作和利用，使之朝着有利于干部成长、有利于女性领导力发挥的方向发展，都离不开组织的关注和投入。因此，探索女干部成长规律，建设有利于女干部成长的组织文化意义深远、责任重大。

蓝图非常美好，现实依然残酷。比如，由于传统意识观念和不同时期干部政策的影响，女性的职务级别和岗位分工明显呈现传统意识特点。特别是在女干部的职务级别发展过程中，存在明显的不均衡现象，这就需要从组织的角度入手，将其纳入研究视野，围绕核心问题和比较突出的现象，比如女性在职级分布比例和岗位分布上往往是中层及以下领导岗位上的女性比例较多，高层领导岗位女性人数较少；核心决策和统筹岗位女性所占比例较少，思政教育、教辅岗位和群团组织中女性所占比例较大。

现以北京大学为例，通过对近六年来北京大学中层领导干部队伍中的女性比例进行分析，我们可以更清楚地看到这个问题。

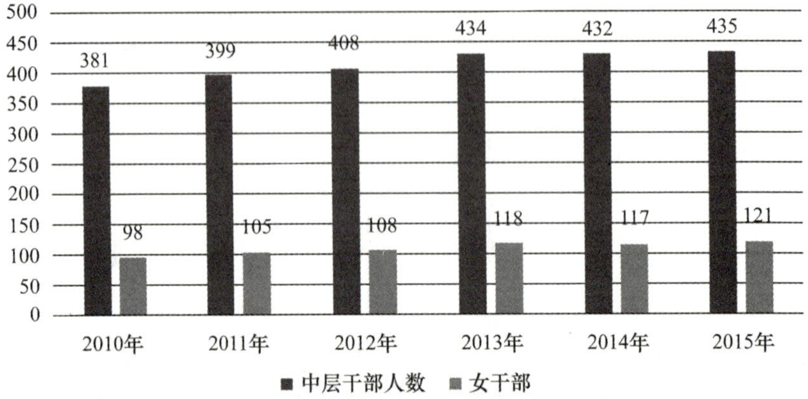

图 2-9-2 近六年北京大学校本部中层干部情况（2010—2015 年）

在比例不高的女干部队伍中，女性中层正职中所占的比例更加稀少，具体如图 2-9-3 所示。

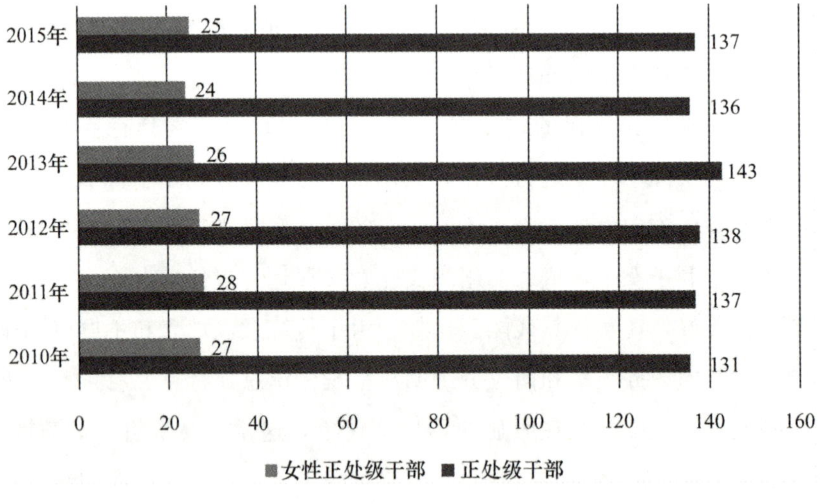

图 2-9-3 近六年北京大学校本部女性中层正职比例（2010—2015 年）

在主要校领导层面，男女比例更为醒目。北京大学自 1898 年建校以来，共有 27 任校长，无一名女性；共有 10 任书记，仅有一位汪家鏐是女性。校领导班子成员中的女性比例也一直处在政策规定的班子配备中男女性别比例的临界线水平，近年来还呈下降趋势。

以教学科研为主的高校情况尚且如此，当我们的研究对象推而广之到社会上，情况就更加不容乐观。根据山东省委组织部以山东省党政领导班子、直属部门女领导干部为对象展开的调查显示，政治领域的女领导干部的成长规律更是明显地呈现出这样的“金字塔型”，越往上走，女领导数量就越稀少；越靠近核心岗位，女性比例就越小。

女干部在中级职称和中层领导岗位上有着非常高的滞留率，在初级职称和科员级别的岗位上，女性与男性的进入率几乎相同，在高校这种情况尤其明显，一个显著的现象就是毕业生应届留校时男女几乎处在同一起跑线（暂时搁置就业时的性别歧视）。在随后的副科级岗位的晋升上，女性的优势甚至略高于男性。但是，在随后的发展中，女性与男性的发展差距越来越大，晋升所需的年限也越来越长。

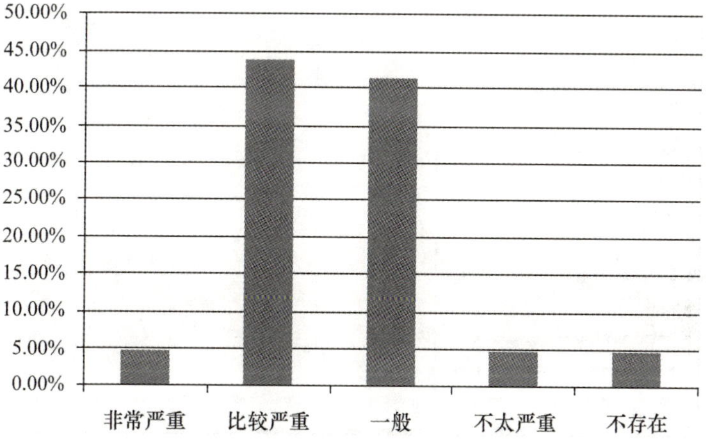

图 2-9-4　女性受访者认为是否存在“玻璃天花板”现象

在我们的调研中显示，女性受访者普遍认为存在着“玻璃天花板”现象，认为情况非常严重的校本部女教师占 4.88%，情况比较严重的校本部女教师占 43.90%，情况一般的校本部女教师占 41.46%，情况不太严重的占 4.88%，情况不存在的占 4.88%。认为“玻璃天花板”现象存在情况比较严重和一般严重的占绝大部分。①

① 本段数据引自课题组《北京大学女性干部成长规律研究调查问卷基础数据分析》图 1-3，第 7 页。

这一方面固然是由于前面第一个规律中分析到的女性自身的成长规律，面临的人生三个黄金发展期和两个低谷期；另一方面，传统思想观念的影响和固有的社会文化习俗也是一个重要原因。女性细腻、温柔，适合做思想疏导、文化教育、教学辅助类工作；男性有决断力、遇事沉着，有领导力，适合做决策，这类传统思想观念的影响还根深蒂固。再加上初级职称以后的晋升中，以3～5年为周期，恰好与女性成长规律的低谷期重合，如果政策上不加以倾斜和引导，组织不能从全局角度统筹协调干部培养和发展，势必造成男女之间越来越大的差距，造成女性发展过程中的“玻璃天花板”现象。进而形成所谓的男性领导力强于女性的结论，由一个不合理的结果倒推出一个不科学的原因，从而对干部培养和选任工作形成更大的误导。

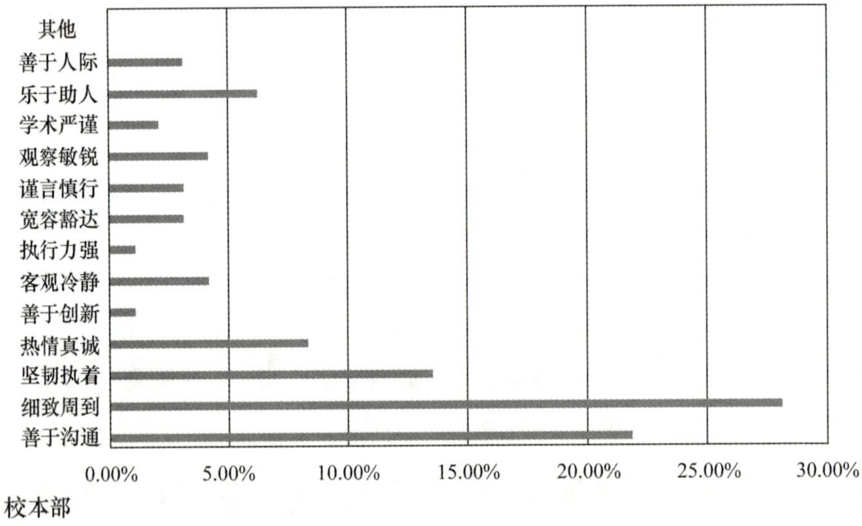

图 2-9-5　女干部最被受访者称赞的性格特点

在我们的调研工作中，女干部最被受访者称赞的性格特点是细致周到、善于沟通、坚韧执着、热情真诚和乐于助人。

业务精良也是成为优秀管理干部的重要前提。特别是在高校女干部群体中，在成为优秀干部之前，学生时代成绩优秀，业务水平较高是这一群体的普遍特点。根据我们课题调研小组在男女学生骨干中所做的调研，特别是从他们参与社会工作的动机（图2-9-6）和担任领导职务的女性在学生时代是否担任学生干部

（《北大女教师职务与学生干部担任的基础数据统计表》）来看，对于女性后备干部的培养，更要从学生时代抓起，积极引导，提供帮助。

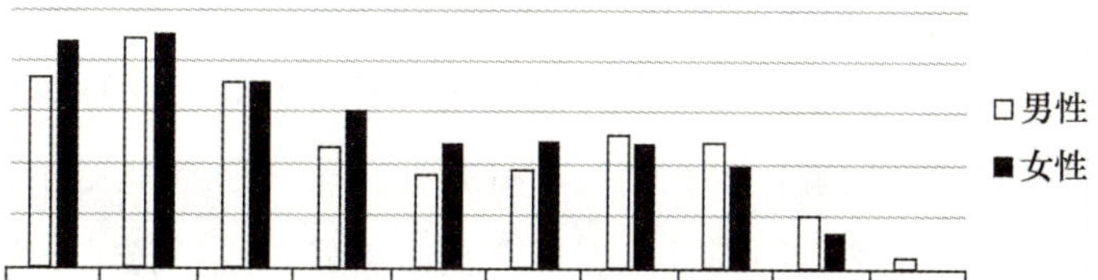

	积累人脉	锻炼能力	实践经验	自我实现	体验	个人兴趣	服务他人	认同组织文化	现实需要	其他
□男性	74%	90%	72%	46%	36%	38%	52%	48%	20%	4%
■女性	88%	91%	72%	61%	48%	49%	48%	39%	14%	0%

图 2-9-6　男女学生参与社会工作的动机分析图

表 2-9-1　北大女教师职务与学生干部担任的基础数据统计表（单位：人）

职务 学生干部担任情况	担任领导职务	未担任领导职务
担任过学生干部	30	43
未担任过学生干部	18	95

学生时代担任干部对于今后工作中担任领导职务的影响也非常明显，这也提示我们，要从学生抓起，在青年学生中重视和鼓励女性群体积极开拓视野，关注时事，参加社会活动，培养她们参政议政的热情和组织协调能力，为领导力的培养打下良好基础。而且，越早着手准备，越占据主动性和有力位置，可以根据学科特点、个人特长和社会岗位需求，进行有意地栽培和引导，为女干部的培养形成人才库和蓄水池，培养阶梯力量。

女干部的成长和成才，对于高校事业发展和社会文化都有着重要而深远的意义。这绝不仅仅是对弱势群体的一个照顾和倾斜，而是真正建立和谐社会，推动性别文化和社会文化走向健康、完善和丰富的必经之路。一个社会的发展程度、成熟与否的重要指标，就是女性在这个社会中的真实地位和处境。人类社会发展至今，衡量社会地位的一个重要指标依然是领导力和领袖人物，那么女性的领导力和女领导的数量在很大程度上对于提升女性社会地位，鼓舞两性文化的和谐发展有着重要意义。而高校，理应走在前列并做出表率，真正引领社会风气并为社会健康和谐发展贡献更多的力量。

“思路需要互补，思维需要共振，思想需要共识”。目前，高校女干部培养与管理还处在一个“粗放型”的阶段，笼统地归属于干部队伍的整体建设之中，符合女干部成长规律的管理体制机制还有待完善。国家已经加大对于女干部队伍建设的关注力度，并于 2015 年 10 月召开“全国培养选拔年轻干部和女干部、少数民族干部、党外干部工作座谈会”，设立专题对女干部的培养和发展进行深入讨论，邀请各方面专家建言献策，为女干部成长营造良好的社会环境。会议提出要组织专门力量调查研究女干部成长规律、服务女干部成长需求、发现和推荐优秀女干部，而我们从 2011 年就启动的女干部成长规律与管理机制研究，正是对这一要求的积极探讨。高校作为国家建设和社会发展的智囊，承担着为社会输出人才、培养建设者和接班人的重任。高校的人才政策和对女干部成长规律的探讨与实践，会对女干部队伍的建设和成长形成重要的支撑作用，提升女干部培养的科学化与制度化。高校开阔的视野与高素质的干部队伍，特别是女干部队伍的完善，不仅有助于提升学校干部队伍的整体水平，建设和谐性别文化，也必将在全社会发挥示范和引领作用，提升社会文明并形成积极的辐射和影响，具有积极的文化价值与现实意义。

分析现状　解析偏差

——积极完善高校女干部培养选拔机制

郭海[①]

改革开放以来，高等学校中受教育对象的性别结构已经发生了深刻的变化，总体上教师的性别结构也正在发生改变。女性在高等教育中发挥着越来越重要的作用。我们先来看两组数据。

学生状况。1957年，全国高校本专科学生中，女生占总数的23.2%；1980年，恢复高考三年之后，女生仍只占23.4%，自此，女生比例逐步攀升。全国女大学生人数第一次超过男生，是在2009年。这一年，全国在校的普通本专科人数达到2144万余人，女生占到50.48%。最新的数据，2014年女性比例达到52.46%。全国女硕士研究生第一次超过男生，是在2010年。这一年，全国有12万余硕士研究生，女硕士占到50.36%。到2014年，女硕士占到了51.65%，稳稳地占据了“半边天”的位置。女博士研究生所占比例也逐渐上升：2008年，女博士占总人数的34.7%，2014年达到36.89%。由于学科结构的差异，高校间男女生比例呈现了不同的特点。2014年全国719所公立高等学校中，97%的高校女生超过30%，51%的高校女生超过50%，甚至有45所（6%）的高校女生比例超过70%。2015年，北京大学女生达到52%，一向以工科见长、女性比例相对较低的清华大学也达到38%。

教职工状况。改革开放以来，随办学规模的扩大我国高等学校专任教师队伍急速扩张，女教师所占比例也逐步提升。1979年，普通高等院校的专任教师为23.7万人，其中女教师仅6.07万，占26.2%；2014年中国普通高校专任教师规

---

① 郭海，时任北京大学党委组织部部长，现任北京大学党委办公室校长办公室主任。

模达到153.45万，其中女教师占46.64%。毫无疑问，高等教育专任教师队伍总体的性别结构日趋均衡，这是中国妇女发展和性别平等成效最为卓著的一个领域。

与上述变化的趋势相比，还存在着一组不和谐的数据。在过去这些年，不同职级女教师的比例稳步提升的同时，"随着职级的提升，随着职级阶梯的升高女性所占比例递减"的这一职级差序格局没有发生大的改变。在中级及以下相对较低的职级上，女性专任教师所占比例已经超过50%，各级跨越50%分水岭的时间分别为：未定级2001年、初级2002年、中级2010年，低职级专任教师队伍已经步入了女性主导的发展阶段，而高级职称则依旧还是男性占绝对主导的状况。

这是全国平均的状况。作为研究型大学，北京大学也存在着类似的情形。在2014年，女性占教职工总数38.7%，占专任教师总数26.5%，其中，女性占教授总数15.6%，占副教授总数34.3%，中级及以下职称中，女性占41.7%。业务领军人才中的这种情形，在管理骨干中也存在。比如，在北京大学正处级干部中，女性占18.3%，副处级干部中，女性占31.4%；科级及以下干部中，女性占50.2%。也就是说，在高校，发挥领导作用和决策作用的女性比例相对较低。在领导岗位上的女性，还存在着作用发挥不够均衡的问题，突出表现在岗位分布上，正职少，副职多；行政岗位少，党务岗位多；重要岗位少，辅助性岗位多。

概括地讲，大学师生性别结构的变化对知识传授和知识创新的影响日益显著，建设高素质的女性领军人才队伍和干部队伍，既是女性知识分子个体发展的需要，也是高等教育改革发展的需要。同时，国家在改革开放的形势下，迅速地从传统农业文明向高水平现代工业文明转变，社会利益格局和价值观念正在发生着深刻的变化，社会新秩序和新文化塑造任务非常迫切。在此过程中，女性可以发挥更为独特的作用。但是，我们应该清醒地看到，女性在高端人才和干部队伍中的比例结构，与女性知识分子发展的需要和充分发挥作用的要求还不相适应，与高等教育机构在社会现代化中应该发挥的作用、地位还不相称。因此，在新形势下，高等学校应该认真地主动思考：在女性业务骨干和管理骨干的培养选拔方面，从价值观念、政策环境、体制机制等各个层面，还有什么样的提升空间，并积极地行动起来，加以改善。

一、影响高校女性领导力发挥的因素

高校作为学术机构，与一般党政管理机构最大的不同在于，它存在着两个显性的权威系统，即学术权威系统和行政权威系统。学术权威系统的影响力往往还会超过行政权威系统。学术权威直接来源于个体对知识的占有，表现为对学术评价的影响力，而行政权威则来源于国家法律和上级的授权，表现为对党政事务和资源配置的协调和指挥能力。在高等学校，尤其是研究型大学，领导力，也就是影响、协调和指挥的能力，往往是学术权威和行政权威组合的结果（一种表现形式是，在研究型大学，双肩挑干部在中高层党政管理干部中处于主体地位）；行政权威离开学术权威的加持，往往是非常脆弱的。北京大学最近这些年在干部工作中，非常强调从学术领军人才中物色管理骨干；在组织工作中，非常强调学术队伍、党员队伍、干部队伍联动建设。因此，讨论大学内的领导力，必须全面考察大学内部的价值结构、任务结构和组织结构特点；讨论高校女性领导能力，必须从高校的价值结构、任务结构和组织结构三个层次上分析相应制约因素，才能全面把握。

1. 在价值观层次上对女性干部的自我角色认知和其他群体的角色期望存在偏差

2013 年北大社会学系一项对高校女干部成长现状的调查中发现，女干部对当前干部选拔的满意度还是比较高的（25%的女干部对现有的干部培养工作十分满意，有 63.3%的认为较为满意，只有 9.4%的女干部表现出不太满意或者不满意）。而对女干部的个人晋升机会的评价，满意度并不高（22.7%的女干部对现有的晋升机会十分满意，认为学校提供的机会很多；57.8%的女干部认为晋升方面的机会一般，学校相应的提供了较多的机会；还有 15.6%的认为晋升的机会较少，比较不满意）。与这项调查结果类似的是女干部对成长环境的评价，有 31.9%的女“双肩挑”干部认为本校的女干部成长环境很好或比较好；63.1%的认为环境一般；不到 5%的干部认为成长环境较差。而受访的男“双肩挑”干部普遍认为女干部的成长环境比较不错，比例超过女性自己的判断；在有关本校管理者培养、晋升的问题上，有 88%的男性管理者同意“敢于把女干部放到主要领导岗位和关键性的岗位”上。另一方面，当调查者对女管理者关于“玻璃天花板现象”是否存在于她们的社会生活中进行询问时，有12.5％的认为十分严重，有39.8％的认为这个现象比较严重，37.5％的女管理者认为这个现象一般严重。

当然，这项调查存在缺陷，调查对象仅限于在处级岗位上的男性或女性干部，充其量代表了15.6％的女性教职工的意思，从管理者的层次看，可以说属于“既得利益者”，她们是成功者，非常自信，调查数据显示有59.3％的女性管理者认为由于个人努力，自己才取得了现有的成就。但是即便是这些调查数据，也表明，在这所大学中，女性干部虽然总体上满足于现状，认为培养环境差强人意，但对晋升机会不太满意。调查统计数据之间存在矛盾，特别是与男性干部的看法相比，差距更大。这项研究显示，女性干部在角色的自我认知方面存在矛盾的价值判断，正像男性干部对女干部的角色期望也存在矛盾一样。

在价值判断方面制约女性管理者领导力发挥的偏差有很多，既有中国传统社会的观念在作祟，也有似是而非的性别研究结论在干扰。比如，有人认为，女性理性思维能力不强。女性感情丰富，习惯于靠直觉作出判断，存在理性思维能力不足的劣势。也有人认为女性开拓创新意识不足，眼界不够开阔，往往趋于保守、安于现状、乐于维持。还有人认为，女性决断力不强，在关键问题上左思右想，权衡利弊，不敢轻易作出决策，容易错失发展机遇。也有人认为，女性干部自信心不足，表现在工作上就是依赖性强、缺乏主见。在上述北大社会学系的调查中，管理者认为，比较突出的女性特质的劣势包括：主观感性、容易冲动、过度自我，难以把握全局，所以难担正职；女性有依赖性、优柔寡断，缺少决策魄力，难堪重任。同时，女性干部自身也习惯于消极的自我暗示，自信心不足。这些调查结果与传统的价值判断非常一致，可能是在研究模型的选择上存在偏差或囿于传统假设，进一步强化了对女性领导力的消极判断。因为从生活经验中，对女性领导者劣势的每一项判断或推论都可以找出大量的反例。尤其当我们看到高校当中身处正职的女性领导者所表现出来的亲和力、敏锐和精细化、决断和原则性、自我克制和包容性，我们就会认识到对女性的主观判断实际上是传统文化对女性角色定位期望的结果，而不是一种科学结论，可以参考，但不能作为政策制定、做出评价的导向和依据。

2. 任务结构的偏差使女性教职工发挥作用受到限制

高等教育机构的核心职能被定义为教学、科研和社会服务。在市场经济条件下，政府越来越多地把高等教育变为产业政策的一个领域，在扩大招生的同时，为减轻公共财政压力，允许高等学校在政府拨款之外“自筹资金”，这是一种下放财政责任的分权型改革。这种改革甚至被延伸到大学组织的基层单位——院系，院系要为很大部分的运行支出和职工福利负责。一般认为，财政分权有利于通过增强基层单位的主人翁责任感以筹集更多的教育资源，有利于通过把决策权下放给就近者、更熟悉基层情况者来提高教育效率，有利于通过分享决策权和划分投入责任解决不同行政层级之间的矛盾冲突。但是就我国的财政分权化的改革而言，由于院系的学科特征和筹集资金能力的差别，它存在三个主要缺陷：① 基层单位可能缺乏正确决策所需要的管理能力或满足自身发展所需要的财政筹措能力；② 过度依赖基层财源可能导致院系之间教育资源的严重不平衡；③ 由于基层单位自筹收入的相当部分构成职工福利基金，出现了统一薪酬标准掩盖下的广泛的利益分化，造就了支离破碎的利益团体，进而影响了高等学校作为整体的利益的实现。由于存在着事实上的财政分权和系级财政，大学的学术目的有可能被盈利目的所取代。谋求更多资金成为大学组织的使命之一，势必发生大学任务结构的严重扭曲，这对大学持续发展，保持学术声誉来讲是极其危险的。

大学任务结构的扭曲还表现在学校的评价标准和评价机制出现问题，重科研、轻教学，教学成果成了“附加项”，资源配置向教学倾斜的政策没有得到有效落实。从学校到院系任务结构偏差就使女性教师有效发挥自身优势的渠道并不畅通，使其学术权威的获得受到约束。特别是由于女性在人类再生产中的特殊地位以及传统文化对其角色的要求，其时间和精力的分配更为分散，集中处理突发问题和社会交往问题就显得被动，从而更难满足现有任务结构提出的评价标准。对北京大学女性双肩挑干部的统计表明，女干部绝大多数具有较高职称，其中具有正高级职称的占 53.3%，具有副高级职称的占 31.1%，不仅不会再因为评职称而影响管理工作的投入，而且其行政权力得到了学术权威的维护，存在一个正向促进的作用。但受现有任务结构和评价体系的影响，女性具有高级职称的比例与女性教职工的比例不相称，并且学科分布非常不均衡，职称晋升的压力非常大。在北京大学，女教授占教授的比例在缓慢的增加，如从1988年的12%增加到2012年的16%。值得注意的是，理科女教授的比例较文科女教授比例有较大幅度下降。在学术权威分配体系中的弱势地位就使得女性在党政管理领域获得职务的可能性也大大降低，特别是在理科院系。

3. 组织结构方面的偏差主要表现在干部使用和管理模式上，也对女性领导干部成长不利

总体上看，干部管理仍然以职务管理为中心，尚未完全摆脱传统人事管理的方式，职务管理与职责管理不够统一，干部的职务与职责、职责与能力、责任与权力、业绩与利益的协调机制不够健全。如果干部的职责、权力边界不清楚，仅仅依据科级、处级、局级等职务层级概念选人，评价的标准就不可能科学，特别是存在着信息严重的不对称，参与民主推荐的人，选择的角度和出发点常常与个人利益联系在一起，很难保证干部选拔任用的客观公正。再比如，长期以来，干部管理注重资历、注重实绩，存在着一定的合理性。显然单纯的论资排辈不可取，但仅仅注重实绩也不可取。在我们国家强调集体领导，实行的是领导班子集中负责制。在考核中常常发现，很难分清干部个人在实绩中做了什么工作，有什么突出贡献；而且考核实绩时不计取得实绩的成本投入，缺乏效率评价；在考核实绩时，存在包装、宣传政绩的情形，客观上形成了谁宣传自己多谁实绩就多。突出实绩，实际上是把更高层次上履行职责变成了一种奖励，而没有突出对岗位的匹配程度。所以美国管理学者劳伦斯·彼得提出：每个组织都由各种不同职位、等级排列所组成，很多雇员会因业绩出色，被一直晋升，直到被普升到一个他无法称职的位置，他的提升便终止了。这个现象被命名为彼得定律：每个岗位都趋于被一个无法承担其责任的员工所占据。这种现象对组织发展是无效率的，所以彼得提出，要改变“根据贡献决定晋升”的晋升机制。

以职务为中心的干部管理模式实际上是传统的身份管理，它是对现有人力资源结构的维持，也就是以男性为主体的干部队伍结构的维持，不利于适合岗位需要的人才脱颖而出，不利于优化班子结构和管理队伍的能力结构，不利于女性干部在公开平等的竞争中脱颖而出。特别是，以职务管理为中心的干部管理模式形

成了一种以经验管理为中心的管理文化，不利于管理的创新和管理的制度化、科学化、规范化，因而从另外一个角度妨碍女性干部的成长。

二、完善高校女干部培养选拔机制的若干思路

毫无疑问，从生理上、社会分工上、文化传统上，性别的差异及各自的优势或劣势是客观存在的，因此女性领导力的提升需要从社会、家庭以及女性自身等多方面努力。但本文想强调的是，作为高等学校的知识女性，高校女性领导力的形成更多地受制于高校内部价值结构、任务结构和组织结构所呈现出的时代特征。高校作为现代社会的核心机构，文化引领是其中心使命。因此，在提升女性领导力，选拔培养女性领军人才和管理骨干，推动女性干部发展，促进社会文明进步中，高校必须积极作为，不断改善政策环境，形成相对完善的制度和机制，发挥表率作用。

1. 利用高校学科优势开展性别研究，用科学理论打破文化偏见

中国数千年农业文明固化了女性的社会角色，使其始终处于服从和辅助的地位上。经过上百年，特别是新中国建立以来的妇女解放运动，妇女已经成为劳动力的重要组成部分，在家庭和人力资源市场上都占有相当可观与男性同等的分量。但是在形成领导力方面，还面临着不小的阻力。这些阻力很大程度上来自于文化传统对女性形成的“刻板印象”和角色认知。一些所谓的男性特质和女性特质的概括似是而非，可能仅仅来自于传统的偏见，但却对人们的行为方式和机构的人事政策产生深刻影响，甚至使一些女性也不能正确地把握自身，把一些错误的观念内化为自己的行为准则，产生不自信或者自卑的心理结构暗示和行为模式。随着时代的发展和进步，西方国家一些学者和管理者们对于女性的认识逐渐打破传统观念的束缚，开始深刻思考女性在领导和管理领域发挥的越来越重要和不可忽视的作用。过去那些看似不适合领导岗位的女性性格特质开始成为人们对新的领导者的要求和期待。因此，高校要发挥自身多学科的优势，开展跨学科的性别研究，对两性领导风格和行为差异的来源，做出正确的判断，增强女性领导者的自信，也发挥男女两性各自的优势，实现优势互补。

2. 通过综合改革优化高校的任务结构，形成有利于女性发挥领导力的制度环境

目前高等学校的任务结构正偏离学校的核心使命，需要认真的反思，并设计切实的改革措施来矫正发展的方向和教师的行为结构。学校必须改革资源配置机制，提高保障能力，使学院和教师实现对专业的忠诚与对教书育人的忠诚之间的平衡，学院和教师必须约束不断膨胀的对收入的追求，实现国家所要求的非营利目标和个人成就感之间的平衡。高校任务结构的回归，以及规范、有序制度环境的形成，必将有利于女性在获得学术权威和行政权威的过程中处于更加主动的位置。

3. 建立以职责管理为中心的干部选任管理模式，推动女性干部在公平竞争中成长

给人赋予特定的身份，按照身份确定其晋升渠道、激励机制和福利特权，是我们国家传统的人事管理模式，使人对于未来产生稳定的预期。这种做法有着深刻的历史渊源和现实的社会需要，要改革是非常困难的。但是身份管理容易使现有的社会结构固化，不利于形成公平的竞争环境，不利于激发社会活力和个体的发展潜力。所以，学校提出要启动岗位职责调查，明确岗位职责、任职条件、任务范围和权责关系，编制岗位说明书，逐步实现干部管理以职责为中心。建立以职责为中心的干部管理模式，实际应用中体现为“因事找人”而不是“按人找事”。

建立以职责为中心的干部选拔任用和管理模式，就可以坚持男女干部一视同仁、一个标准，保证女性能公平地参与各种领导岗位的竞争。目前，一些地方在选拔女性领导时，为达到规定比例而僵化执行中央政策，临时“凑数”、随意“指派”，造成有些女性领导居其位不胜其任，更谈不上准确定位的问题。这个问题在学校并不突出，这也是前面谈到的女性干部对用人环境相对满意的原因。但学校需要进一步强化职责意识，真正按照职责明确用人标准，实行资格准入制度。根据岗位职责、班子结构需要，对拟任用女性领导应具备的思想政治素质、年龄经历、知识业务水平等方面作出明确要求，只有达到相应标准方可进入选拔范围，力争做到人岗相适，用其所长、用其所愿，不片面“降格以求”，确保选拔上来的女性领导与班子其他成员形成互补。这样不仅选拔任用了女干部，而且还可以使女干部的领导力切实发挥。

4. 针对女性特点和制度惯性，建立完善发挥女性干部作用的导向机制

女性承受角色冲突的压力确实较男性大，特别是受家庭事务拖累比较大，难以找到家庭和事业的平衡点，久而久之，对工作能力的提升会造成一定影响。这是一个客观的事实。另外，女性固有的生理周期导致的心理和情绪周期，以及女性的孕期、产期和哺乳期直接导致了她们工作的连贯性受到影响，甚至导致职业生涯中断。这些对女性来说，都是不可逾越、不可避免的困难。因此，克服障碍、跨越关口是女干部成长的关键。基于这种情况，建立补偿性的政策是非常必要的。由于历史和社会的种种原因，女性群体在社会上仍处于劣势地位。没有一定的政策和措施向女干部倾斜，其领导力就难以发挥。

在高校当中，这些补偿性的政策措施包括以下几方面。

一是落实必要的性别比例保障，给予女干部更多锻炼机会和晋升空间。在选用女干部时需要适当考虑“双肩挑”女干部，可能存在的教学科研压力过大问题，同时考虑女干部所处年龄阶段所承载的家庭负担等情况，应把握规律适时用。根据女性特点和优势，把女干部选配到合适岗位锻炼，有效利用女性人才资源，丰富其工作经历和阅历，使她们在实践锻炼中逐步走向成熟，提升把握个人进步、家庭和谐与组织培养关系的能力。注意把那些政治素质好、工作能力强、业绩突出、群众公认的女干部选拔到重要岗位，扬长避短配合用、打破界限平等用。要求班子配备一定比例的女干部，也有利于优化班子结构，提升班子的整体素质和能力结构。

二是有针对性的教育培训和辅导。要根据女干部的特点，进行分级分类系统培训，不断更新其知识结构，提高行政管理和业务管理能力。在培训内容上，加强党和国家方针政策学习，增强女干部政治素质、政治敏感性和政治鉴别力；加强专业培训，提高履职能力；加强逻辑思维、抓主要矛盾、临机决策、危机处理等能力的培训，提高理性思维水平和运用理论分析问题、解决问题的能力，特别是解决好角色冲突的能力。在组织各培训班、学习班、研讨班以及参观考察、调研中，尽可能安排和鼓励女干部参加，增强其社交能力，丰富她们的社会支持网络和社会资源。

三是解决女干部面临的特殊困难。建立必要的托儿、育幼机构，尽可能帮助

青年女性干部减缓角色冲突。开办专门的心理辅导和处理家庭、工作关系的课程或活动，增强其心理疏导、控制情绪、缓解压力和科学安排生活的能力。组织专家为女干部提供职业生涯规划，树立主体意识，提升职业自信。在前述调查中，女性管理者有6.25%的女性管理者认为自己的职业规划非常清晰，34.4%的人认为自己的职业规划一般清晰，33.6%的人认为自己的职业规划是清晰的，也有16.4%的女管理者认为自己对于职业规划不是那么清晰，还有8.6%的女性管理者认为自身并没有对于职业有什么规划。从女干部整体对自身的职业规划清晰度来看，是远远低于男干部的。这也是阻碍女干部进一步成长与发展的特殊困难。

总的来看，完善培养选拔高校女性领军人才和管理骨干的关键是公开、公平、公正的制度供给和针对女性特点的补偿性机制的设计。要立足于形成给予女干部更多锻炼机会和晋升空间，促进女干部全面成长的政策环境，要坚持干部选用的客观公平公正原则，鼓励更多女性参与加入到干部队伍中来，形成女干部公平参与竞争、与男性干部共同进步的制度平台。

三 / 感悟篇

法治思维与女干部培养

张守文[①]

在国家全面推进依法治国的大背景下，法治思维和法治方式备受重视，并被贯穿于各类工作之中。加强干部培养，历来是组织建设的重要内容，但由于多方面的原因，男干部的成长往往比女干部有更多的有利条件，因此，在女干部培养方面，如何引入法治思维，认真落实相关法律规定，切实体现男女平等原则，是特别值得关注的问题。

一、干部培养应坚持男女平等原则的法律依据

对于女干部的培养，我国有多方面的明确规定，其中，非常值得关注的是《中华人民共和国妇女权益保障法》（简称《妇女权益保障法》），该法的立法宗旨是“保障妇女的合法权益，促进男女平等，充分发挥妇女在社会主义现代化建设中的作用”，由于其立法依据是宪法，因而在整个法律体系中，其效力位阶是很高的。该法有关女干部培养的规定，在实践中应认真遵守。

在女干部培养方面，应当坚持男女平等原则，既是一个重要的组织原则，也是一个重要的法律问题。为此，《妇女权益保障法》着重从平等权这一基本权利的角度来规定男女平等，不仅将这种平等贯穿于各类权利，还将其作为国家的基本国策。该法第二条规定：“妇女在政治的、经济的、文化的、社会的和家庭的生活等各方面享有同男子平等的权利。”同时，还规定“实行男女平等是国家的

① 张守文，教授，博士生导师。北京大学法学院院长。

基本国策。国家采取必要措施，逐步完善保障妇女权益的各项制度，消除对妇女一切形式的歧视。”可见，男女平等原则或称非歧视原则，既是贯穿《妇女权益保障法》的基本原则，也是女干部培养方面必须遵循的基本法律原则。

上述的男女平等原则，首先要体现在政治权利领域，即在政治生活中要充分体现平等精神。而在这个方面，国家负有重要义务。为此，《妇女权益保障法》第九条规定，“国家保障妇女享有与男子平等的政治权利”。作为政治权利的具体化，该法第十一条规定，“妇女享有与男子平等的选举权和被选举权。”上述规定在工作实践中具有重要意义，是各级各类组织培养女干部，促进其成长和发展的重要法律依据。

国家之所以要培养女干部，是因其在国家的各项事业发展中具有重要作用。“妇女能顶半边天”就是这方面的重要写照。为了更好地发挥女干部在各个领域的管理才能，充分实现其政治权利以及其他各项权利，《妇女权益保障法》第十条特别规定：“妇女有权通过各种途径和形式，管理国家事务，管理经济和文化事业，管理社会事务”。上述领域，涉及国家的政治、经济、社会、文化等各个方面，要加强上述各个方面的管理，就需要真正拓展渠道，使女干部能够脱颖而出，真正参与其中。为此，需要切实加强女干部的培养和教育。

基于上述基础规定，特别是关于政治权利平等方面的规定，针对女干部的培养问题，《妇女权益保障法》第十二条第一款专门规定“国家积极培养和选拔女干部。”应当说，这是加强女干部培养工作的非常重要的法律依据。该规定表明，国家在培养和选拔女干部方面，态度是积极的，因此，各级组织都应当积极创造条件，营造良好的工作环境和氛围，使那些德才兼备的女干部能够真正脱颖而出，从而更好地发挥其在国家和社会的各类事务管理方面的重要作用。

为了在女干部培养方面落实男女平等原则，《妇女权益保障法》第十二条第二款规定：“国家机关、社会团体、企业事业单位培养、选拔和任用干部，必须坚持男女平等的原则，并有适当数量的妇女担任领导成员。”这一规定明确了培养女干部的主体、原则以及在领导班子中任职数量的要求，对于女干部的培养和选拔、任用，具有更为直接的、具体的指导意义。

以上着重从《妇女权益保障法》的相关规定的角度，提出了培养女干部的法律依据问题，这些规定，从立法宗旨到法律原则，从政治权利到各类管理，从国家主体到各类组织，都贯穿一条重要的主线，即强调男女平等原则，或者说是反对性别歧视的原则和精神，而之所以会在法律上如此规定，则与现实存在的实质上的不平等有关。因此，如何把这些法律规定真正落实到位，如何真正实现女干部培养方面的制度化、法治化，切实解决不平等问题，是需要有效解决的重要问题。

二、男女平等原则在女干部培养方面的落实

上述法律规定表明，男女平等原则直接涉及平等权的保障，既要体现于女干部培养的全过程，也要体现在女干部的任用上。但从现实情况看，虽然男女平等原则在法律上有诸多规定，且在工作中也被大量强调，但现实的情况不容乐观。对于男女平等原则或平等权，如何将其从“书面的原则”变成“行动中的原则”，从“纸面上的权利”变成“现实的权利”，仍有许多方面亟待加强。

仅以高校为例，在我国的各类大学特别是著名大学里，女干部的产生主要源自两类主体，一个是教学科研系列的教师，一个是行政教辅系列的教师。但这两个系列的情况会略有不同。

对于教学科研系列的教师而言，在著名的研究型大学，由于对科研要求更高，因而在许多专业领域，随着入职门槛的提高，女教师的比例会越来越少，她们面临着非常激烈的职业竞争，需要在教学科研方面做出更多的优秀业绩。与此同时，由于女教师还担负着特殊的社会角色，还要承担较多的家庭事务，加之在我国转型时期，各个方面存在的诸多现实问题，又会使其在子女养育方面承担更为繁重的任务，因此，女教师可能会承受多于男教师的“双重压力”，这一方面会影响其职业发展，特别是在科研方面的进步，另一方面，也会影响其承担管理的职责。此外，在现实工作中，教学科研系列的女教师往往对自己的学术研究更为关注，往往不愿意承担管理服务工作，或者任职意愿不强烈，这些方面都可能在总体上影响女教师走上领导岗位。

在行政管理系列，女教师的数量相对说来往往更多。在许多著名高校，行政管理系列的女教师的学历层次都很高，这对于提升行政管理水平非常重要。尽管如此，同教学科研系列的女教师一样，她们同样承受着“双重压力”，而且在时

间上还不如教学科研系列的老师更“自由”。繁重的事务性的工作、有限的领导职位以及来自男教师的竞争，都会造成实质上的不平等，这对于高校女干部的培养而言，无疑是一个值得关注的重要问题。

可见，特殊社会角色、工作岗位的特殊性和压力的多重性，以及现行的干部管理体制，都可能影响不同系列女教师的干部培养，上述因素所产生的实质上的不平等，会导致重要领导岗位上的女干部相对较少。这种状况与国家各个领域女干部相对较少的总体情况也是一致的。

针对上述现状，要落实男女平等原则，使女干部真正平等地参与竞争，就必须注意加强对其培养。事实上，目前的“培养”还远远不够，在许多机构，女干部基本上处于“自发成长”的状态。基于差异性原理，基于性别差异、社会角色以及其他差异的现实存在，要在实质上实现平等，就必须对女教师进行适度的“倾斜性培养”，给她们创造更多的条件和机会，使其能够在实质上得到平等的对待。

目前，从高校基层院系的工作实际看，有些女教师不仅教学科研工作成绩突出，还具有相当的管理能力，对于这部分教师，就应当加强培养，使其先成为学科或教研室的召集人、管理者，或者成为某个行政类办公室的负责人，待其管理水平有一定提升之后，可以在学院和系、研究所层面，设置助理岗位，由其中优秀者担任主管领导的助理，使其得到更为全面的锻炼，尤其应增进其大局意识和系统思维的能力，并在德、能、勤、绩、廉等各个方面全面考察和培养，再经过一段时间的培养，确实能够胜任相关工作，就可以考虑将其吸收进领导班子，以真正落实男女平等原则。

事实上，经过上述不同层级培养的女干部，既有最基层的学术领导或行政管理经验，又有全局意识和大局观念，能够更好地统揽全局，推进整体发展；同时，由于她们在思考问题方面更为细致、缜密，更会考虑工作的稳妥性和可行性，因而对于确保整体决策的科学性和合理性，甚有助益。此外，现实工作会大量涉及“人”，有些思想工作更适合女干部去承担，其工作效果往往更好。

总之，从落实男女平等原则的角度看，需要不断优化干部的性别结构，真正重视女干部的培养，这对于各项事业的发展都至为重要。

全球视野的女性话题[①]

袁明[②]

我有一个故事要和大家分享。前一段时间，美国总统夫人米歇尔访问北大，在正式讲演以前有个小范围的个别会见。当时我也戴着这条围巾，围巾上有我国著名的书法家王羲之的《兰亭序》，我走过去寒暄，我和她说“昨天在故宫，国家主席习近平夫人彭丽媛陪着您还一起练习中国的书法，您写的第一个字就是围巾上‘永和九年’的‘永’字。”我就展示给她看，夸赞她写得真好。米歇尔·奥巴马很擅于用肢体语言，我现在还记得很清楚，她的两个动作一下就表达了心意。她到中国来，外交礼仪上都做过功课，“永”字她也练习过。但是通过手势我就感觉到她的心意。一是中国书法对她来说很有兴趣，第二她想表达“我还差得远呢”。但是就是这样很自然的流露，我的感觉就是这是位了不起的女性。她的反应之快，不是准备好的，一切都是很自然的。

我今天的题目是“全球视野的女性话题”，因为我也参加了一些采访，这个课题我有一定的了解。我们今天谈女性，女干部，尤其在北京大学，我觉得这个课题视野是很宽广的。在北大做这件事情，全球视野，太重要了。我们要看到国际上正在形成的新的政治经济的格局，我们同时也要关注国际上种种新的人文景观。我觉得女性话题是国际人文新景象中越来越重要的问题。我们想想十年二十年以后，女性在国际上的影响以及重要性，是一种怎样的景观？作为中国梦的一部分，应当如何做预先的谋划？刚才全国妇联书记处书记谭琳已经用很多的数字

① 本文根据袁明教授在2014年4月18日课题组专题研讨会上发言整理。

② 袁明，教授，博士生导师。北京大学燕京学堂院长。

讲了妇女参政的情况。如果现在去百度上搜索一下，也很容易查到一系列女性领导人，我昨天查了一下最新的（截至 2014 年 3 月份），女性参加议会的变化。很有意思的是，非洲女性参加议会的比重上升，最高的是卢旺达，这是十多年前在世界上骇人听闻的种族屠杀的国家，但是现在女性议会人数达到 61%，相对于东亚女性议会人数上涨得快，当然欧洲、美洲都在前列，这里我不展开讲。我认为在国际上，妇女参与决策，在 1990 年以后，特别是 1995 年，第四次世界妇女大会之后有了更快的发展。在前年达沃斯论坛上我认为最引人注目的就是两位女性领导人，一位是德国总理默克尔，还有一位是国际货币基金组织总干事拉加德。是这两位女士从世界政治经济主线中脱颖而出，我认为国际人文景观女性话题形成了众多国际妇女论坛。这里我要说一下，女性要形成话题一定要组织，就像北大组织女干部课题研究，需要组织，营造氛围，提高人们的集体意识。当前比较活跃的妇女论坛有两类，一类是纯粹的妇女论坛，第二类是国际论坛的妇女分论坛。前者包括世界妇女大会、世界女性经济和社会论坛、世界女性亚洲大会，后者包括博鳌亚洲论坛、达沃斯论坛、夏季达沃斯论坛等。在一些大型会议论坛召开的时候也会召开妇女论坛，例如国际人口发展大会、环境与发展大会、联合国气候变化大会等。这些关于妇女的主题也很有意思，例如“平等、发展与和平”、“健康、教育与就业”、“妇女改变和社会新责任”、“在我们的社会建立信任”、“共享进步创造未来”、“女性的力量”、“发展与可持续性”等，我参加了一些讨论，觉得“共享”这个词非常能反映女性特点。女性与生俱来就讲究“分享”，这些议题充满生命、创新和灵感。从这些议题设立可以看出，女性话题既承载了过去，也面向了未来。这些题目表达了一种人类的崇高情感和共同追求，体现了女性对生活意义的理解，以及丰富的想象力对分享生命的责任和关怀。在世界范围内这些话题不仅对女性有吸引力，同时也吸引着众多的男性。因为女性问题往往是国际交往中的柔性问题，多数内容不会有太大争论，国际社会也有比较多的共识，能够比较自然地占据道德高位。我参加了很多这样的活动，虽然这些论坛并不直接决定政策，但是他们的共同特点是营造一种集体氛围，他们是造势，也包括一种舆论的导向。我们对舆论导向的作用绝对不能低估。比如在 2005 年创立的法国的世界女性经济与社会论坛，致在推出一个新思想的交流平台，现在很有全球影响力，被英国的《金融时报》列为五大全球论坛之一。我认为这些高端论坛的设立和创造所散发的信息，所具有的话语权非常值得我们重视。尤其在现在网络时代这些论坛都有网站，公众的参与度和关注度非常高，这是网络时代的大变革。我本人在2011年和2012年两次主持博鳌亚洲论坛两场女性专题，题目是《被低估的女性领导力》，当时作为主持人，我有一种震撼感：博鳌论坛讨论的主要是社会经济问题，但是开女性会议时候只能封闭会场，要不然连站的地方都没有。当时腾讯网作现场直播，后来马化腾问我是否知道当天的浏览量，我说上千？他说四百万！就是这个女性话题。

因此女性要做一些事情，我们试想十年二十年以后这种发展持续下去，国家的发展，中国的国际地位，我们要做的事情，我们提供怎样的理念支撑？我们有什么样的实践案例？我们讲什么样的中国故事？我们拥有什么样的人才资源？北大党委组织领导下召开这么一个课题我认为是很需要的。北大的力量，北大的软实力，北大已有的历史、经验，我们有这么多优秀的经验。前不久，北大团委成立了一个北大女生发展协会，当时我看到那一张张相当年轻的脸，她们讲出来的那种理念，试想再过十年二十年，我们整个国家在实现中国梦的征途上，这些北大女生群体从校园走出去，她们会多么优秀！但是反过来还要看我们能够给她们提供什么样的理念支撑和视野，这些比一些技术支撑更为重要。

女子当自立，方能自强

孙祁祥[①]

去年受邀参加主题研讨会发言之后，我又欣然允诺将醒悟人生的经历和体会写出来。写着写着，我突然感到，我应当感谢北大“女干部成长规律和管理机制”课题组给了我这样一个机会，让我在忙忙碌碌的日子里稍稍停顿下来，追溯自己过去几十年的成长足迹。尽管谈不上什么“惊天伟业”，但那毕竟是自己的亲身阅历，许多事情是那样地难忘、清晰和温馨，有的场景，甚至使我有一种再重温一遍的“躁动”。

按照主办方的要求并考虑阅读的方便，我将此文分成上下两个部分，不一定有逻辑上的关联，它们分别讲述我的一些成长经历以及我对女性问题的一些不成熟的见解，与读者分享。

上篇：我的成长经历

（一）军人家中的女孩

我出生在一个典型的军人家庭。父亲在 1938 年将近 12 岁时就当了“小八路”，母亲 16 岁当兵。我是家里三个孩子中的老小也是唯一的女孩，但父母并没有因此对我有任何的娇惯和溺爱。从小父母对我们的家教很严，许多方面甚至是一种“军事化”的管理方式。例如午饭以后，父亲会命令分别躺在三个小床上的我们三兄妹：“把头朝向墙壁，不准说话，赶紧睡觉。”

① 孙祁祥，教授，博士生导师。北京大学经济学院院长。

在父母同事和邻居的眼中，我从小就是个“乖乖女”，学习好、也懂事。妈妈曾经说，我从幼儿园回来，看到妈妈蹲在地上摘菜，就会拿一把小板凳塞给妈妈坐下。但即使这样，如果做了让父母觉得不对的事情，挨打也是少不了的，虽然比两个调皮的哥哥挨打少得多。

记得“文革”开始那一年，我和小伙伴在马路旁采了点蓖麻子，准备拿去卖点钱。父亲看到了说：“这是公家的东西，你怎么能随便采摘。”然后不由分说一顿暴打。我边哭边“理直气壮”地反驳“那是路边野生的东西，谁都在摘”。父亲不认我的理，继续打。那会我刚学了一句“文革”语言，叫做“要文斗不要武斗”，当我对着父亲大声喊出这句话以后，父亲愣了一下，然后停止了对我的“武斗”。多年以后，我们父女谈起这段往事，我开玩笑地“谴责”父亲的“暴行”和“军阀主义”，老爷子说：“‘文革’那会整天挨批斗、自己心情不好。你一个 10 岁的孩子说出那句话，更让我心酸不已。”不过，父亲的确是一个“公私”非常分明的人。小时候在家里拿着父亲放在家中的单位的信纸写字作画被父亲看到后，他会很严厉地告诉我“这是公家的东西，如果你需要我给你去买”。母亲也是一个对自己和孩子都要求很严的一个人。“不要跟别人比，‘人比人气死人，马比骡子抬不成’，最重要的是做好自己”。这是我们小时候妈妈最爱跟我们说的一句话。这种教育对我一生影响都很大。长大以后，我把旁人对我的评价——“自律、不斤斤计较、活得很潇洒”归结为从小父母的教导。

在这样的家庭中长大，我没有多少“性别”的意识，虽然作为女孩子的我也爱美，也喜欢穿漂亮衣服。十几岁的时候，想着第二天可以穿上我自己印染的一件新衣服都会让我睡前有些小小的激动。

我十二岁那年，部队来湖南招小兵。在“文革”那个年代，“军绿色”是被人们崇尚的颜色，何况我父母亲都是当兵出身的。因此，听到招兵的消息以后我兴奋极了。在所有应征的孩子里面，我的条件算是很不错的，但通知下来一看，我却因为“鼻炎”未被录取。我哭着闹着找到父亲，要他去跟我说情，因为招兵部队的领导是我父亲曾经的同事。父亲见到老战友以后，老战友把实情和盘托出：“鼻炎”只是表面上的理由，真正的原因是“政审”没有通过，因为你是“走资派，又是地主出身”。一生从不向组织要待遇、争荣誉的父亲得知事情真相以后，到市委组织部大发了一通脾气。父亲对他们说：“抗日战争时期我当兵的时候，组织上没有‘嫌’我是地主出身；解放战争时期她妈妈当兵的时候，组织上也没有‘嫌’她是地主出身。我们俩从小参加革命，都是共产党员，但在和平年代，我们的女儿却因为我们的‘出身不好’而不能当兵入伍，这是什么个理?!”父亲回到家中，说了一段对我一生都影响深远的话：“我和你妈妈从小都是靠自己闯出来的。你今后也要这样，不能依靠父母，要靠自己的能力在社会上闯荡立足。”

正派、耿直、自律、善良的父母亲是我人生中最重要的导师。

（二）知青队里的女队长

尽管我从小学到高中的成绩一直都很优秀，但“文革”期间大学有段时间停止招生，我毕业以后就无学可上了。我俩哥哥，一个已经当了工人，一个因病被“豁免”下乡，因此，我这个家中唯一的女孩就成为当时众多“上山下乡”浪潮中的一朵浪花。

1973 年 4 月，我们一帮子十几岁的高中生先去了“五七干校”。因为爸爸和妈妈也都在干校，我们不大觉得跟城里有太大的差别。可能上面也觉得这样的知青下乡不对头，一年以后，又把我们这些学生按照父母工作的单位分组，下放到了湖南岳阳中村公社大众大队的林场。

到了林场不久，我被知青们推举为知青队长。在湖南的农村“插队”，劳动和生活是很艰苦的。从“春插”到“双抢”（抢收抢种）；从“秋收”到“冬修水利”，从年头到年尾都不会闲着。作为一个从小生活在家庭条件比较优越的城市姑娘，下乡之前，我真可以说是“肩不能扛，手不能提”，但作为知青队长，我干活不仅必须卖力而且必须带头。

在林场三年多的时间里，从犁田到耙田，从插秧到割稻，从挑粪到撒粪……我几乎干过南方农村所有的农活。刚下乡不久，有一次我们四个知青去公社挑种粮，一百多斤的担子、20 多里的路途，越走担子越沉，脚步愈重……在离目的地还有几里的地方，林场其他的知青来接我们，当时的感觉那真叫“盼星星、盼月亮，终于盼来了共产党”。回到家里脱衣服的时候才知道，肩膀被担子磨出了血，衣服和血粘在一起脱都脱不下来了。

湖南农村的三四月份是“春插”时节，每天早上 4、5 点就要去扯秧，这时稻田里的水冷的刺骨，一会儿工夫脚就冻得麻木了，我们必须加快干活的速度，才能使身体稍微暖和些。七八月份是“双抢”季节，骄阳下室外温度经常高达40摄氏度上下，闷热的天气几乎令人窒息，人一动不动都浑身是汗，而此时，我们则必须冒着酷暑，忍着蚊虫蚂蝗的叮咬，钻在半人高的稻田里抢收稻谷……但任何事情都有其两面性，艰苦的环境很快打掉了城市姑娘常有的“娇骄”二气，打造了我能直面困难、不怕艰辛的坚强意志。

一个很有趣的往事是，下乡以后，许多女知青长胖了、晒黑了，而我既没怎么发胖、也没怎么晒黑，所以有时回到城里时常会被邻居问道：“你在农村是否当民办老师，或者养猪而没有下田，怎么没见晒黑呀?”这时我都会“神气”地答道：“我是地地道道的、在广阔天地里干农活的知青。”

在那特殊的年代，因为所谓“出身问题”，我在加入少先队、共青团时都要“考验”几次，不过入党倒还挺顺。带队的老农、80多岁的仔爹在讨论我入党的小组会上给了我一个朴实的评语：“小孙这孩子能吃苦。”贫下中农的话很有分量。多年以后，经常有人特别是不少记者问过我：“你们那一代人上大学的不多，而你不仅上了大学，并且读完了博士，取得了不菲的成就，你是如何走到今天的?”我告诉他们：“我曾经诅咒过那个年代，它让我们经历过许多不公、痛苦和灾难。但从某种意义上来说，我也得感谢那个年代，它让我学会了自立、自尊和自强。”

（三）电信局里的女话务员

从农村返城后，我被分配在市电信局当电话接线员。当时我们话务班有20多位女同事。也许是工作年头长了，也许是“大锅饭”制度养成的工作态度，不少接线员接线的时候，要么“慢条斯理”，要么态度生硬，要么聊着天却听凭号码牌噼里啪啦地往下掉也不管；或者双方的电话早就讲完了还不把电话交换线赶紧取下来，造成短缺的资源浪费（一部交换机有15对线，15对线接满以后，再打进来的电话就无法接通了）；有的人借上厕所半天不回来。我却非常珍惜这难得的工作机会，为了能够提高接线的速度，我在不到一周的时间里强制记住了全市几百个单位的电话号码；当邻桌的接线员去厕所“一去不返”的时候，我会尽量用自己的交换机剩余的线帮她接通打进的电话。工作时间里，我不会跟任何人聊天，而是时时关注电话运转的状况，及时接听、联通、拆线。

在“文革”刚刚结束的那个年代，邮政电信部门是一个半军事单位，当话务员更是一份不错的工作，想着能在话务班工作一辈子我就很知足了，没想到一年以后，由于自己工作出色，我被抽调到电信科以工代干，再一年以后，我又被抽调到局里的政工处以工代干。在电信局短短三年的时间里，我从一名普通的话务员成为一名让许多人羡慕的、以工代干的政工干部。

（四）大学里的女班长

1979 年，我报名参加高考。当时不少同事、朋友都不理解，说你都已经“以工代干”了，局里对你很重视，很快就会转为正式干部的。这么好的单位和工作，为什么还要去读书？他们不知道，读书上大学是我从小的梦想。

我上小学、中学时成绩一直都很好。上高中时颇为我骄傲的一件事情是，有一个学期选课代表，因为我的语文成绩在班上一直很好，作文经常被作为范文在课堂上朗读，同学们一致推举我为语文课代表；选数学课代表的时候，同学们又说，“孙祁祥数学也不错，选她吧”；再选英语课代表时，大家还是表态说“就孙祁祥吧”。

其实我在 1977 年大学恢复考试招生时就参加了当年的高考，但因被录取的学校不是我填报志愿的理想学校，所以我放弃了。当时国家有规定，学校录取考生不去算是不服从分配，第二年不能再考，必须隔一年，也算是不服从分配的惩罚吧。因此，我到 1979 年才再一次参加高考。考完之后，我以第一志愿被兰州大学经济系录取。多年之后，有许多人问我当年为何报考了兰大？实话实说：尽管我的考分上了全国重点大学的分数线，但能否被北大、清华等名校录取心里实在没底，何况单位不会第三次同意我参加高考，因此，抓住这最后的机会，上一所地理位置相对边远的好大学把握性更高。而兰大是西北地区的最高学府，师资力量很强，况且，当时刘冰在兰大当校长，“文革”时他在清华时敢于直言上书被最高统帅点名批判而闻名全国，想着他在兰大，这所大学肯定错不了。

军人家庭出身的我从小经常随父母调动走南闯北，因此，对自然环境的适应性较强。从山清水秀的湖南到当年缺水少绿的西北高原，除了空气干燥之外，似乎没有太多的不适应。相反，兰州的气候，特别是瓜果大量上市时凉爽的夏季，对我这个从小在南方酷暑地方长大的人来说很有诱惑，我很快就喜欢上了这座城市。

我当时报考的是政治经济学专业。全年级 100 个人，分成两个班。我们班 50

个人来自祖国的天南海北，年龄最大的二十七八岁，最小的十六七岁，有一小半为应届高中毕业生，大部分是像我一样工作了许多年的人。

第一学期有“政治经济学”、“资本论”、“数学”、“外语”等课程。我记得主课“政治经济学”课程大约上了两个月左右时，任课老师在事先没有通知的情况下搞了次突击考试，这无疑是对大家平时上课学习“功夫”的考察。一周以后公布成绩，我得到了96分，全班第一名。这个“意外”给了我很大的自信。从那以后，我学习更加认真了，直到大学本科毕业，我的学习成绩特别是政治经济学、资本论等主要课程一直在班上名列前茅。兰大的老师们在教学生活条件艰苦的条件下，仍然对教学特别认真，课讲得好，对学生的要求也很严格。这一点对我之后成为教师影响很大。

大学四年里，班长除了第一年是由班主任老师任命以外，其他三年都是由同学投票民选。我当了三年班长，领导着这个由44位男生、6位女生组成的班级夺得过“全校优秀班级”、“全校女排冠军队”等称号。30多年过去了，我们许多老同学现在见面或者写信还习惯称我为“老班长”，这个“昵称”让人听了倍感亲切。

（五）女经济学博士

1989年，我考上了北大经济学院，师从著名经济学家萧灼基攻读经济学博士学位。说起考博，也很偶然。1986年我经济学硕士毕业后留校任教。1988年10月，我的一篇学术征文被“全国理论界纪念‘十一届三中全会’十周年”的会议所选中。去武汉参会期间，我偶遇肖老师，这是我第一次见到北大的著名教授。我们闲聊了一会，肖老师询问了我的硕士论文题目、学习情况和工作经历后说“你考我的博士怎么样”？说实话，自己虽然从小喜欢上学读书，并且在“文革”之后放弃了在许多人看来很不错的工作去上大学，读研究生，但从来就没有动过考博的念头，特别是北大的博士，真的，想都不敢想，觉得自己不是那块料。

回家以后，我跟先生谈起这件事情，先生说：“考啊，当老师读了博士更有底气!”我的先生就是那样一个人，他总是对我充满信任和鼓励，认为我是一个“实际能力和潜力超过自我评价”的人。我的婆婆和公公都是传统的知识分子，对考博一事也是非常支持。既然这样，我决定试试看。但没想到去系办公室开报考证明的时候，办公室主任说“不行”。我问“为什么呀”，他说：“你考走了咋办?”我说：“这是考北大呀！你认为谁想考就能考上的呀？为什么别人来开证明考复旦、考社科院系里都同意，我就不行呢?”主任说：“别人考，不一定考得上，你考肯定就考走了。”我说：“就这么相信我呀。”

在决定考博之后的短短几个月里，我是真的“拼”了。除了学校教课以及系里其他的一些工作以外，几乎所有时间我都用来备考了。1989 年的 5 月，我去北大参加考试，结果很顺利。大约一两个月之后通知下来，我以优异的成绩被录取。那一年肖老师只招了一个，我有幸成为他的学生，也成为北大新学位制度实施以来培养的第一位经济学类的女博士。

考博前我听说过，考生们对北大考博的外语难度一直是心存畏惧的，因为题量很大，并且题目很怪异，3 小时绝对做不完。我报考的那一年（1989 年）好像外语分数录取线是 40 分或者 45 分，但我考了差不多 70 分。后来上外语课的时候，许多北大毕业的学生都说“没想到兰大的外语这么好”。其实他们不知道，考前听说北大考博外语之难，让我在备考的时候不敢有任何的懈怠。我以当时三十多岁的“高龄”强制自己背诵了大量的词汇，做了无数的测试题，以至于我在参加英文笔试的时候，2 小时 40 分钟就答完了所有的题，当时自我感觉很好，我甚至觉得自己应当得八九十分。

上了博士以后我才知道，肖老师是一个对晚辈特别关爱和提携的人，他见到不错的年轻人总是鼓励他们说“考我的博士怎么样”。而当年他对我讲这句话的时候，我还自以为只有我得到了这份荣幸（哈哈）。毕业之前，我获得了“北大首届研究生学术十佳”称号。当肖老师作为导师代表参加颁奖典礼时，他很高兴地对我说：“孙祁祥，你轻轻松松就拿到了博士学位，而且还让我这个导师沾了你这个学生的光。”肖老师不知道的是，他那句“你考我的博士咋样?”可以说从某种程度上改变了我的人生轨迹。当年如果没有见到肖老师，我不会想到考博，更不可能到北大来读博士。没有肖老师孜孜不倦地教诲、耳提面命地启发、身体力行地引领，我不可能取得那样的成绩，也不可能有那之后我人生的各种经历，我发自内心地感激肖老师对我的知遇之恩。

（六）经济学院的女院长

从 1992 年留北大教书至今，一晃 23 年过去了，我从一名小讲师成为北大教授。2010年，由民主推荐和组织任命，我出任北大经济学院的院长，成为百年经院历史上的第一位女院长。

从大学毕业至今，我有许多在外人看来相当不错的“从政”或者“从商”的机会，但对我来说，可能是受我一生中最敬重的父亲的影响，我一直听从我内心的召唤，从未改变过做一名教师的愿望。从选择在学校里当老师开始，我压根没有想过做行政工作，更何况是担任有着百年辉煌历史的经济学院的院长。但我必须说，是同事和组织的信任让我感动，给了我工作上极大的动力。我在就任院长的大会时对同事们说：“院长，这是一个头衔，一个岗位，但对我来说，这绝对更是一份信任、一份责任、一个使命、一个担当。我和我的团队深感荣幸和责任重大。因为我们要服务的是一个有着百年历史的、一个在中国最早建立经济学科的、一个声名卓著的学院。”

两年之后，在2012年经院百年院庆纪念文集中我更是感慨万千地写道：“北大经院是一座让人仰止的高山，是无数英雄豪杰托起了这个山峰；经院是一个令人炫目的大海，是无数夺锦之才汇成了那片汪洋。我总在对自己说，这世上优秀的人太多了，凭什么你在北大经济学院获得了这份教职？你为这个高山增添了什么样的石？你为这个大海贡献了什么样的流？其实，我们每一个当代经院人都应当面对先辈，扪心自问。我希望我们这一代经院人有能力接过前辈的接力棒，继承他们爱国、开拓、实干、奉献的精神，延续经院辉煌的历史。我希望在10年、20年乃至更长时间以后，我们有那份自信、那个底气、那些业绩来对我们的后辈讲述我们今天奋发努力、为辉煌的百年经院增砖添瓦的故事。”

在我任院长的第一个任期内，我带领全院师生努力工作，取得了不错的业绩。院班子换届之时，北大社科部组织了校内外专家评估、师生座谈、校友访谈、个别访谈以及内部交流，据此得出结论性意见：“北大经济学科在百年的发展过程中创造了众多辉煌，始终引领着中国经济学科的发展。经济学院近年发展中，在国内全面深化改革和全球化的背景下，领导班子团结进取，建章立制，形成凝聚力，顺应潮流，锐意创新，在学科建设、队伍建设、教学科研、社会服务、管理服务诸多方面取得了突出的成就和业绩，值得充分肯定。学院领导班子以先进的办学理念和全球化的宽广视野，确立了科学的发展目标和清晰的发展思路，定位准确，推进措施切实有力，成效明显。”我很高兴地看到我和大家的努力得到了回报。2014 年，我开始了院长的第二个任期。能有机会为这所百年学府做力所能及的工作，是我莫大的荣幸。

下篇：经济、社会转型背景下中国女性的价值和力量

人的生命是短暂的，在这短暂的人生中，每个人都会有梦，不管是大梦还是小梦；每个人都渴望度过一个充实而有意义的人生。但在有的时候，人的命运可能并不完全是由自己所能主宰的。远的不说，就说发生在上个世纪六、七十年代的“文革”，它让多少人有梦不能圆，它让多少人惨遭不幸。应当说，我们这一代人是幸运的，因为我们毕竟赶上了改革开放的年代。我时常问我自己，如果没有改革开放，那我能是现在的我吗？回答是：不可能。没有改革开放，没有恢复高考，我不可能上大学，也不可能出国，更不能成为中国一流高校的一名教授。所以，我们这一代人真的很感谢改革开放的年代所带给我们的一切。

回顾自己的成长经历，特别是在北大学习、工作的这 26 年里，上级组织和北大给了我很多荣誉，其中包括北京大学首届优秀中青年学术骨干，北京大学“最受学生爱戴的十佳教师”，北京大学优秀共产党员，北京大学教学成果一等奖，北京市高等教育教学成果一等奖，北京市哲学社会科学优秀成果一等奖，国家精品课程奖，国务院政府特殊津贴获得者、北京市教学名师，中国保险年度人物，北京市先进工作者，中国十大经济女性年度人物，中共北京市第十届党代会代表；北京高校、北京市创先争优优秀共产党员，全国“三八红旗手”等。此外，我还获得了国际保险学会的“约翰·毕克利创始人奖”，成为该奖项自 1972 年设立以来获此殊荣的第一位中国学者。但荣誉永远属于历史，时代在进步，祖国在前进，我经常感到自己做得还很不够，我只有更加努力地工作才能回报大家对我的信任、关爱与支持，特别是要发挥女性知识分子在中国改革开放中应有的作用。

改革开放三十多年来，中国发生了世界公认的翻天覆地的变化。从世界范围来看，中国的地位和力量再不容人小觑。从国际社会来说，我们经常能够听到像 Chiamerica、Chindia、G2、BRIC 等这样一些似乎非常抬举中国的语词，总之，在世界经济的舞台上，中国完全不是像过去那样可有可无了，哪个国家或多或少

地都想跟中国拉上关系。而与此同时，世界上恐怕也没有哪个经济体能够像中国这样，将五千年的厚重历史，计划经济向市场经济的艰难转变，占世界人口总数20%，文化习俗、教育程度、收入水平呈现巨大差异的近14亿人口，经济总量居世界第二、但人均GDP却占世界排名第90位左右等等，这些如此令人震撼的数据交集在一起。当然，也正因为如此，才注定了21世纪中国的故事令世界着迷。我想，这样的故事也当然应当包括6亿多中国妇女的地位、角色、价值等这样的话题。而在我看来，将女性问题放到中国经济、社会的转型这个大背景下来观察应当是一个很有意义的视角。

中国经济、社会的转型涉及到方方面面，而从劳动分工与性别角色相关的角度来观察，我认为以下六个方面的转变是非常值得重视的。第一，产业结构从农业、制造业向服务业，特别是金融服务业的转型；第二，要素的集约程度从劳动密集型向资本技术密集型的转变；第三，劳动方式从体力劳动为主向智力劳动为主转变；第四，供求范式从生产者主权向消费者主权转变；第五，经济形态从实体经济为主向实体经济与虚拟经济并存转变；第六，社会的联系方式从传统“面对面”向网络空间转变。

由于上述转变，相对传统社会来说，现代社会的分工依据发生了重大的改变。农业社会之所以有“男耕女织”的劳动分工，是因为这种分工能够很好地适应男女生理上和体力上的要求。在发生了上述转变之后，许多领域和工种对体力和生理方面的要求就会大大降低，性别的约束由此也就大大降低，可以说，这个时候，由悟性、个性、毅力、勤奋等智商或者情商方面的差异所导致的结果会大于性别所导致的差异。

不仅如此，上述这些转变使得妇女的价值和力量得到更加有力的释放。通常来说，女性所特有的细腻、耐性、严谨、钻研、刻苦等在许多领域，如管理、营销、金融、财会、法律、网络经济、国际文化交流等方面都有更突出的表现。

虽然中国女性的“社会歧视”还是存在的，特别是在就业、职位升迁等方面，但据我个人的观察，改革开放以来，中国妇女的地位是在逐渐上升的，有时甚至让国外同行感到惊叹。举一个例子来说。大约是1998年，我应邀去韩国学术界做一个学术访问，同行的还有北大和中国人民银行的另外两位专家。因为对方是首先邀请我并请我再邀请其他两位学者的，并且可能我的语言交流能力也更好一些，所以每次与对方教授团见面时我说得更多一些。而参加学术交流活动的韩国方面的20多位大学教授全是男性，并且几乎全部都留学欧美等国的名校。因此，对方感到很惊讶，说是中国大陆一共来了三位学者，而这位女教授还是个“头”。然后他们问我这是否特例，我说不是，就我们北大经济学院来说，女教师的比例就很高。所以他们得出结论：中国知识界妇女的地位要比韩国高很多。

无独有偶，我有一次出差时在飞机上看到《参考消息》上的一个报道，似乎可以印证这些韩国教授十多年前的观察。一份由一家权威国际会计事务所发布的2010年的商业报告说，中国身处管理岗位的女性中有19%担任首席执行官职务，在39个接受调查的国家和地区中比例高居第二，大大高于8%的世界平均水平。该报告还显示，目前中国女性担任高级管理职务的比例达34%，超过了2009年全球31%的水平。而全球女性担任高级管理职务的比例目前为20%，比2009年的31%有所下降。这表明，随着经济实力的增长，中国社会为女性发展提供了更多的机遇。另一项研究显示，中国女性在事业方面的雄心要高于其他国家的女性。研究发现，75%的中国职业女性都希望担任高级管理职务，而美国这一数字只有50%。还有一组数据可能也很能说明问题。根据胡润2014年最新富豪排行榜的数据，中国白手起家的女性富豪人数居全球第一。全球白手起家上榜富豪中，69位是女性，其中35位来自中国。

作为一位曾在“文革”中下过乡的知青、经历过恢复高考有幸进入大学并且也曾漂洋过海镀过那么一点金的学者，我不敢说对人生有多深刻的理解和洞察，但多少会有一些思考和感悟。

首先，我认为灾难、痛苦、自强、自立、自信、自尊等都是没有性别标签的。灾难不会因为你是女性而放你一马，病痛不会因为你是女性而减少一分；厄运不会因为你是女性而离你而去；好运也不会因为你是女性而对你格外垂青。但如果你拥有自信、自强的精神，勤奋、坚韧的意志，宽厚、仁爱的胸怀，你就能像男性一样获得他人和社会的尊重。

其次，活出自己的精彩，做最好的自己。这里面最重要的一点就是不要人云亦云，不要从众，不要随大流，不要总跟别人比。不同的人有不同的基因、不同的条件、不同的环境，在名利上老跟别人比的话，一是可能会越比越泄气、越比越没有信心、越比越生气。二是若老生活在别人的阴影下，就活不出精彩的自己来。如果一定要比，跟自己的过去比好了。只要每天在努力，只要自己用心在做事就行了。

最后，善待自己。我们有些女性好像有了事业就不得不忽略家庭，或者说承担了很繁重的工作就不能有多彩的个人生活。我承认对于一个事业较为成功的女性来说，要平衡好家庭和事业、生活和工作的确是一个有些难的问题。但也不是做不到，关键是看你自己有没有这方面的意识。善待自己表现在一定要给自己一些空间、一些时间；表现在你不仅要关注你身边人和你家人的身体、健康等，而且至少是要平等地关注自己的身体和健康。善待自己实际上就是关爱自己的家庭成员，就是为你的员工、为你的朋友减少麻烦，就是为社会做了贡献。为什么这样说呢？因为你很优秀，而如果由于身体健康等各种原因不能正常工作的话，它所带来的机会成本会是很大的。这对家庭和社会来说都是净损失。

以上所说的似乎强调的都是自己，看起来很本位，很自我，但集体是由个体组成的，没有个体就没有集体。如果我们每位女性都能自尊、自强、自立、自信；都能做最好的自己，都能善待自己，都能最大限度地发挥自己的能耐，那么，由一个个个体所组成的我们这个女性集体就必然是坚不可摧的。

20多年前，应新华社《经济参考报》之邀，围绕“女性的价值”这个主题，我曾写过一篇小文，大意如下：“女性的价值”这个话题本身就隐含着女性是弱者的意味。要不，为什么不见人们谈论“男性的价值”？正像妇女要争取自己的地位，自己的权利，而男子不用争，所以有“三八”妇女节，而没有“四九”男子节一样。在旧社会，妇女没有地位，但也有其“价值”，这个“价值”就是作为人类繁衍的工具。当然，从这一点上来看，不能说女性不伟大。因为，没有千千万万个母亲的生儿育女，就没有人类社会的延续与发展。然而，也正是女性的这一伟大造就了自身的渺小。社会越把这个伟大的光环打在妇女的身上，女性就可能越渺小——回到家中，生儿育女，传宗接代。于是，女性只有依附于男人，束缚于家庭；没有社会地位，没有政治地位。“女子无才便是德”。女人是通过男人证明其存在价值的，她自己没有其独立价值！但社会发展的大量事实已经证明，除了某些极特殊的受生理条件限制的工作外，男人涉足的领域，没有一项女子不可攀登。小至粒子，大至宇宙，而且女子的成就丝毫不比男子差。在这里，女性通过自己的工作，通过自强、自立、自爱，使其自身的价值得到了充分的体现，这就是：她不仅直接推动了人类社会的进步，而且，她们的成就激励着自己的男友，自己的丈夫，自己的孩子更加努力地工作。因此，女性的最大价值，就是自我存在的价值和自我实现的价值。她通过自身而不是他人证明自己的存在。

当今社会为每个人包括女性创造了更多证明自己的机会。我们应当珍惜它、把握它，在用我们的勤奋、坚韧、勇气和智慧为国家和社会创造更多的财富的同时，实现自身的价值，成就自己的事业，回馈自己的家庭。

从我12岁当兵因为“政审问题”未果到之后下乡、当话务员、到考大学、读博士、出国学习，再到在北大做教授并承担许多社会工作，我相信，我的成长经历与社会上许多成功女性一样，证明了这样一个道理，那就是：“女子当自立，方能更强！”

职责与使命

——我的从医从政之路感悟

魏丽惠①

我从一名普通的妇产科医生，成长为科室主任、党委书记、副校长，也担任过北京市政协委员，三届全国人大代表。一路走来，有过奋斗，有过汗水，有过荣誉，有过掌声。我的个人经历因为多重身份、多重背景，跟身边的同事相比可能有些特殊。能与大家分享我人生道路上的点滴感悟，实为荣幸。

我的家族

我祖籍台湾，生于日本，成长在北京。我的家族是一个医学世家，到我已经是第五代从医了。世传医道，我的祖辈是台湾最早的西医，父亲是外科大夫，母亲是妇产科医生，他们从医日本，抗战胜利后，心怀祖国建设，携子女归国，为祖国奉献一片赤诚。我从小耳濡目染，也立志从医，家庭给我的烙印就是要成为一个“爱国、为民、勤奋、自立”的人。这样的家庭环境造就了我自强不息的性格，也引领我走上学医之路。

学医生涯

我作为医学生的大学时光是快乐而充实的，当时有幸担任学生会主席，锻炼、培养了很多管理方面的能力。更重要的是，我清晰地明确了自己的人生目标——“当一个好医生”。毕业时恰逢“文化大革命”，由于家庭成分的原因，我被分配到甘肃的基层医院，一去就是 6 年。在这个少数民族地区，没有经验丰富的大夫指导，没有完善的轮转培训，我和其他同学一起，凭着仅有的知识和一股子拼劲儿，利用贫乏的医疗资源，为病人诊断、治疗。在甘肃我真正了解到，中

---

① 魏丽惠，教授，博士生导师。北京大学人民医院妇产科主任。北京大学医学部原副主任。

国基层的医疗现实之一就是“缺医少药”。那时我跟母亲讲，中国的农村太需要医生了！我得全心全意为病人服务。由于台胞政策的落实，我从基层的公社卫生院调到州医院做妇产科医生，那几年间我就像 24 小时住院制一样，所有人家不干的活我都去干，满腔热情、全心投入。辛勤的付出换来了真心的感激和尊敬，甘肃医院的医生们都很肯定我这个学生的努力。虽然辛苦，但我觉得那几年是我人生中一段珍贵的训练和成长过程，为我以后从医打下了坚实的基础。

从医之路

1975 年，我有幸调回北京，来到北京大学人民医院。在甘肃基层时，我就立志要成为一名妇产科医生。母亲常对我说起外祖母，外祖母作为台湾地区最早的助产士，多次提到中国的妇女太可怜了，说一定要为中国的妇女服务。从古代三从四德的束缚，男权社会的重压，到现代对女人越来越高的要求，家庭与事业之间的平衡，中国的女人一直很苦，但一直那样坚强。如果其他方面我无力改变，至少我希望能够通过解除病痛，为女人们消除一些痛苦。母亲说你选择妇产科要做好吃苦的准备，因为妇产科医生是极其辛苦的，问我是否有决心？我坚定不移。

人民医院和基层卫生院相比，又是截然不同的环境，很多事情又得从头学起。那时候我的女儿出生还不到 1 岁，我先生很支持我的事业，承担起了家务和照顾孩子的责任，他让我全力以赴地把落后的部分努力补上去。当时天天泡在医院，很多人还以为我是单身。就凭着这股子勤奋的劲儿，我很快成长为独当一面的主治医师。

1982 年，我又有幸成为第一批出国留学的医生，从日本进修回国后，很快就晋升为副主任医师和副教授，随后又成为主任医师和教授。做了近三十年的妇产科医生，我在妇科和妇科肿瘤领域中积累了丰富的临床经验，诊断、治疗了大量妇科疑难病症，完成千余例妇科各种高难度的手术，承担院内外多例疑难病症的会诊。我把医生当做我一生的职业，所以不管我的背景怎么变化，我在病人面前永远是一个医生。尽力为病人解除痛苦，延长生命。无论到多忙的时候，一站到手术台上，心就静下来了，一心全都扑在病人身上。

2002 年到 2013 年我担任人民医院妇产科主任，除了完成繁重的医疗和管理工作，还培养了近 60 名博士生和博士后研究者，学生中不少已成本院和各地的学科带头人或学术骨干，在各自的学术领域中发挥他们的专长，我为我的学生们感到自豪。

作为学术带头人，我带领北京大学妇产学科在 2002 年、2007 年两次被评为国家教育部临床重点学科，并多次获中华医学会科技奖和教育部高等院校科技奖等。我们这个重点学科是在 1989 年由北大医院严仁英教授、人民医院钱和年教授以及北医三院张丽珠教授三位专家联合从国家教育部争取到的，我接手之后继续发展，被评为卫生部的临床重点学科，2004 年我们在全国第一个成立了妇产科学系，把北大的力量联合起来了。

2003 年我被选为中华医学会妇产科分会和妇科肿瘤分会副主任委员，北京市妇产科分会主委，为北京和全国妇产科界服务。

从政经历

我在从医坐诊的同时，也担任过人民医院党委书记、北京医科大学副校长，两校合并之后我又担任了北大医学部副主任。

2003 年，突如其来的“非典”全面爆发，人民医院作为北京首批被隔离区域，我临危受命，担任隔离小组组长。在隔离第一天就下发了《告全体党员一封信》，以党支部为依托把各个科室有序地组织起来，统一下达要求。隔离的卫生、治疗工作都进行得井井有条，圆满完成了任务。在医院管理工作岗位上，我建立了培养和引进人才制度、促进学科整合、推动学术发展，为医院的建设添砖加瓦。

后来，担任人大代表让我的思想上升到了一个更高的层次。人大代表最重要的职责是站在人民的立场，理解国家的事务，我是作为人民的医生去参加，要反映基层的情况，同时要理解国家发展的需要。作为北京市政协委员，第九、十、十一届全国人大代表，我提出了《大力宣传开展自然分娩，降低我国异常增高的剖宫产》《尽快建立子宫颈癌综合防治体系》《关于加强我国罕见性遗传病的防控及研究的建议》等议案，得到了积极的响应。

我作为台湾籍人士，在担任人大代表时，也注意在对台工作中发挥独特作用，如提出《在关于毕业台生取得执业资格后在大陆就业问题的几点意见》《关于继续鼓励台资医疗机构在大陆继续发展的建议》《关于两岸医疗台湾健保更便捷对接的建议》等文件，都从医生角度反映了现实的情况，引起了中央领导的高度重视，促进了问题的解决。

对祖国的热爱和为人民服务的热忱，让我全心全意地投入到了这份光荣的职责中去。从政经历给我最大的体会就是转换角度进而转换思维，从国家层面、整个学校层面去看待发展、建设问题，思考的深度比单纯当一个医生要更多些。

生活感悟

现代女性要想在职场上做出成绩，付出的辛苦要比男性多得多，家庭这个温暖的港湾便是我们不竭的力量源泉。我经常跟我的学生讲，回到家要尽好做妻子、母亲和儿女的责任，不要拿出医生的派头“下医嘱”般对待家人，努力平衡职场与家庭的关系，兼顾双方。俗话说一个成功的男性背后常有一个女性的支持，而我要说一个成功的女性的背后也肯定有一个男性的支持，对我而言这个人就是我的先生。我们两人几十年来从夫妻到挚友，从莫逆之交到白头到老，他给我的支持让我可以毫无顾虑地追求我的事业，这是我取得成功非常重要的一点原因。

我从 10 岁开始进业余体校学习游泳，大学时期是北京高校游泳冠军，体育训练教会我的是坚持不懈的精神。我认为一个好医生不仅需要有精湛的技术、高尚的医德，在面对危重疑难病人时更需要勇气和毅力。我常常面对患晚期肿瘤的病人，不能因为治愈几率低我们医生就不去努力，如果大家都没有信心，那么手术怎么可能成功？同样的，在我医疗、行政双肩挑的时候，很多复杂的任务、事情都要求迅速办理，这时候就必须沉下心来，坚持不懈，才能取得圆满的结果。

作为女性，在工作和生活中还需要具备广阔的胸怀和视野。从单位到家庭，看起来每天重复的路径，如果仅限于此，不免会生出很多倦怠和烦闷。我从医生做到行政再到人大代表，视野每开阔一点，思考的维度便增大一圈。视野开阔了，心境也自然随之舒展，看待问题、考虑问题就能更深刻、更周全。有基层的体验，在面对全局考虑问题时，我也能从容地代表女性团体、代表组织和群众的期望做好工作。

我非常珍惜改革开放的历史机遇，同时北京大学医学部、人民医院没有性别歧视的宽松的职场环境，也是我能发展的重要原因。任何人不可能离开历史的长河独立存在，正因为有了这样的机遇才使我有了今天的成绩，衷心感谢我的家庭和一路走来关心、支持我的领导、同事、学生！

对北大女性管理者群体的认识和感受

樊志[1] 刘耕年[2]

在北大学习工作多年，无论是做学生还是留校工作从事教学科研和管理工作，记忆和经历中总是有很多女干部也就是女性管理者的深刻印象。在现代中国社会，特别是在北大这样的高等教育机构，女性从事管理工作并在工作中发挥重要作用是很正常的事。但是就个人而言，北大的女性管理者群体给我们还是留下了突出的感受。

女性管理者是北大绚丽图卷中的一幅画。北大学科众多、专业众多、管理业务复杂，身处其中的教师、职员以各自独特的学识、魅力、风骨、性格组成了一组组丰富绚丽的图卷。而这中间，我们这些可敬可爱的女性管理者起到了丰富画面、调节色彩、平衡重心的重要作用。可以说，没有女性管理者这个群体，这组图卷就会失色、就会失衡。

女性管理者是北大壮阔诗篇中的一首诗。在北大历史上特别是建国以来，无论是学生、教师亦或管理者队伍中，都涌现出众多杰出而优秀的女性。翻检校史，在院系调整后的新北大建设中，在“文化大革命”的狂潮中，在改革开放的激荡时代里，在百年校庆的新起点上，都能看到北大女性管理者的身影，她们本身的工作和事业也嵌入了北大的历史和过往之中。

女性管理者是北大众声合唱中的一首歌。北大目前正处在一个伴随国家发展进步而不断发展的时代当中，正向着世界一流大学的目标前进，无论是教师、学

① 樊志，北京大学城市与环境学院党委副书记。
② 刘耕年，教授，博士生导师。北京大学城市与环境学院党委书记。

生还是从事管理服务的人员，大家都在积极的努力，把自己的本职工作做好。这其中，女性管理者在所有人员的共同努力中以独特的优势发挥着作用，体现出了与男性管理者不同的“基调”，与之达成了和声共鸣。

对北大女性管理者的认识其实也是在日常工作中慢慢形成的。在各种会议的互动中，在业务工作的开展中，在具体事务的沟通中，对我们学校女性管理者的特点特色也有了进一步的理解和体会。虽然广大的女性管理者们大都身兼妻子、母亲这样的角色，承担着家庭负担和压力，但她们依然尽心尽责，坚忍不拔，丝毫没有耽误工作，无愧于学校运行发展的重托。

女性管理者体现了刚柔相济的管理风格。现代管理学研究认为，就领导力这一管理概念来说，并不存在所谓的性别差异，任何组织所寻找的只是最适合这个工作岗位的人。对比男女的智力水平，在能力上男性与女性的差别本质是能力的特征和风格，而不在于能力的程度。管理者性别的差异会使其具有不同特长的能力结构，而不是能力的高低之差。就此而言，北大女性管理者的表现非常好的印证了这一观点。她们在表达能力、沟通能力、人际敏感度等方面都体现了相对于男性的优势，也许所有的差异来自于男女最原始的区别，多种天然的差别塑造了女性领导力的特质。女性擅长沟通和建立团队，女性在待人接物上表现得比较温和，这使得她们在人际交往、沟通方面更有优势，比较容易说服别人。女性具有耐心、坚韧的特性，而且女性很多时候成为务实、量力而行的代名词，女性相对平和、细腻的性格也使她们在处理问题时相对比较稳妥。但同时，北大也是历来教育领域乃至全社会关注的焦点之地，经常因为各类突发事件处于风口浪尖当中，在应对和处理这类事件的时候，她们也能体现出“刚”的一面，果敢干脆，把事件处理到位，把影响减到最小。

女性管理者发挥了与众不同的管理效果。女性所独有的亲和力是一股力量，所以一般而言，女性管理者的协调能力比较好，更能重视观察人的心理需求，并且女性做事认真、细心、稳定性强。女性管理者的韧性更强，逆境中更显坚定，善于沟通，比较容易说服别人，在一个组织里、在一个班子里，女性管理者能够像润滑剂一样使团队有效运作，能够发挥男性管理者所不能取代的管理效果。她们善于运用个人魅力、专业技能、沟通技巧以及独有的人际交往等特长来感染下属，也更倾向于一种更为民主的、参与式的领导方式。女性面对分歧，通常考虑的是群体和潜在的关系，以及各成员的需要。她寻求的是一种大家能同心协力去实现的方式。大体上，女性更关注群体、关系，而男性更关注目标、策略。因此，在组织和团队凝聚力的形成和巩固方面，女性管理者往往发挥着独特而不能取代的作用。鉴于此，在北大各单位的领导班子建设当中，女干部的合理配备应当成为考虑因素之一。

女性管理者彰显了男女平等的价值理念。男女平等早已是普世价值，也有国家宪法的明文规定，然而在实际生活中，男女的真正平等还在不断推进当中。虽然高校受传统意识的影响相对较小，但根深蒂固的观念还是会对性别分工产生影响，尽管在高校中大家感觉形式上男女都是平等的，但实际上在很多人的心理中仍有男女不平等的定势思维。女性成为管理者既是管理工作中需求多样化、风格多样化的实际需求，也在事实上给了女性与男性同台竞争、平等发展的机会。

在对女性管理者的地位、作用有所认识、理解和体悟之外，我们也能在实际工作中、在日常接触上看到、感受到女性管理者在工作生活中遇到的一些困难和问题，也希望女性管理者能更好地发挥自己的优势，更好地实现个人价值和组织价值的双赢。

女性管理者应追求家庭与事业的双赢。女性管理者的成功不仅体现在事业有成和职位的晋升上，也应该体现在拥有幸福的日常生活中。成功的女性管理者是能够驾驭好事业和家庭这辆双驾马车的，应取得家庭与事业的双赢。我们感到，在北大这样一个较为宽松的环境中，在做好工作的同时照顾好家庭是有客观条件保障的，而且作为一个教育机构，组织目标并不是追求直接效益和纯粹效率的，良好的家庭环境和子女教育也应是所有员工人生事业的题中应有之义。

女性管理者应掌握好平衡的策略。女性追求完美，容易把很多事情都抓在手上，希望各方面都能优秀，但是实际上，由于各种限制可能很难做到每一方面都是百分之百的优秀，所以要学会放弃一些东西，选择那些你认为对自己最有价值的东西，同时也要学会在某一时间上或者空间上放弃另外一些东西。另外在管理技巧方面，女性就是女性，不一定要跟男的一样，要发挥女性的特色，如比较细腻、体贴，关心别人，以德服人、以礼服人，这都是非常好的体现女性领导特色的方式。

女性管理者应保持学习的态度。女性在建立家庭、抚养子女之后往往由于时间、精力的问题在继续学习方面有所放松，此外在对新兴事物的接受和学习方面女性的积极性和热情往往不如男性。然而，要真正改变由于性别原因造成的竞争劣势，真正取得人生的成功或者幸福，学习的态度至关重要。也就是需要在肯定和承认学习重要性的基础上，能够获取前人和他人从来没有获得的新的知识、新的技能、新的思路、新的应用并争取新的成果。如果我们的女性管理者能把人生看做学习的里程，整个人生可能会变得多姿多彩。

人生即使被动也要成长

宁琦[①]

在燕园，我是再普通不过的一员。从 1987 年来到这里，我一直被这里的一切浸染着，不知不觉中就有了它那特有的、抹不掉的气息，内心有着自己的自负，同时又因周围都非等闲之辈而常感压力，就这样一口气在燕园读了十年书。人生第一个十年寒窗，让我得以来到北大，第二个十年寒窗让我彻底地留在了这个园子。

1997 年博士毕业后我留校任教，尽管初入燕园时我从没有想过要当一名老师、一名学者。然而十年的北大生活似乎改变了我，我决定用毕生的努力踏踏实实地做一个我心目中的堂堂的北大教授。而这个决定是从我读博士学位时才开始萌生的。

当年高中入党并不多见，我是我所在专业 87 级学生中唯一的党员，自然在一入校时就被赋予了一些社会工作的责任。大学期间就担任过系团委书记，读硕士期间也一直承担着社会工作，系里也曾有意培养我，希望我硕士毕业后能留校任教，同时负责系里的学生党团工作。然而，就在我读硕士二年级的时候，我的导师吴贻翼教授成为北大俄语语言文学专业第一位语言学方向的博士生导师，并且在下一学年就可以招收博士生，而我希望追随我的导师继续学习下去，于是放弃了留校的机会，报考并成为我们专业第一批语言学方向的博士研究生。第一批博士生不是那么好当的，因为是“新生事物”，无论是我导师还是我自己都没有可以借鉴的经验，只有一点是肯定的，就是要心无旁骛、刻苦努力。导师对我的

---

① 宁琦，教授，博士生导师。北京大学外国语学院院长。

要求非常严格，而我利用一切时间尽可能地多学习、多读书、多思考，按照我们所理解的导师和博士的样子培养和要求我们自己。也正是这一阶段的求学生活，为我日后做研究打下了非常扎实的基础，我开始真正去思考：如果我留在北大，我要做什么？我想我应该专心致志地做一名老师、做一个学者，而且在那个时候的思想观念中认为做学问和做管理是冲突的，既然以做一名好老师为志向，便未曾想过还有机会肩负行政管理工作。

一晃过了六年，2003 年年底我因一个现在想来都非常偶然的机会成为外国语学院的党委副书记，分管学院工会和离退休工作；2008 年 6 月因前任书记借调文化部任中国驻蒙古国使馆文化参赞，另一位副书记已到退休年龄，唯一留任的我成为外国语学院的党委书记，在这个岗位上一干就近七年，经历了不少风雨；而 2015 年的 3 月，我成为外国语学院的院长。当院长需要很多条件，但如果我不是个学者的话，应该是没有机会担当这个职务的。而这一路上的每一步，我都从来没有规划过，有着太多的偶然性，充满着太多的被动。

但是，人生即使被动也在成长。即使我没有想到过我的今天，但我所有的经历不自觉地把我带到了今天这个位置，只是这里没有荣耀，有的只是更多的责任。

回想从小到大走过的路，偶然之中到底蕴含着多少必然，被动之中到底激发出多少主动，所有这些偶然与被动到底赋予了我什么样的成长和能量？人们常说，机会总是给有准备的头脑，那我又是如何准备的呢？

从小到大家庭和学校给我的教育，首先，是要做一个有担当、愿意为别人付出的人。每当有需要我的时候，只要是我能力范围之内的事情，我似乎不太会说“不”，会尽心尽力去想、去做。一来二去，别人认为你有做事的能力，在你没有主动选择的时候就已经被选择了。我就是在这种一次次的被选择中成长起来的，选择是被动的，但既然接受选择，做事态度、承担责任的态度必须是主动的，思想和行动必须统一起来，既然承担，就不能拖泥带水。从这个角度看，我也许从没有被动过。

第二，要做一个善良诚实、持守底线的人。趋利避害是人的本性，不少人认为手段是为目的服务的，只要能够达成想要的结果，过程中有失原则和底线是无可厚非的、是可以被原谅的。然而，在我看来，持守原则和底线是最起码的做人准则，以放弃做人为代价换取的任何结果，无论看起来多么辉煌壮丽，都是没有任何意义的。也正因如此，我的成长要更漫长、更努力，凡事都不能投机取巧、都没有捷径可走，必须要靠自己的努力和实力。在管理岗位十几年的付出，没有一分一毫的报酬，却要承担所有这个岗位赋予的责任和压力，有时甚至是误解和伤害。面对这些，我的确曾经非常地受伤和失望，只想单纯地做回我的教授，但却从没有放弃过自己，无论如何我都希望自己有尊严地、坦荡地活着。

第三，要做一个踏实勤勉、善始善终的人。千里之行始于足下，任何伟大的事业都是靠一点一滴的积累和付出成就的。我一直相信，脚踏实地、一步一个脚印累积成就的未来，也许不会那么轰轰烈烈、也许不会那么尽善尽美，但一定不会是最差的。没有任何行动和付出的一鸣惊人之伟业，即使有，也不会眷顾我这样平凡的人。基于此，我会非常认真地面对成长过程中的每一个要克服的困难、每一件要做的事情，诚恳善意地对待我身边经过的每一个人，发现他们身上值得我去学习的地方，即便我心中对其观念和为人不那么认同，我也仍会给予他最起码的尊重。回顾自己成长的历程，遇到的每一件事、每一个人似乎都是随机的、没有联系的，但随着时间的推移、经验的积累，我发现自己可以解决越来越多的难题，曾经让我困顿煎熬的种种情境、曾经让我悲观乏力的种种困境，今天再面对时我会多出很多的从容。无数个偶然促成最终的必然，每完成一件事情、每履行一次责任、每克服一个困难，从身体到精神都如同完成了一次进化，会比之前更坚韧、更踏实、更感恩、更包容、更勇敢，也让我有能力去接近更好的未来。

第四，要做一个欣赏自己、认同自己人生角色的人。无论男性、女性，都是这个社会不可或缺的组成部分。每个个体都有值得欣赏的特质，也将扮演不同的社会角色和家庭角色。作为一个管理者，性别因素更是不容忽视的。作为一个女性管理者，相较于男性管理者，应该成长的更为艰难。在当今中国，女性得到前所未有的尊重，在外部与男性共同承担着社会责任，发挥着越来越重要的作用。然而这些权利的获得在某种程度上意味着要承担更多的责任，女性在家庭中的责任不会因为其社会地位的提高而有所改变，甚至比之前的要求更高。在事业与家庭的选择方面，大部分女性会选择家庭优先，她首先是一个妻子、母亲，然后才是她的职业工作。对于大部分女性而言，在人生的特定时期和阶段，其家庭角色会绝对优先。这在一定程度上制约了女性的职业发展，成为女性担当社会工作的劣势。但从另一个方面看，这种劣势又成就了女性身上的独特优势：经过妻子、母亲等家庭责任的担当，女性会更加富有同情心，抗压能力强，细腻、包容而隐忍，温和但不轻易放弃，善于分配时间和精力，善于处理复杂关系、化繁为简，善于设身处地、换位思考等等。“一屋不扫何以扫天下”，从这一点看，也许女性天生就有成为管理者的潜质。

在我们身边、在北大有很多优秀的女性管理者，她们在自己的职业生涯中，为了家庭在一定时期暂时放下事业或将其位于家庭之后，并在这个过程中努力平衡两者之间的关系，最后做到家庭和事业兼顾。在她们身上，我们看到追求幸福的决心和执着，看到坚守理想的勇气和美好，而支撑这一切的是鲜为人知的超常付出和努力。事实上，女性管理者的成长，始终处在一个顺其自然的状态，很少有人和机构会刻意为女性的职业发展创造条件，这一点充分体现了“男女平等”。是否需要为女性管理者的培养和选拔开辟专门的平台和通道，需要科学的论证，不能轻易而为；但至少可以给予女性的职业发展以更多的理解、关心和空间，帮助她们更好地实现自身的社会价值。与此同时，身为女性的我们，必须自立、自强、自尊、自爱。

接下来可以列举的品质和素质还有很多很多，并且重点会因人而异，但以上这四个方面既是在我的成长过程中形成的认识，同时对我本人的成长起到了至关重要的作用。而且我相信，在高校中会有不少“双肩挑”的管理者会有如我这样的成长经历。在被动与主动之间，在偶然与必然之间，我们比别人承担了更多的责任，并且在这种担当之中慢慢遇到更好的自己。

为让师生吃饱吃好锁定我一生的职业生涯

崔芳菊①

白驹过隙，一晃 44 年的职业生涯，就恍如昨日。回首走过的每一天每一步，居然让我锁定在学校餐饮服务的岗位上且执着坚韧地担当着、坚守着。

1971 年 12 月，我从北大附中初中毕业，16 岁青春年少，随“文革”后第一年恢复招工，340 人中的一员进入北大，我被盛皿老师领进经济系。当时江西“干校”、“653 干校”的大批老师还都没回来，系里没有多少人，只见到萧灼基、洪君彦、厉以宁、巫宁耕、杨娴、何路野、杨文娴、程为民等不多的老师，这些老师对我们“小孩儿”倍加热情，他们在和我们同住同劳动的过程中给予了很细致的照顾。我们参加工作不久就迎接了新一批工农兵学员入校。

1972 年底，大批老师、干部适应工农兵学员的教学管理需要，结束了“干校”回到北大。学校成立统一的生活组（总务后勤的前身），恢复“文革”前的后勤服务统一组织管理。我是当年北大招工人员中为数不多的几个共青团员之一，积极报名到后勤去，到为人民服务的艰苦岗位去。从此，这一选择绑定了我一生的职业！

一生职业印证了深含时代特征价值观的几句话。

“到艰苦的地方去、到最需要的地方去”——革命的号召让我带着青年人的热情主动地选择了后勤。

“为人民服务没有高低贵贱”——我放弃了科室岗位，而高高兴兴地到伙食科食堂报道，从切菜卖饭开始。

---

① 崔芳菊，北京大学副总务长。

“行行出状元、扎根后勤更光荣”——很多人响应号召来了，但由于后勤工作的繁重和世俗的社会地位，先后以各种理由调出。作为团支部书记、后勤团总支副书记、共产党员，我安心学校后勤工作，努力在平凡岗位建功立业。

“共产党员金钱、荣誉面前让，困难面前抢”——国家招收“工农兵学员”，1973年、1975年两次在校内推荐优秀青工读大学，我两次主动放弃把机会留给别人，而选择了长达14年的求学、培训之路。

“生是后勤的人，死是后勤的鬼”——第一次组织给我调离的机会时，听到有人为了挽留我说这样话时，感觉好吓人、好难听。但是，最终还真就留到现在！

“凡事多为别人想想，别计较得失，能够给别人带来高兴，也是一种幸福”——我一辈子通过自己的付出与努力在不尽地享受着这种“幸福”，老母亲虽没文化，但是她把这些做人做事的价值观传给我了。

“常在河边走哪有不湿鞋”——吴树青校长曾对后勤同志说。后勤人要做到清廉不容易，我硬是咬定要用自己的行动证明，管钱、管物、管人，多元化的市场环境下做一个不沾、不占、不要、不贪的“另类”。我觉得这样做，活个踏实。

后勤社会化改革时，不少干部职工很失落，感觉辛苦了很多年一下子就成了“没娘的孩儿”。许智宏校长及时地对后勤干部说：后勤是学校的后勤，是学校的一部分，后勤的干部是学校的干部……从此，不管遇到多大的困难挑战，我们没有计较过得失，坚定地站在学校大局的高度保持餐饮的安全和稳定！——那些年，社会上传“全国稳定看北京，北京稳定看北大、北大稳定看伙食”——我们当时真就承载着“天大的”责任！

一位前辈告诉我：“选择了就要坚定地走到底。”——可能前辈都没介意，我真就亦步亦趋走到退休都没改工作方向。

从小父母就告诉我：“无论什么时候，做人做事得到的信任最不可辜负。”——为了这个融入骨子里的教诲，我40多年辛劳奔波、舍家弃情，把全身心服务学校师生的“责任”牢牢的扛在肩上，都为践行流淌在血液里的这六个字：“绝不辜负信任。”

老话儿说，吃亏是福；知足常乐。我似乎一直处在一个常乐状态，拿吃亏从不当回事，活得一身轻，洒脱、自在、骄傲——23 年餐饮中心主任的岗位，近五万人的一日三餐，1000 名员工的劳动工作组织，暑去冬来，没断过一顿餐；没出过一次食品安全事故；没有发生一起涉财涉物问题；伙食品种多样；价格实惠丰富……

在任 23 年，正值各种环境条件的大变革时期，对上承担着莫大的“维稳压倒一切”和食品安全的政治责任；对五万师生承担着一年 365 天一日三餐及时的、丰富的、安全的、适应多样需求的生产供应；对内部，近千名职工的劳动组织、培训、管理、矛盾的解决、他们的待遇及每年超过 30%的人员流失的补充……每一个人，每一个岗位，甚至每一个习惯都可能导致食品安全问题或其他安全事故的发生（水、火、电、燃气、车、机械）。校内、餐饮中心内全天候的监管压力，必须确保万无一失。

对校外，承担着全部国家相关机构及行业组织的监督、检查、协调、汇报、交流，必须为北大创造一个宽松的服务管理环境。

更重的担子和责任是，承担后勤改革学校给餐饮中心赋予的“非盈利、准福利、独立核算、自负盈亏的服务经营任务……”。每年 2000 多万的运行经费，要在非盈利、准福利的框架下完成独立核算自负盈亏，真难！食品原材料这 20 多年一路高歌翻倍地涨；教育部三番五次下文学校食堂不许涨价；师生们在福利上的依赖对我们形成巨大的压力。我们绞尽脑汁牵头北京高校搞联合采购以取得大宗采购的价格优惠，带领全市高校支持北京市教委建立“农校对接基地”争取食品原材料从农田到餐桌，减少中间市场成本；更新厨房设备，提高劳动生产率降低用工成本，建立节水节电节气等机制，减低食品的直接成本；开辟各种风味窗口和地方小吃，让师生最大化享受丰富餐饮；借助行业专家团队常年培训员工，请专家帮助推荐家常菜的烹调技巧等等。每一个措施都有明显的效果，23 年主政餐饮中心下来，实现了改革初期校长在后勤动员会上的目标：让学校受益、让师生受益、让后勤的员工受益。20 多年来，学校节省了原必须用于伙食服务的几十亿元的运行投入经费；师生伙食从单一的吃饱到吃好、吃的健康、丰富、优惠；餐饮员工从全事业编制，到建立了一支稳定的合同制为主的核心技管队伍；我们还充分利用市场机制，保证稳定和服务好的前提下，积累了一定的经济实力，为今后调节市场造成的物价变化奠定了基础……

功夫不负有心人。我遵照父母的教诲、党的要求、学校给予的信任、全体员工的配合、全校师生的理解……使尽全身解数，真真地努力了；不断地学习，不断地开阔思路，不断地根据需要提出与建立与时俱进的措施与机制；带领着素质总体不算很高的农民工主体团队尽职尽责；舍小家为大家，默默地承受着各方压力，勤奋工作。给国家、学校领导及全校师生解决了有安全保障的“吃饭问题”这件大事。

23 年，学校输送了一批又一批毕业生，他们以健康的体魄奔向各自岗位，这其中我们团队的功劳不可低估！别看学生在校时对餐饮往往有这样或那样的意见，可一走出校门，个个都说“北大的饭菜就是好”。正是他们走向社会以后的感言成就了“北大餐饮全国高校领先”的口碑。

23 年，北大餐饮延续了 55 年没有群体性食源性疾患（国家规定，3 人以上因同一食源发生的中毒为群体性食源性疾患），北大能做到这一点实在是太不易了！卫生部说：“如此大型团餐，50 年没有发生食源性疾患绝无仅有。”

23 年，无论什么情况，北大食堂没断过一顿餐！停电停水，对食堂来说是最致命的，没有机械和面，没有燃气点火，没有自来水……有几次，我们组织炊事员用手和面几百斤；没有火源，我们联系周边学校支援，做熟了再拉回北大；没水，炊事员们大桶小盆全用上到校外拉水。我和我们的经理、厨师长、科室人员都上一线。开饭了，师生们只知道今天的饭菜简单了，餐厅里没有灯光了，他们哪里知道我们为了这简单的饭菜付出了怎样的心思和汗水！

除了总校的任务，这些年，我们分别担当了昌平校区的重新招生启用、调整；大兴软件学院食堂的筹备组织、圆明园校区的筹建组织服务、深圳研究生院食堂的组织管理任务。

2003 年“非典”期间的餐饮服务，很多人都吓得回家不敢出门，我们的炊事员从采购、到切洗、到售卖，以致到隔离区送饭，没有一个“掉链子”。我和我们的员工一样，始终没离开岗位，奔波在“感染”第一线。

2008 年奥运会，我们全程为场馆提供餐饮服务，我个人还受邀作为奥组委聘任的奥运饮食专家，全程参加了奥运餐饮食材采购的把关任务，为运动员、新闻媒体、国际官员的中餐服务直接出了力。

这些年，事业上也不是那么顺风顺水，很多与我一同走过的领导、校友都有体会，比如万柳那次餐饮风波就很典型。

学校开办万柳学区，学生不愿意去，近一年时间餐饮中心的师傅们天天送饭，早起晚归，保证异地送餐的及时和安全。但是，当学校决定取消送餐，直接在万柳做饭就餐时，一部分学生感觉被学校抛弃了，就在网上挑动同学罢餐。我受学校的委托，出面给学生做工作，当面说得好好的，可一转脸就有人在网上提出批评，点击率占到“北大网上十大”之首。当一个人倾心付出，尽了她的责任和心血时，心中的委屈真的难以承受。餐饮中心上上下下的同事们也感到委屈，员工们要罢工，经理、厨师长、科室人员要到学校讨说法。我的压力很大，没地方诉苦。但是使命感驱使我，还得镇静下来，在如此对立的气氛下安抚大家，一不能网上对弈，否则越搞越复杂；二不能罢工，不要为此影响了全校大局。我劝诫大家不要集体找校长，相信学校会正确处理的。在那近一个月激烈的痛苦又委屈的环境下，我凭借着自己的政治觉悟，带领大家含泪把全校（包括万柳学区）的餐饮服务一点事故没出地完成了。此间我们员工、干部的顾全大局的姿态也时时激励感动着我。

有所失必有所得，社会总是公平的。

44 年的北大餐饮职业生涯，我只做了这一件事——让师生吃饱吃好。舍弃了不少——上学、出国、升迁、调出、岗位调动、高待遇……这些都是我不用争不用要，就曾经有机会得到的。甚至做个好女儿、好妻子、好妈妈、自在女人等，也是我完全有能力做到并享受的，只是为了这份职业信任与委托，我把自己贡献给了北大的餐饮。

学习，是我一生职业生涯的动力。虽然两次谦让上大学机会，但是我始终学习不断，补上的不仅仅是学历，还在多学科开阔了思路，增长了知识，提高了理论。在爱人的激励和引导下，我在亲力亲为不耽误繁杂的行政管理工作的同时，利用大量业余时间搞研究、写论文、做计划、写总结、编制度、定规章、编书投稿，留下了行政岗位上不容易做到的实用的管理“档案”。先后在相关杂志上发表多篇关于餐饮管理与改革的论文并多次获奖，参与起草编制了教育部、北京市不同时期的涉及伙食的相关文件，编辑了餐饮中心的《管理手册》第一、二、三册，编印了总结反映北大伙食发展的《北大餐饮改革十五年》等画册，出版了《员工培训手册》，完成并出版了全国妇联系列丛书中的《家庭膳食》，出版了全国第一本《团餐 1234 例》(此书正在被中国烹饪协会推荐评审中国科协的科技进步奖中)。

我多次放弃了岗位调动机会，选择了学校给予我的最辛苦、最难做好的餐饮服务岗位。

几十年干过来，学校给我以极大的信任，同时也给了我一个展现人生价值的平台；我在一个最底层和一个最朴实的群体默默无声的完成着每一天的煎、炒、烹、炸、煮、烙、烤，从扫地、切菜到核算、管理，从把这个团队的工作总结成章成册到编辑出版专业菜谱书籍，付出多少辛苦，舍弃多少自己的时间，不去评论值与不值。

1975 年我就是在食堂工作第一线光荣加入党组织的，之后几十年在餐饮服务的岗位上默默无闻的工作，持续地学习、研究，先后获得研究员、处长、副总务长、党代表……我还在行业内近 20 年工作中先后被推选为“中国高校伙食专业委员会副理事长”、“中国烹饪协会副会长”、“北京高校伙食专业研究会主任”、“北京高校联合采购主任”、“教育部相关司聘任的伙食专家顾问”、“国资委餐饮专家库专家”等社会工作职务。职称也罢、荣誉也罢、职务利益、社会兼职也好，没有一个是我主动要求的，相反，无论哪一个，世俗看来求之不得的东西找到我的时候，我都是视它为担子和责任来接受的。

对这些，我看得很淡。只要你努力了，领导、组织、行业、群众的心中是有杆称的。是你的跑不了，不是你的，争来了也撑不起来。

责任和担子太重了，我都当事儿做，真的很累，很累。有的人常在一边说，你得到的和你付出的不成正比呀，还有人经常“挖”我，利益诱惑还是蛮大的，但是我一直不为利益所动，也从没想过我这一生的职业生涯中有什么划算不划算。反而，始终心存知足和感念。学校、职工、师生对我不薄，不论从情感上还是从利益上都或迟或早的给我了，有的让我感动一辈子。比如万柳餐饮风波之时，许智宏校长亲自到食堂找到我说：学生们不是对你的，你是代学校受过，学校对不起你。再比如，任彦申书记在动乱过后稳定形势很紧张的那些年，几次对我说，你是学校的功臣，五万人饮食保证，维稳你在最关键的岗位。闵维方书记在我压力最大的时候，把我叫到办公室和我说：我们都是为学校打工的，这是大家的信任，我们相互理解，你的压力我们一起扛。陈佳洱校长、吴树青校长、迟惠生、吴志攀、林钧敬、岳素兰、鞠传进副校长、周其凤校长，无不在我遇到极大困难时给予温馨的问候和坚定的支持。

人呐，有时候很是莫名，可能在你最痛苦、最无助、最动摇的时候，一个安慰、一个鼓励、一个分担、一个理解，总之，简单到几句暖心的话，就像打了强心剂，无求无怨地往前走了，且知情知义念念于心。就像当我推谢副总务长职务时，时任副校长陈文申说：这是学校对你的认可，知道你多年前就推辞过，但是，今天就算是给你披上一件袈裟，也是你应得的。

并不是我一个人有多好。在追逐名利、巧走关系、靠讲故事堆政绩、凭找门路通达自己所需的年代，我、我们后勤、我们北京大学以致我们国家还是有正气、有踏踏实实干事的人的。我自己就是这样，44 年的职业生涯中所遇到的领导、同事至少我看到的绝大多数是这样！

我感恩北大，感恩我经历的学校领导、感恩与我搭班子一起担当的同事们、感恩餐饮中心前前后后几千名朴实的员工们，更感恩广大师生，无论我们的工作有多少的不尽如人意还是给了我们很高的评价和宽容度。当然，44 年的服务岗位对家庭的牺牲只有家人知道，但是他们给予的支持理解是无可替代的。

我无怨无悔问心无愧——为北大师生饮食服务的 44 年。

女干部成长的思考与建议[①]

柴真[②]

一、柴真个人经历的陈述

1979年入学，1983年毕业留校，做了六年的专职团委书记。由于个人比较喜欢教学，所以在做专职团委书记的同时，担任了当时生命科学学院一门专业必修课普通生物学实验课的教学，受益良多。1993年去瑞士攻读博士学位，1997年回国。1997年到2003年间，被学院安排接手讲授一门比较重要的主干基础课——生理学。在这期间，科研工作也开始起步。2003年到2008年，被任命为生命科学学院党委副书记。其间在发展规划部兼职做了四年主管理科学科发展和教研的副部长。这个经历对于今天在学院的工作，以及与学校相关职能部门的交流和获取支持非常有用。2008年至今，担任生命科学学院党委书记，现在是第二届党委书记。在这个过程中，学院和学校的培养，给予我创造了非常好的机会，能深刻体会到不同时间集中力量做不同的事的重要性。

二、女干部的特质

女干部的特质可简单归结为优势和劣势两个方面。

---

① 根据柴真老师的演讲稿整理成文。

② 柴真，北京大学党委组织部副部长。撰写本文时任生命科学学院党委书记。

有耐心，有韧性，做事情和风细雨、以柔克刚是大家对女干部优势达成的共识。我认为善于倾听是女性工作一个重要优势。大家在工作的时候总是很忙，来不及把别人的话听完，这样是不利于工作的。很多时候听他们把话说完，问题就解决了一半，因为相较于解决问题，他们更希望先得到倾听。与退休老师和 PI（principle investigator）的工作经验很好的证实了这一点。另一个优势是女性容易换位思考，这样就比较容易达成一个对大家解决问题相对公平的方案。事情有了很好的开端，很多问题就容易达成一个协议。

劣势方面，第一个就是家庭负担。我想从生理学这个角度来讲，存在很多非常客观、具有生理基础的事实。女性有很多不可替代的家庭负担。比如说，生完小孩后的母乳哺乳，这是别人无法代替的。在哺乳期带小孩睡觉也是一个问题，晚上很难有完整的睡眠，这就会带来第二天工作效率非常低。当然还有在不同时期，不光你是妻子、你是母亲，同时也是女儿，尤其是当父母年纪大了，你对父母的角色也是不可替代的。所以在不同时期的角色转换，有的时候是很难把握的，需要自己有很好的调整。第二个劣势是脆弱，比如产后抑郁，生理期容易发脾气，工作效率不高，有的时候手足无措，以及更年期的一系列反应。其实这些都是有生理学基础的，在这些时期，身体激素分泌的改变导致出现这样生理状况，导致心跳加快、血压上升、盗汗、生气。女性应该要正视这个客观事实，而不是去抱怨，也不是要求别人的理解，这个是很重要的。第三个劣势，由于女性很心细，有的时候太细致了容易把小事做大，忽略了大事。所以我认为优势和劣势是相对的。

三、女干部的困惑

女干部的困惑有很多。第一方面是家庭和事业。有很多事情是必须做的，比如回家做饭，这是尽一个妻子、母亲义务的方式，是体现对家庭关怀的一个方式。但是当从一个小干部成为一个重要的干部时，事业给女干部的压力会很大，需要顾及的方面比较多，这样留给家庭的时间就会比较少。这个矛盾可能会一直延续到退休。第二方面是业务和行政，这个更多的体现在业务与行政“双肩挑”的女干部身上。“双肩挑”的干部存在着优势，特别是在院系，懂业务的干部再去做领导，能够很好地跟老师沟通，也特别能体会在什么时候怎样去做事能够获得大家理解与支持。因为自己带过研究生，自己讲过课，自己申请过课题，这些事情会让你对老师们在这些方面产生的问题特别理解，所以老师也愿意和你去交流。但是也存在着困惑：由于在行政工作方面花费了很多时间，就会觉得自己一天什么事情都没做，并对自己产生怀疑。有的时候会想自己好像什么都不行，教学不是做得最好的，虽然花了很多心血；科研你做的不是最好的，虽然你很喜欢它，很享受和学生共同探索的乐趣，愿意把自己的人生体会和对事物的看法传给学生。而且有的时候会想到如果学生跟着一个更好的老师会收获更大，心里非常矛盾。行政方面，会觉得自己因为没有学过行政管理而不够专业。在发展过程中，经常会面临认为自己什么都不是最好的难题，在这个时候，一方面要有自我的肯定，自我的发现，另一方面要有组织部门，或者是领导团队给予支持。

四、女干部成长的关键阶段

在女干部的成长过程中，有几个关键的阶段是比较重要的。第一个关键阶段一般在大学毕业或者研究生毕业时期会考虑自身是不是将来要做一个女干部的职业的第一次选择。当然也存在这样的情况：她本科生与研究生阶段就在做学生工作，就是一名学生干部，拥有对这个工作的热爱，对自己能力的肯定，认为自己学习能力与协调能力较强。但是这只是一开始的简单热情和对自己的判断。第二次关键阶段是读硕士或者博士之后，很快会面临着结婚，面临着生产，特别是面临着结婚后家里两个人，谁来向家庭更多倾斜的问题。这个时候其实是一个第二次选择，因为你得到了家庭，得到孩子，孩子要成长，所以你要放弃一些东西，那么怎么放弃，放弃什么，其实是特别纠结的一段时间。第三个阶段是 35 岁到 43 岁这期间，事业遭遇瓶颈期。慢慢等到孩子上幼儿园，因为有幼儿园的教育和看管，不太需要花太多时间特殊地和孩子交流，生活相对平静很多，但这个时候你的事业会遇到一个瓶颈，虽然实际上你一直在往上走，但不是所有人都能走到顶端的。所以在孩子上学开始到上初中阶段，也是自己的一个瓶颈期。随着事情与责任的增加，这个时候“双肩挑”的干部需要考虑要不要放弃业务，如果不放弃业务，可能时间会不够用。如果这段时间能咬牙坚持下来，可能就会进入到第四个阶段：全新阶段。因为一步一步战胜困难后，会更有自信，有更好的协调能力，有更高的工作效率，会更容易被认可，会获得更多的尊重，会拥有更多的成就感，所以这个时候基本上就会比较顺利，当然也还存在一些困扰。

五、女干部培养的建议

1. 自我培养

关于女干部的培养，我把自我培养放到组织培养前面，是因为用毛主席的话讲，“外因通过内因而起作用”，自我培养是内因，组织培养是外因。在不同的阶段你要根据自己的特点和仅有的时间对自己的生活与工作进行规划，在这个过程中你只好选择放弃，包括生活情趣的放弃，生活质量的放弃，也包括放弃一些很想做但是现在没有机会去做的工作。如果你什么工作都做的话，你哪一件工作都做不好，所以你只好放弃一些你还挺感兴趣的工作，把某些基本的工作做好。在这个痛苦的抉择过程中有三点建议：第一点是多和别人交流，比如说和年长的人或者学校相关职能部门的干部，他们对全校的职能干部比较了解，和他们取经是很重要的。第二点就是家人的理解和支持，比如爱人的支持，父母的支持，其实子女的支持也是很重要的。第三点是自我肯定和自我放松，因为这个过程在思考自己这样做值不值得的时候，需要对自我的肯定，也要寻找自我放松的方式，同时注意自我总结和自我完善。

2. 组织培养

组织培养方面，第一个是适合时机发现女干部。也就是说什么时候让女性来做干部对她和对机构最合适。并不是说她刚刚冒头的时候让她来做干部，不仅造成她业务方面不会有更好的发展，同时会影响到将来学校对她如何更好更重要的使用。第二个是创造时机锻炼女干部，这个可能各个岗位都会做。第三个是关键阶段帮助女干部，我想强调的是帮女干部减负可能也是一种帮助。同时在女干部成长过程中要有一些设计，比如评职称时她需要什么，学院需要提供一些资源和足够的空间，让她在一段时间内可以得到成长。特殊时期温暖干部在此不进行不赘述。

六、女干部培养的措施

关于培养措施，减负和疏导是两个重要的方式。减负可以作为一种培养措施，是因为它能够让女干部集中精力。另一方面，不光是女干部，很多干部都有着较大的心理压力，需要组织通过恰当的方式进行心理上、生活情趣上等多方面疏导，目前存在的说得多落实得少的现状，亟待我们一起努力解决。

高校女干部成长与女性领导力发展

陈晓宇[①]

在现代社会的各个领域，女性都是不可忽视的重要力量。对于女性领导力的关注和重视成为近年来全世界范围内的一个潮流。比如一些大型跨国企业纷纷把女性领导力的开发提高作为公司发展战略之一。对于这些企业来说，对女性领导力的开发和利用是提升公司效率的有效手段。我们所处的教育行业其实更应该如此。在教育部门就职的人员中间，女性比例超过了男性，这也许是全世界范围普遍的现象。我个人在过去的工作中，虽然也与各个部门各个领域的女同事或多或少有过交流合作，但将女干部当做一个现象或问题来专门讨论，还从来没有过，高校女干部课题要求我写一篇关于女干部管理机制和成长规律的文章，说实话自感知识欠缺，经验匮乏，这里仅结合个人的一点经验谈一点粗浅的体会。

性别差异问题也是教育研究者们关注的一个经典问题。在这方面的研究文献中，有几个全球性的普遍现象：第一是在从小学到大学的各个教育阶段，女学生在体现认知能力的学习成绩方面较男生并没有劣势，有些方面如语言和阅读等方面还有显著优势；第二是从学校毕业之后的职业生涯中，女性的职业发展和收入水平较男性有显著的劣势；第三是两性之间的工资收入差距随着受教育程度的提高而缩小，也就是说，受过较高教育的女性就业者与同等教育水平的男性的收入差距较小。

一般来说，教育行业被认为是适合女性特点的工作领域，总体上说女性的参与程度相对较高。但是查阅统计数据发现，在不同层次的教育中，男女比例也呈

---

① 陈晓宇，教授，博士生导师。北京大学教育学院院长。

现出不同的特点：教育层级越低，女性比例越高，例如我国学前教育中主要是女性教职工，占比超过90%，小学中女教职工比例也高于男性10个百分点以上，而在中学和高等教育中男性却多于女性。另外还有一个现象：在高校教师中，职称越高，女性的比例越低；在高校干部中，似乎也有职级越高，女性比例越低的现象。全体大会上，男女基本相当；开中层干部会时，明显男多女少；而在主席台上就座的，女性就凤毛麟角了（该现象并非高校独有，在全世界范围内，多数职业领域内都存在职级越高女性比例越低的现象）。如果说较高层次学校中女性比例低主要是因为女性特点更适合教育低龄儿童，那么高职级干部中女性比例下降就与女性在职业竞争中总体处于不利地位应该不无关系了。

除了受传统落后观念及性别歧视的思想影响之外，也有一些客观因素制约着女性的职业发展，造成女性在职业发展中处于不利地位。女性在职业生涯中与男性面临着相同的工作竞争和压力，而由于生理特征以及社会角色分工，女性往往会承担更多的家庭责任，在子女的生养以及家庭事务中花费更多的时间精力。这就意味着如果要在工作中与男性付出同样的时间和努力，女性在工作内外的总的劳动时间要远远超过男性。这从总体上说也是客观现状。在大学毕业生就业时，许多用人单位招聘的岗位期待就职者能够应对压力，能够加班加点，或者频繁出差，即使法规制度禁止在招聘条件中有性别歧视的条款，但很多情况下用人单位在内心还是期望能够招聘到男生，结果也往往是男生的机会更多更好，女生就业困难更大。

在人们的观念中，家庭负担似乎成了女性职业发展的羁绊，由于女性要承担更多的家庭责任，所以女性难以像男性一样投入工作，女性若要取得与男性相同的成就就需要更多的付出。在现代社会分工下，绝大多数工作都是男女可以平等承担的。但由于传统习惯，女性在参与工作的同时也还普遍承担着更多的家务责任，进而也还存在着相关的社会观念：当女性在工作中有更多努力时，人们会自然联想到她耽误了家庭，而当她在家务中投入更多时，人们也会想到她牺牲了应该做的工作。似乎女性在家庭和事业之间只能选择其一。选择事业的，就要牺牲家庭：要么独身没有家庭生活，要么由丈夫在家庭中投入更多时间配合妻子。“每个成功女人的背后，都有一个男人做出了牺牲”。当然在现实中，这并不是成功女性的唯一模式。在我接触到的女干部中，大致有三种情况：一种是女干部投入工作，丈夫承担更多家庭责任而在事业上有所牺牲（例如北大某管理部门的连续几届女领导，似乎都是这种模式）；另一种是女性配合丈夫的事业发展而承担更多家庭责任，这种模式当然是比较传统，数量相对也比较多一些；还有一种是夫妇双方平衡地共同承担家庭责任，各自的事业发展都很顺利，家庭事务也安排得很妥当，在北大的教师和干部中，在我接触到的其他高校范围里，这样的成功夫妻组合也并不鲜见。关于家庭的责任其实对于男女干部来说应该是平等的，家庭并不一定是女性的负担，男性的优势。在人事招聘和组织选拔环节上预设女性因为家庭原因而不能承压、难以投入等看法其实并不科学。

家庭负担是每个职业人都要面临的问题，这个问题有两个方面，都能够影响到工作投入：一是家庭事务处理得是否妥当，二是家庭事务的责任在夫妇双方之间如何分担。家务事处理得好，工作和家庭的关系能够理顺，对双方的事业都有利，相反对两者都不利。而夫妻之间分担家务的问题，其实是夫妇之间需要做的家庭规划的最重要的内容之一。传统上女性会承担更多，但这并不是理所当然，如果女性投入工作能够有更大贡献创造更多价值，那么由男同志承担更多家庭责任，无论是对大社会还是对小家庭来说，都是更加合理的选择。

在我看来，女干部与男同志相比，有几条突出的优势：细心热情，踏实认真，语言表达能力强。这些都是促进领导力的重要素质，对于工作和事业发展，对于干部的成长都是很重要的优势。前面提到平日在各种大小场合的会议上，主席台上的女干部很少，但这些女干部在发言讲话、处事待人时往往能给人更加深刻的印象，女干部处理工作质量更高，更加可信可靠，有更高的群众基础和威望。我印象特别深刻的是大约十年前有一次学校组织部在我们学院组织一次全体大会布置任务，一位年轻女干部代表组织部做解释动员，这位女同志当时很年轻，个头不高，貌不惊人，但是一番脱稿讲话下来，思路明确逻辑清晰，讲话态度平和语言流畅，从大的指导思想政策要求到小的程序细节安排，表达得滴水不漏，在场的老师同事们无不叹服。之后这些年来我在工作中与这位女同志又有过一些交流合作，印象中无论是在院系还是学校的岗位上，无论是应对紧急事件，还是处理日常工作，这位女干部都有很好的表现，女同志特有的优秀品质对于她的工作成就和事业发展都有促进。

高校是人才高度密集的地方，这种人才密集不仅反映在学术队伍，也延伸到管理干部队伍。在北大和其他高校的管理干部中，到处都能见到基础好领导力强，工作认真投入，成绩卓著的女干部。每当遇到这样的同志，我都在心里暗自佩服。如果这样的优秀人才，无论是因为干部选拔的原因，还是家庭分工的原因，使得她们不能把时间精力用于事业，对于工作和事业来说会是怎样的损失！

所以在女干部的培养和管理方面，如果要说有什么建设性意见的话，我觉得首先是在高校的组织部门和党政领导中树立和传播科学的信息，使这些关键的人和部门能够以科学正确态度对待女性干部，摒弃传统的并不正确的性别歧视的思想观念。两性之间存在差异，各有所长，女性并不一定在工作态度和能力方面弱于男性，女性在许多方面比男同事更有特长。那些预设的女性不能承压、工作不能投入等观点其实并不科学，如果在人员招聘和干部选拔工作中受这些错误观念影响，不但不利于女性干部的成长发展，而且不利于干部队伍的整体发展。如果考虑到目前普遍存在的对女干部成长不利的传统和环境，为了能够使有志有为的女干部得以顺利地成长发展，相关部门可制定专门的规划，组织专门的活动，促进女干部的成长提高，推动其发展。另外一个方面是对女干部自身来说，也要调整态度，树立正确的性别观念。首先做好家庭事务的规划安排，争取以最有效的方式处理好必需的事务，处理好家庭责任和工作的关系；另外，在家庭中以适当的方式“教育”另一半，在例如教育子女、家务劳动中有意识地引导对方更多参与。双方都有家庭责任，在权衡工作生活关系时需要全面统筹来考虑。事业面前男女平等，家务面前男女平等。与以上因素相关，关于女干部、女同志职业发展规律的研究应该进一步加强，比如这次的高校女干部课题，不但能够通过课题成果的传播推动树立正确的观念，而且在课题进行过程中，促进众多的参与者、受访者思考探讨女干部发展问题，本身就是对这一问题的积极贡献。

还有一个特别重要的方面我想补充的：身体是一切的本钱，尤其是对于女干部来说，必须对健康给予足够的重视。近年来我遇到了不止一位女同事出现健康方面的问题。前不久我的同事也是师妹因病去世。她既是一位才华横溢的女学者，也是一名成就卓著的女干部，她的英年早逝，令无数同行同事老师同学悲伤叹惜。两年多之前她发现病情开始安排治疗，我们在处理分担她所负责的事务时，发现她当时承担的教学、科研、管理的职责之多，安排一个人根本无法接替，这使我们对她平日面临的工作压力有更全面真切的了解。后来在整理她的简历和成果时，发现她在很短的时间内完成的科研课题，发表的学术成果，也不是一般人所能够做到的。在同事和学生回忆回顾这位老师时，也都对她忘我投入的工作精神有深刻的印象。在所有这些工作责任、压力和成果成就的背后，如果没有健康身体做支撑是不能想象的。所以在工作压力面前一定要首先确保身体的健康，绝不能透支身体。如果离开了身体健康，所有的工作成就和事业成功都失去了基础。女干部们承担着更多的责任，面临着更多的压力，需要对自身身体健康有更多的关注和更多的呵护。

关于女干部成长的问题，我没有做过专门的研究，也缺少全面的思考，在此仅就个人的所见所闻谈一点直观体会，管窥之见，与大家分享。总的来说，我认为女性领导力的提高和充分发展是工作全局的要求；女性并不是弱者，女性有其所长；在事业和家庭面前男女都是平等的；高校女干部应该得到更多支持关注，也应该得到更多呵护。

发挥高校基层党委在培养女干部中的重要作用

吴宝科[①]

改革开放30多年来，女性在经济发展、政治改革、社会建设方面发挥着越来越大的作用。我们党一贯重视培养、选拔女干部。培养和选拔女干部是马克思主义妇女观在党的干部路线和干部政策上的具体体现。从妇女解放运动的发展来说，广大妇女参与党和国家以及社会各项事务的管理，是她们在争取自身解放进程中的主观愿望，也是人类社会发展进程中的客观要求。妇女是我国社会主义现代化建设的一支重要力量，在国家的经济、政治、文化和社会生活中占十分重要的地位。选拔更多的优秀女干部进入各级领导班子，对于更好地发挥广大妇女的作用，加强社会主义物质文明、政治文明、精神文明和生态文明建设，体现社会主义制度的优越性有重要的意义。

高校女干部是优秀的妇女群体，她们通过努力进入高校各级领导岗位，在高校事业发展中发挥着重要作用。高校女干部不仅为高校的建设和社会发展做出了突出贡献，而且为女性成长、进步起到了重要示范和引领作用，随着全球一体化和我国高等教育事业的迅猛发展，建设一支高素质的女干部队伍是高校改革发展的需要，也是女性知识分子个体发展和整个社会协调发展的共同需要。

高校的女干部，特别是在院系教学科研第一线的"双肩挑"女干部，她们都来自基层，她们的成长一定要经历渐进式的锻炼培养，才能担负起教学、科研、管理的多重责任。按照党管干部的原则，基层党委有从事业发展需要出发培养好和选拔好女干部的责任，我在院系做过近20年党委书记，在党管干部、党管人

---

① 吴宝科，北京大学原副教务长，社会学系原党委书记。

才，从优秀女教师中选拔培养女干部以及从青年学生中物色选拔女干部等方面有不少的体会和感受。

一、基层党委要关心女干部女教师的成长

在中国传统文化中，女性形象是一种典型的家庭主妇的角色，女性最高的人生价值道德规范是做一个贤妻良母，完成自己的本职工作并做好家务。从价值取向上看，男女存在着双重的标准。男人的成功就在于事业有成，而无视或者忽略了他们对家庭角色的要求。相反人们对女性成功的要求是双重的，一个成功的女性必须是事业有成，而且家庭美满。而社会对高校的女干部则要求更高更苛求，所以她们要比其他人付出更大的努力。特别是在院系一线工作的女干部女教师非常不容易，首先她们要承担和男教师一样的教学科研和社会工作，同时她们还要负担大量培养教育孩子等家务劳动，特别是中青年女教师，上有老下有小，家庭负担很重，如果党委能够及时关心她们的学习生活和工作，就能调动她们的潜力和积极性，把更多的时间和精力投入到教学科研工作中来。

由于学校的工作需要，我从1995年由数学系抽调到社会学系做党委书记，对于一个我从来没有接触的几乎一个人都不熟悉的单位，要能顺利地开展工作，我决定从家访做起。由于社会学系是个小系，我用了两个月的时间把绝大多数的教师走访了一遍，特别是骨干教师和女教师的家庭，我走访多次，听取他们的意见建议，了解他们的困难。特别是骨干女教师，她们在单位里发挥着不可替代的重要作用，系党委尽量帮助她们解决后顾之忧，使她们全身心地投入到教学科研工作中来。比如系里有两位优秀的女教师，她们在教学科研上都是系里的骨干，有一位女老师还承担教研室主任的工作。她们都是老知青，恢复高考以后上了博士，由于“文革”后人才缺少，她们的选择很多，有些岗位的待遇很诱人，但是她们毅然选择在北大当老师。因为没有结婚，只有一口人，住房一直不能得到解决，极大地影响了她们的工作，我们系党委多次向学校打报告反映问题，并多次找学校职能部门协商，最后终于得到了解决，安居才能乐业，使她们在系里的教学科研工作中发挥了更好的作用。

二、选拔优秀女教师到领导岗位上锻炼

我认为，高校院系级的女干部在教学科研工作中可以发挥非常重要的作用，特别是对于院系党政领导班子的团结，和与广大教师的关系沟通等方面能起到很好的润滑剂和桥梁纽带作用，有时男干部做不到的事她们能够做到，因为她们工作态度特别认真，一丝不苟，工作方法特别细致，很容易让广大群众接受。同时把年轻的女教师放在院系领导的岗位上，对她们的个人发展和成长也是有益的事情，她们通过这种一线的直接面对各种复杂繁琐的工作以及直接和广大群众面对面的交流，得到了锻炼，水平得到了提高，经验得到了积累，为她们下一步向更高层次的发展奠定了很好的基础。

我从 1995 年来到社会学系到 2015 年整整 20 年的时间，经历了五次系行政换届，在这几届领导班子中我们在校党委和党委组织部的领导下，在社会学系广大师生的支持下，每届领导班子都安排一位女同志在领导岗位上，非常好的发挥了作用。我 1995 年到系，1996 年行政换届，我们推荐了当时刚刚从香港中文大学社会学系拿到博士学位的张静老师做主管科研工作的副系主任，她办事认真，原则性很强，完善了很多科研方面的规章制度。到 2000 年，在学校党委的统一布置下，当时的社会学系和社会人类学研究所合并，由原来的系所两套班子合并成为一套班子，由于两个单位在原有的体制下运行了多年，所以对于系所合并，两个单位的部分老师一开始有些不理解不适应，甚至个别老师出现了抵制情绪，在新的领导班子中，我们推荐年轻女教师佟新担任主管教学的副系主任，当时她做这项工作还是顶着不小压力的，佟新没有做过这方面的工作，但是她善于向老同志学习，钻研业务，这项工作一做就是 7 年。在 2007 年和 2011 年的两次行政换届当中，我们都推荐了刘爱玉老师担任主管教学方面的副系主任工作，她天资聪明，工作能力很强，原来社会学系的教学不很规范，在刘爱玉的领导下，规范制度，完善措施，科学管理，不但使社会学系在教学方面摆脱了落后的局面，而且在学校各院系的教学中走上了先进的行列，并获得了全国及北京市的教学大奖。在 2015 年的行政换届中，曾经做过副系主任的张静老师，在全系教职工的民意投票中，众望所归的被推举为系主任。这三位女同志在担任系领导工作之前

都是非常普通的青年女教师，但是由于在领导岗位上的锻炼，工作经验和组织能力都有了很大的提高，对于她们本身的科研也是一个很大的促进，拓展了她们个人的发展空间。张静同志现在是著名的社会学家，国务院学科评议组成员。佟新同志现在是经济社会学、劳动社会学方面的专家，并担任北京大学妇女研究中心副主任，北京市政协委员等重要社会工作。刘爱玉同志是经济社会学、社会学研究方法方面的专家，并在民进中央做一些重要的社会兼职。

所以我认为基层党委要有主动培养选拔女干部的意识，克服那种平衡照顾，求全责备的观念影响，拓宽视野大胆启用女干部，在培养方面要有主动性，针对性和超前性。在她们走上领导岗位之后，要继续跟踪，加强培养，女干部也要不断加强学习，提高自身素质，勤于思考，虚心求教，善于总结，不断提高驾驭工作全局和处理各种复杂事情的能力。同时，增强理性思辨与思考能力，从更高的宏观层面去考虑问题、解决问题，这样才能不断提升自己、发挥更大的作用。

三、培养高校女干部应从学生时期抓起

大学生是富于激情、满怀理想的青年知识分子阶层，学生干部又是这些优秀青年中的佼佼者，他们富于理想接受新事物快，有着青年人的活力和热情，自我要求高，渴望成才，也是世界观形成的重要时期，如果在这个时期，我们物色一批优秀的女学生干部加以重点培养，在各方面打好基础，她们在毕业后就会很快走上领导岗位。我们党早期涌现出来的优秀女党员，如向警予、蔡畅、邓颖超等都是在大学阶段参加革命，经受锻炼，最终成为党的优秀领导人。下面就我在社会学系如何培养学生干部特别是重点培养女学生干部谈点体会。

1. 加强学生干部的理论学习，提高政治修养和思想修养

理论学习是我们培养干部常抓不懈的一项重点工作，也是增强学生干部之间互相交流，共同提高的有效途径，同时也是提高学生干部理论水平、政策水平的有效途径。自从我到社会学系工作后，一直举办由主要学生干部参加的学生业余学校，由主管学生工作的党委副书记具体抓，我们规定每个班参加的学生干部必须有一定比例的女学生干部参加。培训的主要内容：一是学习我们党历次代表大

会的文件，邓小平理论、三个代表重要思想、科学发展观、习近平同志一系列重要讲话；二是请校内外专家做辅导报告；三是定期召开座谈会，谈学习心得体会，互相切磋，共同提高。我们会指定重点培养的女学生干部做重点发言，为她们提供锻炼的机会。

2. 组织学生干部参加形式多样的实践活动

当代大学生，特别是独生子女后的大学生，都是家庭宠儿，社会骄子，过着衣来伸手饭来张口的生活，很少参加实践的锻炼，针对这种情况，我们有意识地组织学生干部参加各种实践活动，除去参加各种志愿者活动外，特意组织她们到条件艰苦的环境锻炼，比如参观焦庄户地道战遗址，并在当地开展扶贫活动，和当地农民同吃同住同劳动，特别是女学生干部受到了切实的锻炼，通过这些实践活动，使学生干部接触了社会，了解了国情，增强了他们的爱国情怀和报国之志，增强了理想信念和历史责任感。

3. 安排女学生干部到重要的岗位上锻炼

大家知道，中国的封建社会统治中国两千多年，广大妇女都被压迫在最底层，由此形成的歧视妇女的陈腐观念、世俗偏见根深蒂固，到现在仍然在女性参政方面影响很大。尽管我们党强调在各级领导班子中要配备一定比例的女干部，但是这个比例仍然很小，因为妇女占我国人口比例的一半，所以这种客观存在的现象必须要得到根本的改变。在“男尊女卑”，“强女不如弱男”等世俗偏见影响下，一些人总认为女人没有什么能耐和本事，妇女被提拔不是靠实力上去的，而是靠政策照顾上去的，因此女同志从政只能当“副手”，当“配角”，不能当一把手。

为了克服这种传统的世俗偏见，系党委在使用女学生干部时，条件相当的，尽量选择女学生干部做一把手，比如这些年来，我们选了董扬做社会学系学生会主席，选刘伟华、张婧等做社会学系团委常务副书记（团委书记由老师兼任），选李璐、郝晶晶等做学生党支部书记，事实证明，这些女同学当上主要的学生干部后，女性工作细致认真、有亲和力等优势充分展现出来，在不同的岗位上都做出了出色的成绩，董扬同学还竞选成功了北京大学学生会副主席。由于这些同志在学生时代的成长锻炼，为她们走向社会打下了很好的基础，现在董扬、刘伟华、李璐等同学毕业后都在国家的重要部门担任重要工作，初步走上了领导岗位，张婧、蔡曦亮等同志毕业后留校工作，现在都在学校职能部门成为骨干力量。

四、高校的基层党委在培养女干部工作中起着不可替代的重要作用

因为基层党委工作在教学科研第一线，直接接触广大教师，可以从中发现女干部的人选，基层党委又负责院系的学生工作，可以较早地培养女干部。只要高校的基层党委进一步增强培养选拔女性人才的责任感和使命感，从而采取有效措施，就能将真正优秀的女性人才培养和选拔出来，为高校的教学和科研做出应有的贡献。

1. 坚持政治责任与发展需要相统一，在干部培养选拔中增强性别意识

我国在长期的男权主导的政治文化和男尊女卑的社会性别文化的影响下，往往忽略女性的政治主体地位，女性参政往往被排除在政治权利关系之外。新中国成立以后，国家通过制定有关法律政策，使女性参政有了一定进步，但在教育领域特别是高校仍然进展缓慢。在高校的院系层面，尤其是男性主导的基层党委中，一定要有性别意识这根弦，我在社会学系做党委书记 16 年，经历过五次行政换届，我一直坚持要有一位女性优秀教师担任副系主任，这对全系教学科研会发挥很好作用，事实证明，张静、佟新、刘爱玉三位同志的工作，对于近 20 年来，社会学系上下团结一心，教学科研稳步前进发挥了不可替代的作用。

2. 坚持宏观指导与落实责任相一致，多措并举共同关注女性的成才成长

在高校的院系层面，基层党委的作用主要侧重于监督保障，只有把党管干部、党管人才和监督保障有机地结合在一起，才能为女干部的成长成才创造一个良好的环境。首先我们发挥党政联席会的决策作用，在我做党委书记经历的五届行政领导班子，在培养选拔女干部方面达到高度共识，党政联手，齐抓共管，多措并举。除去每届行政领导班子都配备一名女干部外，我们还利用各种机会将优秀的女教师推荐到各种领导岗位。我们利用“女性学”专业设在社会学系这一有利条件，在和北京大学妇女研究中心共同建设“女性学”的教学科研过程中，把

佟新、周云、马凤芝等老师推荐到北大妇女研究中心担任领导职务。在国务院学科评议组换届时，我们积极推荐学术水平较高的张静老师担任一定的领导职务。在北京市政协换届及民盟民进等民主党派换届时，我们积极推荐佟新、刘爱玉等老师到政协和民主党派担任一定的领导职务。这些老师在不同的领导岗位上，充分发挥她们的专业特长和女性优势，做出了很好的成绩，受到领导的好评和广大群众的认可。

3. 坚持育人为本与加强党建相结合，吸引优秀女性愿意为党的事业做奉献

习近平同志最近指出“党的工作最坚实的力量支撑在基层，要重点加强基层党组织建设，全面提高基层党组织凝聚力和战斗力”。特别是北大的基层党组织，就是要坚持党的路线方针政策，坚持社会主义办学方向，团结带领广大师生，凝心聚力教学科研、人才培养、社会服务，加快创建世界一流大学步伐。原来社会学系的党组织，因多种原因比较涣散，凝聚力不强，这些年我们采取多种措施加强党组织建设。党委书记带头给全系党员和积极分子讲党课，使党的方针政策入脑入心；我们根据社会学的专业特点，用理论和实践相结合的方式和党员及广大师生拉近距离，组织党员和积极分子听党课辅导报告，组织党的基础知识竞赛，组织参观革命传统教育基地等活动，带动了一批优秀的青年教师和学生向党组织靠拢，在这些活动中我们特别注重吸引优秀女教师和女学生参加，为培养和选拔女干部做好基础性的工作。多年来系党委还在转变作风强化服务方面下工夫，做到认识到位、感情到位，真心做、用心做、带着感情做，解决师生的实际困难，消除师生的后顾之忧，使广大师生全心全意投入到教学科研工作中。由于我们多年的努力工作，使党的基层组织真正起到战斗堡垒作用，广大党员真正发挥模范带头作用，这样也为女干部的成长、选拔和培养营造了一个良好的环境。

学习、成长、工作、担当

郭瑛①

留校工作是组织分配，它带给我在最高学府北京大学工作的骄傲和留京的喜悦，我喜欢这里的环境，让人充实着又知不足还总想前行，这里高峰林立又充满挑战，让我心存敬畏。我怀着复杂的心情开始了新的人生旅程。

我来自北京的一个贫民家庭，新中国让全家有了尊严和生活改善，父母先后入党，父亲成为公安干部，母亲进厂当工人。父母文化不高在文化知识方面不能给我帮助，但告诉我一定要珍惜他们不曾有的上学机会。他们爱党敬业正直善良为我们做榜样，母亲自豪地说她做过“八大员”因为她是党员，仅我知道的她当过生产线工人、食堂管理员、托儿所保育员、门市部负责人兼营业员、负责新厂址基建等，“文革”前还当了十年人民陪审员。我家在“文革”“砸烂公检法”时期进入低谷，父母坚信未来并告诉我们这种状态是暂时的。我们子女也很争气，说得上品学兼优，入队入团并担任学生干部。在学校我们学知识、养人格、树理想，学校教育与家庭教育和谐一致，奠定了自己的学习和人生基础，懂得了青年肩上的历史和社会责任。

1966 年，上高二的我中断学业，两年后于 1968 年到内蒙古插队务农并任知青组长、队委，1971 年到工厂炼钢当工人。“文革”十年让我进一步了解了国情党情民情，下乡进厂让我认识科学技术文化对国家百姓的重要意义，求知的动力更坚实。1972 年进北大，让我走近了知识的海洋、科学的宝库和精神的圣殿，在训练思维、开阔眼界、拓展能力方面上一个台阶，学习期间担任系团总支副书

① 郭瑛，北京大学信息与科学工程学院原党委书记。

记、第二小分队党支部副书记。

留校以后我做过教学科研、管理、学生工作和党务工作，年龄从青年、中年到老年，我从普通学生成长为北大教员、院系党委书记，在北大学习工作四十年，见证和参与了改革开放以来北大、电子学系和信息学科的发展，信息学院建立、发展的全过程。期间我有学习成长的收获，有学习、工作的巨大压力，还有环境的适应，工作变换、社会家庭角色的变化及各种困难。是党的事业与北大精神引导我一路走来，我也始终坚持学习不断提升自身素质与工作能力，在不同岗位上都用心去做，努力交上合格的答卷，在这里实现了自己的人生价值。

一、从头做起打基础，主动学习寻真谛

1976 年是我在北大工作的第一年，那年国家有太多重大事件发生。我先继续学生期间的科研项目，不久让我参加七六级工作，由于时局动荡，七六级被推迟到 1977 年入学。当时系里按专业组织教学，我打听到郑乐民、王楚两位老教师，“文革”前的系领导也参加各自专业的七六级工作，便虚心向他们请教。庆幸他们审时度势站出来，建议恢复基础课，此举得到三个专业响应和系里支持，系里决定在自愿基础上成立 76 级联合班和教学组，教学组统领联合班教学。

联合班有 3 个专业 80 多名学生，教学组由两位前辈、三名中年教师和我们三个年轻人组成。教学上郑先生主持物理，王先生主持数学，我们年轻人各负责一个班的物理，负责上习题课、改作业和答疑。另外，我还要负责联合班的学生工作及师生党支部工作，工作任务挺重。系领导曾建议我专职做学生工作，我想作为党员我不应该拒绝支部和学生工作，作为教员不能脱离专业与教学，即使再苦再累。这一“双肩挑”工作的坚持与选择，让我收获极大，跟随老教师参加教学活动，又学基础课，又学当老师，前辈指导我们上习题课，还一起研究解决学生问题。1979 年他们进入系领导班子，筹划和领导全系的学科建设、教学改革和师资队伍建设。

理论课结束以后我参加了物理实验课教学，这时个人生活也到了结婚生育阶段，我对丈夫提过的唯一要求就是结婚不能影响工作，相互支持事业发展。那时除日常工作外我还参加外语班、“回炉班”的课程学习，怀孕生产也没有耽误考

试，请授课老师提前解决。

产后我向郑先生提出希望加强专业课的功力，他推荐了王楚老师。王老师给我指定参考书，带我到计量院参加他的科研项目，安排我担任电路理论课余道衡老师的助教，参加电路实验课的教学，学习计算机语言与编程等前后 8 年，这一过程伴随“文革”结束、拨乱反正和改革开放进程，一路走来我被他们带入学术殿堂，学习大学理念、北大定位和教师的职业素养，从他们身上感受大师风范，接受工作启蒙。

他们有一种拼劲，要把失去的时间夺回来，除去吃饭睡觉，他们活跃在实验室、课堂上和学生宿舍，无论是工农兵学员还是恢复高考以后的学生，无论文化基础如何，他们都倾注心血，有教无类。重视教学，追求卓越是北大人骨子里的东西，科研上他们的成果达到了国际先进水平，相关内容被及时写进教材。我渐渐了解了大学真谛，比如大学要有定位，北大是研究型的综合大学；大学的基本工作就是办好学，让教师教好、学生学好；学生质量和学术水平是大学最看重的，好的大学教师不仅教得好，科研水平一定高，等等。

这些也为我之后在北大的工作打下了坚实基础。

二、岗位变动经历练，用心工作有创新

工作十年头上，系里负责人事和毕业生就业工作的老同志生病，领导要我帮忙，我意识到自己的发展方向面临新选择，十年的教学科研工作也让我难以割舍，理性告诉我岗位需要和适合自己是最重要的。当时丁石孙校长提出北大建设世界一流大学目标和加强学校管理工作提高管理水平的要求，给我以启发和鼓舞，尽管有到校机关或外系工作任职的机会，我仍留在系里，要在这普通管理工作中有所为，做系级办公自动化。

为做好办公自动化，我学习汉字数据库和相关知识，了解相关职能部门工作职能与要求。在系领导支持下我做了系教务的学籍管理系统、人事工作管理数据库，应邀研制学校教学评估软件以此开展了全校教学评估，协助建立学校毕业分配管理数据库等，这一过程让我熟悉学校各部门工作和整体运行，掌握了管理数据库技术，有效地提高了工作效率，为系里工作提供科学依据；让我看到科学技

术用于管理的作用意义，初步体验了运用计算机开展工作研究的甜头。

80 年代后期系里又让我做学生工作，当时正值学潮不断，学生工作被认为是“谁都能做谁都做不好”。经历过“文革”的我，深知大学对国家建设和对学生人生的重要，一方面担心学生受影响，一方面感到学校工作面临着问题与挑战，工作难度很大。但要做就做好是我的性格。

“实践是检验真理的唯一标准”的思想、调查研究方法和计算机技术应用帮我从实践中找答案、寻方法、定方案、查效果。

我调研外系与其他高校的学生工作状况与水平以保证起点不落后；进行本系毕业生跟踪调查检查学生质量，听取用人单位对所聘人才的要求，进而明确了“德智体能全面发展”的人才标准，为做好学生工作找到方向，认定学生工作是学校育人不可或缺的部分，也是党的工作，是值得以此为事业的。

做好学生工作应该从经验走向科学，它属教育学科，与我先前所学所教专业相比只是学科不同而已，应该是有教学、做研究的，我在新生班主任工作中做了积极探索。

结合学生工作我学习教育学、心理学和政治思想工作理论，对系里以往各类在校生情况进行分析，总结认识学生成长和教育规律，结合新生实际情况进行全面指导，针对性地开展工作。在八八级 1 班的班级工作中取得经验，并以点带面推动全系工作，成效显著。第四年头上通过全系不同班、年级学生学业成绩及思想状况跟踪对比分析，不仅验证了德智相关，还看到了平均成绩提高 3％～15％量的结果，给我鼓舞和信心。

实践中我与学生教学相长，得到学生和家长的好评，1990 年被评为北京市德育先进工作者。学生说我能放大他们的优点，进步比他们大，在他们看来我是老师，是朋友，是母亲。该班毕业时成为北京市先进班集体。

进入 90 年代我参加电子系领导班子，担任党委副书记分管学生工作，我本着着眼全局做精局部的原则做好工作。在全局方面，大学办学原则、教育规律和党的工作是我学习和关注的内容，工作实践中推动在全系层面建立统筹兼顾、齐抓共管的大学工系统。做精学生工作局部方面，从制度、队伍、内容、途径全方位落实，在学生党建、挑战杯竞赛、无偿献血、文明离校等方面在学校起了带动作用，连续 7 次被评为学校学生工作先进系。在学校我率先承担本系德育课教学，将教学、研究与活动指导有机结合，为提高管理工作效率和加强改进学生工作提供了建设性经验。

三、院系合并肩重任，迎难而上敢担当

1999年北大实施创建世界一流大学计划（该计划已在1998年升格为国家战略内容），我担任电子学系党委书记，除日常工作外还很好地完成了聘任985岗位与津贴。新楼搬迁两次，工作量大、难度高，是关乎系里建设发展的重要工作。新世纪到来，学校决定组建信息科学技术学院，将电子学系、计算机系和信息科学中心三个单位强强联合，加快信息学科整合与建设以适应国家发展需求。学院于2002年成立，让我担任党委书记，把我推上了这个全新的工作平台。这个阶段高等教育、高校基础党组织建设与作用发挥方面是我学习关注的重点。

我深知这决定承载着党组织对自己的信任，也感觉压力很大。在系里工作时，班子成员多是我师长，自己又在本系毕业熟悉系里情况。在学院工作则不然，新班子成员来自各单位彼此不熟悉，院长来自校外，因承担“神五”任务，前两年院长要以原单位的工作为主，因而我的责任更重；院组成单位的管理方式工作风格差异很大，整合不易；学院成立后将成为学校规模最大、人数最多、科研教学最重、承担国家重要急需项目最多的单位，因此对学院工作有更高的要求。

之前关于是否建院，实体还是虚体曾讨论多年，直到筹备工作完成后还有不同意见，不少师生对学院没有认同感，持观望态度。开弓没有回头箭，学院只能办好，尤其学院的基础必须打好，这副担子确实不轻。我自知资历不深，经验不多，但历练不少，有信心担好这副担子。

我想学院有学校的领导和支持，有党的十六大东风可助是地利天时，能否办好最终取决人和，即我们的有效工作，师生的态度会随之改变。

首先执行力要强，我们立即启动建院工作，以积极态度和坚决行动来带动影响师生，配合思想工作，采取得力的举措，比如采取渐进原则，保证平稳过渡；按照轻重缓急原则完成各部门整合；建立健全学院运行与优化机制等。新的学院如期运转起来，不久“非典”袭来，学院经住考验。师生对学院的态度由怀疑观

望到关心发展，支持工作。

俗话说，火车跑得快全靠车头带。领导班子重在团队建设，党委书记要当好班长，党政配合重在党政一把手，党委书记要带头。先后两任院长分别比我年长十岁和年轻十多岁，但我们相互尊重，工作配合很好。通过制定职责分工、工作制度化建设、细化工作程序、党风廉政自律要求、学习制度来加强领导班子团队建设，收到很好的效果。

党的建设是党的三大法宝之一，学院党建必须围绕学校任务和学院工作来进行。党委的作用在于总揽全局、协调各方、推动发展、构建和谐，以院务会为抓手，参与学院决策，及时发现妥善解决出现的各类问题，把握好方向。院党委从党委、支部和党员三个层面做好党的组织建设，思想建设，制度建设，提高基层组织的战斗力，发挥党的组织优势。采取有力措施，把思想政治工作做深做实，发挥党的思想政治工作传统的优势，发挥工会、共青团等群众组织作用，服务师生，为学院发展建设提供支撑保障。

坚持德育课教学组建院教学组，力求打造一支能讲课、会指导、重研究的学工队伍，切实加强德育和学生工作的师资水平和工作水平。学院 2007 年被评为北京市德育先进单位年，个人获 2009 年“北京大学十佳教师”。

加强学习型组织建设，开展工作研究与工作交流，提高党务工作能力水平，其中院党委于 2006—2007 年完成《高等学校学院、研究所基层党组织建设研究》课题共 6 篇文章。我自己撰写的《学院党委工作实践与对执行力的思考》入选“中共中央党校党建教学案例库”。应邀在北京高校庆祝“七一”党建会上发言，题目为《加强院系基层党建　推动和谐校园建设》。

连任两届学院党委书记，从学院筹备、成立、平稳过渡、夯实基础、稳步发展到顺利交接，圆满完成任务，并得到组织肯定，学院党委连续四次被评为学校党务及思想政治工作先进单位，2011 年被评为北京高校先进基层党组织，这更是学院党委及全体党员共同创造的成果。

四、任后有需是幸福 学无止境献余热

让我感到幸福的是离任以后组织和同志们对自己工作的肯定与信赖，比如当

选党代表，受党委聘任为组织员，受邀在学院十周年院庆活动中发言《继往开来再创辉煌》、撰文《学院十年有感》，在中国心理学会临床与心理咨询注册学术年会的学校心理健康教育论坛发言（携手构建大学生心理素质培养和心理卫生保障体系），继续本院德育课教学和学校的妇女课题研究等，这些都成为我的学习机会，进一步开阔视野使自己在原有基础上提高，同时结合以往经验得以深化升华，总结表达出来发挥余热。

五、体会与感悟

在多年基层院系的工作实践中，我有四点体会：一是党在革命实践中形成的宝贵传统、作风、经验等在新时期依然有生命力，内容方面要与时俱进，为师生成长服务，为学校发展、学院建设保驾护航；二是懂教育不外行和学习运用系统科学是做好高校工作的前提，好干部应该有做学问、教书和管理的本事，共产党员的奉献和知识分子的担当；三是学习、工作与研究有机结合是不断提高自身素质做好工作的有效途径；四是要加大对女教师女干部的培养任用力度和制度保障，承认、尊重和考虑性别和个体差异，在实践中锻炼、发现和培养更多的妇女人才，研究借鉴女干部成长规律，加强科学培养体系建设。

回顾以往，作为女性干部在北大工作没有感觉受歧视，也没有被降低要求，只要努力就有成长发展空间。个人职业规划可出现在其工作进程中的某个时段，具体的选择要考虑客观和自身实际情况。干部的工作有业务、行政、党务的不同性质之分，没有高低贵贱之别，都是学校工作所需。由于高校工作的特质，大部分干部应来自优秀的教师队伍和各类专业人员，院系和校职能部门负责人双肩挑者居多。管理又是一门学问，管理者要懂系统科学与管理科学，善沟通合作执行力强，具备管理知识与专长，因此从高校干部职能角度讲双肩挑就是双专业双内行，过去从这角度认识不够。事实上，学校以育人为本，教育应该是学校教师及各级领导的基础专业，非师范类学校毕业的老师是要补这一课的。党员和党员干部还要学习具备党的理论素养、会做群众工作，执行能力强等。因此以上几方面的素质与能力共同决定高校干部的发展，女性也不例外。

另外，女性因怀孕、生产及养育子女方面需要承担更多责任，可能要付出更多精力与时间，会对职场工作有一定影响。这时家庭与环境的支持以及个人付出都不可少，家庭与事业并驾齐驱是女性的期望，我认为应把期望变志向，做最大努力，即使由于各种原因未能两全其美也应无憾。

结合自己体验，主动学习、善于学习对女性成长很重要，让读书成爱好，思考成习惯，像德国教育家第斯多惠指出的那样“主动掌握、占有和加工智力”，唯此才能不断完善超越自我，胜任工作有所担当，得以实现人生价值。

我感谢北大，她为我提供最好的学习成长环境，搭建各样的工作历练平台，我感谢组织的培养、前辈的指导、亲人的支持，感谢院系师生的信任。

培养和使用女干部是时代发展的要求与趋势

董晓华[①] 郭建栋[②]

一、时代的发展 社会的必然

我国历史上有“男尊女卑”的传统思想，造成很长时间女性在社会中的作用微弱。

实际上在西方也曾经长期处于“男权”社会。

作为理科院系教师，我们都知道这样的史实：居里夫人，波兰裔法国籍女物理学家、化学家，放射性研究的先驱者，首位获得诺贝尔奖的女性、唯一获得两种不同科学类诺贝尔奖（物理学奖及化学奖）的人。她自小就勤奋好学，16 岁时以金奖毕业于中学。因为当时俄国沙皇统治下的波兰不允许女子入大学，只好只身到华沙西北的乡村做家庭教师。更鲜为人知的是她遭受到的不公正待遇：以第一名的成绩毕业于法国著名的院校，却没有机会申请一个最普通的职位；独立完成了镭的提纯以及对放射性物质的探索和结论，作为论文的真正的作者，没有资格在科学院朗读自己的论文，她的名字被署在最末一个；1903 年，她第一次获得诺贝尔化学奖，可是开始在由 4 个当时有名的科学家联合提出的提名信中，连玛丽·居里的名字都没有提到；作为诺贝尔奖获得者却没有能够进入法兰西科学院。这一切仅仅是因为当时的法国社会认为“有理由让我们相信，上帝造出女

① 董晓华，物理系原团委书记，物理学院党委副书记。

② 郭建栋，教授。物理学院原党委书记。

人来，是配合男人的最好助手”。

爱因斯坦评价居里夫人说“由于社会的严酷和不公平，她的心情总是抑郁的。这就使得她具有那严肃的外貌，很容易使那些不接近她的人发生误解——这是一种无法用任何艺术气质来解释的、少见的严肃性。一旦她认识到某一条道路是正确的，她就毫不妥协地并且极端顽强地坚持走下去”。

居里夫人一生中对科学的卓越发现和她寻求公正、平等、自由并与歧视战斗到底的意志、执著地为妇女权利以及无歧视教育的呼吁，都是她遗留给这个世界的了不起的遗产，我们很难说哪一样更为珍贵。

在我国，新文化运动之后，陈独秀、李大钊、鲁迅等先驱提出了破除三纲五常，反对男尊女卑的主张，要求女子参政，大学开放学禁，男女职业平等，社交公开，婚姻自由等，开启了妇女解放运动的新时代。李大钊在《再论问题与主义》一文中说：“妇女地位是由社会的经济构造决定的，压迫妇女的不是男子，而是资产阶级专断的社会制度。妇女要解放，只有推翻这种社会的经济构造。”他在《战后之妇女问题》一文中进一步指出：“妇女运动只有成为整个无产阶级革命事业中的一部分才能得到胜利。”

今天，经济飞速发展，社会不断进步，陈旧的观念也在迅速地发生改变。女性在各个领域日益发挥着更大的作用。这是社会文明进步的标志和现代化的趋势。

1988 年在加拿大蒙特利尔召开的会议上，联合国检验各个国家女性的社会地位的指标包括对女婴的态度、女青年入学率、女性就业率，而且特别提到了女性在领导岗位上担任重要职务的比例。

现在世界上广为人知的如连续 3 届担任德国总理的默克尔；20 世纪最有影响力的英国首相撒切尔夫人；三任斯里兰卡总理的世界首位女总理班达拉奈克夫人；阿根廷总统克里斯蒂娜等都是大家比较熟知的女性政界领导岗位上有影响的人物。

新时期的中国随着社会发展、科技进步，女性比以往任何时期都充满自信、勇气，她们的地位不断得到提升。她们有新型的价值观念，充分发挥自己的优势和能力，表现出日益凸显的作用。

二、女性干部的优势和作用

目前在党和国家领导层、各级领导机构以及科研院所、大型企业高层中都不乏女性的身影，但是她们更多的还是在教育、卫生领域。其中重要原因之一就是在这两个领域更能够充分发挥女性耐心细致、感情丰富、善于沟通、循循善诱、易于为对方接受等等优势和特点。因此在我校的工作中更多地注意培养女性干部，为她们提供更多的学习机会，更充分大胆地使用她们，发挥她们的优势和特长是非常有意义的。

我们在学生管理教育工作中对女性干部的这些优势和作用有深刻体会。

物理系某来自农村的学生情绪突然消沉，表示准备退学。当时负责学生工作的系团委书记董晓华老师（本文作者之一）以女性的敏锐感觉到有深层的问题和原因。经深入工作，了解到该生的母亲查出癌症，家中无法承担巨额医药费，该生打算退学，打工挣钱给母亲治病。董晓华老师立即以她的春雨润物的作风发动了全班同学，大家合力进行帮助，并且将这一活动扩展到全校、全市，还联系校方提供条件将该生母亲接到北京治疗。在这一过程中做了大量细致的工作，将一件解决困难的事情同时发展为一次发扬集体主义精神、锻炼青年学生社会活动能力的活动。该学生全家非常感激。该生毕业后到美国深造，一再表示这一事情对他的成长有终生意义。

这样的事例很多。在青年学生的教育工作中，女性的敏锐、细心更能发现问题；在工作中耐心、细致、温柔，比较能够体谅学生的处境和困难，更易被对方接受。

三、为青年女干部成长提供良好的环境与条件

结合本文笔者之一董晓华（以下简称笔者）的工作经历，我们感到针对女性的特点，需要对青年女干部给予更多的引导，热情的帮助，大力的支持。使她们能够尽快熟悉工作、大胆创新、独立开拓。

1. 工作初始需要关心和帮助

笔者在哲学系研究生毕业后到物理系工作。在对物理学科很不了解的情况下，系领导详细介绍了学科情况、人员情况以及工作要求。通过参加教师会议，认识了系里的老师们，逐渐了解了各位老师的性格、作风和研究领域。物理系教师们也在今后的工作中给予了她热情的支持和帮助。时隔二十年，她仍然清晰记得参观过的实验室，老领导对新入职人员的要求。还记得当时的领导在处理几件学生问题时，请她一起参加，在参与的过程中学习到了工作的“艺术”和把握处理的原则：既严格要求学生，也保护学生。这对以后从事学生管理工作非常重要。

2. 有系统地进行严格正规的培训

我校有对新入职干部进行培训教育的好传统。笔者记得在这二十年中参加了大大小小各种培训，包括心理咨询、职业规划等专业培训，海外研修项目等等。这些培训在政治上、思想上对年轻干部的成长起到规范、指导、关心、帮助等作用；专业培训在工作方法、技能以及理解力等方面提升了工作技能和水平；海外研修项目开阔了视野和思路，提升了危机意识和紧迫感，丰富了工作思路、方法。综合起来看，北大的干部培养既重视工作岗位磨炼，也给了青年干部学习提升的机会和平台，有利于在今后工作中理论与实践结合，提高了工作能力。

3. 鼓励在实践中克服弱点，勇于开拓、不断创新、大胆独立开展工作

女性干部多有细致稳妥的优点，但也往往不够大胆。尤其接触新的不熟悉的工作时较为谨慎，易有畏难情绪。这就需要克服自身弱点、大胆工作，在实践中取得经验。

如笔者毕业于哲学系，但是到物理系工作，专业上存在较大差距。而要做好工作需要逐渐了解和熟悉物理学科的一些必要知识。在这一过程中要注意谦虚谨慎，向周围老师甚至学生学习。这样做一定能够得到老师同学的帮助、赞赏和肯定。

物理学院成立后着力进行管理整合与教学改革，相应的学生管理也要进行改变。在领导大力支持下，笔者开始探索如何实现从单一培养目标到多元培养模式的转化，设立了选课指导委员会，并从 2003 级学生入学开始实施。

但是改革并非一帆风顺。实施之初师生参与“接待日”的积极性不高。由于对多元培养模式的不适应，几年之后学生在学业与发展问题上仍然存在很多问题，一度甚至出现5%～10%的淘汰率。

作为提议人，笔者进一步深化改革，负责组织实施了“物理学院综合指导课”网上选课系统，建立起学生选课平台，并建议学院采取增加必修“综合指导课”的方式，实施全体本科学生和全体教师参与的新的导师制，动员所有教师参与对本科生的全面指导。至今学院共有148位老师参加了综合指导课的辅导工作，总课程次数达到18364次，其中投入时间最多的老师达到264次，学生共计参与8275次综合指导课。学生们有机会每学期参与面对面与老师交流，直接得到选课、专业分流、本科生科研、未来规划等方面的指导和帮助。

经过七年的尝试和网上选课运行，全体教师达成共识：综合指导课是目前全员育人的最好形式；有利于帮助本科生更好地适应大学的教学要求，对他们在灵活的选课机制下避免盲目和混乱起到了必要的指导作用，充分地体现了对学生的个性化指导。

本课程作为全国高校第一个加强本科生专业学习与发展指导的课程，在兄弟高校中得到了广泛赞同，起到了引领示范效果。

为了适应研究生培养机制的变化，笔者提议从2005年9月开始建立以学科为核心、依托科研机构的纵向研究生班级管理机制，研究生不以入学年级，而是以专业方向建立班级，以有利于研究生进入实验室之后的交流和管理。相应的研究生党团组织也建立在系所，便于集中开展工作。研究生班主任由系所教师担任；方便系所掌握学生情况并提供指导和支持。同时对研究生奖学金评审机制进行了改革，把研究生奖学金放到系所，系所和导师主导并参与评定，使得奖学金评定成为一次研究生综合考核。系所增加了可以奖励和考核研究生的资源，学生工作则配合他们做好金额、名额分配以及申报材料收集录入等工作。考虑到物理学院的学科差异，特别设计了一部分高额奖学金在学院集中申请，由研究生工作小组组织评审，避免平均主义，激励优秀学生脱颖而出。学生工作将更多精力放在擅长的学生学术之外的指导，通过组织职业规划指导、舞会、运动会、电影放映、素质拓展、创意设计、主题大赛、微电影创作等活动帮助研究生缓解压力和焦虑，促进身心健康全面发展。

这些工作都是笔者在领导和广大师生的大力支持下以不断创新的思想进行的尝试。笔者的体会是作为女性干部，需要在工作中克服自身弱点，大胆工作、勇于开拓。

4. 在出现困难和挫折时需要大家的鼓励和支持

伴随学生工作任务的增加，学生管理工作日渐繁重。从 2002 年开始，学院设立专职团委书记岗位；2005 年开始学工部输送选留干部到院学工办参加工作。这些都既保障了干部的年龄梯度，也解决了人手不足的问题，使得多项工作得以展开。

在学生管理模式调整为博士生担任班主任，进行小班管理后，对参与了本科生管理工作的教师和研究生，学院按照助管岗位提供了津贴，保障了这一工作的正常开展，使笔者的一些想法有可能实现。

2009 年笔者开始担任物理学院校友会秘书长，负责组织第一次校友代表大会。学院考虑到工作需要增设了校友会秘书岗位，极大缓解了笔者的工作压力。物理学院在校友联系、基金筹款等方面利用筹备“北大物理百年”庆典以及校友返校的机会取得了很大进展，从无到有，积累超过一千五百万元的校友捐赠。

在笔者负责筹备“北大物理百年”庆典期间，在学院行政的老师全员参与下，完成了到会人数近四千人的百年庆典大会，接待了近 70 名院士、50 多位重点高校物理学科负责人和学术带头人、30 名国家主管部门和研究机构负责人、70 位著名中学代表。完成了《北大物理百年》、《北大物理百年纪念文集》的编撰；百年物理基金捐赠仪式、能源行业校友论坛、北大物理人校友论坛、科学精神的起源讲座等活动以及央视纪录片频道拍摄工作等等。

这一系列活动诠释了大会选定的标语“筚路蓝缕 艰难玉成 物华理精 生杰师灵 格物致知 大树成林 求真报国 青春物理”的意义所在，笔者也受到了生动的锻炼和深刻的教育。体会到在干部独立开展工作的阶段上，需要全方位的帮助与支持。

四、注意女性干部的特殊阶段与需求

女性干部受到心理、生理两个方面的制约，需要领导的关心和自身的克服。

① 在心理方面，许多女性干部具有谦卑温和的性格，但是也容易怀疑自己的能力水平，在工作中遇到挫折和困难的时候信心不足。要树立女性干部的自信心，在工作中遇到困难挫折时不灰心、不气馁，相信问题一定可以解决；不断提升自主意识、竞争意识、创新意识，培养和提高自己的综合能力。

女性一般较为重视感情、富有同情心，这应该是优势。但是在处理问题时需要具备更多的理性。注意冷静处理感性心理，注重克服感情用事，遇事多一些理性的思考，防止影响对问题的判断和解决。

② 处理好家庭和工作二者关系。对于已婚女性，通常会在家庭中承担更多的家务劳动和事务。这必然要分散她们的一部分时间和精力。领导应该正视这一现实问题，予以适当照顾。女性干部自身应该正确处理好二者关系，做到“两不误”。虽然这是一件很困难的事情。

③ 女性婚后承担着生育、哺乳和养育下一代的特殊而艰巨的任务。这必然造成有一个阶段工作的进展受到影响。从怀孕到婴儿长大，将近三年的时间，母亲很大部分的时间精力会被孩子占据。这个阶段的女干部加班以及出差都会相对困难；因为生育造成身体上的不适，也会导致一段时间内精力不济；工作的强度、难度会维持在相对低谷的水平。女干部本身在这个阶段也容易出现产后抑郁、焦虑等压力，记忆力下降。这个阶段最好需要暂缓调整工作，延续原有的工作保持连续性更加有利于工作和干部培养。

总之，女性在各个领域日益彰显更重要的作用是社会进步、时代发展的需要和趋势。发挥女性干部的优势和特长，同时加强女干部的培养，注意她们的要求和特点，使女性干部在我校工作中发挥更大作用，具有重要意义。女性干部的培养与成长需要“土壤、阳光、空气和水”；提高个人的能力与素养离不开大环境与人文的影响熏陶。在组织的培养，前辈的传帮带，群众的支持、理解和自己的努力下，我校女干部队伍必将健康发展，发挥更大作用。

且行且改：不断用制度累积进步成果

——读新《条例》感言

岳素兰[①]

实践证明：在干部，尤其是女干部的选拔任用中，用人理念具有引领作用，舆论环境具有导向作用，群众公认具有示范作用，政策法规具有保障作用。中央颁布的《党政领导干部选拔任用工作条例》就是干部选用的制度保障和践行遵循，是坚持公开公平公正原则、选准用好干部的根本大法，也是新时期组织部门选人用人的办事规程和行动准则。

1994 年 5 月我任职北大党委组织部长，先后历经了 1995 年 2 月中央出台的党内第一部关于干部选拔任用工作的暂行条例；2002 年 7 月中央正式颁布了《党政领导干部选拔任用工作条例》；在我退出现职岗位后参与女干部课题调研期间，又欣喜看到了 2014 年 1 月再次修订的《党政领导干部选拔任用工作条例》（下称《干部任用条例》）。我作为曾经的组织工作者，见证了《干部任用条例》运行 20 年来且行且改、不断用制度累积进步成果的全过程：一个干部人事制度不断改革的过程；一个干部选用工作不断走上法制化轨道的过程。中央对其不断修订和完善，即可见其贯穿始终的坚持，又可见其与时俱进的改进。体现了中央对干部工作的新精神、新要求，突出了四个鲜明特点。

---

① 岳素兰，北京大学原副校长、党委副书记，中外妇女问题研究中心原主任。

特点一：坚持党管干部的根本原则

党管干部的原则，是中国共产党长期坚持的一项重要原则，是党的组织路线为政治路线服务的一项有力保障，也是我国特色政治体制的重要组成部分。新《干部任用条例》坚持了党管干部与依法管理干部的统一，既明确了党组织在干部选用中把关的权力，也强化了党组织在选人用人中的把关责任，在原则标准和程序方法等多方面，保证了党组织的用人理念在各决策层中的贯彻，体现了党组织的主体地位，具有引领作用。一是新增“动议”一章，强调党组织从干部选拔的启动环节就应当发挥其领导和把关作用；二是强调党组织严把考察关，防止简单以票、以分取人；三是强调党组织对特殊情形选人的审批把关；四是强调党组织对干部选拔任用工作要实行全程监督，充实了“十不准”纪律要求，规定严肃查处违反组织人事纪律的行为。

新《干部任用条例》从“动议”到“任职”五个环节，构成了干部选拔任用工作的基本流程，把从严治党、从严管理干部的要求贯穿于各个环节，使干部选用工作有了更严格的标准、更规范的程序、更严明的纪律、更优化的流程、更简便的方法，极大地推进了“党管干部”制度的科学化。把党管干部原则规范化、制度化，充分体现了“民主集中制”原则和“依法办事”原则，也有利于优秀女干部的脱颖而出。

特点二：坚持好干部标准

我们党历来高度重视选贤任能，始终把德才兼备作为干部选拔任用的根本标准。新《干部任用条例》除坚持以前条例中“任人唯贤、德才兼备”的原则外，还特别强调“德才兼备、以德为先”的原则，把建设一支“信念坚定、为民服务、勤政务实、敢于担当、清正廉洁”高素质党政领导干部队伍，作为事业顺利发展的保证。以上这“二十字”所标示的德才兼备好干部标准，为组织部门确立了统一的培养、选拔、考核、监督干部的基本标准，传达出一种唯德才是用，以及男女平等竞争的强烈信息。在这种正确导向的启示和激励下，一切立志上进的干部，尤其是有志向有素质的女干部，都必然会视德才兼备为最大追求；坚持用这样的“五项”好干部标准引导人、塑造人、鼓舞人，才能为优秀干部脱颖而出、健康成长、施展才干创造清明的环境和顺畅的通道，才能竞争择优选拔出“政治上靠得住，工作上有本事”的好干部。所以，树立德才标准至上的、男女平等的用人观念、明确好干部用人标准，对于聚拢更多人才，挖掘潜在人才，留住骨干人才，从而提高队伍的向心力和凝聚力具有导向作用。

选什么人，用什么人，怎样选人，怎样用人，具有极强的示范作用。干部行不行、好不好群众最知道，只有坚持好干部标准和群众公认，“由多数人选人、在多数人中选人”，让群众来给干部画“标准像”，才是把好干部选上来、用起来的“制度通道”。干部选拔任用中，不论老中青，不论男性女性，也不论党内党外，都要尊重德才兼备标准的统一性。“严以修身、严以用权、严于律己，谋事要实、创业要实、做人要实”，则是需要坚守的“三严三实”做人之则和为政之要。

特点三：坚持从严管理干部

以政策法规为保障，才能“用好的作风选作风好的人”，才能赢得群众的信任与支持。新《干部任用条例》在总则中强调“落实从严治党、从严管理干部的要求，建立科学规范的党政领导干部选拔任用制度，形成有效管用、简便易行、有利于优秀人才脱颖而出的选人用人机制”，坚持把从严管理干部贯穿于干部选拔任用、考察考核、日常管理、培养教育的各个环节，体现了从严要求、从严教育、从严选拔、从严监督。确立了两个观念：一是监督也是管理的观念；二是管理离不开监督的观念。新《干部任用条例》坚持“主动监督、关口前移”的思路和“以教育为主、预防为主、事前监督为主”的原则，严格选拔条件、严密选拔程序、强化监督检查和责任追究，如《干部任用条例》明确规定对拟提任的干部，应当查阅个人有关事项报告情况；有跑官、拉票行为的干部和“裸官”等不得列为考察对象等等。《干部任用条例》还提出“必须依据干部选拔任用条件和不同领导职务的职责要求，全面考察其德、能、勤、绩、廉”等，鲜明树立起选人用人的“风向标”。中组部还印发了《关于加强干部选拔任用工作监督的意见》作为贯彻新《干部任用条例》的补充，用“严格按照制度规定选人用人”、“严格把好人选廉政关”、“严厉查处违规用人行为”、“强化干部选拔任用责任追究”、“严格组织人事纪律”和“及时发现和纠正存在问题”的六条措施，让权力在阳光下运行，保障权力按规矩运行。

特点四：坚持干部人事制度改革是个动态过程

过去20年，以第一部干部任用条例的颁布为标志，积极推进了以“坚持标准、扩大民主、完善考核、推进交流、加强监督”为主要内容的党政干部选用的制度建设，选人用人公信度进一步提高；坚持了“选管并重”、与时俱进的改革方向和“用好制度选好干部”的鲜明导向，逐步优化了选人用人环境。

干部选拔任用有多种机制，是一项政策性很强的工作。新《干部任用条例》提出“党政领导职务实行选任制、委任制，部分专业性较强的领导职务可以实行聘任制”。选任制产生党务干部的办法，在《干部任用条例》中没有涉猎，或者说本《干部任用条例》只适合非选举产生的领导干部。因此，需要根据选任制、委任制或聘任制的不同特点，依法任用干部：学校各级党的领导班子成员，以及党委领导下的群团组织负责人，适用选任制，政策依据为相关选举法规；各级党政机关的部门负责人、中层行政干部，适用委任制，依据《干部任用条例》。实际操作中，区分不同的选任机制，依据不同的法律法规，根据实际情况制定不同的具体实施方案，才能卓有成效地对干部进行分类管理。

今后10年，依照《2010—2020年深化干部人事制度改革规划纲要》确定的干部人事制度改革的11个重点突破项目，促进公平、科学选才、有力监督，将被列为突破重点。值得一提的是，十年《规划纲要》特别强调“根据各类干部不同特点，建立和完善培养选拔妇女干部、少数民族干部、非党干部的相关制度”，体现了干部人事制度改革规划对女性参政议政的重视。

前20年和后10年改革的动态过程，充分体现了对干部制度改革的认识在不断深化，对党政干部选用的法规在不断改进和完善。我们应积极探讨适合北大特点的干部制度改革的路子，从学校的实情出发，逐步建立符合现代大学制度建设的科学分类管理办法，创造一个公开、平等、竞争、择优的用人环境；建立一套干部能上能下、能进能出、充满活力的管理机制；形成一套法制完备、纪律严明、群众参与的监督体系；努力实现干部工作的科学化、民主化、制度化。力争在扩大民主上有新的进步，在干部选拔任用方式上有新的改进，在法规制度建设上有新的加强，在改革的整体推进上有新的进展。同时，为女干部的成长成才创造良好的政治生态环境。

四 / 调研篇

高校女干部成长相关性实证分析

陈丽华[①] 汪芸芳[②] 齐敬茹[③]

一、引言

女干部的发展问题一直备受各界关注，而影响北大女干部发展的因素都有哪些则是本文研究的内容。论文希望能通过对调查问卷所获得数据的深入挖掘和分析，了解目前女干部发展道路上出现较为频繁的问题以及讨论如何解决，从而采取一些措施和方法来帮助高校女干部顺利成长。

论文数据来源于北大女干部成长规律调查问卷共 397 份：男性教师 69 份，女性教师 147 份；男性行政人员为 53 份，女性行政人员为 128 份。分析方法为对调查数据的结果进行分析，运用列联相关系数（contingency correlation coefficient）和皮（尔生）氏积矩相关系数（Pearson correlation coefficient）来计算两类问题的相关性，对调查数据分析后得出影响北大女干部成长的内在因素。

女性参与和组织公共事务管理活动，是妇女社会参与事务的重要形式，在当今世界被视为提高妇女地位的重要方面，也是衡量一个国家社会发展和文明进步的标志之一。但是，我国女性在职务晋升中还存在只能担任低层职务，或者做到一定职位后便再难晋升的“玻璃天花板”现象。本文分析了这一现象的表现、形成根源，并提出了通过提高女干部胜任工作能力，克服“玻璃天花板”现象的对策措施。

① 陈丽华，北京大学光华管理学院。
② 汪芸芳，原北大光华管理学院博士后，现北京物资学院教授。
③ 齐敬茹，北京大学光华管理学院，副研究员。

二、分析工具介绍

相关系数主要反映两个现象之间的相关程度，一般划分为四类：正相关、负相关、相关但无线性关系和不相关。

（1）列联系数表示相关性

如两者呈正相关，K 呈正值，$C=1$ 时为完全正相关；如两者呈负相关则呈负值，而 $C=-1$ 时为完全负相关。完全正相关或负相关时，所有图点都在直线回归线上；点的分布在直线回归线上下越离散，C 的绝对值越小。相关系数的绝对值越接近 1，相关越密切；越接近于 0，相关越不密切。当 $C=0$ 时，说明 X 和 Y 两个变量之间无直线关系。通常 $|C|>0.8$ 时，认为两个变量有很强的线性相关性。

o 值为观察值（observations），e 值为期望值（expected value），C 值为列联相关系数（contingency correlationcoefficient），表示相关性，

$$\chi^2=\sum\left[\frac{(o-e)^2}{e}\right], \tag{1}$$

$$C=\sqrt{\frac{\chi^2}{\chi^2+N}}. \tag{2}$$

K 值的 χ^2 显著性检验 $df=(M-1)(N-1)$，M：数据矩阵行值，N：数据矩阵列值，依据 χ^2 临界值表检验显著性。

调研问题中男女管理者与男女教师选择为 0～1 分布的，适合此类方法进行分析。

（2）皮（尔生）氏积矩相关系数表示相关性

皮（尔生）氏积矩相关系数为说明两个现象之间相关关系密切程度的统计分析指标。相关系数用 γ 来表示，γ 值的范围在 -1 和 $+1$ 之间。$|\gamma|$ 值越大，表示变量之间的线性相关程度越高；$|\gamma|$ 值越接近 0，则说明变量之间的线性相关程度越低。$\gamma>0$ 为正相关，$\gamma<0$ 为负相关。$\gamma=0$ 表示不相关。

$$\gamma=\frac{\sum_{i=1}^{n}(x_i-\bar{x})(y_i-\bar{y})}{\sqrt{\sum_{i=1}^{n}(x_i-\bar{x})^2\cdot\sum_{i=1}^{n}(y_i-\bar{y})^2}}=\frac{n\sum_{i=1}^{n}x_iy_i-\sum_{i=1}^{n}x_i\cdot\sum_{i=1}^{n}y_i}{\sqrt{n\sum_{i=1}^{n}x_i^2-\left(\sum_{i=1}^{n}x_i\right)^2}\cdot\sqrt{n\sum_{i=1}^{n}y_i^2-\left(\sum_{i=1}^{n}y_i\right)^2}} \tag{3}$$

其关系表现为以下 3 种变化：

① 正相关，一个变量增加或减少时，另一个变量也相应增加或减少；

② 负相关，一个变量增加或减少时，另一个变量却减少或增加；

③ 无相关，说明两个变量是彼此独立的，即由一个变量值，无法预测另一个变量值。

调研中受访人选择结果为具体数值的，适合此类方法进行分析。

三、北大教师调研基础数据的对比分析

(1) 北大男女教师职业生涯规划清晰度比较

如图 4-1-1 所示，12.59％的女教师认为自己的职业规划非常清晰；50.35％女性教师认为自己的职业生涯规划是一般清晰的；27.97％女教师认为自己的职业生涯规划是清晰的；7.69％和 1.40％的女教师分别为不清晰和完全没有职业生涯规划。

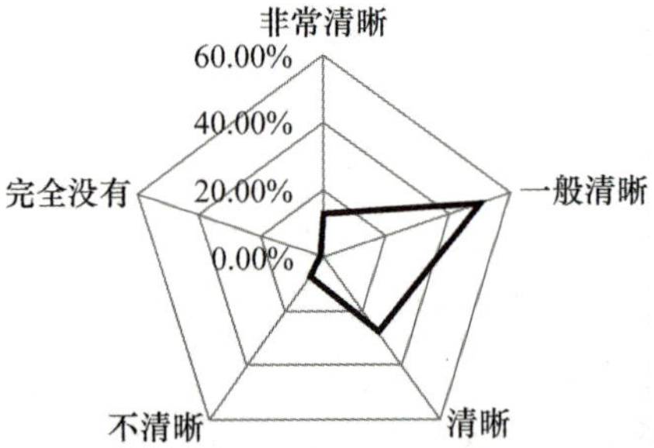

图 4-1-1 北大女性教师自我职业规划清晰度

在对自我职业生涯规划问题中，大多数男老师都有一个较为清晰的规划蓝图，总比占 94％左右，仅有 6％的人群对自己的职业规划还并不清晰，如图4-1-2 所示。30.77％的男教师认为自己的职业规划非常清晰；30.77％男性教师认为自己的职业生涯规划是一般清晰的；32.31％男教师认为自己的职业生涯规划是清晰的；6.15％和 0％的男教师分别为不清晰和完全没有职业生涯规划。

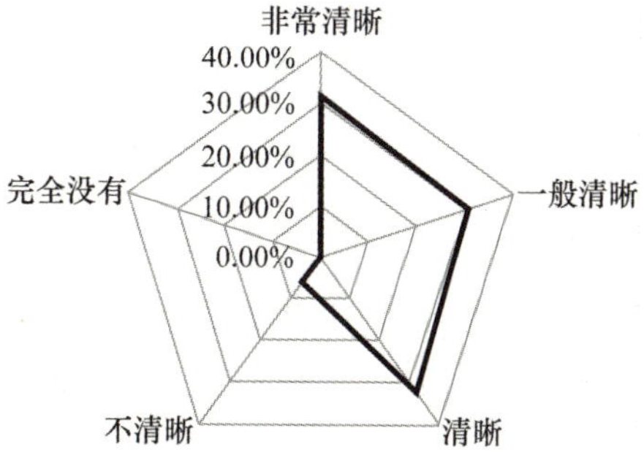

图 4-1-2 北大男性教师自我职业规划清晰度

对比男性教师和女性教师的职业生涯规划情况，大多数北大男性教师和女性教师对自己的职业均有一个比较清晰的规划。职业生涯规划非常清晰的人群中，男性教师比率高于女性教师，同时男性教师职业生涯规划不清晰和完全没有的比率低于女性教师。如果女性教师想要提高自己的职场竞争能力，可以从职业生涯规划的角度，增加自己的职业生涯规划清晰度。

(2) 男女教师在学术和教学方面获得社会承认的难易度比较

如图 4-1-3 所示，在学术和教学方面获得社会认可的问题上，有 1.44%的女教师认为女性相比男性在学术和教学方面获得社会认可更容易；有 5.04%的女教师认为女性相比男性在学术和教学方面获得社会认可稍容易一些；有 28.06%的女教师认为男女性别问题在这方面是同等待遇的，不会因为性别的不同而有所不同。而有 56.83%的女教师认为女性教师相对比男性教师，在获得社会认可方面稍难；有 8.63%的女教师认为更难。

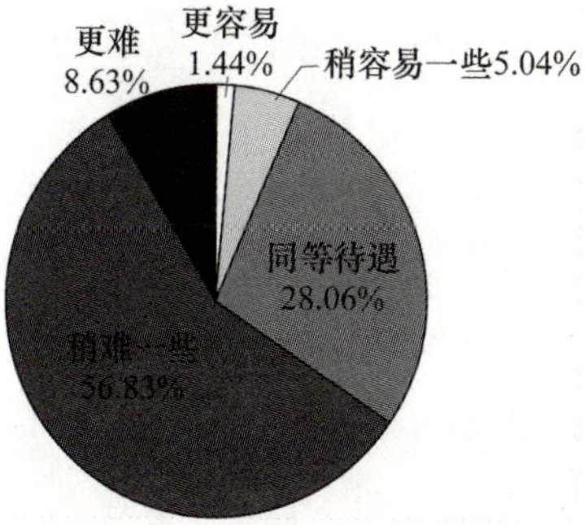

图 4-1-3 女教师眼中女性对比男性在学术和教学方面获得社会承认的难易度

如图 4-1-4 所示，在学术和教学方面获得社会认可的问题上，有 3%的男性教师认为女性相比男性在学术和教学方面获得社会认可更容易；有 21%的男性教师认为女性相比男性在学术和教学方面获得社会认可稍容易一些；有 35%的男性教师认为男女性别问题在这方面是同等待遇的，不会因为性别的不同而有所不同；而有 32%的人认为女性教师相对比男性教师，的确在获得社会认可方面会有一定的难度；有 9%的男教师认为更难。

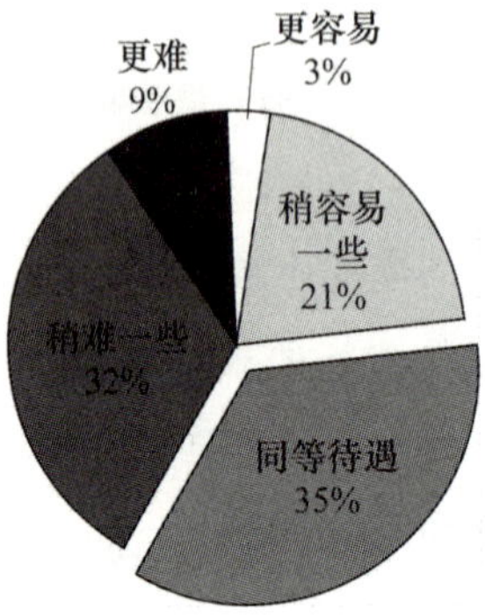

图 4-1-4　男教师眼中女性对比男性在学术和教学方面获得社会承认的难易度

对比男女教师的观点，女教师绝大部分认为相比男教师在教学、学术上获得社会认可稍难一些；而男教师中相当一部分则认为男女教师是同等待遇。女教师相比男教师更加认同社会大环境对女性还是存在一定偏见，北大这样的学校也不例外。

四、社会传统观念的对比分析

中国具有悠久的历史，几千年的社会传统观念至今依然影响着国人，而对于男性和女性的社会角色要求也仍然存在着不同的看法和态度。有些人认为反对女性担任重要的领导工作、让女性回归家庭是男性的一厢情愿；也有些人认为女性自己以贤妻良母角色为荣，认为为家庭付出比事业上的成功更重要。这种男女截然不同的看法到底是因为环境因素还是个人天生观念的不同而形成的？本次我们把这类问题放在北大来进行研究，通过对于北大的男女教师及行政工作人员对这类问题看法的调查，来研究分析男女对社会传统观念的态度是否因环境、时代等因素而受影响。

(1) 男性女性教师及行政人员对社会传统观念的对比数据

表 4-1-1、表 4-1-2、表 4-1-3 显示北大校内教师和行政人员对社会传统观念问题的打分，5 分观念认可程度最强；1 分观念认可程度最弱；3 分为平均分值。

表 4-1-1 男女教师对社会传统观念看法分值

问题 / 性别	男人应主外，女人应主内	女性比男性更难取得事业上的成就	女性事业成就不宜超过她的丈夫	社会对女性从事领导岗位偏见很多	对于女性，家庭比事业更重要	女性干得好不如嫁得好
女教师	3.10	3.62	2.80	3.36	3.52	3.02
男教师	3.49	3.32	2.74	3.22	3.49	3.28

表 4-1-2 男女行政人员对社会传统观念看法分值

问题 / 性别	男人应主外，女人应主内	女性比男性更难取得事业上的成就	女性事业成就不宜超过她的丈夫	社会对女性从事领导岗位偏见很多	对于女性，家庭比事业更重要	女性干得好不如嫁得好
女行政人员	3.00	3.76	2.68	3.46	3.61	3.05
男行政人员	3.02	3.17	2.52	3.10	3.38	3.00

表 4-1-3 北大男性女性对社会传统观念总体看法分值

问题 / 性别	男人应主外，女人应主内	女性比男性更难取得事业上的成就	女性事业成就不宜超过她的丈夫	社会对女性从事领导岗位偏见很多	对于女性，家庭比事业更重要	女性干得好不如嫁得好
女性总体	3.05	3.69	2.74	3.41	3.56	3.03
男性总体	3.28	3.25	2.64	3.16	3.44	3.15

图 4-1-5 为北大男女教师对社会传统观念的看法，男女教师对女性事业成就不宜超过她的丈夫看法较为一致，大部分是保持中立的态度，即家庭内部妻子不用克制自己的工作能力，如果有合适的机会女性应该拥有自己的事业；此外，对于女性家庭比事业更重要看法也是一致的。值得注意的是，在这个问题上北大女教师虽然与男教师看法接近，但北大女教师更倾向于传统看法，即女性以家庭为主，工作为辅。

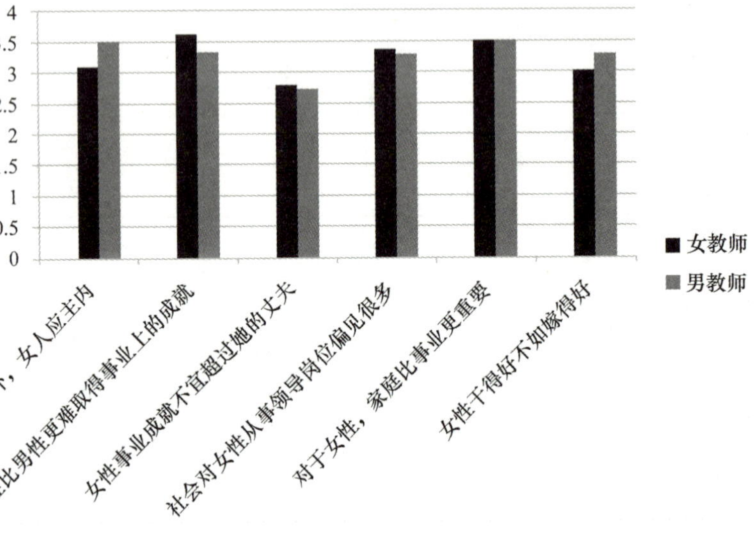

图 4-1-5　男女教师对社会传统观念看法对比

图 4-1-6 为北大行政人员对中国社会传统观念的看法。对女性比男性更难取得事业上的成就男女行政人员均持肯定态度；同时女性比男性对此观点的认同程度更高。数据结果表示北大的行政部女性成员从自身经历出发确实能够体会到由于多种因素，女性比男性取得相同的事业成就需要付出更多的时间、精力和汗水。

从图 4-1-7 可以看出北大男性女性对男人应主外，女人应主内看法为肯定态度，男性肯定程度更大。数据结果表示北大男女教师及行政人员均认为在家庭中需要男主外，女主内的家庭模式，部分女性认为可以根据具体的实际情况采取不同的家庭分工方式，北大的男性相对于北大女性来说更加肯定社会传统固有的家庭分工方式。对于女性，家庭比事业更重要的传统观念，北大男性及女性均对此表示认可。

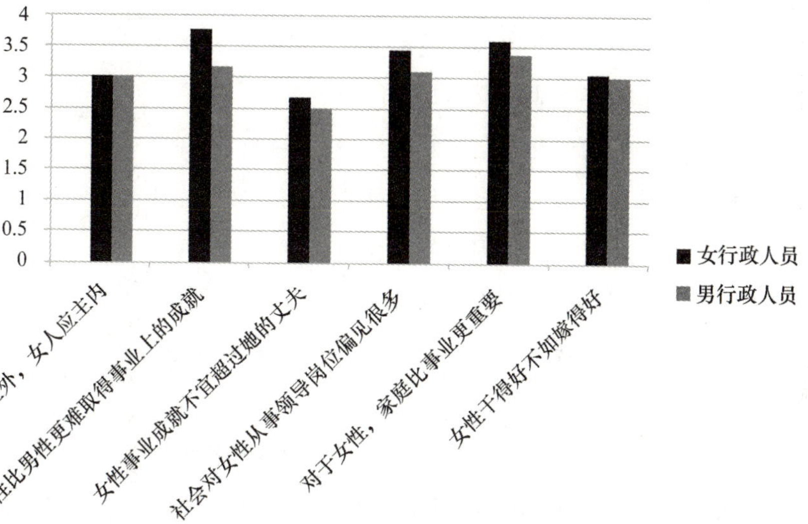

图 4-1-6　北大行政人员对社会传统观念看法对比

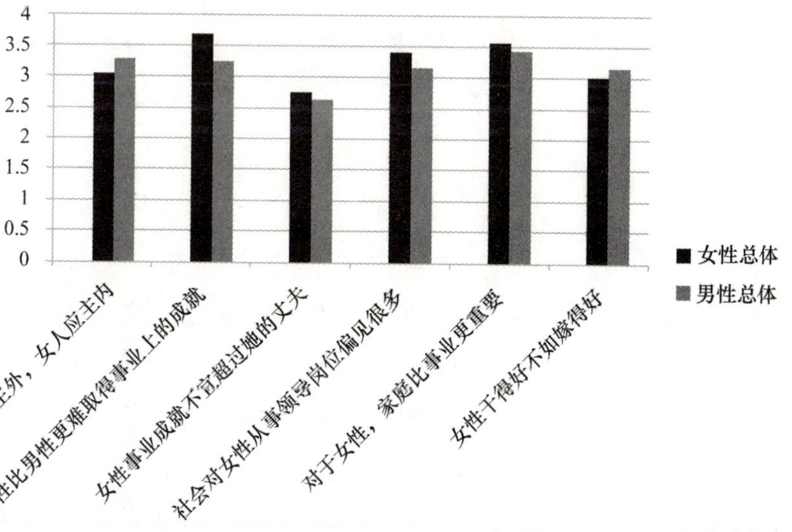

图 4-1-7　北大男性女性总体对社会传统观念看法对比

对女性事业上的成就不宜超过她的丈夫，北大男性女性人员均表示并不认可；男性比女性对此观点的不认可程度更高。数据结果显示，北大男性认为如果在家庭内部妻子取得了事业上的成功对家庭有正面作用，男性对此表示乐于接受；北大女性也认为在家庭内部女性可以取得比丈夫更大的事业成就，没有必要为了家庭内部关系放弃事业上取得成功的机会。

北大男性、女性均认为社会对女性从事领导岗位偏见较多；女性认为社会偏见的严重程度比男性认为的社会偏见程度要更高。数据结果显示一直以来女性从事领导岗位要面对比男性多得多的社会偏见，这种偏见不易消除。

对于女性干得好不如嫁得好，北大男性及女性均认可此观点，北大男性对此观点的认可程度更高。数据说明北大大部分人员认可传统观念即女性婚姻占有更重要的地位，也有部分北大女性对此观点持中立态度。

(2) 男女教师及行政人员对传统观念的相关性分析

依据表 4-1-4，女教师与男教师对传统问题的看法具有一定的相关性，看法大致相同。但也有一些问题上北大男教师与北大女教师看法有差异：北大男教师比女教师更认同男主外，女主内的观点，男教师群体在整个北大内部对此观点认同程度最高；对女性比男性更难取得事业上的成就男女教师在看法上也存在差异性，女教师对此感受更深，更认同此观点。

表 4-1-4 北大男女教师对传统因素看法的皮（尔生）氏相关系数

性别	女教师	男教师
女教师	1	
男教师	0.63	1

依据表 4-1-5，北大男性行政人员与北大女性行政人员看法相关性较强，在北大校园内，男性行政管理人员与女性行政管理人员在社会传统问题看法上最为一致。就女性应主内，男性应主外的看法基本均持中立的态度，不赞成也不反对；看法差别较大的是女性比男性更难取得事业上的成就，这个问题上行政女性更认同此观点，而行政男性基本持中立的态度，有少部分行政男性支持此观点；此外对社会对女性从事领导岗位偏见很多这个问题看法也有不同之处，行政女性更支持此观点，行政男性基本持中立态度。

表 4-1-5 北大男女行政人员对传统因素看法的皮（尔生）氏相关系数

性别	女行政人员	男行政人员
女行政人员	1	
男行政人员	0.86	1

依据表 4-1-6，北大女干部成长规律中传统因素和性别的相关性分析结果表示，性别对社会传统因素的看法影响相差不大，即北大男性女性对女性担任传统角色的观点基本是一致的。部分问题如是否男主外，女主内，社会对女性从事领导岗位偏见很多，看法轻重程度有所不同。对于女性事业上不能超过她的丈夫这个问题，北大的教师及行政人员都持不赞同的态度，这为北大女干部的成长提供了参考依据，即北大人员家庭内部的氛围是支持女性事业上寻求更大发展的，北大女性也有这方面的意愿。

表 4-1-6 北大男女总体对传统因素看法的皮（尔生）氏相关系数

性别	北大女性总体	北大男性总体
北大女性总体	1	
北大男性总体	0.74	1

五、北大职称职务问题对女教师担任领导者的影响分析

（1）学生干部对未来担任领导干部的影响

在对女干部进行采访时，有些女干部谈到在学生时期她们已经是学校或班里的学生干部，领导和组织同学们参加学校的活动、学习和郊游。到底学生时期担任学生干部对女干部后来担任领导工作有没有直接或间接的关系，我们通过本部分的分析来找到答案。

从表 4-1-7 中，职称与学生干部的对比情况来看，学生时期担任过学生干部与职称问题关系相差不大，职称除了与女教师本人的教学能力相关外还与女教师担任教学的工龄时间长度有关。本部分调查的人群主要为 121 位北大女教师，其中担任和未担任过学生干部的约各占一半；正高级职称 29 人，副高职称 29 人，中级职称 46 人，初级职称 17 人。

表 4-1-7 北大女教师职称与担任学生干部的基础数据统计（单位：人）

职称 学生领导担任情况	高级职称	副高级职称	中级职称	初级职称
担任过学生干部	17	12	20	12
未担任过学生干部	12	17	26	5

计算结果，$\chi^2=5.38$，小于显著性 90％的查表数值 6.25，说明北大女教师在职称问题上与学生时期担任学生干部不具有相关性，即北大女教师职称的高低与学生时期是否担任过学生干部没有明显联系，学生时期是否担任学生干部这个因素对教师职称的评定影响不大。

从表 4-1-8 来看，北大担任领导职务的女教师在学生时期就担任学生干部的占多数，统计数据表明，学生时期担任学生干部的女教师对领导职务有更高的工作热情和积极性，努力寻找教学和管理双重职务的平衡点。

表 4-1-8 北大女教师职务与担任学生干部的基础数据统计（单位：人）

职务 学生干部担任情况	担任领导职务	未担任领导职务
担任过学生干部	30	43
未担任过学生干部	18	95

从北大女教师在学生时期担任学生干部与日后是否担任领导工作的相关性分析结果来看，相关性 C 值为 0.8781，$\chi^2=2.71$，大于显著性 90％的查表数值 1，满足显著性要求，女教师担任领导职务与学生时期担任学生干部满足假设条件具有较强的相关性。因此可以得出在学生时期担任过学生干部的北大女教师更倾向于去担任领导职务。

（2）北大女教师职务与职称相关性分析

表 4-1-9 所示北大女性教师中担任领导职务的女性具有高级与副高职称的占绝大多数，其中一半以上有高级职称。未担任领导职务的女教师中，中级职称人群占主要群体约一半以上。担任领导职务的女教师中，中级与初级职称的女教师担任的领导职务相应级别较低，担任学院及学校主要领导的女教师均具有高级职

称，这说明大部分北大女性教师在评上高级职称无后顾之忧后才愿意担任较为重要的领导职务。本部分参与调查的女教师共有 125 人，担任领导职务的女教师有 45 人，未担任任何行政职务的女教师为 80 人，担任领导职务的女教师职称人数由高到低依次递减，未担任领导职务的女教师中级职称人数最多，高级职称与初级职称人数递减，呈现锥形。

表 4-1-9　北大女教师是否担任领导职务的职称情况

职称 女教师职务	高级职称	副高级职称	中级职称	初级职称	总人数
担任领导职务	24	14	5	2	45
未担任领导职务	9	12	43	16	80

从相关性检测结果来看，相关性 C 值为 0.49875，$\chi^2=6.25$，大于显著性 90%的查表数值 3 满足显著性要求，北大女教师职称的高低与是否选择担任领导职务具有一定的关系，主要体现在未担任领导职务的女教师里中级职称和初级职称的占多数；评上高级职称的女性教师因为无职称的压力，更愿意或更有余力担任学校或学院的主要领导职务。

六、对高校女性成长的建议

通过访谈及数据分析我们发现以下一些规律。

① 北京大学的职位越高，女性越少。对于一个机构、学校来说是很需要女性干部的；北京大学在产生、挖掘女性行政人员这方面还缺少一定相关的机制。而院系要产生双肩挑的干部一般都是由教授或者研究员来做，但是对于职称还要晋升的老师来说，长时间来做管理对他们有很大的影响。

② 每一位接受访谈的干部都对自己的工作非常热心，积极进取并且充满了正能量，并且基本都认为如果一个人对他所在的岗位以及所做的事没有一个非常正面积极的态度，那么就无法做好分内的事，更不可能管理好其他人。所以在岗女干部除了基本能力和素质外，一个积极正面的态度也是非常重要的。还有奉献精神也非常重要。其次，对于培养那种能独当一面的女性，是一个需要不断锤炼

的过程。另外，胸怀、眼界也要不断提高。最重要的是领导要委以重任，要放手去让手下的人做，但也要允许犯错误，特别是要给年轻干部甩开手干工作的依赖以及实际的指导和帮助。

③ 有一些老师认为，女性应该发挥其与生俱来的优势，更人性化的管理，善于理解他人，发现他人的优势会对自己的管理工作带来很大的帮助。尤其是女性在一些特点上不同于男性甚至是互补于男性，比如有些工作，女同志做起来有她们自己的特点，比如说更细腻、更柔中有刚、耐心，而男同志做事则是简洁明了，直来直去。

④ 女干部由于一些先天性的原因在担任领导工作方面要比男性更累。所以北京大学要用人、培养人，也要有滋润人、保护人的全面性机制。做得好总会有人看得到，但标准不会因为性别而降低。

同时，北京大学对女性教师以及女性干部工作以外的部分，给予更多的关注和机会。可以举办一些沙龙供女教师、女干部在一起进行家庭事业等方面的心得交流来帮助女性减轻工作带来的压力和负面情绪。据悉，学校有关部门以及院系每年都开展相关活动。但从性别意识角度策划、行动尚需加大力度。

七、研究结论

依据以上分析，本文对女干部培养给出以下一些建议。

① 高校对女干部的培养是一个系统工程，需要有完善的制度体系和积极措施来发现女干部，培养女干部。不能临时去寻找担任重要职务的人选，更不能随意采取谁有精力谁上的办法。

② 当今依然存在社会对女性从事领导岗位偏见较多的现象，我们发现高校内依然有重男轻女的氛围，即使在北京大学也不例外，这与社会的大环境是分不开的。通过调研，有理由相信，女干部的成长成才“一靠自身努力，二靠组织培养”，即，一方面需要女干部自身内心强大，努力工作抵制社会上对女干部的不正确看法；另一方面需要学校或相关部门采取一些措施通过多种方法消除对女干部的固有偏见，来帮助女干部顺利成长，更好地完成学校的各项工作。

③ 担任领导职务，不仅要有能力，同时要有热情和积极性。调研中发现，

在学生时期担任过学生干部，或担任过学生干部里的重要职务，如大队长、党支部书记等，已经有担任领导工作经验，相对于没有担任过领导的更容易协调好教学、科研、领导工作等多方面关系。因此，我们在培养北大女性后备干部群体时，可以更多地关注学生时期担任过学生干部的女教师。

④ 高校女干部可以从拥有高级职称的女性教师和女性行政人员中选拔。高校的职称问题是女性教师事业发展的重要因素之一，拥有高级职称的女教师更能够有余力去从事一些行政及领导工作，她们具备担任领导职务的工作能力和工作热情，同时没有了职称上的压力，高职称、高素质的女性更适合于去担任重要的领导职务。

⑤ 我们认为在北大培养女干部应该从性格比较外向，能够妥善处理各方面关系，具备能够担任该职位不逊于男性工作能力的北大女性中选拔。这部分女性也具有良好的处世态度同时坚忍不拔，能够具备胜任领导工作的素质。北大的男性群体也对这一观点持赞同态度。如果具备以上素质的北大女性能够担任领导工作，北大男性群体对这些女干部及她们的工作能力更加认同。

⑥ 从调查结果来看，建议措施具有一致性，不因男女教师的性别不同而具有不同反应。因此，高校采取措施帮助女干部成长可进一步做相应调查，但调查可以不去考虑性别因素。

社会传统观念认为，女性在经营好家庭的同时才能够去发展自己的事业。北大女性对“家庭比事业更重要”认可程度较高，数据说明北大女性在此问题上更遵从传统观念，也说明她们在工作的同时花了更多的时间精力在家庭上。实践证明，女性领导干部“家庭—事业”统筹兼顾的责任与压力要大于男性，除了要强化自身调适的能力外，加大力度营造对女性领导干部予以认可的文化氛围与组织环境，是女性成长成才和管理机制完善的重要课题。

【参考文献】

[1] Duane Davis. Business Research for Decision Making. 4th ed. [M]. San Francisco: Wadsworth Publishing Company, 1996.

[2] KaisaKauppinen, IirisAsltio. Leadership, Power and Gender[A]. Carol R. Ember. Encyclopedia of Sex and Gender [M]. New York: Publisher Springer US, 2003.

[3] 杨静. 女性创业领导力的行为特征及其效能机制：多水平效应分析 [D]. 浙江大学，2014.

[4] 武爱文，冯卫国，卫淑芝等. 概率论与数理统计 [M]. 上海：上海交通大学出版社，2011.

[5] 陈晓云. 天花板现象与女干部胜任力的保障培育与开发 [J]. 行政与法，2007.

[6] 孟祥斐，徐延辉. 高层次女性人才的性别意识及其影响因素研究—基于福建省的调查 [J]. 妇女研究论丛，2012，01.

北京大学女干部队伍建设工作的思考

孟庆焱[①]

在当前知识经济的时代背景下，高校在为社会培养各方面高素质人才方面发挥着越来越重要的作用。高校在培养男性人才的同时，也培养出了各种类型的高素质女性人才，其中高校女干部是非常优秀的女性管理者群体，她们作为高校管理队伍中非常重要的组成部分，逐渐在更高层次、更广范围参与高校管理和教育改革，并且发挥了不可替代的重要作用。

北京大学2012年召开的第十二次党代会上提出“2048远景规划”和“三步走”战略设想。目前正和清华大学同时筹备进行高校教育改革，在机遇与挑战并存的新的历史时期，北京大学任重道远。怎样充分发挥女性教职员工的作用，让女性在北京大学真正地顶起“半边天”，培养起一支高素质的女干部队伍，也是学校要深入思考的问题。

北京大学加强女干部队伍建设，进一步做好培养选拔使用女干部工作，充分调动广大妇女参政、议政的积极性和创造性，更好地发挥她们在各项工作中的作用，同时积极创造机会，把培养成熟的女干部推到校外更广阔的社会舞台，不但有利于学校持续、健康、快速发展，对于整个社会的男女平等、民主进步，都有巨大的促进作用。

---

① 孟庆焱，北京大学产业党工委书记。

一、北京大学女干部基本情况和岗位分布特点

（1）基本数据

根据北京大学校本部及医学部人事部和党委组织部统计数据，截至2015年8月，北京大学校本部共有教职工5630人，女性教职工2219人。女干部342人，其中副科级100人，正科级124人，副处级92人，正处级26人，副厅级1人。

医学部（含医院）教职工总数11991人，女性教职工8319人，医学部（不含医院）教职工1656人，女性993人。女干部163人，其中副科级59人，正科级24人，副处级55人，正处级25人，正厅级1人。

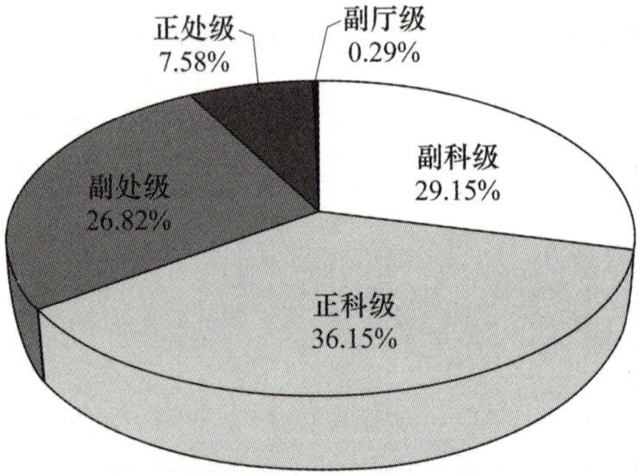

图4-2-1　北京大学校本部女干部级别分布情况

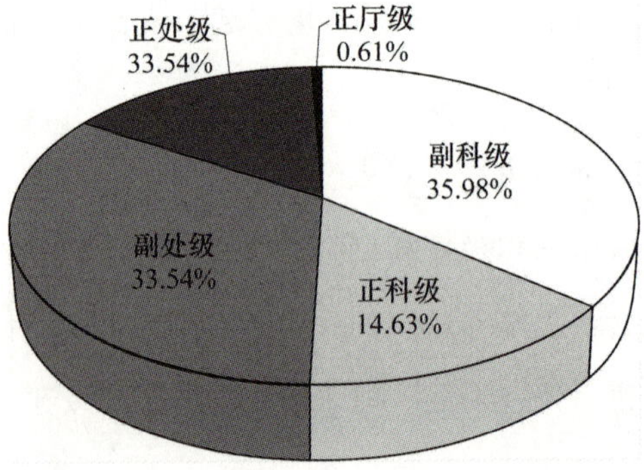

图4-2-2　北京大学医学部女干部级别分布情况

（2）校本部和医学部有关数据统计（见图 4-2-3、4-2-4、4-2-5、4-2-6、4-2-7、4-2-8）

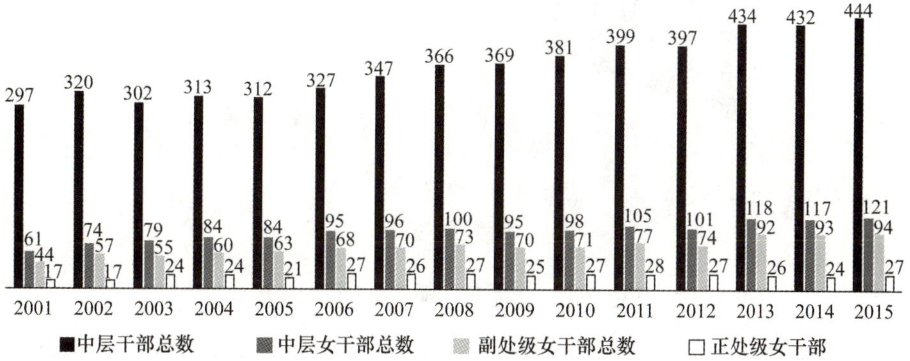

图 4-2-3　北京大学校本部中层女干部分布图

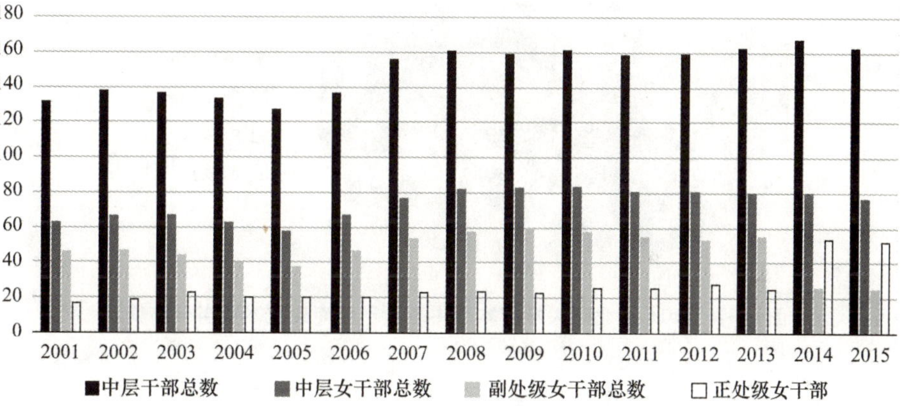

图 4-2-4　北京大学医学部中层女干部分布图

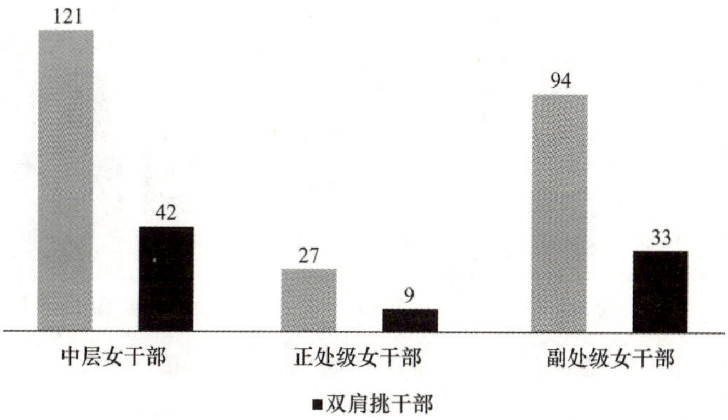

图 4-2-5　2015 年北京大学校本部中层女干部中双肩挑女干部的情况

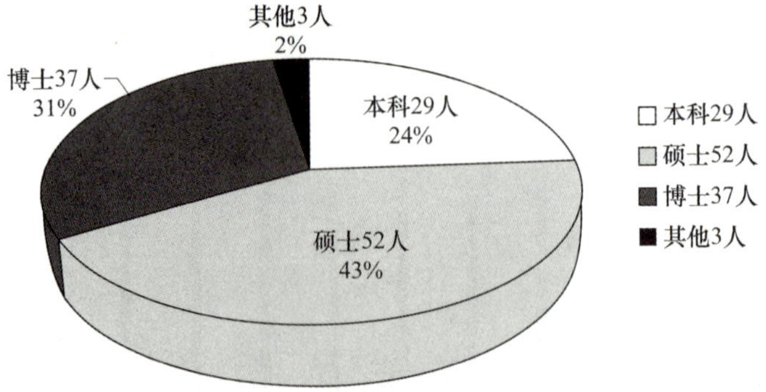

图 4-2-6　2015 年北京大学校本部中层女干部学历分布情况

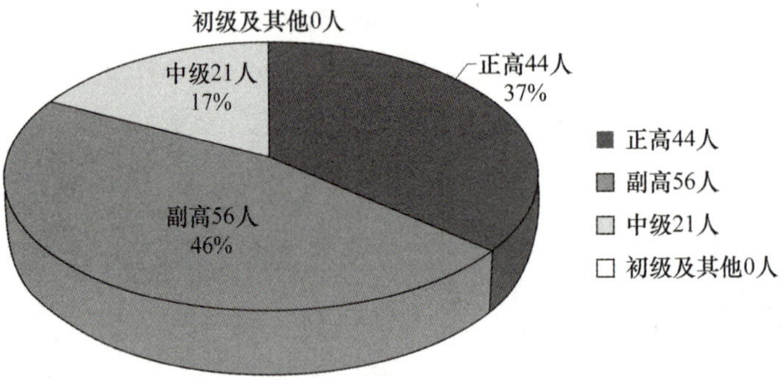

图4-2-7　2015 年北京大学校本部中层女干部专业技术职务分布情况

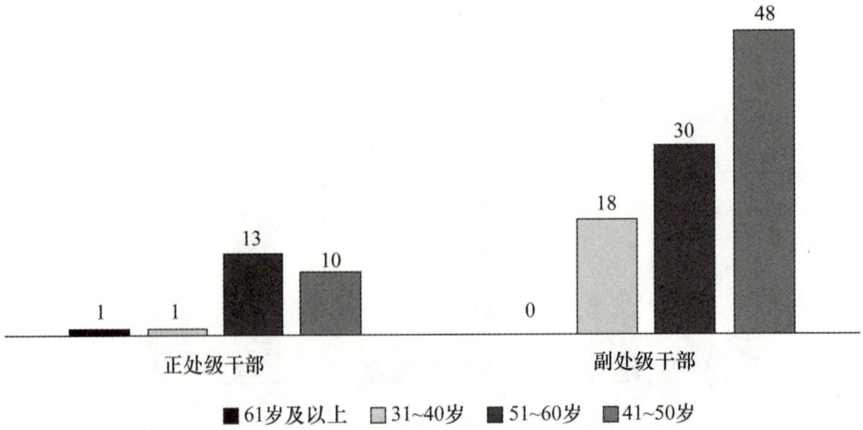

图 4-2-8　2015 年北京大学校本部中层干部年龄段分布情况

(3) 女干部队伍整体情况和分布特点

北京大学女干部整体特点：高学历，高职称，双肩挑干部占相当比例。

在岗位分布上，存在以下特点。

① 低层多、高层少：北京大学本部和医学部女干部级别都呈金字塔形分布，呈现出低层多，高层少的特点。

② 副职多、正职少：在校级干部当中，北京大学历史上还没有出现过女性校长，女性党委书记也只出现过1位。在院系和机关等中层单位，女性担任副职岗位的比较多，担任正职的相对较少。

③ 党务多、行政少。北京大学党务系统的女干部比例较大，行政系统的相对比例小。而且担任中层正职的女干部以党务干部为主，多为基层党委书记，近年来，担任行政岗位正职的女性干部也有增多趋势。

④ 边缘多、核心少。从整体上看，北京大学一些相对边缘、辅助性岗位上女干部较多，核心关键岗位上男干部的比例远远高于女性。

二、近年来北京大学女干部队伍建设的举措①

从数字比例、结构特点看，北京大学培养选拔女干部的工作仍有较大的提高空间，学校也认识到了这一点。多年来，根据国家政策和社会需要，从优化领导班子结构，建设高素质干部队伍的需要出发，抓住培养教育、选拔任用和科学管理三个环节，加大了女干部队伍建设工作的力度。努力发掘女性人才资源，使一批优秀女干部走上领导岗位。通过各种渠道，以各种方式提高女教职工的参政、议政能力，使女教职工在学校发展中起到应有的作用。

(1) 坚持同等标准选拔干部，同等条件下优先考虑女干部

在全校范围内开展的民主推荐、公开选拔和竞争上岗工作中，坚持公平竞争、任人唯贤、注重实绩的原则，不设性别界限，使妇女干部能够参与公平竞争，在同等条件下优先考虑女干部。对职数已满但需配备女干部的领导班子，采

---

① 文中第二部分“近年来北京大学女干部队伍建设的举措”，重点参考了北京大学党委组织部有关工作报告内容。

取先进后出的办法来提高女干部的配备率。

(2) 以换届调整为契机，及时选拔优秀女干部进入各级领导班子

学校每年都有基层院系党政班子面临换届调整，学校党委抓住了这一干部调整比较集中的机遇，及时选拔优秀女干部进入院系领导班子，尽可能地根据工作需要和民意基础配备女干部。

(3) 在工会、团委等群团组织的领导班子中女干部占有一定的比例

工会、团委等群团组织的工作具有特殊性，为确保广大女性在其中的地位和权利，充分发挥女性参与群团工作的积极性，我校在配备工会、团委等群团组织的领导班子时，专门为女性留出了干部职数。

(4) 努力做好女干部的交流工作

有意识地给女干部提供在多个岗位上锻炼的机会，丰富她们的工作经历和阅历，帮助她们提高从政能力和领导水平，使其在工作中逐步走向成熟。一是校内交流轮岗，另一个是校外挂职或任职，还有派往国外进修和培训。

(5) 培养教育与服务关心并重，切实提高女干部队伍的整体素质

积极鼓励女干部加强自身学习，进一步提高科学文化素质。北京大学充分利用综合性大学学科门类齐全、师资力量雄厚的资源优势，建立健全干部学习教育机制，建设“学习型”干部队伍。学校要求干部加强理论学习、强化业务学习，积极鼓励干部在职攻读研究生。女干部原有的学历背景普遍起点比较高，通过在职学习，具有博士学位和硕士学位的女干部比例又有大幅度提升。

通过建设“研究型”干部队伍，不断提高女干部管理工作的专业化水平。为了使学校的教育管理改革与发展尽快适应新形势的要求，促进管理队伍的专业化，使干部在实践中成长、在研究中提高，学校本着“总数控制、坚持标准、平等竞争、择优聘任”原则，每年组织教育管理与德育系列的专业技术职务的评审工作。积极发挥专业技术职务评审的鼓励和导向作用，鼓励女干部对管理工作进行深入思考研究，撰写理论文章，参与课题，整体提高理论修养和政策水平。多年来女干部具有高级专业技术职务的比例也大大提高。

(6) 关心爱护女干部，注意保护女干部的心理健康

女性干部多数在年龄段上处于健康问题的关键期，工作压力和生活压力都比较大，学校有针对性地开展思想政治工作，通过定期召开女干部座谈会、组织正

处级女干部联谊会、开展女干部缓解压力的心理培训、举办文化讲座、进行女干部职业感和幸福感的调查等，为女干部的心理情绪疏导提供条件，帮助她们有效化解压力，保持身体健康，维护身心平衡。

（7）在干部退休年龄问题上，没有性别歧视，男女平等

这一举措有利于保护女干部的工作热情，受到了干部的普遍认可。

三、北京大学女干部队伍建设工作有待加强

（1）北京大学整体氛围平等开放，女干部自然成长，但学校对于女干部的培养、选拔、管理整体制度设计还有待加强

在整个社会范围内，不利于女干部成长的首要因素就是在几千年男尊女卑传统观念下形成的根深蒂固的性别歧视，但这个因素在北京大学这个环境下的影响是很微弱的。北京大学历来以“思想自由、兼容并包”著称，在历史上，是全国首先招收女生的大学之一。在女干部的培养使用上，北京大学也持一种特别开放平等的态度，对待男女干部一视同仁。选拔干部历来实事求是，根据岗位需要和个人能力和特点来决定。北京大学在女干部的选拔、培养、使用工作上呈现一种平等开放，竞争择优，尊重个体差异的整体特点。

女干部队伍建设的现状，也体现出我们有计划、有目标培养女干部，打造一支强有力的女干部队伍上还有努力空间。比如学校没有针对女干部进行的专门培训，对女干部的选拔任用、考核、轮岗等也都采用和男干部统一的标准，缺乏政策倾斜的支持，学校应加强对女干部这一群体的特殊关注，加强女干部工作制度的整体设计，对女干部进行有计划地全方位地长期培养。

（2）女干部对担任领导工作热情相对不足，被动选择多、主动规划少，职业规划清晰度较低

北京大学的女干部群体有鲜明的特色，不管是双肩挑女干部还是专职女干部，基本上都受过良好的高等教育，学有所长，知识结构合理，有国际视野，具有现代女性自强自立，干练自信的风采与气质。她们非常看重个人的精神独立，崇尚精神层面的追求，尤其是双肩挑女干部，因为参加管理工作对个人时间精力的分配会有很大影响，冲击到教学科研工作，所以整体上对担任管理工作积极性

不是特别高，被组织和群众选择，被动推上管理岗位的多。专职女干部也因为校内发展空间有限，同时因为承担事业和家庭的双重责任压力，所以她们虽然爱岗敬业、尽职尽责，但是主动追求更高目标，把管理工作当做终生事业进行长期规划，谋求更高岗位，主动承担更重要的管理责任的女干部相对较少。

(3) 北京大学女干部队伍流动性不强，岗位交流机会较少

对于双肩挑女干部来说，从本院系成长，主要在本院系承担教职和管理职务，流动到其他院系、学校层面和校外岗位的很少。对于专职女干部来讲，因为专门管理岗位的人才培养需要一定周期，同时她们在不同年龄阶段还要承担生育等家庭责任，负担较重，普遍表现出一种追求稳定的价值诉求，对岗位交流的愿望和要求不是特别迫切。所以从整体上看，北京大学女干部工作岗位相对稳定，换岗交流不是很频繁，很普遍。有很多女干部经过长期努力，成为某方面管理工作的资深专业人才，长年在一个岗位上辛勤工作。当然，随着时代进步和观念改变，以及学校整体管理水平的提高，北京大学女干部逐渐会得到更多不同岗位锻炼的机会。

(4) 校内使用多，校外输送少，向社会输送女干部的机制还没有建立起来

北京大学女干部队伍主要是自给自足，满足北京大学管理工作的需要。较长时期以来，学校有意识对女干部进行全方位的培养，向校外社会各个方面输送女性人才的努力不够，成果不明显。因为向社会输送的出口没有打开，所以北京大学女干部队伍还是一个内部循环，相对比较封闭的体系。

四、进一步加强北京大学女干部队伍建设工作的建议

目前很多学者在进行女性领导力的研究，女干部队伍建设也是其中一个很受关注的课题。关于这项工作，学者们在理论和实践上提出很多思路和建议。北京大学的女干部队伍是整个社会女干部队伍的一个有机组成部分，有一些共同的特点，同时也有高校群体和北大特殊地位决定的不同之处。

在多年的工作实践中，我们已经摸索出一些相对成熟的做法，同时对照社会上女干部队伍建设的整体情况，参考国际上女性人才的成长规律，做了一些理性深入的思考，这次课题研究就是对北京大学女干部队伍建设的一次比较彻底的、

深入的梳理与探索。

课题组建议学校今后在贯彻落实中央组织部、教育部等上级部门有关干部工作的政策要求的基础上，结合我校实际，研究制定北京大学女干部培养、选拔、任用等方面的具体政策，推进女干部工作落到实处，形成促进女干部成长的长效机制。具体而言，对进一步加强北京大学女干部队伍建设工作，有以下一些建议。

（1）加强舆论宣传，鼓励女干部职业发展的主动性和积极性

法国著名存在主义作家，女权运动的创始人之一西蒙·德·波伏娃曾经在她的代表作《第二性》中提出："女人不是天生的，她是被塑造的。"我们也可以说女干部不是天生的，她也是被塑造的。她们的价值取向深受社会环境和家庭环境对她们期待值的影响。北京大学的女干部自身智能素质，包括知识结构和管理能力，具有非常明显的优势，但是由于家庭和社会的影响，她们作为女性管理者的职业发展的主观愿望和成就动机不够强烈。这是制约她们发展的重要非智能素质问题。

针对这个问题，在北京大学这个开放的文化环境内，我们应该采用多种方式，加强宣传，建立良好的舆论环境，宣传男女平等，鼓励女性从事管理工作，宣传党和政府以及学校培养选拔女干部工作的政策。加强和社会的沟通，让北大女干部及时了解社会用人需求，用人导向。树立女性优秀成功人物的典型，宣传她们的事迹，组织多种形式的文化活动，创造她们与北大的女干部和学生多种方式的交流机会，开拓北大女性管理者的视野，克服她们的心理障碍，让她们看到这些成功的典型离我们也并非遥不可及，女干部职业的发展也具备各种可能性。激励她们积极向上，建功立业的热情，培养她们职业规划的主动性，从整体上创造一种有利于女干部成长的舆论氛围。

（2）多方位努力，打造适合女干部成长的外部环境

北京大学女干部队伍建设是一项长期系统的工程，学校对这项工作的重要性和紧迫性要有足够深刻的认识，进行宏观战略规划。组织不同的部门，包括党委组织部、人事部、统战部、工会教代会、各院系等各单位齐抓共管，建立协调统一的工作机制。同时还要在实际工作中借助北京大学有关院系、研究机构关于女性成才学术研究的优势，参考她们的研究成果，发挥学术机构的组织优势。

女干部的发展受很多因素的影响和制约，有的学者将这些影响因素概括为：社会环境、生活环境、个人要素、机遇四个方面。她们的成长也不是匀加速，在两个年龄段 20～30 岁，35～55 岁，表现出发展的高峰，是女性两个发展的黄金期。在 30 岁之前，没有家庭和生育的负担，集中精力投入工作，为事业发展奠定基础。在 30～35 岁，女性面临生育任务，事业或多或少都会受到影响，发展速度变慢。到 35 岁以后，女性过了婚姻和生育关，在职场重新变得活跃，进入新的发展时期。

对女干部的培养，要考虑女干部成长周期的影响，对不同年龄段的女干部有不同侧重点。关注不同年龄阶段的女干部，针对她们不同年龄阶段的需要，为她们提供接受培训、在职学习、轮岗交流、参加专业技术职务评审等提升自己的机会。同时，关心女干部的生理和心理健康，进行心理辅导。可以成立女干部沙龙，提供女干部在一起进行工作思考和生活交流的机会。

对于女干部的生活压力，可以通过工会和社区建设，提供优质可信的社会服务，减轻她们的负担。

(3) 针对女干部的实际情况和发展潜力，对女干部队伍进行分层管理

在各个行业女性成长成才的道路中，“玻璃天花板”(glass ceiling) 效应都是普遍存在的，所谓“玻璃天花板”，就是指女性在职业发展的过程中，到达一定高度的位置后，因为性别原因形成无形的壁垒，阻碍她们再向更高的位置发展。“玻璃天花板”是看得见、摸不着，但的确存在的。在女干部职业发展的道路上，这也是一个无法回避的客观现象。不同的女干部，因为个人素质、社会影响等各方面原因影响，发展的空间和到达的高度是不同，每个人都有自己的“玻璃天花板”，但是可能存在的高度有所不同。

北京大学对于女干部也要根据实际情况和发展潜力进行分层管理。对能力出众，有发展前途的女干部重点培养，创造更多学习培训、轮岗交流的机会，把她们选拔到学校更高的岗位或者推荐到社会发挥作用。但从多年的历史实际来看，不是所有的女干部都能得到持续发展的机会。每个女干部的发展都会遭遇一定的瓶颈，我们要客观看待这个现实，大部分基层女干部，多年为北大辛勤奉献，可能她们职业发展的空间有限，但北京大学建设世界一流大学的宏伟事业也离不开许许多多在平凡岗位上努力奋斗的女干部，她们也是北京大学的“无名英雄”，

学校在管理上要对她们加以关注，她们的首要问题不是职位的提高，而是在现有条件下提供适合她们长期发展的职业化道路，同时，关心她们的身心健康、提供更好的工作福利。

(4) 了解各种类型人才特点和成才规律，建立女性后备人才数据库，对女干部进行分类培养

北京大学不同类型的女干部有自己的特点和成才规律，我们在工作中要加强调研，做好基础工作，充分掌握情况，选拔政治素质好，有发展潜力的各种类型，各种级别的女干部，形成年龄结构、专业、知识结构合理分布的女干部后备队伍，建立后备数据库。并针对不同类型的女干部的身份和能力结构的特点，进行全方位的培养。

在学生管理工作中，就有意识发现培养女性学生干部骨干，创造条件，进行综合培养，送到社会挂职或国外学习，并让她们承担一定社会工作。在她们毕业进入社会不同管理岗位后，还要对她们进行持续关注并利用学校的社会资源，进行长时期跟踪，培养女性领袖和各行业的领军人物。

对于一些同时具备学术研究能力和管理素质的女性学者，结合她们的专业，有计划把她们吸收到学校管理队伍中来，同时进行培养和个人发展规划设计，做好向社会上各种岗位，包括国家政府机关、社会组织、国际组织和各种学术团体输送的准备。

对于行政岗位的女干部，主要在学校进行培养使用，对于其中素质比较全面、适应性强、表现特别突出的，也积极向政府机关等社会管理岗位推荐。

女干部队伍建设工作的基础工作扎实，人才储备丰富，在学校和社会管理岗位出现需要时，推荐和选拔工作就拥有更大的选择余地，成功率更高。

(5) 加强和社会的信息沟通，充分利用政策资源和北大的品牌优势，拓宽出路，向社会输出女干部

在新的历史时代，大学注定不是与世隔绝的象牙塔，它们和社会的联系越来越紧密。北京大学要加强和社会各方面的联系，充分进行信息沟通，了解社会岗位用人的需要，把培养成熟的女干部向社会推荐。

北京大学要充分利用党和国家对女性干部的倾斜政策，发扬北京大学的品牌优势和社会效应，建立多渠道、宽口径的女干部流动机制，不仅面向政府机关，

还有学术组织、社会团体、民间组织和国际组织，全面出击，真正打造复合型的女干部队伍。

五、结束语

在这个激烈变革，国际化水平日益提高的新时代，我们的观念也要与时俱进，对“女干部”，尤其是“北京大学女干部”这一名词进行重新的、更深入地思考，扩大“北京大学女干部”外延，打造复合型女干部队伍。

传统意义上把在党政机关工作从事管理工作的女性称为“女干部”，主要指在行政级别体系内的科级、处级、局级、部级以及更高层次的女性管理者。但是在多元化的时代，社会组织也呈现多样性的特征，某些学术组织、国际组织、民间组织，虽然不纳入行政级别体系内，但在社会上的影响日益增强。在这些组织从事管理工作的女性，社会层次比较高，具有很大的社会影响力，对国家和社会也承担了很大的责任，发挥着巨大的作用。我们可以概括一点统一称她们为“女性管理者”，也属于我们研究的宏观意义上的“女干部”。

北京大学作为中国最具影响力、历史最悠久，学科门类最为齐全的综合性大学，处于社会科技文化的前沿地带，在人才培养上先天具有超前性和更广泛的适应性。具有培养时代各行各业领军人物的基础与实力。当然，同时也具有培养高级女性管理人才的基础与实力。

【参考文献】

[1] 吴贵明，中国女性职业生涯发展研究［M］．北京：中国社会科学出版社，2004 年.

[2] 北京党政女性领导人才成长规律课题组．北京女性领导人才成长规律透视．新视野，2009 年.

北京大学女教师队伍发展与建设

戴长亮[①]

男女平等是我们国家的基本国策。我们常说，女职工是半边天。如何发挥半边天的作用，是人力资源管理的重要研究课题。对于高等学校，充分发挥女教师的优势，促进女教师成长成才尤为重要。因为高校女教师不仅承担一般意义上的高校教师所承担的人才培养、科学研究、社会服务任务，是高校一支不可或缺的生力军，同时高校女教师又是男女平等基本国策的实践者、传播者和推动者，是发展妇女教育、推动社会进步的强大的人才支撑。

目前，国内高等教育发展面临着新的形势，一方面是以北京大学、清华大学为代表的高校正在进行世界一流大学建设；另一方面高等学校都在进行深化改革，建立现代大学制度。建设世界一流大学，势必把如何发挥女教师的作用放在国际比较的视野中。建设现代大学制度，关于女教师的人力资源配置，女教师的职业发展是现代大学人力资源管理制度的应有内容。

同时，我们也看到，在贯彻男女平等基本国策的过程中，高校女教师在法律意义上的平等与实际的平等并不能画等号，两者之间还是有些的距离。因此，有必要对男女平等基本国策以及对女职工的劳动保护政策进行梳理。

一、男女平等的基本国策

1954 年，新中国成立后的第一部宪法颁布，第 96 条规定：“中华人民共和

① 戴长亮，北京大学人事部副部长，师资人才办公室常务副主任。

国妇女在政治的、经济的、文化的、社会的和家庭的生活各方面享有同男子平等的权利”，明确将男女平等原则纳入宪法。

1992年，根据宪法，为了保障妇女的合法权益，促进男女平等，充分发挥妇女在社会主义现代化建设中的作用，制定了《中华人民共和国妇女权益保护法》，明确规定了国家保障妇女享有与男子同等的政治权利、文化教育权利、劳动权利和社会保障权利、财产权利、人身权利、婚姻家庭权利。

2005年，国家对《中华人民共和国妇女权益保护法》进行修订。修改后的妇女权益保障法第2条明确规定“实行男女平等是国家的基本国策”。将男女平等基本国策写入妇女权益保障法是这次法律修改的一大亮点。男女平等基本国策是宪法男女平等原则在国家总政策领域的本体体现，具有十分重要的意义。

作为基本国策，是国家为解决带有普遍性、全局性、长远性问题而确定的总政策，在整个政策体系中处于最高层次，规定、制约和引导着一般的具体政策的制定和实施，并为相关领域的政策协调提供依据。它的适用范围宽、稳定程度强，能够长时期起指导作用。

男女平等基本国策确定了基本国策的适用范畴和目标指向，主要包括以下几方面涵义：

① 要在承认和尊重性别差异的前提下追求男女平等；

② 要将保障妇女实现发展的权利放到突出位置。只有让妇女拥有了更充分的发展权利、机会和资源，才能实现真正意义上的男女平等；

③ 要给予妇女必要的政策倾斜与保障，并充分考虑不同地区和阶层妇女的发展要求；

④ 要重视妇女在整个经济社会发展中的地位和作用，重视挖掘妇女的人力资源，使她们的聪明才智和创造力在中国特色社会主义建设中最大限度地发挥出来；

⑤ 要鼓励妇女在与男性的合作与协调发展中实现平等。

⑥ 要从社会协调发展的高度来认识和解决妇女发展与男女平等问题。经济增长不等于社会进步，社会进步必将促进妇女发展，不能用经济增长和社会进步来代替妇女发展，必须通过法律、政策、教育、舆论等手段，在推动经济社会发展的同时，解决妇女平等发展问题。

二、国家对女教师的劳动保护政策

为了减少和解决女职工在劳动中因生理特点造成的特殊困难，保护女职工健康，2012 年 4 月 18 日国务院颁布施行《女职工劳动保护特别规定》（国务院令第 619 号），对女职工的岗位、孕期、生育期、哺乳期给予特别照顾。

1. 岗位禁忌政策

《女职工劳动保护特别规定》（国务院令第 619 号）对女职工禁忌劳动范围进行了明确规定，包括女职工禁忌从事的劳动范围、女职工在月经期间禁忌从事的劳动范围、女职工在怀孕期间禁忌从事的劳动范围、女职工在哺乳期间禁忌从事的劳动范围四类规定，涵盖了工作类型、劳动强度、工作环境等禁忌范围。

同时明确，根据经济社会发展情况，对女职工禁忌从事的劳动范围进行调整。

《特别规定》对用人单位的义务进行规定：用人单位应当遵守女职工禁忌从事的劳动范围的规定，并将本单位属于女职工禁忌从事的劳动范围的岗位书面告知女职工。

2. 孕期、生育期、哺乳期劳动保护政策

（1）带薪产假

女职工生育享受 98 天产假，其中产前可以休假 15 天；难产的，增加产假 15 天；生育多胞胎的，每多生育 1 个婴儿，增加产假 15 天。女职工怀孕未满 4 个月流产的，享受 15 天产假；怀孕满 4 个月流产的，享受 42 天产假。属于晚婚晚育的，女职工产假期间的生育津贴，对已经参加生育保险的，按照用人单位上年度职工月平均工资的标准由生育保险基金支付；对未参加生育保险的，按照女职工产假前工资的标准由用人单位支付。

（2）孕期劳动保护政策

在孕期不能适应原劳动的，用人单位应当根据医疗机构的证明，予以减轻劳动量或者安排其他能够适应的劳动。对怀孕 7 个月以上的女职工，用人单位不得延长劳动时间或者安排夜班劳动，并应当在劳动时间内安排一定的休息时间。怀孕女职工在劳动时间内进行产前检查，所需时间计入劳动时间。

(3) 哺乳期劳动保护政策

对哺乳未满 1 周岁婴儿的女职工，用人单位不得延长劳动时间或者安排夜班劳动。用人单位应当在每天的劳动时间内为哺乳期女职工安排 1 小时哺乳时间；女职工生育多胞胎的，每多哺乳 1 个婴儿每天增加 1 小时哺乳时间。女职工比较多的用人单位应当根据女职工的需要，建立女职工卫生室、孕妇休息室、哺乳室等设施，妥善解决女职工在哺乳方面的困难。

(4) 聘期保护政策

国家规定：用人单位不得因女职工怀孕、生育、哺乳而予以辞退、与其解除劳动或者聘用合同。

三、国家对女教师休假的特别规定

新中国成立后，即以政务院令的形式，在《全国年节及纪念日放假办法》中规定，每年的 3 月 8 日妇女节，妇女放假半天。《全国年节及纪念日放假办法》历经三次修订，妇女在妇女节放假半天规定一直延续。

四、国家对女教师离退休年龄政策

1978 年 5 月，全国人大常委会通过《国务院关于安置老弱病残干部的暂行规定》，该规定是我国执行干部离休退休政策的基本制度。1983 年，国务院发布《国务院关于高级专家离休退休若干问题的暂行规定》(国发【1983】141 号)、《国务院关于延长部分骨干教师、医生、科技人员退休年龄的通知》，对干部的离休退休进行补充规定。总的来说，国家对干部的离休退休实行男女不同离退休年龄的政策。

具体规定：女年满 55 周岁，男年满 60 周岁，参加革命工作年限满十年的，可以办理离退休；或者女年满 45 周岁，男年满 50 周岁，参加革命工作年限满十年，经过医院证明完全丧失工作能力的，可以办理离退休。

两个补充规定：对高级专家适当延长退休年龄至 65～70 周岁；对骨干专业技术人员的退休年龄延长 1～5 年，延长后的退休年龄，女同志最长不超过 60 周岁，男同志最长不超过 65 周岁。

五、我校特殊政策

我校遵行国家规定，全面执行国家关于女职工在岗位、孕期、生育期、哺育期的政策规定。在学校自主权范围内，结合学校发展目标，对女职工规定了更符合实际情况的政策。

1. 女教师晚婚晚育奖励政策

从1989年起，女教师晚婚的，除享受国家规定的婚假外，增加奖励假7天。晚育的女教师，除享受国家规定的产假外，增加奖励假30天，休假期间不得降低其基本工资或者解除劳动合同。

2. 女教师退（离）休年龄政策

在女教师离退休年龄方面，我校采取了更加灵活的办法。学校规定：女教授一般63周岁办理离退休，根据工作需要，可以申请延缓退休两次，每次一年；具有副高级专业技术职务女教师，根据单位需要，本人意愿，可延长至60周岁办理离退休。

从实际操作情况看，我校女教授可以到65周岁退（离）休，比国家规定的退休年龄晚5年；具有副高级专业技术职务的女教师可以到60周岁退（离）休，也比国家规定的退休年龄晚5年。这项政策极大地激发了女教师的积极性，得到了广大女教师的拥护。

2015年2月，国家发布通知，调整机关事业单位县处级和具有高级职称的女性专业技术人员退休年龄。其规定如下：党政机关、人民团体中的正、副县级及相应职务层次的女干部，事业单位中担任党务、行政管理工作的相当于正、副处级的女干部和具有高级职称的女性专业技术人员，年满60周岁退休；上述女干部和具有高级职称的女性专业技术人员如本人申请，可以在年满55周岁时自愿退休。我校业已实施的政策与国家新修订的关于女职工的退休年龄政策基本一致。

3. 男女平等一视同仁的教师引进、培养、选拔、管理、考核和激励政策

为鼓励女教师发挥教学科研方面特长，学校实行男女平等、一视同仁的政策，包括了教师引进、培养、选拔、管理、考核和激励政策等。比如，学校在教

师职务聘任条件、985 专项岗位聘任、教师考核和教师评奖评优等工作中均贯彻男女平等、一视同仁的基本理念，激励女教师进一步提高教学科研水平，为学校建设世界一流大学做出更大贡献。

六、女教授队伍现状分析

根据历史记录资料，我们汇总了北京大学 1998 年以来校本部女教授的情况。由于资料限制，1998 年之前数据无法获得，我们汇总了 1988、1993 两年的数据。尽管数据有限，但也显示出了女教授数量变化的趋势。

1. 女教授的总量和比例

女教授的总量和比例见图 4-3-1。从图 1 可以看出，女教授的总量在增长，从 1988 年的 39 人，增加到 2015 年的 179 人，增长了 4 倍。女教授占教授的比例也在增长，从 12%左右增加到 16%，占比增加了 33%。

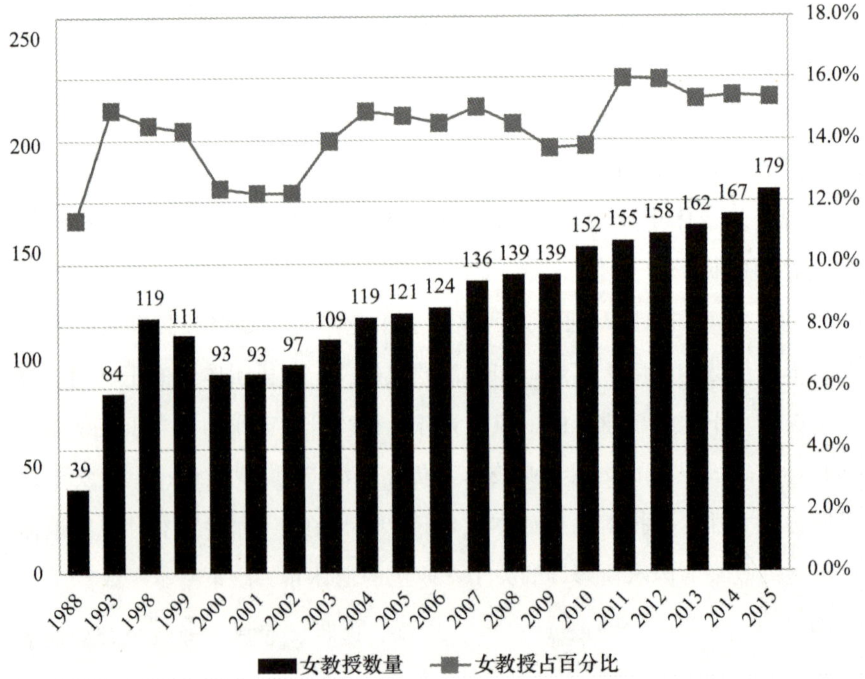

图 4-3-1 北大女教授比例统计图

学校在 1986 年开始进行教师职务聘任，总规模比较小，因而女教授的总量也比较小。随着教授规模的增大，女教授的数量也逐步增大。在数量增大的同时，女教授的占比也在增大。这也间接反映了学校在教师职务聘任政策上坚持男女一视同仁的情况下，女教师教学科研水平的大力提升。

2. 女教授的学科分布

从文理学科分布上看，女教授的变化趋势比较显著。图 4-3-2、4-3-3 反映了北大女教授在文理学科上的分布。从图 4-3-3 看出，2000 年是一个拐点，2000 年前，理工科女教授多于文科女教授，2000 年后文科女教授的数量多于理工科女教授，且有增大的趋势。

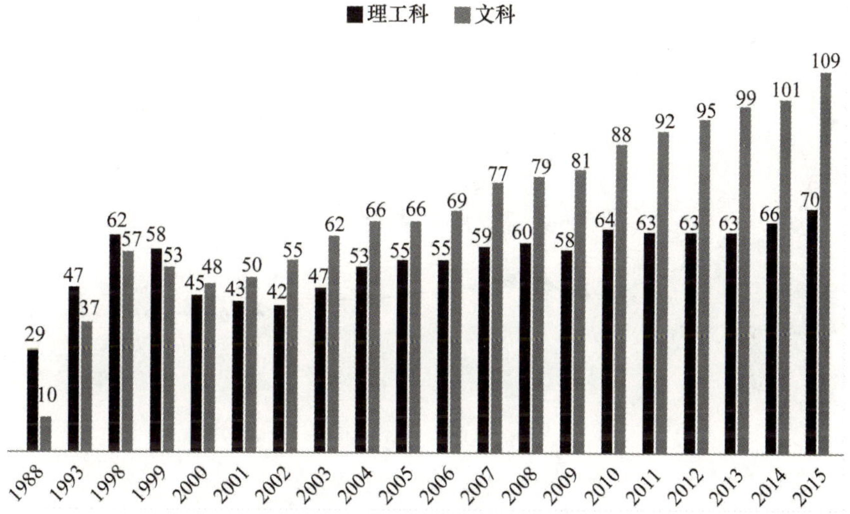

图 4-3-2 北大女教授学科分布图

图 4-3-4 进一步显出了文理学科女教授的占比变化趋势。理工科女教授占女教授总量的比例逐步降低，从 1988 年占比近 80％到 2015 年占比约 40％，占比降低了 1 倍；相应的，文科女教授占比逐步上升，从 1988 年占比约 20％提高到 2015 年占比约 60％，占比提高了近 3 倍。

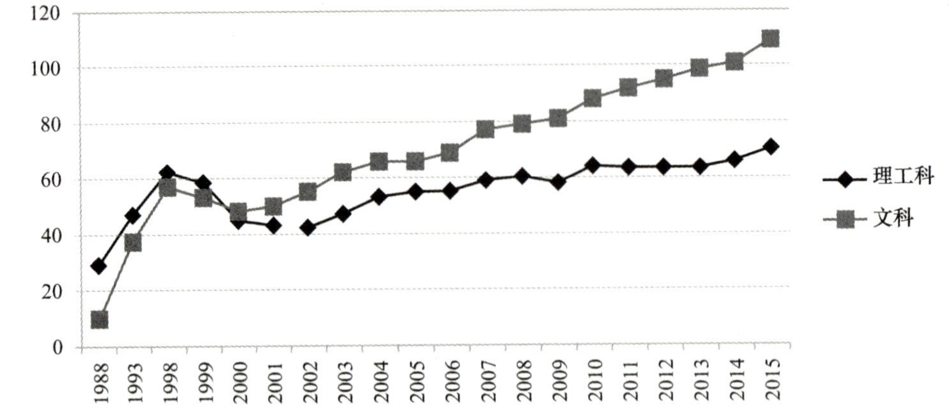

图 4-3-3　北大女教授学科分布变化趋势图

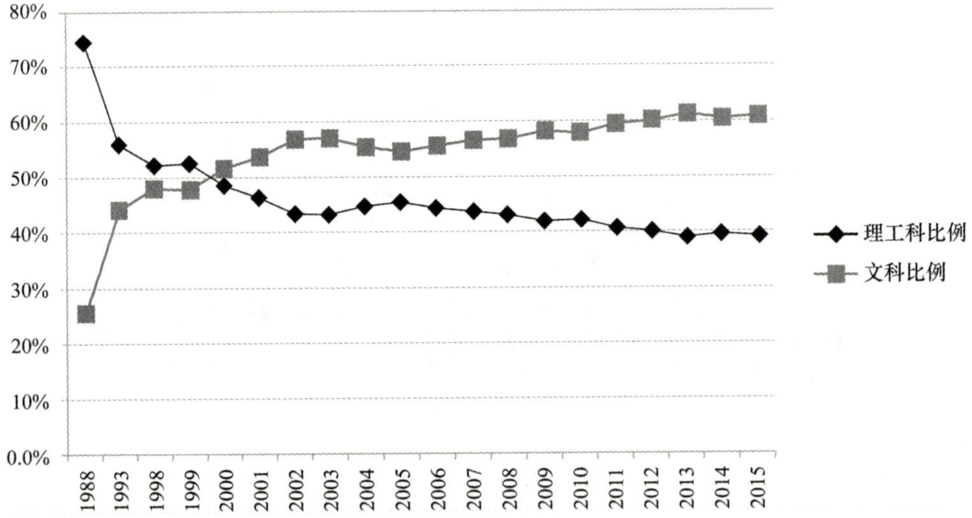

图 4-3-4　北大女教授学科人数比例结构图

3. 女教授的学历变化

图 4-3-5、4-3-6 反映了北京大学女教授的学历变化情况。从图 4-3-6 看出，2002 年是一个拐点，2002 年前，学历为大学本科的女教授多于学历为研究生的女教授，2002 年后学历为研究生的女教授数量多于学历为大学本科的女教授。到 2015 年，学历为本科教育的女教授的占比不到 10％这个现象与国家的研究生

培养教育体制密切相关。改革开放后，国家才开始研究生的教育培养。随着接受研究生教育的女教师的逐步增加，学历为研究生的女教授已经成为女教授的主体。

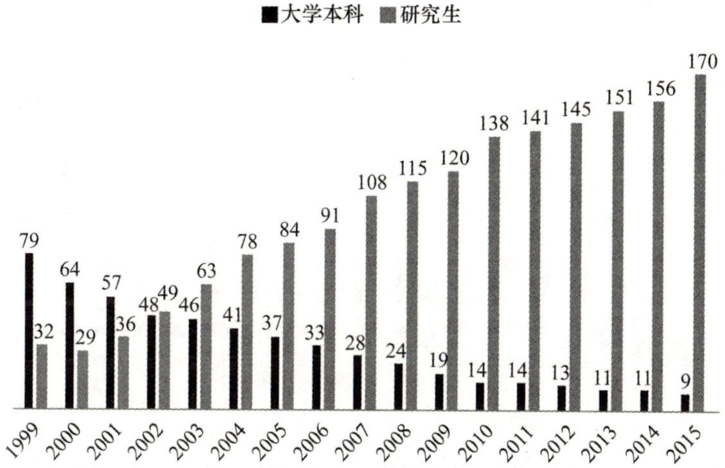

图 4-3-5　北大女教授学历分布图

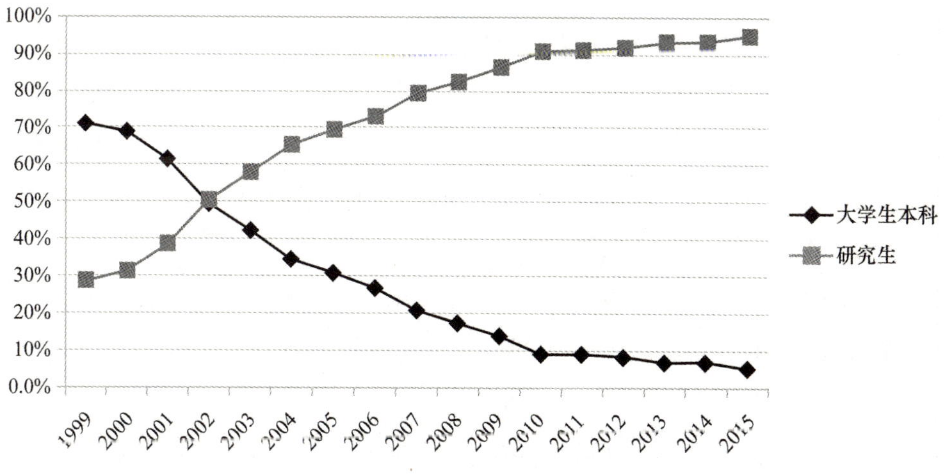

图 4-3-6　北大女教授学历变化趋势图

图 4-3-7 反映了北京大学女教授群体较多的院系。2015 年，超过 5 名女教授的院系已达 18 个：物理学院、地空学院、心理学系、历史学系、国际关系学院、

教育学院、马克思主义学院、社会学系、新闻传播学院、法学院、光华管理学院、环工学院、经济学院、化学学院、生命学院、中文系、信息科学学院、外国语学院。其中外语学院女教授占比最高，占全院教授总数的 47%，占全校女教授总数的 12%。

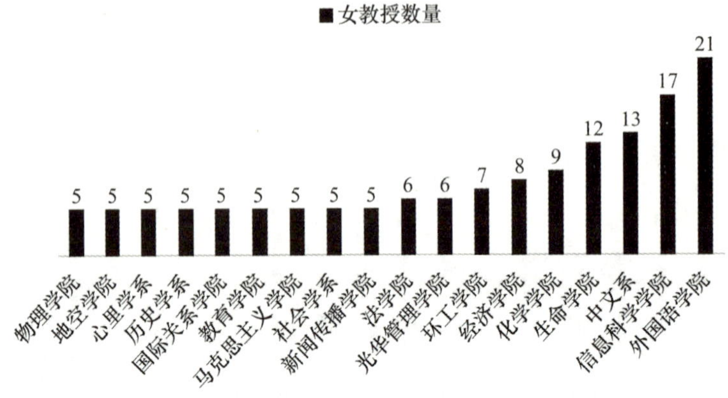

图 4-3-7 超过 5 位女教授的院系分布图

七、北京大学女教师队伍发展与建设

通过数据分析，可以得出北京大学女教师队伍发展的一般趋势，那就是整体队伍朝着高学历、文理均衡的方向发展，人员整体数量和质量都在不断地提升，女教师队伍是建设世界一流大学不可或缺的重要力量。

在队伍建设的过程中，为了保证队伍建设的合理性和延续性，逐步锻造世界一流的女教授队伍，需要经历几个阶段。

第一是基础培训阶段，通过各种培训选拔的方式提升整体队伍的教学科研水平，学校管理部门要形成联动机制，突破性别壁垒，用开阔的视角来指导教师队伍建设，大力培养青年女教师，从经验上和业务能力上着力打造较为坚实的基础。同时也要时刻关心青年女教师的生活环境，在婚育、子女教育等方面，她们往往会承担更多的责任，付出更多。

第二是业务提高阶段，同时也是承担压力最大的阶段，通过职务晋升、科研项目等的历练，女教师业务技能得到不断地提高，逐步成长。在此阶段的女教师，往往更加注重自身的发展，这就需要学校各项制度的保障，把女教师自身的发展与学校长期目标相结合，形成共振合力，推动事业不断向前发展。

第三是经验转化阶段，女教授到达一定的层面后，她所积累的经验就自然发生了转化，一方面可以为自己的事业发展、学校的事业发展提供更多的力量，另一方面也开始进行传承，继续培养下一代的女教师，形成良性循环，不断提高女教师队伍的整体水平。

北京大学的女教授也会积极地参与到学校的管理服务工作中，担任各类“双肩挑干部”。女教授越来越多地走上重要的领导岗位，起到了很好的示范作用。

尽管女教授的发展正在呈现良性的态势，但是在现状中，女教授的整体数量依然偏少，队伍规模不大。要实现女教师在学校更好的发展，必须进一步拓展性别视野，给女教师更多的培养和发展机会，进一步健全制度保障，使她们在学术研究领域里能够更好的拓展业务能力，在决策体系里拥有更多的话语权。

附：

1988—2015 年北京大学校本部女教授统计表

单位名称	1988	1993	1998	1999	2000	2001	2002	2003	2004	2005	2006	2007	2008	2009	2010	2011	2012	2013	2014	2015
数学学院	6	6	4	2	1	1	2	2	2	2	2	2	2	8	3	3	3	2	3	4
物理学院	2	7	12	11	7	5	6	6	6	6	6	7	7	15	6	6	5	6	6	5
化学学院	8	11	15	17	14	13	9	9	9	9	8	8	8	6	7	7	7	8	9	9
生命学院	6	8	5	5	3	2	2	3	5	5	5	7	8	5	8	8	9	10	11	12
地空学院	3	5	9	6	5	4	5	5	5	6	5	5	5	5	5	5	5	4	4	5
城环学院	0	1	2	2	1	2	2	8	8	8	9	4	4	5	5	4	4	4	2	2
心理学系	1	1	1	2	1	1	1	2	3	3	4	4	4	6	4	5	5	5	5	5
分子医学所	0	0	0	0	0	0	0	0	0	0	0	0	0	0	1	1	1	1	1	1
工学院	0	1	2	2	2	2	2	2	2	2	2	2	1	2	2	2	3	1	2	3
信息科学学院	1	4	10	8	8	9	8	10	13	14	14	15	16	2	18	17	16	16	17	17
环工学院	1	1	1	2	2	3	4	0	0	0	0	5	5	4	5	5	5	6	6	7
计算机所	1	2	1	1	1	1	1	0	0	0	0	0	0	0	0	0	0	0	0	0
理工科小计	29	47	62	58	45	43	42	47	53	55	55	59	60	58	64	63	63	63	66	70
中文系	2	3	7	6	7	5	5	5	6	6	7	8	8	8	9	10	10	13	13	13
历史学系	1	0	1	1	1	1	1	2	2	2	2	2	3	1	3	3	3	3	3	5
哲学系	1	1	3	3	1	1	1	1	1	1	1	1	1	1	0	0	0	0	1	1
考古文博学院	0	0	0	0	0	1	1	1	1	1	1	2	2	7	2	2	1	1	1	1
外国语学院	4	19	17	18	16	16	16	14	16	14	14	14	15	2	17	18	20	21	21	21
艺术学院	0	0	0	0	0	0	0	2	2	2	1	1	1	17	1	2	2	2	3	3
对外汉语学院	0	2	2	2	2	3	2	3	3	3	3	3	3	4	4	4	3	3	3	4
歌剧研究院	0	0	0	0	0	0	0	0	0	0	0	0	0	0	1	1	1	1	1	1

续表

单位名称	1988	1993	1998	1999	2000	2001	2002	2003	2004	2005	2006	2007	2008	2009	2010	2011	2012	2013	2014	2015
法学院	0	1	3	4	4	4	4	3	3	3	4	6	5	5	5	5	5	6	6	6
经济学院	2	5	4	3	3	3	4	4	5	5	5	6	6	5	8	9	9	9	8	8
人口所	0	0	2	2	2	1	1	2	2	2	2	2	1	8	1	1	1	1	2	2
光华管理学院	0	0	3	2	2	2	1	1		1	1	3	3	3	3	3	3	3	4	6
国际关系学院	0	2	4	4	4	4	4	4	3	2	3	3	3	3	3	3	4	4	4	5
教育财政所	0	0	0	0	0	0	0	0	0	0	0	0	0	0	1	1	1	1	1	1
教育学院	0	0	0	0	0	2	3	3	3	4	4	5	5	1	6	6	6	6	6	5
马克思主义学院	0	1	5	2	2	2	4	6	8	8	9	8	8	3	8	8	8	7	5	5
社会学系	0	1	2	2	0	0	2	2	3	3	3	4	5	1	5	4	4	4	5	5
新闻传播学院	0	0	0	0	0	0	0	2	2	2	2	2	3	4	3	3	4	4	4	5
信息管理系	0	2	3	2	2	2	2	2	2	1	1	2	2	3	2	2	3	3	3	4
国家发展研究院	0	0	0	0	0	0	1	2	2	2	2	2	2	2	2	3	3	3	3	3
政府管理学院	0	0	0	0	0	0	0	0	0	1	1	1	1	1	2	2	2	2	2	2
体育教研部	0	0	1	2	2	3	3	3	2	3	3	2	2	2	2	2	2	2	2	3
文科小计	10	37	57	53	48	50	55	62	66	66	69	77	79	81	88	92	95	99	101	109
女教授数量	39	84	119	111	93	93	97	109	119	121	124	136	139	139	152	155	158	162	167	179
教授数量	342	561	823	776	748	756	792	781	797	819	853	903	958	1012	1102	970	991	1057	1084	1165
女教授占百分比	11.4%	15.0%	14.5%	14.3%	12.4%	12.3%	12.2%	14.0%	14.9%	14.8%	14.5%	15.1%	14.5%	13.7%	13.8%	16.0%	15.9%	15.3%	15.4%	15.4%
理工科比例	74.4%	53.0%	52.1%	52.3%	48.4%	46.2%	43.3%	43.1%	44.5%	45.5%	44.4%	43.4%	43.2%	41.7%	42.1%	40.6%	39.9%	38.9%	39.5%	39.1%
文科比例	25.6%	44.0%	47.9%	47.7%	51.6%	53.8%	56.7%	53.9%	55.5%	54.5%	55.6%	56.6%	56.8%	58.3%	57.9%	59.4%	60.1%	61.1%	60.5%	60.9%

北京大学民主党派女性成员参政议政的影响因素及对策

张晓黎①

女性参与国家和社会事务管理、享有民主和自由的程度是女性社会地位和在社会事务中发挥作用的重要标志，也是社会进步程度的重要体现。改革开放以来，随着中国共产党领导的多党合作和政治协商制度不断发展和完善，民主党派在推进国家民主政治建设中的地位和作用越来越凸显。众多民主党派女性发挥聪明才智，积极参政议政，参与社会服务，在国家、社会建设和民主党派事业发展中发挥了重要作用。北京大学民主党派组织健全，成员众多，其中，女性占有相当大的比例。如何从女性特点出发，进一步发挥其优势，更好地推动民主党派女性成员参政议政、服务社会，是新时期北京大学统战工作的重要关注点。

一、新时期北京大学民主党派女性成员的群体特点

改革开放以来，加入北京大学民主党派的女性在绝对数量和比重上均有较大增长。到 2014 年底，北京大学民主党派成员中女性成员 894 名，占总数的 56.51%；在北大建有基层组织的 7 个民主党派中，除民建外，其余 6 个民主党派女性成员人数均超过或接近 50%，其中民革甚至达到了 63.6%（见图 4-4-1、表 4-4-1）。北京大学民主党派女性成员数量上的增长和占有较大比例，不仅显示出民主党派组织建设中女性成员工作具有相应的重要性，而且说明进入新时期以来，女性政治诉求表达增强。

---

① 张晓黎，北京大学副秘书长，党委统战部部长，北京市政协常委。

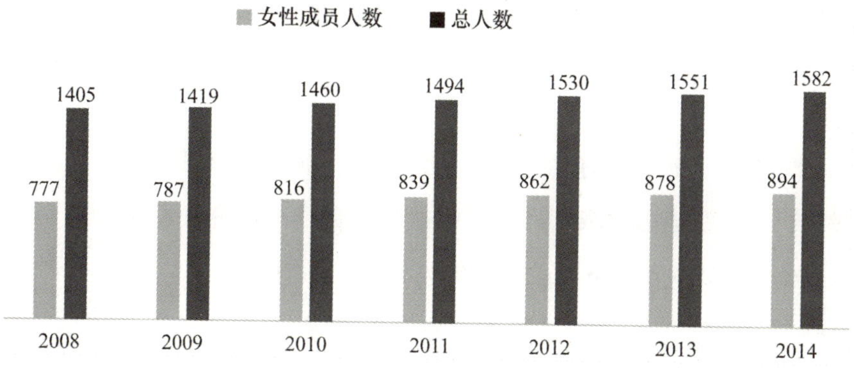

图 4-4-1 2008—2014 年北京大学民主党派女性成员统计图

表 4-4-1 北京大学民主党派女性成员比例表

党派名称	女性成员所占比例
民革	63.6%
民盟	56.6%
民建	16.2%
民进	62.8%
农工	62.6%
致公	48.0%
九三	54.4%
平均	56.51%

新时期的北京大学民主党派女性具有鲜明的特点，主要表现在以下几方面。

① 普遍教育程度高、层次高、素质高。她们都是知识女性，大部分人具有高级专业技术职称（占比 61%，其中校本部达到 73.4%），或在领导岗位任职，或是工作单位的业务骨干。她们普遍表现出综合素质较高，业务能力强等特点，不少人在教学、科研、医疗、管理等方面取得了优异的工作业绩或成果，并且联系广泛，具有一定的社会影响力。

② 具有较强的女性主体意识和平等的性别观念。平等的性别观念通过改变自我认知和成就意识等影响着女性的职业发展，是女性成才的重要因素。北京大学民主党派女性成员具有较强的性别平等意识，在政治上、经济上和人格上相对独立，很少受“男尊女卑”观念的束缚。她们关注国家社会进步，紧跟时代发

展，有与男性一起参政议政、共商国家大事的意识和意愿。她们在社会活动中通过自己的努力，证实女性可以在同等条件下与男性竞争与合作，甚至在某些方面比男性做得更好。

③ 具有较强的社会责任感和社会活动能力。北京大学民主党派女性成员作为现代知识女性的优秀代表，具有较强的社会责任感，富有爱心和人道主义精神，热心公共事务和公益事业，并且有较强的社会活动能力，能够在较高层次上参政议政。

④ 归国留学人员群体特征明显。民主党派女性成员中很大一部分都具有海外求学经历，2014 年开展的北京高校归国留学人员统战工作研究发现，海外归国留学人员中女性占比 45.2%，其中民主党派人士和无党派人士占比分别达到 9%和 32%。北京大学（本部）784 位在海外取得学位的留学归国人员中，女性 185 人，其中非中共身份为 531 人。综合分析其思想、工作、生活等各方面的情况，该群体呈现出比较突出的特征：一是人员数量不断增加，尤其是在国外取得学位的人员以及具有较高职称和丰富经验的高层次人才回国就业者越来越多；二是思想主流积极向上，有强烈的爱国心，充分认同中国特色社会主义建设成就，认同我国国际地位和综合国力的提升；三是具有中西方文化教育背景，有比较宽阔的国际视野，科研能力和业务水平整体实力较强；四是关心国内国际时政热点，有较强的参政议政、参与民主管理、民主监督的意愿；五是受西方文化、思潮、价值观，以及宗教思想的影响，思想活跃，政治态度、价值观念多元化趋势明显，对我国国情和社会发展认识不够全面、深入。

二、北京大学民主党派女性参政议政现状及影响因素

多年来，北京大学重视民主党派女性成员的工作，努力为她们参政议政提供良好的条件和广阔舞台，注意将她们自身的条件、特点、专长、优势与国家经济社会发展要求结合，把不同学科、不同特点的民主党派女性推上适合其专业特色和个人特长的岗位，促进她们把自己的专业特长与国家经济社会发展相联系，在自己较为熟悉的领域参政议政、在最佳的结合点上发挥作用。

1. 北京大学民主党派女性参政议政现状

目前，北京大学全国政协委员中共有女性 6 人，其中有 5 人为党外人士，在女性全国政协委员中占比 83.3%。北京市政协委员中共有女性 4 人，其中党外人士 2 人，占比 50%。北京市人大代表中共有女性 2 人，都为党外人士，占比 100%。在各党派中央、市委等机构中亦不乏女性的身影，党派中央委员以上共有女性 5 人，占总人数的 18.5%，党派市委委员以上的共有女性 7 人，占总人数的 21.2%。此外，北京大学还有一批优秀的女性党外人士在中央部委、市委办局中担任特约人员，发挥各自的作用。在部委中担任特约人员的女性党外人士共有 2 人，占总人数的 15.3%，在市委办局中担任特约人员的女性党外人士共 2 人，占总人数的 25%。

这些优秀的女性党外代表人士勇担社会责任，有序参与国家社会政治生活，在中国特色社会主义经济建设、政治建设、文化建设、社会建设和生态文明建设等方面积极建言献策，发挥了重要作用。北京大学人文学部副主任、教育部人文社科类首批长江学者特聘教授，九三学社社员申丹，自 1998 年起，连续三届当选全国人大代表，现任第十二届全国政协委员，她提交的有关高等教育发展、学术科研管理、城市建设、农村问题、社会民生等多方面的议案、建议达数十件，取得了积极的社会影响和作用。北京大学医学部主任助理、九三学社北京大学第二委员会主委吴明，连任两届全国政协委员，提交的多份提案在全国政协会议上被九三学社中央采用，作为党派发言或成为会议现场办理的重点提案。北京大学自然保护与发展中心执行主任、山水保护中心主任、生命科学学院教授、致公党党员吕植，是我国保护生物学领域杰出的青年科学家，在任全国科协常委、致公党中央科技委委员等职务期间，积极参政议政，为物种和生物多样性保护政策的制定和保护活动的实施提供了科学的、可行的依据。北京大学中国工人与劳动研究中心主任、民进北大委员会副主委、社会学系教授佟新，担任北京市第十一届政协委员，最高人民检察院特邀检察员、北京市监察局特约监察员，充分发挥专业特长，多年来通过多项研究、建议和提案为促进社会管理及其创新做出了贡献。新时期，以她们为代表的北京大学民主党派女性人才通过担任各级“两会”代表委员、政府特约工作人员、党派干部、专业机构及社团组织骨干等，在诸多国家和社会建设领域积极发挥作用，成为北京大学党外人士队伍中推进国家经济社会发展的一支重要力量。

2. 北京大学民主党派女性参政议政存在的问题及影响因素

多年来，北京大学民主党派女性成员参政议政虽然取得了很多成绩，但总体上看，也还存在着一些有待进一步改善的问题，如民主党派女性在各级“两会”代表、委员中比例相对较低，在党派内任职的比例和职务相对较低，通过担任政府参事、国家机关特约工作人员等其他渠道参政议政的人数相对较少等情况。同时，民主党派女性成员参政议政人数总体比例不高，参政议政能力有待进一步提升，后备干部队伍建设也有待进一步加强。

造成这些情况的因素是多方面的，既有体制机制、社会环境等外在因素，也有思想认识、能力素质等内在因素，主要表现为以下几方面。

(1) 民主党派女性参政议政的工作机制有待完善和加强

民主党派女性发现培养、教育培训、选拔任用、综合评价等工作机制，是民主党派女性获得参政议政渠道和机会的非常重要的影响因素。目前，这些工作机制在设计和执行上还不够完善，甚至还存在一定的空白地带，给民主党派女性更加全面、深入地参政议政带来了一定制约。

(2) 女性参政议政的良好社会环境还未完全建立

新闻舆论对民主党派女性参政议政宣传不够，对民主党派女性参政议政的优秀业绩宣传不多，影响了人们对民主党派女性参政议政的认识。传统性别观念影响着社会对女性参政的接纳和支持，限制了女性社会活动的范围，影响了女性参与社会的实践经验的积累，进而影响到女性参与政治的机会、效能感和积极性，导致了女性参政议政入门难、起步低、配角多等现状，增加了女性参政议政的困难。

(3) 民主党派女性参政议政意识相对较弱、动力不足

总体上讲，我校民主党派女性具有较强的社会责任感，但是不少女性在参政议政的意识上与男性相比，还有一定差距，在参与国家社会政治生活方面，没有男性更加积极主动。一方面，传统观念导致部分民主党派女性对自己的能力评估偏低，对奋斗目标制定偏小，知政和参政议政的热情和动力与男性相比偏低；另

一方面，女性社会工作和家庭角色的多重需要、特殊的生理特征，使女性比男性要承受更多的社会和生活压力，参政议政需要付出更大代价。

(4) 民主党派女性的参政议政能力有待进一步提高

参与经验具有累积效应，虽然北京大学民主党派女性多是单位教学、科研、管理骨干，业务表现突出，但是在参政议政方面一定程度上还缺乏经验和锻炼。一方面，由于受多方面条件限制，女性在家庭、学校和工作中参与非政治性决策的机会偏少，影响了民主党派女性知政、议政能力的获取；另一方面，在政治实践活动中，女性获得的系统性教育培训机会和制度化实践锻炼平台偏少，且常常需要付出更多的努力和牺牲，客观上限制了民主党派女性的政治社会化程度，影响了参政议政能力的成熟。

三、更好发挥北京大学民主党派女性参政议政作用的对策

通过对北京大学民主党派女性成员的群体特点、参政议政现状及其影响因素的分析，我们认为，要使民主党派女性在参政议政中更好发挥作用，需要从机制完善、队伍建设、能力素质提高等多方面加以探索和推动。

1. 加强对民主党派女性参政议政工作的领导

一是加强对民主党派女性成员发展培养特别是女性干部培养选拔工作的关注和指导。学校要统筹考虑民主党派女性培养、选拔和使用工作，建立工作协同机制，统战部门会同组织人事等职能部门以及基层党委，定期研究有关问题。统战部门协助民主党派把党派女性培养工作纳入议事日程，并给予指导和支持。二是完善推动民主党派女性作用发挥的系列机制，包括民主党派女性人才储备常态机制、学习培训机制、实践锻炼机制等；搭建推动民主党派女性教育培训、建言献策、服务社会的活动载体。二是解放思想，更新观念，制定出民主党派女性参政议政的发展规划，出台具有一定倾斜性的政策。

2. 建设一支民主党派女性代表人士队伍

民主党派女性参政议政作用发挥的大与小，与民主党派女性、特别是代表人士素质密切相关，因此应着力加大民主党派女性代表人士队伍建设力度。一是坚

持政治教育与实践锻炼相统一、加强培养与注重使用相统一、发挥骨干作用与发挥群体作用相统一的原则。二是统战、组织、人事等部门研究制定民主党派女性教育培训规划，完善发现、培养、选拔机制，加强民主党派女性代表人士队伍建设，早发现、早培养，有意识、有计划地把一部分优秀党外女性培养成民主党派骨干。三是重点培养旗帜性人物，发挥领军作用。从而建设一支在民主党派女性群体中有较高威望并在社会上有较大影响的民主党派女性代表人士队伍。

3. 营造有利于民主党派女性参政议政的环境

一是增加性别平等意识，为民主党派女性参政议政提供更加平等的政治环境。组织、统战等部门应适应新形势，进一步优化政策环境，加大提拔任用民主党派女性干部的力度和向人大、政协推荐民主党派女性的力度，重视民主党派女性提出的意见建议，鼓励民主党派女性参政议政，提供平等的平台和政策。二是要加大宣传力度，注重发挥女性参政议政先进典范的示范作用，营造有利于女性参政议政的氛围。三是有意识地组织民主党派女性，特别是担任各级人大代表、政协委员的民主党派女性，参加各级政府重点课题以及群众普遍关心的热点、难点问题的调研活动，支持他们从不同角度对经济社会发展中的一些综合性、前瞻性、战略性问题提出意见和建议，为党政部门提供高层次、跨学科、多方面的咨询论证，为推动科学发展、社会和谐谋长远之计、建睿智之言、献务实之策，并通过各种渠道向社会展现她们参政议政的能力。

4. 提高民主党派女性参政议政的意识

“参政议政意识”与“参政议政能力”相辅相成、缺一不可。对有一定成就的优秀党派女性，注重提高她们的“参政议政意识”可能比提高“参政议政能力”更重要。一是要通过党派组织督促民主党派女性增强参政议政意识，做好女性的社会角色和家庭角色的互换，自觉主动地把自己在多年学术研究或行政管理中养成的科学眼光、科学态度和科学方法运用到政治舞台上、参政议政中，把“潜在的”参政议政能力转化为“现实的”参政议政能力。二是加强对民主党派女性群体的政治教育和思想引导，提高其对自身政治身份、政治地位和职能作用的理解和认同度，形成思想共识，激发其参政议政发挥作用的使命感和责任感。三是动员民主党派广大女性成员积极反映社情民意，扩大她们参与民主管理、民主监督的范围和社会影响。

5. 培养民主党派女性参政议政的能力

在民主党派女性教育培训中，素质与能力并重，注重培养提高其政治把握能力、参政议政能力。一是采取政治安排、实职安排、挂职锻炼的形式把民主党派女性中的优秀代表放到重要岗位上去，通过工作实践培养和提高其应对复杂情况、解决实际问题的能力。二是对已作安排的女性，引导她们关注社情民生，推动她们不断提高自己，增强全局观念，增加对政策法规和国情、社情、民情的了解，熟悉参政议政的手段和方法，提高参政议政水平。积极组织民主党派女性中的人大代表和政协委员不断提出高质量高水平的议案、提案和建议。三是对尚缺乏社会工作经验的女性，适当地安排工作、压担子。有意识地让她们在民主党派学校组织换届、增补时担任一些工作，或推荐担任各类特约工作人员、民主党派各级专门委员会委员；或在参加统战活动时撰写调研报告、在座谈研讨会上发言等，以使她们丰富工作经验，同时使上级统战部门对她们增加了解。

6. 加强对民主党派女性参政议政的研究

民主党派女性成员群体随着时代的发展而变化。我们需要在不断进行实践探索的同时，加强对新时期民主党派女性参政议政的思考和研究。一是通过调查研究掌握这一群体的基本思想状态、群体特点、工作状态，以及参政议政的意愿、能力和质量。二是研究新形势下民主党派女性的成长路径、培养规律、参政议政的影响因素，探索加强民主党派女性参政议政发挥作用的方法途径，针对存在的主要问题研究解决办法，为有效改进工作提供新视角、新思路。三是加强对现行相关法规政策的研究，为推动法规政策的透明性、公开性、可操作性贡献力量，为民主党派女性参政议政提供坚实的制度保障。

7. 进一步加强归国留学人员中女性成员的统战工作

归国留学人员是我国人才队伍的重要组成部分，是我们党在新时期和新形势下统战工作的重点团结对象。在归国留学女性人员中有很大一部分为非中共身份，他们是民主党派女性干部的重要人才来源。切实做好高校归国留学女性人员的统战工作，充分发挥高校归国留学人员的作用，是新时期高校统战工作的重要任务，也是进一步加强和改进新形势下党外知识分子工作的重要内容。要积极开展摸底工作，加强工作方式方法的创新，提升统战工作的影响力。要以高层次归国留学女性人才培养为重点，以留学人员的吸收引进、教育培养、作用发挥、条件保障为抓手，以加强联系交友为纽带，政治上引导、业务上支持、生活上关心、工作上保障，加强针对这一个群体的思想引导工作。

【参考文献】

[1] 佟新，刘爱玉，重视民主党派女性人才成长［J］．民主，2014（04）：12—15.

[2] 师凤莲，社会性别视角下中国女性政治参与的现状、问题及其原因探析［J］．工会论坛（山东省工会管理干部学院学报），2009（02）．

[3]［美］加布里埃尔·A·阿尔蒙德，西德尼·维巴著，张明澍译，公民文化——五个国家的政治态度和民主制．北京：商务印书馆，人民出版社，2014.

北京大学女干部成长问题的调查报告

——对管理干部的问卷调查与分析

袁红利[①]

本次调查旨在了解目前北京大学女干部队伍的基本情况、影响女干部成长的主要因素，并基于对现状和有关问题的调研分析，尝试提出完善学校女干部培养和选用体系的相关建议。2013 年 6 月～7 月，课题调查组通过不记名填写问卷的方式对全校 206 名女性干部（其中，本部“双肩挑”干部 43 名、医学部“双肩挑”干部 39 名、专职行政干部 124 名，受访女干部约占北大全部女干部的 67%）和 190 名男性干部（其中，本部“双肩挑”干部 103 名、医学部“双肩挑”干部 30 名、专职行政干部 57 名）开展了调查。调查组共发放问卷 396 份，其中，发放给女干部的问卷占比为 52%，发放给男干部的问卷占比为 48%，问卷发放对象的性别比基本均等；回收到的有效问卷为 391 份，占发放问卷总数的 98.7%。同时，我们还对一些女干部和男干部进行了结构式访谈，将从中获取的访谈信息作为定量研究的重要补充。

一、北大女干部成长现状的特征分析

目前，北京大学校本部共有女干部 305 人，占北大女性教职工的 15.6%。其中，副科级 94 人，科级 105 人，副处级 79 人，处级 26 人，副厅级 1 人。

1. 女干部所在工作岗位的基本情况

教学科研岗有 32 名女干部（23 名副处级，9 名处级），占女干部总数的

① 袁红利，北京大学机关党委副书记。

10.5%；实验技术岗有5名女干部（1名副科级，1名科级，2名副处级，1名处级），占女干部总数的1.6%；财会岗有24名女干部（8名副科级，10名科级，4名副处级，2名处级），占女干部总数的7.9%；审计岗有4名女干部（1名副科级，3名科级），占女干部总数的1.3%；教育管理岗有223名女干部（80名副科级，88名科级，41名副处级，13名处级，1名副厅级），占女干部总数的73.0%；图书资料岗有6名女干部（2名副科级，3名科级，1名副处级），占女干部总数的2.0%；出版编辑岗有3名女干部（1名副科级，1名副处级，1名处级），占女干部总数的1.0%；医疗卫生岗有2名女干部（2名副处级），占女干部总数的0.7%；中小幼教岗有6名女干部（1名副科级，5名副处级），占女干部总数的2.0%。

2. 女干部的培养环境较好，受重视程度较高

通过对问卷以及访谈资料的总结，我们可以发现：在北大校内，有31.91%的女“双肩挑”干部认为北大女干部的培养环境很好或比较好；63.12%的女“双肩挑”干部认为环境一般；不到5%的女“双肩挑”干部认为环境比较差。而受访的北大男“双肩挑”干部普遍认为女干部的培养环境比较不错，其中有56%的男“双肩挑”干部表示环境很好或比较好；有40%的男“双肩挑”干部认为环境一般；仅有3%左右的男教师表示环境比较差。

同时，在北大管理者培养、晋升的问题上，有超过84.4%的男性“双肩挑”干部同意“敢于把女干部放到主要领导岗位和关键性的岗位”上，有88%的男性管理者同意该观点。可见，在北大校内，女性干部的发展还是能够受到男性干部的支持，在校内较受重视。

3. 女干部在其职业发展生涯中，个人努力占主要因素

在女干部的职业发展生涯中，有59.3%的女性管理者认为主要是由于个人的努力，自己才能取得现有的成就；有32.8%的女性管理者认为自己取得现有的成就，不止因为自己的努力，机遇也同等重要；也有7%的女性管理者认为自己现有的成就主要是依靠机遇取得的，个人努力占了极小的成分。从以上的数据，我们可以得知，绝大多数的女性管理者的成就与自身的努力密不可分，机遇只是辅助她们成功的一种方式。

4. 女干部在学生时期担任学生干部者居多

我们在对女“双肩挑”干部进行问卷调查的时候发现，其在学生时期担任过学生干部的占比达到62.5％。而在女管理者中也有高达48.3％的人曾有过当学生助理或者学生干部的经历。在对女干部的访谈中，我们可以认识到，在较早时段曾有担负领导工作经验的人，将对工作后承担领导工作有更高的热情和积极性，也可能更加具备协调好教学、科研、领导工作等多方面关系的能力。

5. 女性“双肩挑”干部职称层级普遍较高

我们对受访的女“双肩挑”干部进行问卷调查，其中，具有高级职称的女干部占比53.3％，具有副高级职称的女干部占比31.1％。因此，可以看出，北大女性“双肩挑”干部中的绝大多数具有较高职称。

6. 女干部对当前干部选拔的满意度较高

在关于干部选拔满意度的调查中，我们可以得出：有25％的女性管理者对现有的干部培养工作较为满意；有63.3％的表示一般满意；也有9.4％的女性管理者表现出不太满意或者不满意。

有2.3％的女性管理者对个人当前的职务表现出非常满意的态度；有34.4％的女性管理者对自己当前的职务表示比较满意；有50.8％的女性管理者表示一般，也有7.0％的女性管理者对自身当前的职务表示不太满意；还有2.3％的女性管理者十分不满意于现有的职务。

在个人晋升机会方面，只有0.8％的女性管理者对现有的晋升机会是十分满意的；有21.9％的人比较满意，认为机会较多；有57.8％的女性管理者认为晋升方面的机会一般；也有11.7％的人认为晋升的机会较少，比较不满意；还有3.9％的女性管理者对于晋升机会方面表现出了非常不满意的态度。

总体来说，绝大多数的女性管理者都对当前的干部培养工作以及个人职务与晋升机会都表现出了较为满意的态度。

二、北大女干部成长问题分析

从调查中发现，目前，北大女干部成长中仍然存在一些问题，主要表现为：

普遍存在“玻璃天花板”现象；部分“双肩挑”女干部担任领导工作的热情相对不足；一些女干部没有较为明晰的职业规划；学校对于女干部的培养与选用工作从制度设计上还有待加强等。

1. 女干部普遍面临“玻璃天花板现象”

“玻璃天花板”现象是指，虽然高层的职位对某个群体来说并无明确阻碍，却无法真正接近。

从调查数据中可以发现，北大女干部在全部女性教职人员中仅占15.6%，这个比例是比较低的。而且，在女干部中，其职位主要都集中在副科级（94人，占女干部总数的30.8%）、科级（105人，占女干部总数的34.4%）以及副处级（79人，占女干部总数的26.0%），处级（26人，占女干部总数的8.5%）及副厅级（1人，占女干部总数的0.3%）占比非常低。我们不仅能够从整体数据上看出北大存在着一定的“玻璃天花板”现象，同时我们通过男女“双肩挑”干部和管理者的问卷及访谈也能发现这个问题的存在。

我们分别对女管理者和女“双肩挑”干部关于“玻璃天花板”现象这个问题是否存在于他们自身生活中做出询问和问卷，有12.5%的女管理者认为这个现象十分严重，有39.8%的女管理者认为这个现象比较严重，37.5%的女管理者认为这个现象一般严重，有5.5%的女性管理者认为这个现象不太严重或者不存在，还有4.7%的女管理者没有回答这个问题。而在接受问卷调查的女“双肩挑”干部中，分别有46.53%和41.67%的人认为女干部在升职时面临的“玻璃天花板”现象比较严重或一般严重。可见，从女管理者自身的认知看来，她们中有较大的比例都认为“玻璃天花板”现象存在于她们的工作中。

2. 教学科研压力让女“双肩挑”干部担任领导工作热情降低

不管是校本部的女“双肩挑”干部还是医学部的女“双肩挑”干部都认为担任领导工作会对教学科研产生一定影响，认为担任领导工作会对自己的教学科研产生比较严重影响的也占很大比例（图4-5-1）。由于北大教师教学科研竞争非常激烈，部分女教师由于教学科研和职称评定的压力，而选择不去担任行政职位。

3. 女干部职业规划清晰度较低

有数据表示，在女性管理者中，仅有6.25%的人认为自己的职业规划非常清晰，34.4％的人认为自己的职业规划一般清晰；33.6％的人认为自己的职业规划式清晰的；也有16.4％的女管理者认为自己对于职业规划不是那么清晰；还有8.6％的女性管理者认为自身并没有对于职业有什么规划。可见，从女干部整体对自身的职业规划较低的清晰度来看，这也是阻碍女干部进一步成长与发展的方面之一。

4. 世俗偏见根深蒂固

不论是“双肩挑”干部还是管理型干部，都认为在北大的干部选拔过程中还是存在着一定的重男轻女现象。女性不容易被选拔到重要的领导岗位上，即使担任领导也多为副手，担任辅助和支持性工作。虽然有更多的管理人员在投选干部时没有出现明显的特殊偏好，但是还是有超过25％的管理人员更倾向于选投男性干部。(图4-5-1，4-5-2)

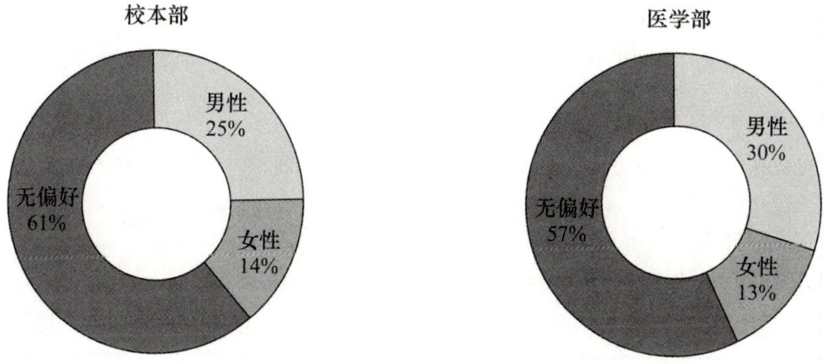

图4-5-1　校本部、医学部管理人员投选干部时偏好对比图

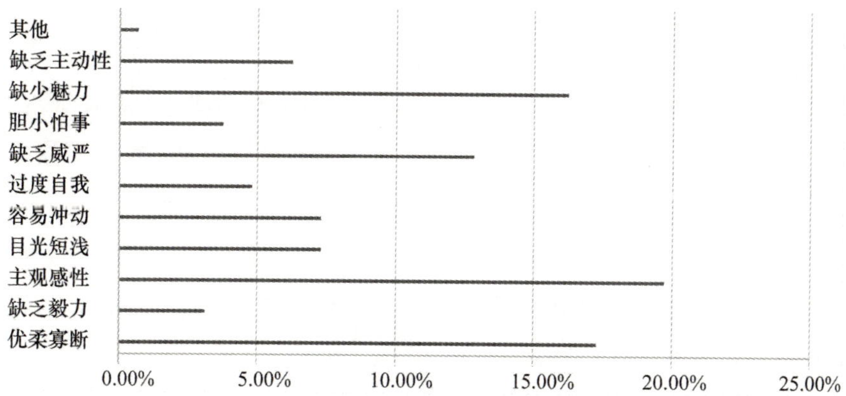

图4-5-2　管理人员眼中女性特质的劣势

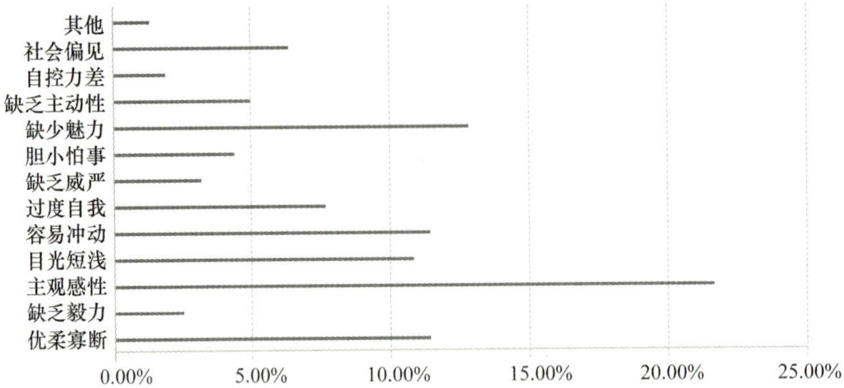

图 4-5-3　男性“双肩挑”干部眼中女性特质的劣势

如图 4-5-3 所示，有很多男性干部认为女性的一些内在性格特质，比如：主观感性、容易冲动、过度自我，难把握全局，故难担正职；女性有依赖性，优柔寡断，缺少决策魄力，难堪重任。同时，女性干部自身也习惯于自身消极的自我暗示，自信心不足。

此外，社会舆论对女性干部的求全责备和双重评价标准，给女性干部的成长造成了巨大的负担。社会上普遍认为，只有事业和家庭两方面都成功的女性才是一个成功者。封建思想导致一些男性下属在实际工作中往往不愿意受女干部的领导。另外，社会中常见的一些社会交往方式，也在一定程度上限制了女干部的社会交往和人脉拓展，例如：有的受访女干部表示，很多时候，社交场合需要大量饮酒，而这是女性较难接受的。

5. 女性领导力方面的专项培训较少

调查显示，北大有多达 70%的管理人员对“国家女干部选拔政策”不了解，而对这些政策表示很了解或者极其了解的人非常少；认为国家相关政策较好和非常好的只有 1%和 19%，有高达 70%的管理人员认为一般。

在领导力培训方面（图 4-5-4），北大的女干部有 45%左右的人表示在校内从未知晓专门针对女性的领导力培训的课程，而有 35%左右的管理者表示偶尔会有相关的课程可以参加。

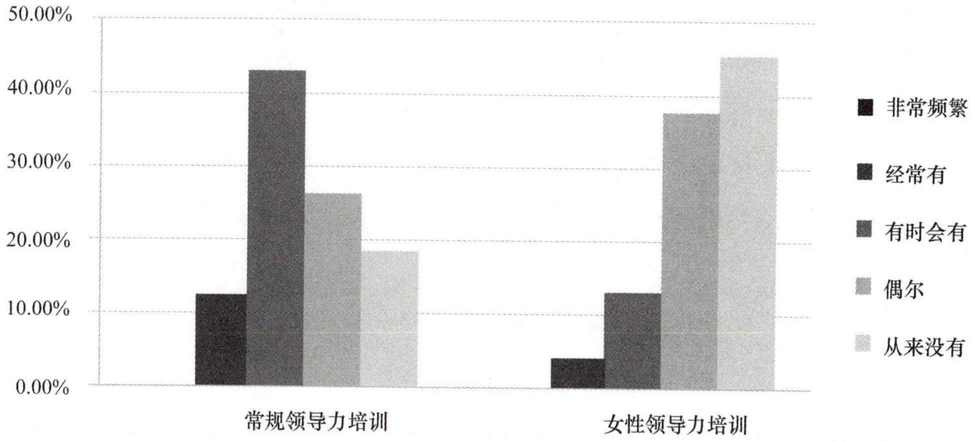

图 4-5-4 北大管理人员所在机构领导力培训情况

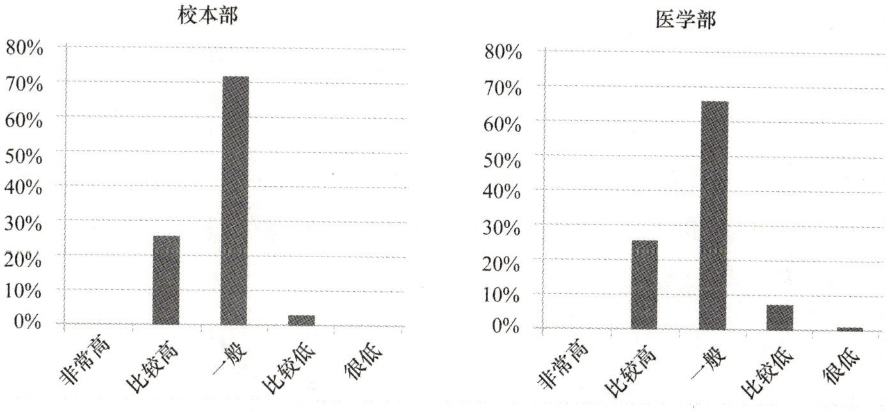

图 4-5-5 校本部、医学部女“双肩挑”干部认为在管理者培训晋升中对女干部的重视情况

通过图 4-5-5 可以看出，绝大部分女“双肩挑”干部认为“在管理者培训晋升中对女性干部的重视程度”为一般，认为重视程度比较高的女“双肩挑”干部占 24%左右。

而在女管理者的数据中，有 0.8%的人认为在管理者培训晋升中学校对女干部的发展十分重视；14.8%认为学校在培训中对于女干部的发展是较为重视的；有 66.4%认为学校在培训中对女干部的发展一般重视；也 12.5%认为学校在培训中对女干部的发展比较不重视；还有 3.9%的女管理者认为在管理者培训晋升中学校对女干部的发展十分不重视。

但是通过进一步的访谈得知，大部分的女干部认为虽然北京大学对培养和晋升女性干部采取了一些措施，但这些措施所体现的对北大女干部的培养重视效果并不十分显著。无论是女“双肩挑”干部还是女管理者均认为需要加强对女性领导的系统性培养与重视，才能够让愿意担任女性领导的相关女干部获得相应的机会与职位。

同时，在访谈过程中有一些女干部也反映出在北大内部适合女干部的工作范围较窄。很多女干部认为下派挂职锻炼和轮岗交流的机会较少，限制了其积累成长经验和获得升迁资历。

三、对女干部成长现存问题产生原因的分析

上述一些问题既来源于女性自身对性别角色的认识，同时也有家庭客观情况、组织环境等方面因素的影响。尤其是一些具有较高文化程度和工作能力的精英知识女性中，由于事业家庭的冲突、生育抚养问题以及男性职业上的优势等，使得她们更愿意从事自己的专业技术工作，而不愿意担任过多领导工作。

1. 女性的自我认同问题

传统性别角色观念认为，不同性别应该有不同分工，男性负责政治、经济等公共领域的事务，而女性则负责家庭这一私人领域的事务。因而，社会对于男性的评价是以事业为重，而对于女性的评价是以家庭为重，这一社会评价在漫长的历史进程中也逐渐内化，构成女性性别认同的重要内容。所以，当现代女性走出家庭、参与就业时，仍然在一定程度上受到传统两性分工观念的影响，选择将更多精力投入到家庭中，从而导致女干部在事业成长上动力不足。

在问卷中，我们选择了六种传统的性别观念：A. 男人应主外，女人应主内；B. 女性比男性更难取得事业上的成就；C. 女性事业成就不宜超过她的丈夫；D. 社会对女性从事领导岗位偏见很多；E. 对于女性，家庭比事业更重要；F. 女性干得好不如嫁得好，并对受访者对各个观念的认可程度进行了调查，5 分表示认可程度最高，1 分为观念认可程度最低，3 分为平均分值。

调查结果统计如下：

表 4-5-1　社会传统观念北大男性女性总体看法分值

问题 性别	观念 A	观念 B	观念 C	观念 D	观念 E	观念 F
女性总体	3.05	3.69	2.74	3.41	3.56	3.03
男性总体	3.28	3.25	2.64	3.16	3.44	3.15

从上表 4-5-1 可以看出，总体上男女干部对于这些传统观念均持相对中立的态度，并无特别强烈的认同或否定倾向。

在关于女性比男性更难取得事业的成就、社会对女性从事领导岗位偏见较多的观点，北大男性、女性均持肯定态度；并且女性认为取得事业成功的困难程度、社会偏见的严重程度比男性认为的更加严重。倘若女性从事领导岗位要面对比男性多得多的社会偏见，感受到更强的挫折感，这会影响女性取得事业成功的自信。

在关乎事业与婚姻、家庭关系的观念方面，北大男女干部总体上并不太认可“女性事业上的成就不宜超过她的丈夫”这一传统观念，说明随着时代的发展，男女干部都比较肯定女性有争取事业成功的权利，但是肯定的声音并不强；对于其他的传统观念，北大男女干部赞同的声音稍强于反对的声音。北大男女干部总体仍然倾向于认为在家庭中需要“男主外、女主内”的家庭模式，男干部认可程度高于女干部；对于女性干得好不如嫁得好，北大男性及女性均在一定程度上认可此观点，北大男性对此观点的认可程度更高。数据说明北大仍有不少干部在一定程度上认可传统的性别观念，即婚姻、家庭在女性的生活中占有比工作更重要的地位。

2. 家庭与事业的现实冲突仍在

由于传统观念的影响，女性在事业发展中面临着比男性更为严重的工作与家庭之间的冲突，这种冲突会对女性的事业发展产生不同程度的影响，从而造就了具有女性特点的职场成长道路。同时，“双肩挑”女干部所承受的冲突压力明显更大。

在阻碍高校女干部成长的因素中（图 4-5-6），大多数人认为事业家庭冲突、男性职业上的优势以及生育抚养问题是阻碍高校女干部成长的主要三大因素。因此这三大问题也是在未来高校女干部成长发展的道路上需要重点关注的方向。

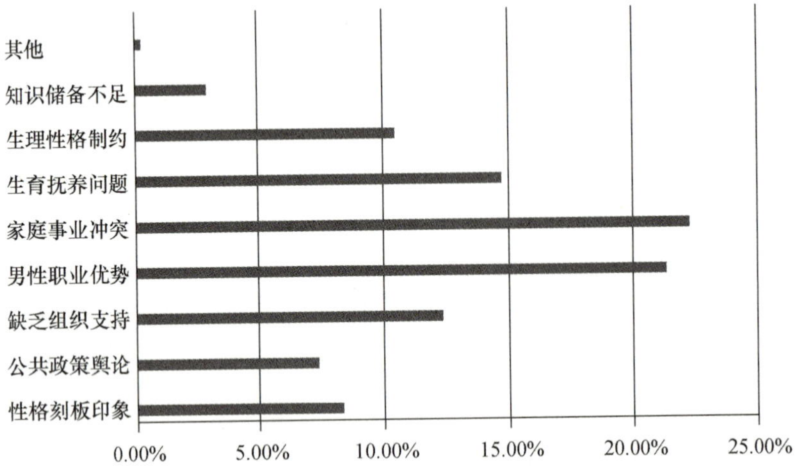

图 4-5-6 北大管理人员认为阻碍高校女干部职业成长的因素

北大女性专职干部协调事业、家庭压力情况中，压力非常大的占 0.93%；压力比较大的占 18.69%；压力不一定的占 20.56%；压力比较小的占 42.06%；压力非常小的占 17.76%。(图 4-5-7)

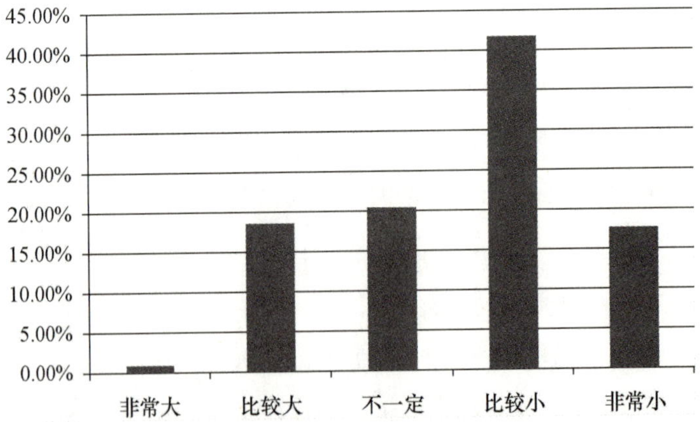

图 4-5-7 北大女性专职干部协调事业、家庭压力情况

北大男性专职干部协调事业、家庭压力情况中，压力非常大的占 2.38%；压力比较大的占 30.95%；压力不一定的占 19.05%；压力比较小的占 38.10%；

压力非常小的占9.52%。(图4-5-8)

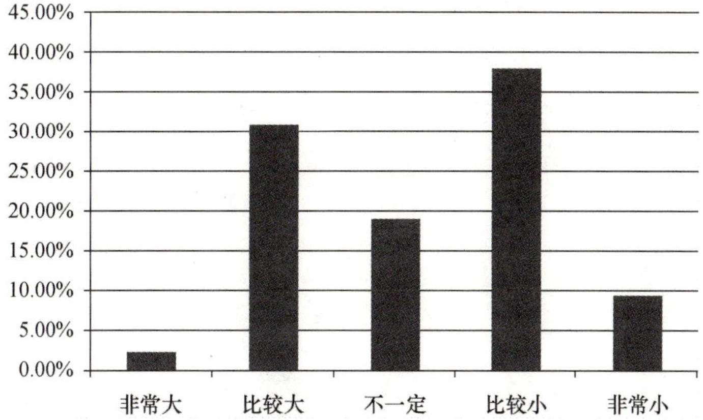

图4-5-8 北大男性专职干部协调事业、家庭压力情况

对比以上数据，男女专职干部中认为协调事业、家庭压力比较小的占大部分，但从数据总体来看，女性专职干部相对于男性专职干部能够更好的协调事业与家庭的关系。

（三）人文环境不利于女干部成长

在组织内部影响女干部成长的主要原因是社会心理因素，它建立在关于性别与职业的刻板印象之上。在职业成长上，刻板印象的直接表现是基于性别做出职业表现上的判断。女性更多地承担了抚养子女、照顾家人和日常家务劳动等责任，并形成“劣势累积”，很可能对女性拥有工作权威产生重要的负面影响。

选拔过程中性别歧视仍然存在。对于机关人员这一问题不明显。当投票选拔干部，除性别之外男女候选人相差无几时，男女机关人员投票情况，如图4-5-9所示。对比发现，北大大部分男女机关人员表示对候选人无偏好，选择女性候选人的较少并且比率相同；但是选择男性候选人的北大机关女性比率略高于北大机关男性。

但是对于女教师，性别歧视仍然存在。北大医学部男教师的性别歧视不明显，但在本部这一问题仍然存在。通过图4-5-10，可以发现没有人会经常因为性别的不同而对事情作出不同的判断，至少证明这种性别偏见并不是非常强烈。而在医学部，男教师因为性别而做出不同判断的情况总体趋势偏少，甚至有高达

30％多的男性教师表示从未因为性别的不同而做出不同的判断。相对比而言，校本部的偏见会深一些，有 23％左右的男性教师表示有时会因为性别差异做出判断，而仅有 15％的人群表示从未有过这种情况。因此，就针对这个问题所展开的调查中可以发现，即便是现在这个人人平等的时代，男性潜移默化中依然会有轻微到中度的性别偏见情况存在，而在北京大学里，校本部的偏见情况要比医学部更明显一些。

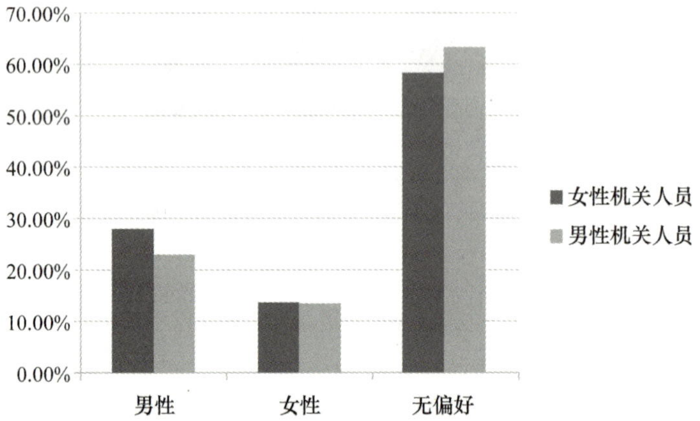

图 4-5-9　北大男女机关人员投票状况对比分析

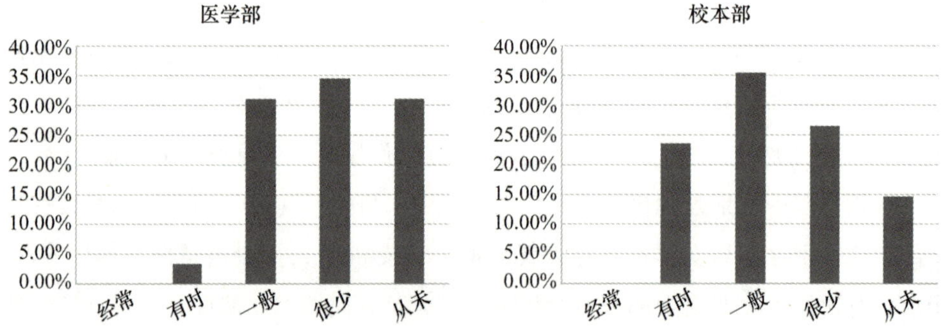

图 4-5-10　校本部、医学部男性教师是否会因性别不同做出不同判断对比图

四、对策建议

通过此次调研，我们认为，学校今后应当在贯彻落实中央组织部、教育部等上级部门有关干部工作的政策要求的基础上，结合我校实际，研究制订北京大学

女干部培养、选拔、任用等方面的具体政策，推进女干部工作落到实处，形成促进女干部成长的长效机制。具体而言，有以下几方面的建议。

① 引导女干部增强自信心。在访谈中，当问及女干部相对于男干部的优势时，大家普遍都提到女性比较温婉、感情细腻，善于关心人、体贴人、理解人，富有亲和力，在工作中容易得到领导和同事的认可，这有助于化解矛盾，作为组织调和剂，有助于团队文化建设，创造和谐的氛围。另外，大家普遍认为，女干部心思缜密，考虑事情较为周全，工作作风细致，吃苦耐劳。如果在选任女干部时能扬长避短，发挥女干部在管理工作上的性别优势，并且这些在工作上可能表现出的优点能为学校和广大教职员工所共识，将能极大地增强女干部自身做好领导工作的自信心。

② 第二，合理配置女干部资源。本着“信念坚定、为民服务、勤政务实、敢于担当、清正廉洁”的选人标准，建立一支专兼结合、结构合理、业务精良、德才兼备的干部队伍，特别是双肩挑女干部队伍，要从实际出发，多途径地选拔女干部，创新政策手段，合理配置干部比例，激发女性创新潜能。

③ 加强女干部的培训工作。在培训体系上，建议根据不同岗位类别对于女干部知识、能力的需求，结合不同类别女干部自身的特点确定培训内容。此次调查发现，对于女干部来说，25%认为希望能接受心理调适的培训，超过 20%希望能接受沟通技巧、专业技能的培训。具体结果如图 4-5-11 所示。

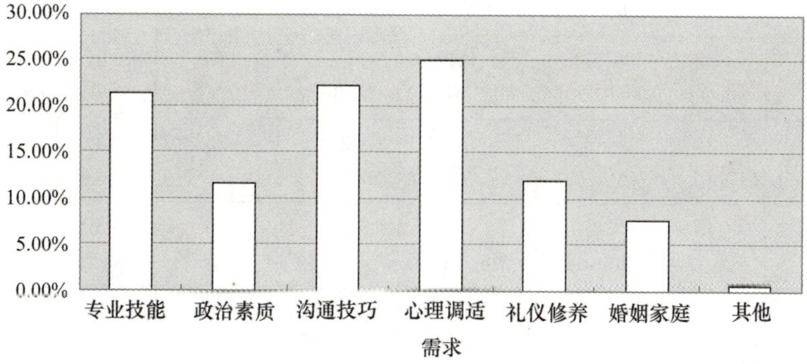

图 4-5-11 女干部对女性领导力课程培训内容的需求

④ 应适当制定支持女干部成长相关政策，但需避免矫枉过正。在此次调查中，有一个关于对女干部选拔晋升措施的看法的问题。根据表 4-5-2 的统计结果，

男女教师及管理者普遍赞成“A. 在选拔过程中给女性提供较多的信息；C. 把女性选拔到更合适女性担当的岗位上；G. 敢于把女干部放到主要领导岗位和关键性的岗位”，赞成的比例分别占受访者的 77.13%，93.98%，13.23%，但是对于同意“B. 在同等条件下优先选择女性；F. 考虑女干部的生理特点和家庭责任而制定不同的考核标准；D. 规定女干部在某些职位上必须占有一定比例；E. 拿出一定职位在女干部中定向选拔或竞聘”等选项的人数相对较少。

因此，这也在一定程度上提醒我们，要在重用女干部、给予女干部更多锻炼机会和晋升空间的同时，坚持干部选用的公平公正原则。具体而言，真正的公平应该是能突破性别偏见的桎梏，使女干部具有同样的参与竞争的机会和平台，而不是扭曲绩效考核指标，选拔干部时刻意照顾。

表 4-5-2 对女干部晋升措施的不同态度（单位：人）

	措施 态度	措施 A	措施 B	措施 C	措施 D	措施 E	措施 F	措施 G
女教师	同意	107 (76.98%)	55 (40.15%)	129 (92.81%)	99 (70.21%)	102 (73.38%)	94 (67.63%)	125 (87.41%)
	不同意	32 (23.02%)	82 (59.85%)	10 (7.19%)	42 (29.79%)	37 (26.62%)	45 (32.37%)	18 (12.59%)
男教师	同意	42 (66.67%)	21 (33.87%)	62 (96.88%)	39 (61.90%)	42 (67.74%)	42 (66.67%)	54 (84.38%)
	不同意	21 (33.33%)	41 (66.13%)	2 (3.13%)	24 (38.10%)	20 (32.26%)	21 (33.33%)	10 (15.63)
女管理者	同意	98 (80.33%)	54 (43.90%)	118 (92.91%)	91 (72.80%)	90 (72.00%)	67 (54.03%)	105 (86.78%)
	不同意	24 (19.67%)	69 (56.10%)	9 (7.09%)	34 (27.20%)	35 (28.00%)	57 (45.97%)	16 (13.22%)
男管理者	同意	43 (82.69%)	19 (36.54%)	50 (96.15%)	32 (61.54%)	26 (50.98%)	30 (58.82%)	44 (88.00%)
	不同意	9 (17.31%)	33 (63.46%)	2 (3.85%)	20 (38.46%)	25 (49.02%)	21 (41.18%)	6 (12.00%)
合计	同意	290 (77.13%)	149 (39.84%)	359 (93.98%)	261 (68.50%)	260 (68.97%)	233 (61.80%)	328 (86.77%)
	不同意	86 (22.87%)	225 (60.16%)	23 (6.02%)	120 (31.50%)	117 (31.03%)	144 (38.20%)	50 (13.23%)

在访谈中，也有不少受访者表示，北大专门针对女性的培训选拔不存在或者不了解，并且认为在选拔培养上要避免过分照顾女性。如果一定要从性别角度考虑会产生新的不平衡；凭借个人能力进行选拔任用是基本原则。

第五，建立完善的轮岗制度。几乎所有受访者都肯定了轮岗制度的重要性。一方面，机关女干部容易沉淀、积压，因而人才流动很重要，尤其是要有向外输出人才的途径。另一方面，轮岗是北大女干部尤其是基层女干部快速了解学校行政工作、快速成长的契机。所以应该更加强化女干部流动机制，将单位推荐作为重点，同时开辟一条自荐的渠道，使校内能够灵活流动，也有转出的通道。

女性学生骨干领导力培养与创新

——以北京大学为例

张莉鑫①

导言

在世界格局正经历着根本性改变的今天，领导力被认为是每个人的事。许多致力于领导力研究的学者已经通过大量成功的案例揭示出，卓越领导力是可以通过不断学习和实践培养出来的。21世纪被称为“她世纪”，女性成为推动社会发展不可忽视的力量，女性教育特别是女性领导力培养，重要性与迫切性日益凸显。女性学生骨干是未来女性领导的后备力量。关注她们的成长，研究她们的成长规律，是有的放矢开展青年女性领导力培养的前提。

青年女性领导力培养在中国是项充满生机和挑战的课题。目标是通过创新性的教育和实践，帮助青年女性提升自身和群体领导力。作为一项全新的事业，创新性应当体现在以下方面：第一，理念创新，即针对青年女性或女性大学生这个具有特定成长阶段特点的群体进行有针对性的实证调研和实践探索，而非照搬一般性的不区分性别和年龄的领导力研究成果；第二，内容创新，一般领导力提升的研究和实践，主要针对个体或以所在组织的不同性质来做群体区分，针对青年女性领导力提升的研究除了关注个体外，还要将视角扩展到青年女性群体，探寻制约青年女性群体发展的原因，促进青年女性的整体成长；第三，方法创新，针对各类岗位上的领导者的领导力培训，面对的对象是有过一定实践经验的管理者

① 张莉鑫，北京大学原团委副书记，现任学生就业指导服务中心主任。

和领导者，因此培训方式一般以概念深化、案例分析、技巧传授、经验分享为主，而大学青年女性社会经历少，缺乏真正意义上的领导经验，因此在培养方法上要理论与实践相结合，特别是要通过组织化的平台为青年女性创造培养和发展领导力的机会，在实践中思考、总结和提升。

作为中国最早招收女大学生的高校，北京大学始终关心女性事业及青年女性发展。为了有的放矢地开展青年女性领导力培养，自 2013 年下半年至 2014 年 4 月，我们通过文献法、问卷法、访谈法对当前我校女学生骨干的任职培养情况进行调查和分析，结合知名企业的相关经验，围绕制约女性学生骨干领导力发展的因素提出促进青年女性领导力提升的对策建议。[①] 同时，还开创性地指导校内女生骨干发起成立了以“帮助、支持、引导北大女生不断发现自我、发展自我、成就自我”为宗旨的学生社团——北京大学女生发展协会，搭建立体化、全过程的优秀女性培养体系，为北京大学女生领导力发展提供广阔的实践平台。

在调研和实践基础上，我们认为，以“创新理念、创新内容、创新途径”为指导的青年女性领导力培养应遵循 IGOMC 法则：围绕个体（individual）、群体（group）、组织（organization）、机制（mechanism）、文化（culture）五个层面展开。

一、女性学生骨干培养情况：现象与问题

根据调研情况，当前女性学生骨干培养中存在以下值得关注的现象和问题。

1. 女性学生骨干比例与男性平分秋色，但发展平台受限

目前全校学生中男性比例为 56%，女性为 44%，其中，学生骨干总人数为 1441 人，女性学生骨干占 45%，女性学生骨干的分布情况如下：院系学生骨干女性占 43%，社团骨干女性占 49%；在校级学生组织中，女性骨干占 37%，其

① 本研究中的女性学生骨干，包括各院系班长、团支书以及年级骨干，学生会、研究生会骨干，社团骨干，以及实验室/课题组的组长等。调研的样本针对目前在校的全部本科生以及研究生，她们分布在各个年级，在校时间 1～7 年不等，反映了近年女性学生骨干的基本状况及发展情况。

中校团委学生骨干女性占 39%，校学生会骨干女性占 30%，研究生会骨干女性占 38%（见图 4-6-1）。各类学生组织中，女性骨干担任正职的占 33%。在各类奖项方面，男性骨干有 42%获得过最高奖项，女性只有 16%。数据表明，当前女性学生骨干主要在基层和社团任职；在校级学生组织和正职岗位上，女性比例明显低于男性；各类奖励中，女性获得最高奖项的比例明显低于男性。这说明，女性学生骨干虽然同样积极参与社会工作并承担一定职责，但发展平台受限，缺乏充分的锻炼和施展才华、开发潜能的机会，获得的认可程度也低于男性学生骨干。

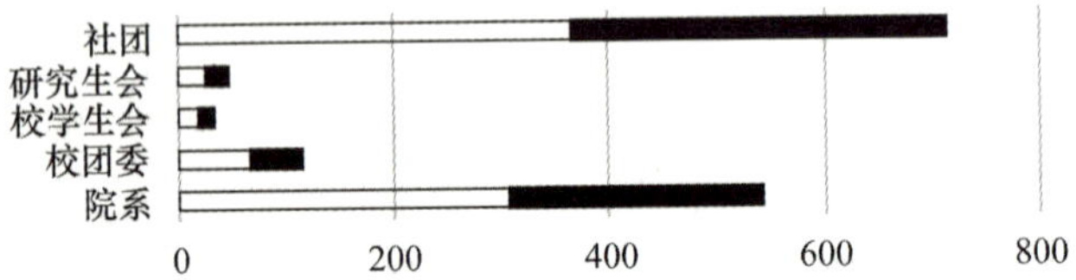

	院系	校团委	校学生会	研究生会	社团
□男性	310	68	21	28	367
■女性	230	44	9	17	347

□男性　■女性

图 4-6-1　学生骨干分布图

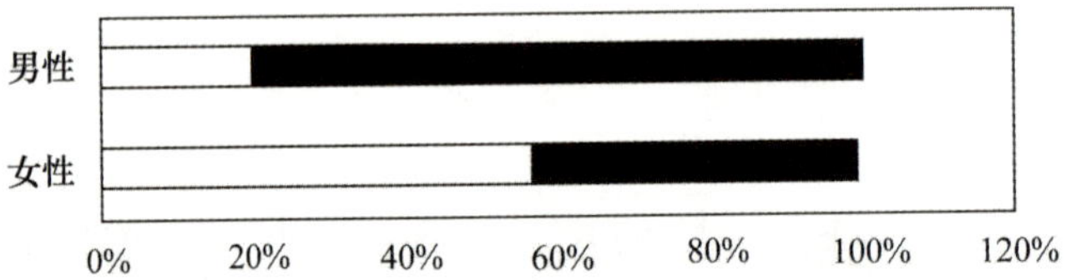

	女性	男性
正职	57%	20%
副职	43%	80%

□正职　■副职

图 4-6-2　女性更适合担任正副职态度分布图

2. 男性学生骨干对女性学生骨干的评价，低于女性自我定位

在未来工作岗位上扮演的角色方面，女性学生骨干对自己期望较多的前三项为管理者、领导者和协作者，而男性学生骨干认为女性学生骨干更适合担任

的角色的前三项则是管理者、协作者和监督者。有57%即超过一半的女生认为自己更适合担任正职，而只有20%的男性认为女性更适合担任正职（见图4-6-2）。这说明女性学生骨干需要进一步加强自我认识，弥合现实与理想的差距。

3. 女性学生骨干存在不利于领导力发展的内在障碍

在针对男性学生骨干、女性学生骨干、普通同学的“大五”人格（OCEAN）测量中，女性学生骨干神经质性较男性学生骨干得分高，尽责性较男性学生骨干得分低。具体来说，与男性学生干部相比，女性学生干部在“精力充沛、有秩序、实际的”这样一些评价维度的平均分值较低，在“粗心的、马虎的、喜怒无常的、易怒的、烦躁的”的平均分值较高。

4. 女性学生骨干对未来的发展缺乏清晰的目标和定位

在参与社会实践的动机方面，与男性学生骨干相比，女性对“自我实现”、“体验”、“兴趣”等非现实因素的考虑较多（见图4-6-3）。在希望从事的职业方面，女性学生骨干选择最多的是企业管理类，占46%，而38%男性学生骨干首选的政府公务类，只有19%（见图4-6-4）。这说明，女性更偏好规则明确的环境，排斥风险和不确定性，耐受力强，但选择变化的勇气弱。因此，女性学生骨干在大学阶段更需要通过实践，提升自信，早日确立人生目标和奋斗的方向。

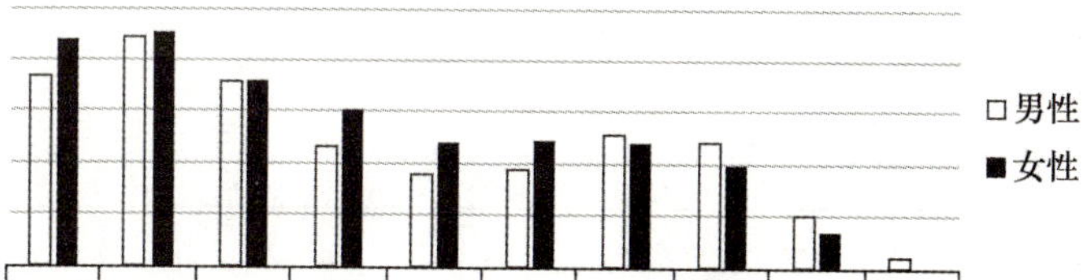

	积累人脉	锻炼能力	实践经验	自我实现	体验	个人兴趣	服务他人	认同组织文化	现实需要	其他
□男性	74%	90%	72%	46%	36%	38%	52%	48%	20%	4%
■女性	88%	91%	72%	61%	48%	49%	48%	39%	14%	0%

图4-6-3 参与社会工作动机分布图

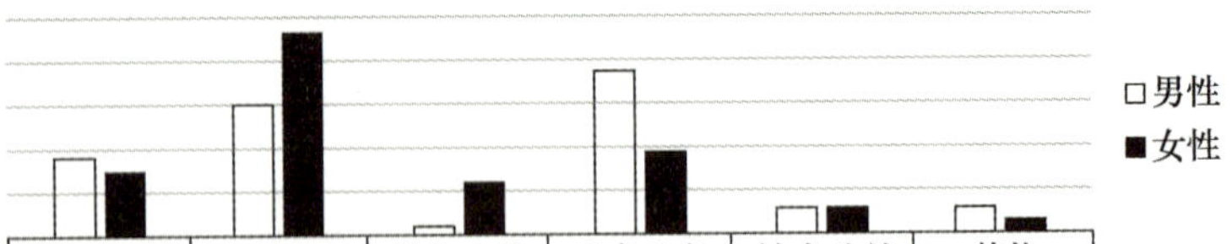

	学术科研	企业管理	媒体公关	政府公务	社会公益	其他
□男性	18%	30%	2%	38%	6%	6%
■女性	14%	46%	12%	19%	6%	3%

图 4-6-4　未来希望从事职业分布图

5. 女性寻求师长等权威资源帮助方面的意识和行动弱于男性，不善于为自己争取机会

男女性学生干部在进入学生工作途径的选项上，男性通过师长推荐的比例为32%，女性通过师长推荐的比例为19%，明显低于男性（见表4-6-1）。另外，在面临困境时，男性学生骨干会选择与老师交流，而女性则不会（见图4-6-5）。这说明，相对于男性学生骨干，女性学生骨干自我意识较强，社会化程度较低，有效利用身边资源的能力较弱。虽然女性在现实中与师长等权威资源接触较少，但却认为上级任命对于自身的发展更有利，这说明女性并不善于主动为自己争取机会，更倾向于认为努力工作自然会获得认可。

表 4-6-1　参与学生工作途径分布表

	公开通知应聘	师长推荐	其他同学介绍	民主推荐
女性	68%	19%	7.25%	5.8%
男性	58%	32%	2%	8%

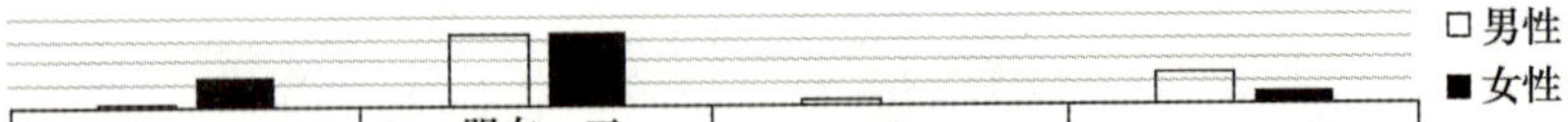

	父母	朋友、工作伙伴	老师	自我消解
□男性	2%	66%	4%	28%
■女性	26.09%	63.76%	0	10.14%

图 4-6-5　面临困境时求助途径分布图

二、制约女性学生骨干领导力发展的因素

根据目前女性学生骨干培养任职中存在的问题，结合调研情况，我们认为，当前制约女性学生骨干领导力发展的因素主要来自环境、个体和阶段三个方面。

1. 环境

第一，人们普遍对女性能力缺乏信心。研究表明，在职场提升方面，男人靠潜力，女人靠业绩。人们对女性能力的质疑，首先是工作能力，其次是承担责任的能力。以北京大学为例，女性学生干部主要集中在基层和中层，很难在高层担任正职或重要职务，例如，北京大学第三十二届学生会执委会主席团 7 人全部为男性。

第二，来自婚姻家庭观念的压力。社会上常常将“女强人”与家庭婚姻不幸画上等号。反之，男性只有事业成功，才能拥有美满的家庭。这样一种武断的结论，对男性和女性都是不公平的，而产生的效果却是相反的——对有能力的男性产生正效应，而对有能力的女性则可能产生负效应。不少女大学生认为，男性倾向于选择能力弱于自己的女性为伴侣，因此如果自己表现得太强，则可能曲高和寡。当女性学生骨干被问到今后的人生规划时，大多表示要考虑伴侣的意见，而男性学生干部几乎没有表示要考虑伴侣意见的。

第三，来自社会性别定位的压力。个人决定自己能做什么、应该达到怎样的目标，在很大程度上是由我们的社会期望塑造出来的。然而，现实社会对女性事业成功的社会期待低，对其服务意识的社会期待高，对男性则相反。另外，许多研究表明，对男性来说，成功度与受欢迎度成正比，而对女性来说则成反比。对女性来说，成功可能会成为更加成功的障碍。另外，女性往往又更在乎别人对自己的评价和带给周围人的感受。不被欢迎的感觉，加重了她们内心的负担。这也就解释了为什么女性在学习时期获得的成就，并没有相应地提高女性在高级职位中的比例。所以，在受过教育的劳动者中，初级岗位上挤满了女性，而同时期的领导岗位却被男性占满。

第四，来自女性交往的局限。和男性相比，女性在职场交往中不占优势。首

先，许多女高层并不愿意帮助和指导其他女性；其次，男性特别是男性高管对于指导职级较低的年轻女性存在顾虑；此外，女性之间的交往以情感型为主，不像男性之间可以充当彼此的事业顾问。

2. 个体

第一，不够自信。许多研究表明，女性对自身表现的评价普遍低于实际情况，而男性则会过高地评价自己的表现。惠普公司一项内部报告显示，女性只有在认为自己 100％符合条件的时候才会公开申请职位，但男性只要觉得自己有 60％的条件符合就会对工作邀约做出回应。

第二，不善于为自己争取利益。当为自己争取权益和机会时，男人谈判的结果比女人好 ，而女性更善于为他人的利益谈判。

第三，安于现状、不善于自我表现和争取。造成高级职位中女性数量稀少的一个重要原因是许多女性缺乏想当领导的进取心，即便她们完全具备这样的能力。声称自己“有事业抱负”的男性多于女性 。① 男性的进取、强大、成功会不断地受到人们的称赞、喝彩，表现出相同特点的女性却常常受到社会的惩罚。另外，许多女性都认为在工作上积极主动一定会带来回报。这使得她们面对机会时更加消极，而在失去机会后，大多认为自己还做得不够好或者认为上级不够重视自己，而不是检讨是否积极地去把握机会。

第四，回避冲突、风险，追求稳妥。基于社会对女性期待以及女性自身的心理特点，许多女性从青少年时期就试图赢得周围所有人的认可和欢心。这种想法虽然会让女性对自己严格要求，保持优秀的习惯，但随着环境的变化，这种想法显然会阻碍女性的发展。同样，追求稳定的代价就是成长机会的减少。

3. 阶段

大学是青年人生观价值观形成的重要时期，与高校女性管理者不同，女性学生骨干在大学期间的“干部身份”和骨干角色是非正式的、临时的，导致其角色意识模糊和选择困惑。这一时期的大学生特别是女性，存在内在的心理发展尚不成熟以及外在压力密集等阶段因素，若缺乏有效引导，将对健康的领导力的形成产生干扰。

---

① 麦肯锡在 2012 年对于财富 500 强企业的 4000 多名员工的一项调查中发现，男性中有 36％的人想要成为首席执行官，而女性只有 18％ 。

三、IGOMC法则：青年女性领导力提升的对策及建议

在实证研究的基础上，针对高校女生骨干在发展中存在的内部和外部的制约因素，我们尝试从个体、群体、组织、制度、文化五个层面探讨如何促进高校青年女性领导力提升，使其在学校乃至未来的职业生涯中充分发挥自身潜力和价值。

1. 个体（individual）

第一，女性要树立终身学习的意识和养成习惯。无论男性还是女性，学习都是改变自身和环境的最根本和最直接的手段。女性要时刻提醒自己不要掉队，即便因为承担家庭社会责任偶尔放缓脚步，也要及时充电，随时以最好状态重返跑道。

第二，女性要勇于面对阻碍自身发展的内在障碍。阻碍女性自身发展的内在障碍包括：不自信、自我怀疑、不善于为自己争取利益、缺乏自我表现力、进取心不够强烈、回避冲突和风险、过于谨小慎微、缺乏创新思维、完美主义倾向较重。帮助女性发现自我、发展自我，首先要使得她们勇于正视自身存在的阻碍、进步的内在障碍并通过学习，积极克服。

第三，女性要尽早确定人生目标和发展方向。鼓励女性确立人生目标，并不是让女性放弃婚姻和家庭责任，而是在充分认识自我的前提下，寻找和自身人生目标、价值观一致的人生伴侣，而非本末倒置。

第四，女性要勇于实践，敢于突破，接受改变的力量。女性的提升，不在于拥有怎样的思想武器，而在于是否能够走出旧我，不断学习、实践，扬长避短，克服内在障碍，坚持不懈地朝着自己的目标迈进。在实现一个个阶段目标和取得成绩的过程中，树立自信和坚定目标。

第五，女大学生要对自身所处的阶段特点有所认识，处理好阶段目标与长期目标，人生目标与事业目标的关系。正确地认识自己和当下实践的意义，才能不受外界以及自身所处特定心理阶段的不稳定因素的干扰。

2. 群体（group）

如果你想走得快，一个人走；如果你想走得远，一群人走。就促进女性发展

的目标而言，女性群体要认识到，在女性指责社会特别是男性制定的不利于女性发展的游戏规则时，女性作为群体并没有真正团结起来打破性别歧视的枷锁。当一个组织的领导层有更多女性时，女性的声音才能被听到。只有女性群体达成共识，避免内部分歧，共同朝着有利于女性群体整体发展的方向努力，才能形成影响力。

已经拥有权力的女性，要有帮助其他女性进步的责任感和积极的行动。没有谁会比女性自身更了解女性在发展过程中遇到的瓶颈和障碍。一路披荆斩棘取得成功的女性，比他人更有能力和资格成为年轻女性的导师，关注和帮助她们成长，而不是成为只愿意和男性打交道，不会提拔其他女性的“蜂后”。

与男性不同，女性在成长的过程中，群体观念和团队意识相对薄弱，这并不表示她们缺乏大局精神，而是缺乏带领同类共同发展的意识。年轻女性应当意识到这个问题，在成长过程中寻求团队成长的途径，并在成功后积极为他人提供帮助。

3. 组织（organization）

女性由于存在不自信、自我怀疑等内在障碍，在竞争中往往不善于表达自我提升的愿望和积极争取发展的机会，因此在女性文化得到全面发展和社会观念有较大改善之前，要帮助女性特别是青年女性发现自我、发展自我，不能仅仅停留在理论层面，而是需要为她们的成长提供可供实践锻炼的组织化的平台。

女生在成长过程中，缺乏定向的组织培养。为了让大学女生在实践中得到成长，2013 年秋，在学校领导的关心下，一群活跃在校园生活各领域的北大女生发起成立北京大学女生发展协会。作为国内首个立足于培养杰出女性的高校学生社团，协会以“为帮助、支持、引导北大女生不断发现自我、发展自我、成就自我，为中国女性事业的发展作出贡献”为宗旨，填补实践空白，丰富校园文化，努力发挥北大在新时期女性文化建设领域的引领作用，加强校内外、国内外资源整合，搭建立体化、全过程的优秀女性培养体系。协会通过“女高管一日助理”、“乡村公益实践”和组织女性论坛等实践项目，促进成员创新能力、组织能力、执行能力、领导能力等综合素质的提升。

自 2014 年 3 月 7 日女生节成立至今，协会已成功举办女性论坛两场，分别邀请著名女性学者袁明教授、杨芙清院士围绕女性发展和领导力培养作专题讲座并与在校学生进行面对面交流。6 月 22～29 日，北大女生发展协会“一米阳光”暑期社会实践项目在云南省大理白族自治州弥渡县顺利进行，由 3 名交换生和 8 名来自北大不同院系、专业的本科生组成的实践团圆满完成了校园宣讲、村民法律知识讲座、村民健康体检、田间调研等多项活动，协会同学在活动策划、组织、实施过程中锻炼了能力，奉献了爱心，传播了女性发展的理念。

4. 机制（mechanism）

（1）选拔机制

首先，选拔方式上应考虑到女性心理特点和行为模式。女性有自身心理特点和行为模式，比如不善于争取机会，机会面前表现比较被动等。针对这些特点，谷歌有一个鼓励工程师毛遂自荐、争取升职的特别机制可借鉴。公司发现男员工比女员工行动更加积极，于是谷歌管理团队与女员工公开分享这个信息，随后，女员工毛遂自荐的比例显著提高，几乎和男员工持平。其次，在对管理岗位候选人进行考察时，应主要根据工作实绩和工作效果，而不是简单以男性化的特点来衡量女性行为特质是否恰当。

（2）培训机制

除第一课堂开设女性领导力培养课程外，还可依托第二课堂为女性领导力提升提供实践平台和学习项目。① 通过女性社团，加强对女生骨干的培养；② 通过讲座、交流、社会实践、志愿服务等活动，帮助女生充分发现自我、发展自我。

此外，围绕女性学生骨干领导力提升，开展特色培训。① 通过“传、帮、带”项目，帮助女生在日常交流中提升自我；② 针对具体工作项目，为女生聘请导师进行跟踪指导；③ 针对后备力量开展领导力发展培训，例如德勤在 2008 年发起一项领导力发展项目，该项目以财税部门中临近升职的高层女性为目标人群，并为她们指定赞助者，提供相关高管人员为她们做辅导，让她们作为“影子成员”加入执行委员会，并开始接受全球性的外派工作，之后，首个团队 21 位女性成员里有 18 位获得了晋升；④ 通过推动男生女生合作互动项目，使他们有意识地在合作过程加强对彼此特点、优势和区别的理解，互相学习共处之道，欧美一些公司中，还通过有效的项目教会男性如何去指导女性，并建立相应的行为准则，这些项目能够有利地促进“高层男性——一般女员工”的关系模式化；⑤ 社会工作方面，为女性学生骨干创造多岗位体验式锻炼的机会，根据学生骨干的个人特长特点和岗位的职责要求，制定个性化的培养目标和培养方案，并实行跟踪管理、定期考察、及时反馈等管理原则，切实围绕提高能力开展培训；⑥ 多开展专题式培训而非通用性培训，女性学生骨干可以结合自身的情况，根据成长成才需要自主选择学习板块。

（3）激励机制

和男性更注重具体的、实际的、物质化的利益不同，女性更看重被认可、被尊重、被信任等精神肯定。同时，女性并不善于为自己争取利益。因此，一个充分考虑到促进女性发展的激励制度，首先应当以正面激励为原则，避免负面激励伤害女性的自尊心，使其过度陷入负面情绪。第二，激励发生机制中，应考虑到如何使女性价值和贡献得到充分的展示。第三，在激励内容上，应当充分注意到精神激励对女性的重要性，在此过程中，加强对女性取得成绩和今后可以加强的部分的反馈，不但将帮助女性更加自信，也将促使她们更全面地认识自己，追求更高的目标。

5. 文化（culture）

第一，要理解并尊重女性与男性、女性之间、男性之间在生理和心理方面的差异，消除性别标签和成见威胁。

第二，促进整个社会环境朝着尊重女性、理解女性选择的方向发展，对于女性由于承担更多家庭责任而面临事业与家庭两难选择的境地，应予以更多关注、理解和支持。

第三，社会、家庭、学校形成健康的性别文化，在对大学生进行培养时，应尊重女生和男生基于兴趣、特长的人生选择，为他们的人生规划提供科学指导和自由发展的平台。

第四，促进流行文化塑造积极健康的女性形象。改变“女强人”、“女汉子”等性别标签定义下的女性刻板形象。鼓励多样、多元、多变的女性文化，使得女性选择权不因社会成见和狭隘的流行文化裹挟而打上折扣。

只有形成宽松、弹性的女性文化氛围，才能使得女性从真正意义上解放自我，按照自身兴趣、优势发展自我，并且获得来自伴侣、家庭、学校、单位和社会的支持，帮助女性最大程度上成就自我。对于正在面临人生许多重大选择的女大学生来说，身处宽松、向上的女性文化中，将有助于她们树立正确的人生观、价值观，自尊自爱，坚定地实现自我价值，同时她们也将作为这一文化的参与者，为其繁荣和进步贡献自己的力量。

【参考文献】

[1] Joanna Barsh, Lareina Yee. Special Report: Unlocking the Full Potential of Women in the U. S. Economy [J], McKinsey & Company (April 2011), 6.

[2] S. Scott Lind et al.. Competency-Based Student Self-Assessment on a Surgery Rotation [J]. Journal of Surgical Research 105, no. 1 (2002): 31-34.

[3] Emily T. Amanatullah, Michael W. Morris. Negotiating Gender Roles: Gender Differences in Assertive Negotiating Are Mediated by Women' s Fear of Backlash and Attenuated When Negotiating on Behalf of Others [J]. Journal of Personality and Social Psychology 98, no. 2 (2010): 256-67; and Bowles et al., "Constraints and Triggers", 951-65.

[4] See Joanna Barsh, Lareina Yee, Unlocking the Full Potential of Women at Work [J]. McKinsey & Company (April 2012), 7.

[5] Derks et al.. Do Sexist Organizational Cultures Create the Queen Bee [J]. British Journal of Social Psychology, 2011, 50 (3): 519-35.

[6] Robert S. Baron, Mary L. Burgess, Chuan Feng Kao. Detecting and Labeling Prejudice: Do Female Perpetrators Go Undetected [J]. Personality and Social Psychology Bulletin 17, no. 2 (1991): 115-23.

大学中的女性领导力及培养

——与海外高校比较研究

陆娇[①]

随着人类社会文明进步，男女平等越来越成为社会发展与进步的标志，国内外纷纷重视女性能力的培养与发挥，关注女性现状并提出发展性的政策建议。大学作为知识创新与传播之地，在促进女性发展、实现性别平等方面发挥引领作用。

近年来，国外高校对女性发展和校园性别平等问题愈发重视，研究和尝试的经验广泛，其中以耶鲁大学、剑桥大学等为代表的世界一流研究型大学对此开展了联合研究。面对国际社会对于提高女性能力，更好实现男女平等的要求，以及当前国内高校中杰出女性的比例普遍过低的现状，本研究通过文献调研、数据收集、案例分析等方法调查国外高校中女性在大学中的发展现状，从而探索政策、文化、培训项目等方面对于大学中的女性领导力发展的影响，继而对国内大学校园性别平等，促进女性职业发展提供参考和建议。

一、大学中的女性领导力

1. 大学中的女性参与现状

2006年，耶鲁大学、剑桥大学联合倡议发起了“大学中的女性”（understanding women in universities around the globe）研讨会，来自国际研究型大学联盟十所成员校的大学纷纷响应，北大也参与其中。研讨会初步搜集了各校的基

① 陆娇，北京大学国际合作部。

本资料，发现各个学校之间存在一些共同点，例如：参与研讨的都是本国大学当中的顶尖高校，均实施男女混合教育、校园内没有有明显的性别歧视。但同时在人员结构上都存在共同的性别差异现象，随职务升高，女性人数减少。

除了两所学校以外，大学录取的女性比例都超过男性，虽然女生在本科阶段的录取率和表现都超过了男生。但随着学年升高，在研究生阶段，女性的优势比例逐渐下降。在教职方面，学术职位越高，女性所占的比例越少。初入大学教职的女性学者比例在15％～42％之间，而到了教授层次，比例仅在4％～18.5％之间。同时自然科学及工程技术（PTEM，physical sciences，technology，engineering，and mathematics）教员占全校教员的比例越高，女性占该校教员的比例越小。而在学术职位中的每一层次，女性教员的百分比在过去10年都在缓慢、稳定增长；但性别差异在未来15年内仍将存在。

IARU（国际研究型大学联盟）将通过成员校（member organizations）的共同参与和数据提供，比较分析6个国家10所学校之间的异同点。并通过访谈男女性在职业生涯中的发展途径，探索不同治理结构下的IARU成员校中的性别发展道路。

以澳大利亚国立大学（ANU）为例，表4-7-1显示了澳大利亚国立大学在2002年至2011年间，校内女性和男性学术职员的人数及女性比例。统计数据显示，大学内学术职员中女性占比在1/3左右，但是比例有着逐年显著提升的趋势。

表4-7-1　澳大利亚国立大学学术职员人数

年份	女性	男性	总和	女性占比
2002	343	856	1199	28.6％
2003	378	916	1294	29.2％
2004	437	978	1415	30.9％
2005	448	1053	1501	29.8％
2006	457	1063	1520	30.1％
2007	483	1064	1547	31.2％
2008	514	1053	1567	32.8％
2009	518	1060	1578	32.8％
2010	540	1087	1627	33.2％
2011	583	1105	1688	34.5％

相似的，新加坡国立大学（NUS）的任职教职员女性占比在2002至2011年

间也显示出显著的逐年增长，见表 4-7-2。

表 4-7-2 新加坡国立大学任职教职人员数

年份	女性	男性	总和	女性占比
2002	379	1276	1655	22.9%
2003	369	1249	1618	22.8%
2004	343	1232	1575	21.8%
2005	336	1214	1550	21.7%
2006	350	1223	1573	22.3%
2007	384	1286	1670	23.0%
2008	435	1342	1777	24.5%
2009	473	1435	1908	24.8%
2010	498	1492	1990	25.0%
2011	577	1611	2188	26.4%

哥本哈根大学的统计数据亦显示，在研究领域中，女性的占比从 2007 年到 2009 年间由原来的 27%上升到 29%。同样的情形在 IARU 的其他成员校之间都有类似的体现，主要表现为女性占比随着职位高度的上升而在不断降低，但同时另一方面，随着时间的推移，通过对于大学内女性领导力问题的关注，在各个职位上，女性的占比随着年份的增加也体现出明显的增长趋势。

图 4-7-1 体现了东京大学在各个级别的研究职位和各个年份的女性研究人员比例情况。通过交叉性的比较，能够比较直观地反映出女性占比的变化趋势。

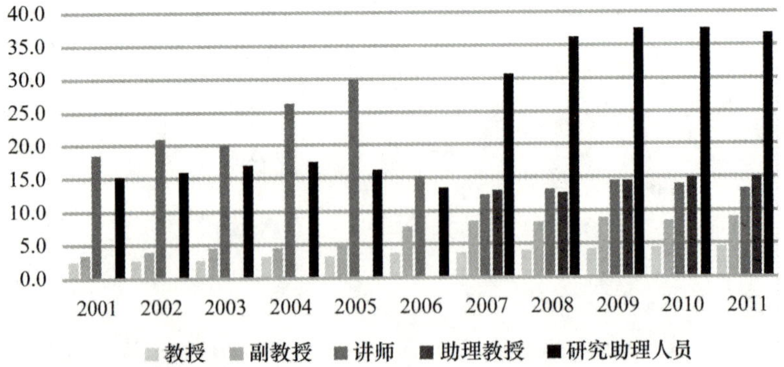

来源：东京大学年度概览

图 4-7-1 东京大学女性研究人员比例趋势（%）

2. 大学中女性领导者比例低于男性的原因

通过对 IARU 成员大学的调查分析，总结大学中女性领导者比例低于男性的主要几点原因。

① 高等职位的女性申请者人数较少。在一所学校中，近乎半数的职位只有一名女性申请人。而另一所学校采取的对策是，若一个高级职位的女性申请者比例低于 25%，学校就会猎聘女性候选人。

② 女性面临家庭/事业的两难选择。女性比男性在家庭事务上需要花费更多时间。在加州伯克利大学的研究《Do Babies Matter》中，很早就有孩子（早期的意思是指博士毕业后 5 年以内）的男性和女性教授比例为 77∶23。50%以上的女性正教授未能育子。

表 4-7-3　加州伯克利大学研究中博士毕业后 5 年内男、妇教授生育情况

	女性比例%	男性比例%
已婚已生育	44%	70%
已婚未生育	19%	15%
未婚生育	11%	4%
未婚未生育	26%	11%

③ 即使在女性平等比较高的北欧，例如哥本哈根大学，女性领导者比例也显著低于男性。哥本哈根大学研究指出，女性领导者比例低于男性的原因在于女性不确定的职业和人生规划，校园单一的同性别工作环境，以及女性自身的国家化视野缺乏，申请人数较少。

有研究表明，女性从副教授升入正教授的时间期限比男性要多一年。故耶鲁大学的政策为，女性比男性在申请终身教职的准备时间，可以多一年。

3. 女性领导力如何培养？

耶鲁大学案例：耶鲁大学自 1970 年以来相继成立了三个针对性别平等问题的机构——耶鲁女性中心（Yale women's center），女性教员论坛（women faculty forum）和女性领导力计划（women's leadership initiative），分别针对全体女性，为耶鲁教员和学生提供各式帮助和服务。这些机构不仅能够作为校园女性遇到歧视或其他问题的避风港，还能团结起个人的力量，多方合作，为受到不平等对待的女性申诉和争取权利，极大推动了耶鲁大学性别平等的发展建设。其中以 2000 年成立的专门针对女性教员发展问题的女性教员论坛最有影响力。

耶鲁大学非常强调对校园性别不平等现象的事实数据收集和分析。大学中存在性别不平等现象由来已久，但一直没有得到足够的重视。这是因为许多人认为性别歧视只是个别现象，直到耶鲁大学的几位女性教员通过收集全校教员的统计数据，并形成一份报告才真正得到学校和社会多方的重视和认真对待。耶鲁大学的机构调研办公室（office of institutional research）现在每年都会公布详细的关于在读学生、教员、管理人员的统计数据，可以直接观察全校、各院系中学生或教职工的男女性比例以及逐年的变化过程，通过数据来反映性别不平等现象的事实和严重程度。而女性教员论坛也专门设有一个科研小组，招募教员和学生担任研究员，在收集耶鲁大学各类性别不平等现象的校内统计数据的同时，关注其他大学、科研机构的数据和不断跟进最新的性别研究，以更好地理解和分析耶鲁大学的性别平等状况，形成有质量，有说服力和能提出实际措施的研究报告。在评价女性教员论坛的作用时，论坛主席明确表示她们做过的最有效，最有影响力的事情是撰写各类关于性别平等，女性教员发展的报告。这些报告会提交给学校校长、教务总长办公室并对外公布，让大众了解事实和获得新政策、解决措施的制定和实施。例如女性教研论坛撰写的 2009 年耶鲁大学性骚扰报告（2009 Report of the Yale Women Faculty Forum Council on Sexual Misconduct at Yale）成功促使耶鲁大学在 2011 年就校园性骚扰问题正式启动了一系列举报、调查、处理的程序和政策。

在具体措施上，耶鲁大学会针对女性受到不平等对待的原因采取针对性的措施和政策。因此有必要再次强调数据收集和相关研究的重要性。只有发现问题，理解其成因后才能有效地制定相应的措施。所以耶鲁女性教员论坛的核心之一是科研团队，通过熟悉和跟进世界各地关于女性受到不平等对待的问题所在、成因分析、如何解决等相关研究来采取措施。数据反映出女性教员受不平等对待的问题主要落在初级教授向终身教授发展的 tenure track 阶段，针对造成女性教员在这一阶段面临瓶颈的各项原因，耶鲁采取的措施有以下几方面。

（1）学校层面

① 提供校园附近的托儿服务，以减轻女性教员抚育孩童的压力。

② 为男、女性教员提供产假的选择，并允许终身轨时限延长一年。一方面补齐女性教员由于生育孩子而失去的科研时间，缓解其科研压力；另一方面通过给予男性教员产假，鼓励男性多分担些照顾家庭的责任，减轻同为教员的妻子的家庭压力和在一定程度上推动社会准则的转变。

③ 关注薪金的制定发放。耶鲁大学的教务总长办公室会不断地向各院系的院长强调校园性别平等的重要性，要求教员薪水设定以该教员的学术产出能力为唯一标准，并监察教员薪水设定上任何可能的性别歧视。虽然学校不会要求所有教员的薪金都相同，但如果比较男、女性教员的薪水数目存在可能的不合理情况时，教务总长办公室会要求该院系院长进行专门的解释，并予以适当的调整，以降低隐形性别偏见的影响。

④ 从资金和政策上支持校内关注女性平等问题的组织机构。例如教务总长办公室拨有专门的款项作为女性教员论坛的活动经费。除了资金上的支持，耶鲁的教务总长、副教务总长多次出席女性教员论坛的活动，并且认真吸纳女性教员论坛年度报告的意见和建议，制定和采取相关政策予以实际行动的支持。

（2）女性教员论坛层面

作为耶鲁大学校内最重要的应对女性教员发展问题的力量，女性教员论坛举办和采取了一系列的活动和措施，大致可以分为三类。

① 促进女性教员自身能力的成长与发展。其中以导师计划为代表。有研究表明，导师计划将有利于提升女性教员在初级教授期间的学术产出，增加她们获得终身教职的可能性。而且研究表明最好能有两种类型的导师，一位来自院内，一位来自院外。因此女性教员论坛在耶鲁大学原有院系内部的导师计划外，为每一位参与计划的女性初级教授配对一名其他院系的终身教授导师。这种跨院系的导师不仅能够给初级教授提供有关耶鲁工作生活的信息，提供科研、晋升经验和指导外，还可以避免“办公室政治”的弊端，让初级教授能够更自由地与导师交流，取得更好的指导效果。此外，女性教员论坛还会组织各类的研讨班，培养女性教员各方面的能力。例如训练女性教员们撰写评论文章，学会表达意见和向社会展现女性的视角和声音。

② 通过组织许多行动、活动来转变校园氛围和向性别不平等现象施压。例如组织有关性别平等问题的研讨会、宣讲会，发布、传阅年度报告，在校园中形

成性别歧视是不应当，不能被接受的，通过制造社会压力来抑制女性受到不正当对待事件的发生。

③ 树立榜样，宣扬女性教员的成功事例。造成女性教员受到不平等对待的原因之一是社会对女性的刻板印象，认为女性的能力不够，难以成为一名优秀的学者。所以女性教员论坛举办了大量的向公众开放的活动，邀请校内和校外著名的女性学者来演讲和展示她们的科研成果。通过这样的方式，给社会大众，尤其是年轻的女性学生一个信号，那就是女性也可以在科研工作中做得十分出色，成为某个领域中的领导者，继而改变社会对女性的刻板印象。

耶鲁大学校内采取的上述许多措施都得到被访人较为满意的评价。她们认为虽然想要完全消除性别不平等现象还有很长一段路要走，但耶鲁大学还能再做的事情有限。外部的力量虽然能够给予一定的支持，但被访人都强调女性自身努力，持有坚定信念的重要性。当女性足够坚定，对学术生涯有足够的热诚度时，她们还是可以通过努力度过终身轨的瓶颈。

另外，虽然隐形的性别歧视和偏见可能随处都在，但其影响的大小有着门槛效应。当女性教员的学术产出能力达到一定的水平，她们会受到与能力相当的男性教员同等的对待和尊敬，性别偏见的影响难以察觉。只有在能力处于中游甚至下游的教员，才比较容易受到自身性别的影响而无法得到平等的对待。

此外，在消除性别歧视，追求校园性别平等的过程中往往会与其他事项发生冲突，无法做到面面俱到。因此在措施的制定和实施前一定要妥善的权衡利弊。例如耶鲁大学复杂的晋升多级评审制度可能增加了女性教员受到不平等对待的可能性，一个简化的评审制度可能更利于性别平等。但复杂的评审制度更有利于保障耶鲁大学的师资质量和教学声誉，因而学校不会为了追求性别上的平等而牺牲其育人的效率。

二、北大-维斯理案例

“女性全球伙伴”（woman world partnership）项目，是由维斯理奥尔布赖特国际事务研究所提议、得到校方高度重视的国际合作项目。该研究所以维斯理校友、美国克林顿政府的前国务卿玛德琳·K. 奥尔布赖特命名，创建了一种专门用以培养女性领导力的创新型教育模式。为分享这一模式，维斯理寻求与其他有着同样想法的教育机构建立国际网络，开展合作，以更有效的方式培养出更多的女性领导者。由于维斯理学院与中国源远流长的密切关系，以及北大在人文教育方面的雄厚基础、培养女性领导力的浓厚兴趣，北京大学成为维斯理“女性全球伙伴”项目的第一所伙伴高校。双方于2013年6月4～16日开展了为期12天的“北大一维斯理学院女性领导力项目”。

该项目继承和发扬了维斯理学院的传统与特点，坚持以女性为关注对象，提供优质教育，发展领导能力。

1. 维斯理学院作为全球女性教育的先驱者，坚持以独立、优秀的女生为培养对象

本次项目的参与者为40名女生，其中，20名来自维斯理学院，20名来自北大。而单纯由女生组成的课堂，让身处其中的女生更加自信、专注，也更有成就动机。

2. 优秀的领导力培养，离不开一流的师资所带来的一流的视野和思维训练

担当授课教师的既有两校的教师、该领域的著名专家，也有来自全世界的思想领袖——他们当中大多数是女性。美国前国务卿、维斯理校友奥尔布赖特也将深度参与学术课程，与北大国际关系学院袁明教授共同和学生座谈，发表关于培养女性领导人迫切性的主题演讲。

3. 课程采用文理教育和交叉学科的新形式，启发学生对全球性问题的深刻见解

本届项目采用了奥尔布莱特研究所的创新型教育模式，其基础是“通过跨学科合作手段解决问题”，核心是文科教育，因为文科教育是领导力最坚实的基础。项目通过来自两校的优秀学者和各领域专家的丰富讲座，如“全球经济体系中的城市化与住房”（主讲人：阿琪拉·维拉帕纳，维斯理学院经济学教授）、“城市化对野生动物保护的影响”（主讲人：吕植，北京大学保护生物学教授），让一群来自不同文化背景、各具学科优势（包括经济学、环境科学、政治学等）的年轻女性，共同探讨全球都市化问题，如经济不平等、野生动物保护、粮食短缺等。

4. 强调女性榜样的力量

在项目尾期，主办方举行了为期一天的“女性领导力：世界因此而不同”女性论坛，来自中美两国的杰出女性与来自全世界的特邀嘉宾齐聚一堂。与会人员

通过分享各自的经验和观点来参与、关心、互教，培养下一代女性领导人，提升女性的全球领导地位。这些榜样女性包括：维斯理学院校长 H. Kim Bottomly，第一位太空舱女指挥官 Pamela Melroy，教育部前副部长、同济大学前校长吴启迪，著名主持人、阳光传媒总裁杨澜，美国通用汽车公司前副总裁、社会活动家 Shirley Young 等。

5. 邀请学生全程参与

从项目设计的初期，维斯理即邀请维斯理学院和北大学生代表参与项目结构设计、课程内容讨论；在项目期间，课外活动和当地参观完全由学生自行组织；学生还参与并为“女性论坛”的会务服务。

三、北大-维斯理女性领导力项目的启发

北京大学在与维斯理学院合作过程中，对于领导力培养的认识进一步加深。

① 根据项目的设计者，领导力并没有一个统一的范式，领导力培训并没有从管理的角度，为学生提供纲领性内容。领导力的培养被融合于关注全球问题、寻找解决方案的过程当中。

② 领导力是可以学习、培养和提高的。正如女宇航员 Pamela Melroy 在演讲中所提到的，领导力可以从书本中学习，从其他人身上学习，从实践中学习。这就是为什么维斯理学院如此重视通识教育的作用。

③ 思维方式和有效交流能力对于领导力发展至关重要。在北大与维斯理的课堂发言，以及项目结业的小组汇报上，我们观察到，维斯理学生更加活跃，乐于并且善于表达。项目学生组成 4 个小组，围绕提出的问题探讨解决方案，并选举出一位同学代表小组发言；其中 3 个小组是维斯理的学生，而代表北大学生上台发言的，是一位新加坡留学生。这一方面可能是中西文化差异，以及母语优势的原因；另外一方面，是否我们在培养女性学生的沟通和表达能力方面还有所欠缺？

④ 女性导师的作用也非常重要。已经获得成功的女性不仅为那些正在成功路上的女性提供了有意义的指导，她们所构成的网络也能够为这些来者提供宝贵

的资源。这是维斯理现有 3 万余名校友所构成的强大网络所带来的，也是参与北大-维斯理项目学生的宝贵财富。

目前，在 IARU 联盟十校之中，都将女性领导力的培养纳入重要的议程。澳大利亚国立大学从 2011 年 3 月开始设立性别委员会，苏黎世大学从招收学生和女性职员晋升两个维度提升校园内的女性培养，并且杜绝歧视。东京大学指出，在日本，男性和女性在学术创造力的晋升上并没有本质差别，但是男性和女性在家庭生活上的差异性较大。东京大学设立性别平等办公室，希望吸引高水平的女性学者来解决校园内的性别不平等问题。

北京大学作为国际研究型大学联盟中的十所高校之一，现与全球六十多个国家和地区的近四百个机构之间有着交流与合作。不同国家和地区之间虽然有着国情、文化和选拔任用机制的差异，但是在女性培养和选拔的议题上有着相通的可借鉴和学习之处。在女性领导力的提升上，各个高校之间有很多的操作经验可以相互学习。北大应该发挥多学科交叉优势，在理论研究与实践经验方面，做出北大的贡献、发出北大的声音。

高校学生性别平等价值取向及其群体差异

——基于北京市13所高校调研数据的分析

魏国英 ①

大学是学生价值观形成的重要时期。高校学生性别意识状况既折射出社会性别发展的现实状况，又反映了高校学生性别价值取向的发展趋势，对于高校女学生的成长以及未来女性领导者的发展有着重要影响。本文基于“首都高校学生性别平等意识调研”数据和访谈资料，对高校学生性别意识的总体状况与群体差异，以及与北京居民的异同做一解析，并提出提升高校学生性别平等意识的相关对策建议。

一、数据来源与样本概况

（1）数据来源

本研究使用的资料来自北京市妇联立项、北京大学中外妇女问题研究中心主持、于2013年9月至2014年3月完成的专题调研——“首都高校学生性别平等意识调研”。此调研分为两部分，一是在北京大学、清华大学、中国人民大学、北京理工大学、中国农业大学、北京林业大学、北京外国语大学、中国政法大学、中央民族大学、中国传媒大学、首都师范大学、首都经济贸易大学、中华女子学院等13所高校学生中发放“性别平等意识调查问卷”2000份，回收有效问卷2002份（出现了没有被抽到的同学认为问卷非常有意义，主动复印填写的情况）；二是在这13所高校发放并回收“性别平等意识教育与女性学学科建设情况问卷”13份，并对其中6所院校中的16位性别研究领域的教师进行了访谈。数

① 魏国英，北京大学中外妇女问题研究中心常务副主任、编审。

据采用SPSS统计软件进行统计分析。

（2）样本概况

“性别平等意识调查问卷”抽样设计注意了性别、学历和专业的分布，因此在回收的有效问卷中，受访者的性别、年龄、学历、专业、婚姻等状况与高校学生分布基本一致。样本中男性占45.35%，女性占54.65%，女性略多于男性；20岁以下者为23.84%，20～24岁为80.51%，25岁以上者为19.49%；本科生56.17%，硕士研究生26.88%，博士研究生16.13%，专科生仅有16人，不到1%；理工医学（27.66%）、农林学（11.64%）、人文科学（22，22%）、社会科学（38.49%）等学科专业的学生均有一定的比例；未婚者占绝大多数（94.45%），已（曾）婚人数很少，仅占5.55%。

通过对样本的统计分析，我们还发现了受访者的其他一些特征。一是政治面貌好，党团员比例高。共产党员占33.23%，共青团员占59.62%，党团员合计为92.85%；普通群众占6.85%，民主党派占0.30%。二是来自城镇的学生比例高。出生地为城市的学生约占一半（46.60%），农村学生（29.90%）和县镇学生（23.50%）相差不大。若将县镇学生也归属于城市，城乡学生比例则为70.10%与29.90%。三是独生子女数量并没有占绝大多数。近30多年我国一直坚持实行计划生育基本国策，特别是城镇，一对夫妻只能生一个孩子，但在样本中，在校大学生独生子女占58.61%，不到六成；非独生子女数量仍很大，为41.39%。

二、高校学生对性别平等价值观的认同状况分析

价值观是个人或社会对事物价值，即对事物用途或作用的认知与判断。性别价值观则是个人或社会对男女两性能力、作用以及相互关系的认识与看法。当下，性别价值观通常被分为两种类型，即男女平等价值观与男女有别价值观。男女平等价值观强调的是男女两性在政治、经济、社会、文化和家庭生活等各方面都应该是平等的，并致力于消除一切男女不平等的现象。而男女有别价值观，则认为男女两性在人类社会中应该承担不同的社会和家庭角色，并将这些不同归因于两性的先赋性差异，认为其不可改变，从而将男女不平等合法化。

这次调研既询问了受访者是否同意“女人的能力不比男人差”、“男人也应该

主动承担家务劳动”等倡导男女平等观念的问题，也询问了“男人应该以社会为主，女人应该以家庭为主”、“男孩要有男孩样，女孩要有女孩样”等坚持男女有别观念的问题，从受访者对两类问题的态度来考察他们对这两种观念认同的态势。数据显示，高校学生性别价值观主要呈现以下特点。

（1）多数学生认同男女平等价值观，但仍有三至四成学生的性别观念停留在传统文化框架内

数据显示，首都高校学生基本认同性别平等价值取向，主要表现为以下几方面。

对性别歧视现象多有敏感。对于高考中曾出现的小语种等专业按性别划定分数线且男生录取分数线低于女生的情况，67.23%（518 人）的受访者认为是性别歧视。对于在同等条件下，女生是否存在更难找工作的问题，40.40%认为这是“女性群体面对的普遍问题”。对于“因性别而不被录用或提拔”、“男女同工不同酬”、“因结婚/怀孕/生育而被解雇”、“因生女孩而被人瞧不起”等社会现象，认为都是性别歧视的占 64.25%。

对传统的男女有别的性别观念多不赞同。对于引发我国各级领导岗位上女性数量相对较少的原因，42.80%的受访者认为是家庭和社会的原因；48.50%认为既有家庭和社会的原因，也有个人原因；认为完全是女性个人原因造成的仅占 8.70%。对于“女人的能力不比男人差”“男人也应该主动承担家务劳动”“在领导岗位上男女比例应大致相等”“男女平等不会自然而然实现，需要积极推动”等男女平等的观念，均持“完全同意”和“比较同意”的占 50.95%。

对传统婚恋观和家庭性别分工多不认同。66.78%受访者在求偶中最看重异性的品性；其次是能力，占 17.64%；而选择相貌和经济实力的只有 8.27%和 1.10%。对于女性选择做全职太太，完全无法接受和不大能够接受的占六成（59.52%）。

对男女平等国家政策多有了解。50.73%的受访者知道男女平等是我国的基本国策，84.45%知道我国有专门保护妇女权益的法律，23.17%能正确写出一部保护妇女权益的法律名称。

但值得注意的是，具有鲜明的性别平等意识的学生还只占 60%～70%，仍有三至四成学生的观念停留在传统的男女有别的框架内，他们对两性社会地位差异和一些性别歧视现象尚不敏感，甚或认为具有一定的合理性。

（2）高校学生性别平等意识略高于北京市民，但优势不显著

由于此次问卷的部分题目选用了我国第三期妇女社会地位调查中的相同问题，比较两次调研的数据结果可以看出，首都高校学生整体对男女平等观念的认同略高于北京居民，对传统男女有别观念的认同略低于北京市民。但也有例外，即学生赞同“领导岗位上男女比例应该大致相等”和“男女平等需要积极推动”的比例，分别比北京市民低9.6%和6.2%；赞同“挣钱养家主要是男人的事情”的则高8.0%。这就是说，高校学生比市民更不赞同通过行政手段推动实现男女平等，以在领导层面中男女比例相同；更赞同男性要承担养家糊口的责任（见表4-8-1）。

表4-8-1　首都高校学生与北京市民性别观念比较[①]

		群体	同意	不同意	说不清
男女平等的观念	女人的能力不比男人差	市民	87.3%	12.0%	0.8%
		学生	90.5%	7.6%	2.0%
	男人也应该主动承担家务劳动	市民	91.5%	7.7%	0.8%
		学生	92.3%	5.9%	2.0%
	在领导岗位上男女比例应大致相等	市民	70.3%	28.3%	4.3%
		学生	60.7%	28.3%	11.1%
	男女平等需要积极推动	市民	93.7%	3.6%	2.7%
		学生	87.5%	8.3%	4.2%
男女有别的观念	男人以社会为主，女人以家庭为主	市民	45.3%	53.8%	1.0%
		学生	42.9%	54.0%	3.2%
	挣钱养家主要是男人的事情	市民	41.4%	57.8%	0.7%
		学生	49.4%	48.4%	2.3%
	丈夫的发展比妻子的发展更重要	市民	49.3%	49.2%	1.5%
		学生	34.8%	62.1%	3.2%
	男孩要有男孩样，女孩要有女孩样	市民	93.2%	13.6%	1.1%
		学生	81.9%	13.6%	4.6%
	干得好不如嫁得好	市民	40.6%	56.5%	2.9%
		学生	37.6%	56.8%	5.7%

① 问卷中设计了“非常同意”“比较同意”“不太同意”“很不同意”“说不清”五个选项，此表将“非常同意”“比较同意”合并为“同意”，将“不太同意”“很不同意”合并为“不同意”。

相对于北京居民，高校学生生活在优秀者聚集的群体中，他们能更清晰地感知到身边女性的优秀潜质和才干，更易于认同“女人的能力并不比男人差”、女人完全可以像男人一样独立而有成就的平等理念。但另一方面，他们对男女平等的推动方式和前景又有更多的思考或犹疑不定，相比北京市居民，出现了更高比例的高校学生不同意“领导岗位上男女比例应该大致相等”。这部分学生也许更为信奉个人能力而不是性别在其中的决定性作用，这种比普通市民更进一步的考虑从某种角度说，或许也是一种进步，但缺失的是他们没有考虑到在男女不平等的性别结构和性别观念长期作用下，现实生活中社会性别与个人能力是交互影响的，仅凭个人的努力难以改变男女不平等的现状。而高校学生认同“男女平等需要积极推动”的比例低于北京居民，或许是因为高校女生在各个方面，无论是其享有的条件还是获得的成绩，都并不比男生差，这使得部分学生认为男女平等没有必要再刻意推动，而他们还没有接触到现实生活中尤其是在偏远地区以及不同于校园生活的职场中，依然存在十分普遍的男女受到不平等待遇的现象。象牙塔中的生活往往使得高校学生与社会现实存在一定的隔膜，他们对性别问题的思考也难免与实际脱节。

三、高校学生性别平等价值取向的群体差异

数据分析显示，性别、出生地、是否独生子女、学历、专业等方面的不同都会对高校学生的性别平等价值取向产生一定影响，但影响较为显著的是性别和学历。

（1）男生比女生更认同传统性别角色分工

分性别来看，男性对男女平等的国家政策法律的关注度高于女性，同时他们又更倾向于认同传统的性别角色分工。

多变量分析显示，即使在其他条件都相同的情况下，男性能正确回答出男女平等是我国基本国策的可能性是女性的 1.50 倍；但男性认同性别平等观念的可能性只有女性的 0.28 倍；认同男女有别观念的可能性则是女性的 2.41 倍。在连续引入了其他社会人口变量、原生家庭特征、在学校和社会的性别社会化经历以及女性学相关知识等多组变量之后，男女之间在性别平等意识各方面的差异都依

然存在。

譬如，两性在求偶时最看重异性“品性”的比例都远远高于其他选项，男性为71.8%，女性为62.6%；但在接下来的选择中两性差别却很大，女性更看重男性的“能力”，比例达25.7%，男性只为8.0%；而男性更看重女性的“外貌”，比例达14.0%，而女性只为3.5%。对于目前我国各级领导岗位上女性数量相对较少的原因，14.4%的男性认为这是女性个人原因，而持这种观点的女性仅为3.9%；超过一半的女性（50.8%）认为这是由家庭和社会因素造成的，但持这种观点的男性仅占33.2%。对于“因性别而不被录用或提拔”“男女同工不同酬”“因结婚/怀孕/生育而被解雇”“因生女孩而被人瞧不起”等社会现象，明确认为都是性别歧视的女性为75.5%，而男性只有50.7%。对“女人的能力不比男人差”“在领导岗位上男女比例应大致相等”“男人也应该主动承担家务劳动”“男女平等不会自然而然实现，需要积极推动”等倡导男女平等的观念，女性均认同的比例为65.1%的，男性只有35.0%，仅为女性的一半。而且，女性对每一项的认同率均高于男性（见图4-8-1）

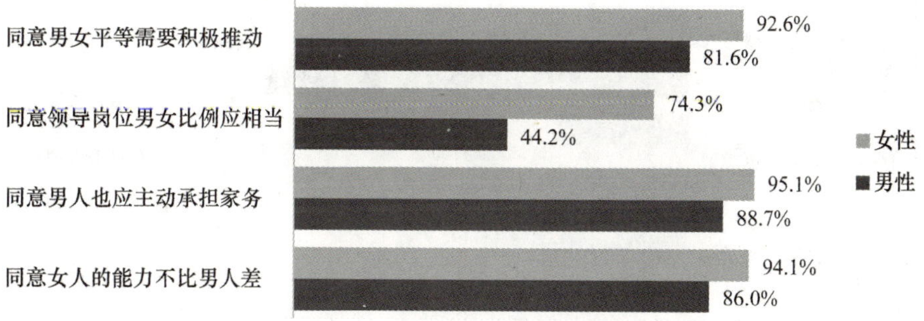

图4-8-1 认同男女平等选项的性别差异

不同性别群体之间对男女不平等社会现象的认知差异，则与他/她们在成长过程中面对的生存与发展境况不同，遇到的困惑和承受的压力不同密切相关。女性作为性别关系中的弱势群体，对性别不平等的感受更为深切，对平等的渴望和需求更为强烈，对平等理念的吸纳更为主动积极，对传统性别分工及文化习俗的认同就会出现松动。而在性别不平等的结构和机制中，男性受到的制约不如女性大，因而比女性更易于固守传统性别不平等意识并内化为自身观念。当下高校的校园环境和相关教育还不足以促进男学生和女学生在性别平等意识上共同进步。

（2）学历高的学生对传统性别观念的认同度略高。

分学历来看，学历越高者，对性别歧视的敏感性越强，但也越倾向于认同传统性别观念与习俗。

多变量分析显示，学历对性别认知与性别观念有显著影响。了解男女平等是我国基本国策的，博士研究生比例最高，为 56.4%；硕士研究生次之，为 53.9%；大学本专科生最低，仅为 48.2%。32.2%的博士研究生能正确写出一部保护妇女权益的法律名称；硕士研究生为 26.2%；大学本专科生仅为 19.7%。对于在同等条件下，女生是否存在更难找工作的问题，55.1%的博士研究生认为是女性群体面对的普遍问题，持这种看法的硕士研究生为 45.5%，大学本专科生仅为 33.8%。这说明，随着专业知识的增多，博士生对事物的理解和分析能力增强，对不公平现象的敏感度增加。

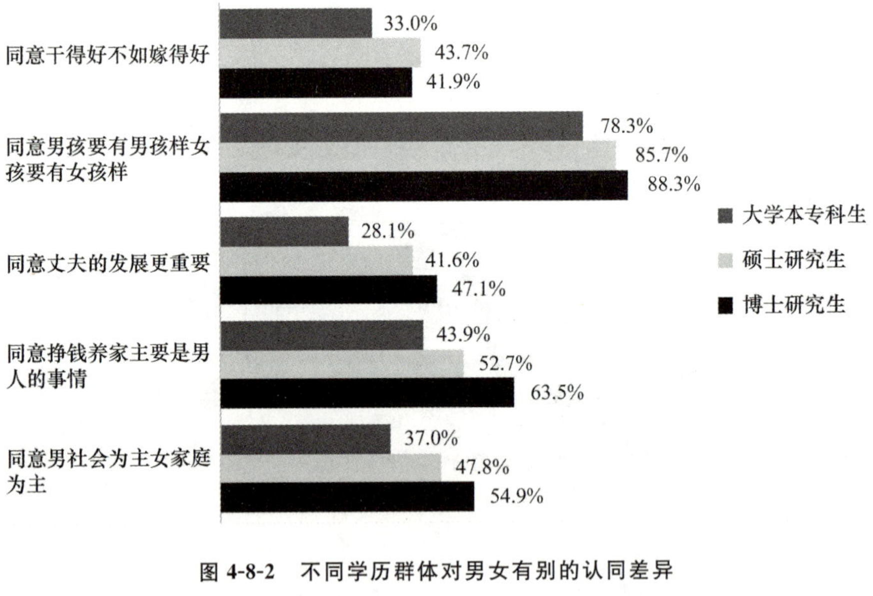

图 4-8-2　不同学历群体对男女有别的认同差异

但是，学历越高者在性别关系认知上又明显地比低学历者更倾向于传统观念。多变量分析显示，博士研究生认同“挣钱养家主要是男人的事情”等 5 个男女有别观念的可能性是大学本专科生的 2.35 倍，硕士研究生则是本专科生的 1.80 倍。而且，博士研究生对每一项的认同度都明显高于本专科生（见图

4-8-2)。学历越高的学生也越认同传统性别角色分工。在理想妻子形象的选项中，博士研究生选择“温柔完美的家庭主妇”的比例最高，为 43.5%，大学本专科生最低，为 35.2%；而选择“事业有成的女强人”的比例，则是大学本专科生最高，为 22.2%，博士研究生仅为 14.4%。博士研究生完全可以接受女性选择做全职太太的比例最高，为 51.6%，本专科生为 38.5%；而完全无法接受的，博士研究生比例最低，为 9.2%，而本专科生则为 11.3%。

同时，这一现象在男女高学历者中均存在，即无论是男性，还是女性，随着学历的升高，他/她们对传统性别观念的认同度均升高。譬如，男博士生赞同“干得好不如嫁得好”的为 41.9%，比本专科男生高出了 8.1 个百分点，不赞同的则低 9.8 个百分点；同样，女博士生赞同此观点的，也比女本、专科生高 8.1 个百分点，不赞同的则低 12.4 个百分点。男博士生赞同“丈夫的发展比妻子更重要”的为 47.1%，比本专科男生高出了 19.1 个百分点，不赞同的则低 17.5 个百分点；同样，女博士生赞同此观点的，也比女本、专科生高 16 个百分点，不同意的则低 13.8 个百分点。此前曾有研究发现，“与女性受教育程度和落后文化呈反比的态势所不同，在男性中，大学以上文化程度者，赞同女性干得好不如嫁得好的比例反而上升”，大学以上文化程度的男性与性别文化进步可能存在一定的反向性关系。这次调研显示，这种反向性关系也存在于女性中，即在大学以上学历者中，学历越高的女性，也越认同男女有别的传统观念。

总体上看，博士研究生对女性的能力作用有更准确的评价，对一些性别歧视问题通常会有更清晰的解析能力；但随着年龄增大和阅历的增多，他们对社会现实的了解也更为深入透辟，面对男性中心的性别结构、社会文化习俗和传统性别观念依然占据社会主流的现实状况，不管男博士还是女博士，从生存和发展的需要出发，他们往往会顺应社会现实来选择自身的性别角色定位，性别意识因而呈现出较为传统守旧的态势。

四、思考与建议

其一，高校学生性别意识与普通社会群体相比，既有共性，也有自身的特性；既有进步性，又有局限性。一般来讲，性别意识分为两个方面：一方面是对两性能力与价值的认知和评价，另一方面是对两性关系的认知和处置。对于两性能力和价值的认知，高校学生的正向评价高于北京居民，他们更认同“女人的能力不比男人差”，更不赞同“丈夫的发展比妻子的发展更重要”，体现出性别意识的进步性。但是，对于两性关系的认知和处置，高校学生并没有表现出明显的进步优势，甚至出现某种退步，他们更赞同“挣钱养家主要是男人的事情”，更反对“在领导岗位上男女比例应大致相等”。

究其原因，高校学生虽然处于思想活跃的校园环境，但仍然与广大市民一样，生活在男女不平等广泛存在的当今社会中，在传统性别分工依然占据主导地位的现实熏染下，他们自然会对传统的男女有别理念有认同。同时，高校又是多种价值观汇聚之地，受个人主义价值观近年来备受推崇的影响，部分学生崇尚个人奋斗，对集体主义、社会主义的价值观有所疏离，更为信奉个人能力而不是群体力量在男女平等中的决定性作用。因此，在一些性别问题的判断和选择上显现出某种价值分离和矛盾的现象。

其二，知识增长与性别平等意识提升并不存在必然的正相关性。一般情况下，受教育程度与先进性别观念的认同程度呈正相关关系。因为，随着人们受教育程度的提高，知识水平和认知能力提升，对传统的男尊女卑性别观念已落后于社会发展有感知，对男女两性应具有同等的人格与尊严，应享有同等的权利、地位、机会和责任的先进性别理念会认同。但此次调研却显现，在大学以上学历者中，学历升高与性别平等意识的提高却存在着某种反向关系。这说明，知识水平对性别观念进步的影响是重要的，但不是单一作用的。由于高等教育发展过程中并没有专门的性别平等意识教育，一些高学历的学生在看待性别问题时，还会像普通社会群体一样遵从传统性别观念去解析和判断。可以认为，在当下中国复杂多元的性别语境下，没有哪一种先赋的特征可以确保个体持有先进的性别意识形态，而已有的后天所接受的教育虽然有时候能消除某些先赋特征的影响，但并不一定能保证培养出更进步的性别平等意识。

其三，成长环境对个体性别意识的形成影响深刻。调研发现，在对女性自身能力和价值等问题的认识上，不同出生地的高校学生没有显著差别，但对两性关系的一些看法，却表现出明显差异。出生农村的受访者赞同“丈夫发展更重要”的比例为 42.4%，城市的仅为 30.2%；选择理想妻子形象为“温柔完美的家庭主妇”的，农村出生的受访者为47.1%，城市的仅为33.2%。父母之间的性别互动关系状态对于受访者的性别意识也有较大影响。多变量统计显示，成长于母亲更有实权的家庭的受访者以“温柔完美的家庭主妇”为理想妻子形象的可能性较低（0.74倍），而成长于父亲更有实权的家庭的受访者则没有显著不同。这说明母亲占优势这一非传统的权力分配模式导致子女心目中的理想妻子形象也不那么传统。农村地区出生的学生显然更为接受“男强女弱”“男主外女主内”的传统性别分工模式，甚至更接受女性为了家庭应该牺牲自身发展的观念。

社会存在决定社会观念。当前城乡居民物质生活和文化生活存在的显著差异，会通过一定的渠道在性别关系和性别文化领域得以反映，广泛影响人们的性别认知和态度。2010年全国第三期妇女地位调查已经发现，城乡发展的不对称、农村发展的相对滞后等问题，都在性别文化领域有着相应的表现。农村女性对“男人应该以社会为主，女人应该以家庭为主”的认同率比城镇女性高22.9个百分点，农村男性比城镇男性高18.2个百分点。可以说，农村地区接受现代理念相对滞后，性别观念相对守旧。而成长于其中的儿童及青少年，其性别社会化过程自然会受到这种传统性别观念潜移默化的影响，而高校在性别意识教育方面的缺失又无力削弱和改变这种影响，以致部分出生农村的学生，虽然在城市接受了高等教育，却依然带着农村性别意识影响的烙印。

其四，学习女性学与性别研究相关知识有助于学生增强男女平等观念。多变量分析显示，农村出生的学生更为偏好“温柔完美的家庭主妇”这一符合传统规范的妻子形象，但这一偏好会因他/她们对女性学的了解以及学校设有妇女研究专门机构而消失。多变量分析还显示，知道并了解女性学专业的受访者比不知道女性学专业的受访者认同男女平等观念的比例高1.56倍，准确回答出男女平等是我国基本国策的比例高1.55倍。这说明，在大学设立妇女与性别研究机构，开设女性学与性别研究课程，进行性别平等理念教育，是增强学生性别平等价值观认知，提高他们对相关政策法规了解和认同的一个重要推力，有利于削弱某些学生在性别观念上的传统保守倾向。所以，提高高校学生的性别平等意识，不能单纯依靠当前的通识教育和专业教育，需要专门的性别平等意识教育，即在通识教育中加入专门的性别平等意识教育。

其五，提升高校学生群体的性别平等意识，创造更有利于女学生成长以及未来女性领导者发展的舆论氛围和校园环境。调研数据显示，只有60%到70%的受访者具有鲜明的性别平等意识，而持有传统的男女有别观念的学生仍占到三至四成；且随着学历升高，认同男女不平等的社会分工和社会角色期待的比例上升。同辈群体的这种性别价值取向，会对高校学生的性别社会化产生重要影响。因为，认同“丈夫发展更重要”“男人应该以社会为主，女人应该以家庭为主”等性别观念和行为规范，无疑将制约女学生的职业理想和发展预期，加重女性平衡家庭与工作的困惑，给她们成长为新一代女性领导者增加难度。为此，笔者认为，在党和国家切实运用法律、政策、舆论等多种手段，在全社会落实男女平等基本国策、推进事实上的男女平等的基础上，还应“因人而异”，研究和制定提升高校学生性别平等价值取向的政策措施，推动更多的女学生确立更远大的人生目标，为未来担负起更重要的引领社会发展的责任打下坚实的思想基础。

这里，笔者提出两点具体的对策性建议：一是要把性别平等教育实实在在地引进高校课堂。应将性别知识与性别平等理念教育纳入高校必修课，作为高校本专科生、硕士生、博士生政治必修课的一部分；应针对对女性和性别研究有兴趣但并非专业修习的学生，开设面向全校学生的女性学与性别研究的通识课；应在现有的各院系开设的与女性/性别相关的其他学科课程中，重点增加性别平等意识等内容，力求在当前载体不足的情况下，最大限度地利用现有资源，培养和塑造高校学生的性别平等价值取向。

二是要将性别平等理念纳入高校教育管理工作的全过程。应对高校教师、领导者和管理服务者进行性别平等理念培训，应制定更加有利于女学生成长的性别平等教育管理标准和规章制度，应通过各种载体倡导宣传性别平等理念和践行性别平等的校园典型，应组织各级各类课外活动和公益活动推动性别平等理念走入学生生活，让性别平等观念真正成为学生自觉的价值选择。

【参考文献】

[1] 第三期中国妇女社会地位调查课题组．第三期中国妇女社会地位调查主要数据报告［J］．妇女研究论丛，2011（6）．

[2] 宋秀岩．新时期中国妇女社会地位调查研究（上下卷）［M］．北京：中国妇女出版社，2013.

[3] 北京市妇女联合会编．北京妇女社会地位研究（2000—2010年）[M]．北京：中国妇女出版社，2013.

[4] 魏国英，马忆南．亚洲女性论坛报告[M]．北京：北京大学出版社，2013.

[5] 吴利娟，魏国英．北京妇女的性别认知与态度[M]//北京市妇女联合会．北京妇女社会地位研究．北京：中国妇女出版社，2013：391.

[6] 丁娟，李文．关于妇女地位认知与态度基本状况的分析与思考[M]//魏国英，马忆南．亚洲女性论坛报告．北京：北京大学出版社，2013：37.

加强制度统筹 选准用好干部

岳素兰[①]

在《女干部成长规律与管理机制》课题的行进期间，适逢新修订的《党政领导干部选拔任用工作条例》【2014 年 1 月】（以下简称新《条例》）颁布，对照新《条例》的内容条款，结合北大选任干部工作多年实践，总结、梳理和归纳出十六项正在运行的、或尚需进一步完善的各种机制、各项制度，希望能对课题中关于“女干部管理机制”的讨论有所帮助，也愿与组工干部和关心干部工作的朋友一起切磋和探讨，为进一步促进开放式研讨气氛的形成和风清气正用人环境的建立进言。

一、党务干部 选任制

选举制度是党内民主制度中最根本的制度，也是党管干部民主化内涵的基础。选举的政策依据是《中国共产党章程》、《中国共产党基层组织选举工作暂行条例》和《中国共产党普通高等学校基层组织工作条例》，届时还要根据上级主管部门的有关精神，并结合学校实际，制定具体选举办法。

基层党组织的选举，候选人酝酿过程一般采用“三推一选”的办法，即通过“自下而上、自上而下，三下三上”的民主协商产生候选人预备人选；在民主推荐的基础上，上届党组织提出下届委员会候选人预备人选；根据需要，学校党委组织部对新一届委员会的书记、副书记预备人选进行摸底调研与考察；条件成熟

---

① 岳素兰，北京大学原副校长、党委副书记，中外妇女问题研究中心原主任。

后，根据党员人数（500人为人数界限）进行党员代表大会间接选举或党员大会直接选举。选举采用“差额”的办法。选举结果经上级党组织审批后生效。目前，这套选举办法比较成熟，选举基础较好。

党内职务实行任期制，一般3～4年为一届。

由于选举具有不确定性，需要组织部有针对性地提前设计工作预案和做出缜密的工作安排。同时，对选任干部应把握好三点：一是选举产生的干部如无特殊的理由，任届期满前尽量避免频繁调动或调整；二是对依法选举的干部，必要时党组织可以指派和调动，这是对选举制的一个补充，但不可多用；三是应该选举产生干部，尽量选举而不采用外派委任方式代替。

二、行政干部　委任制

委任制，指由组织部门严格按照《党政领导干部选拔任用工作条例》中六项基本原则、七项基本条件以及干部管理权限，依程序考核、民主提名和校党委常委会任命的一种制度。学校对学院（系）行政领导班子、学校行政机关主要负责人和党的机关职能部门负责人的任用，一般采用委任制的形式，委任制主要适应体制内干部成长和产生的特点。副职干部除用推荐委任办法外，根据需要还可采取公开招聘、竞争上岗的办法。公开选拔可面向社会招聘，竞争上岗一般在本单位或者本系统内部进行，应当从实际出发，合理确定选拔职位、数量、方式和范围。无论哪种办法都要严把考核关。

委任干部任期一般为3～4年，任期内严格执行目标责任制和考核制，并有同一岗位连任不能超过两届的轮岗交流、改任非领导职务、待岗分流等更新与稳定之间保持适度张力的措施。遇有特殊情况或特殊需要时任期内可以对领导班子进行调整、补充。

《条例》颁布20年来，委任制干部选拔任用制度已常态化，始终坚持党管政策、管条件、管程序和群众公认、程序公开、选任公正的全面贯通。需要更好研究和把握的是，如何通过具体环节强化党委、分管领导和组织部门在干部选拔任用中的权重和干部考核识别的责任，包括注意认真听取其同级党委的意见，更好地体现和落实党组织的用人意向和用人权力。

三、编外干部　聘任制

学校编制分“在编”和“非在编”两种形式。编外干部不占用学校事业编制，一般面向社会公开招聘，或有指向目标的跨单位聘任。聘任制是一种有聘期、有考核的契约制度，聘任制干部也是学校干部队伍的组成部分。根据工作需要，聘任制可在专职干部和双肩挑干部中实行，即学校及院系机关、后勤保障系统、教辅岗位的专职干部，可采取委任或聘任等不同方式。聘任专职干部一般可用适当方式进行能力和素质测试、考察测评、择优录用；另一种是部分专业性较强的院（系）主要领导职务出现空缺，本单位又难以产生的，因学科发展的需要可以实行聘任制，如曾经在地空学院、工学院、新闻传播学院、法学院等外聘院长模式。聘用干部，也必须坚持德才兼备标准，贯彻公开、择优的原则。

根据职位的资格条件要求，用签订合同或发聘书的形式，聘用干部在一定的任期内担任某一职务或承担某项工作。在聘期内待遇随岗而定，享受同职、同类人员的工资待遇（跨单位兼职的，应视具体情况个案而定）。干部在聘任期内定期考核，考核不合格，可随时解聘；任期届满根据需要和受聘人的情况，可以续聘、解聘或辞聘，解聘后不再保留聘用制干部身份和待遇。这是推进干部能上能下的有效途径。

随着学校干部人事制度改革的不断推进，为紧缩办学资源、减少用人成本，多种用人办法也会在干部队伍中引入，实行全员聘用制将会成为趋势。组织人事部门会有新的担当和任务。

四、推荐干部　责任制

建立干部推荐工作责任制是强化监督，从源头上防止选人用人不正之风的需要 。要研究制定主体清晰、程序科学、责任明确的干部选拔任用提名办法，重点规范领导干部特别是“一把手”的提名行为。从工作出发应支持领导推荐干部，但须坚持两个原则：一是坚持德才兼备、任人唯贤的原则，即广开举贤荐能之路，完善组织推荐、领导干部推荐、党员群众推荐、个人自荐等推荐提名方式；二是坚持群众公认、注重实绩的原则，即站在事业全局的高度出以公心，鼓励多渠道推荐干部，把那些群众支持率高、口碑好的干部放在量才适用的岗位。

建立起两个制度很重要：一是建立干部选拔任用提名情况在领导班子内部公开制度，推行党委常委会成员推荐提名重要干部人选制度，根据“谁推荐谁负责”的原则，领导干部个人向组织推荐干部人选时，要实事求是地填写“领导干部推荐表”，并附上署名的推荐材料。推荐材料要包括被推荐人的德、能、勤、绩、廉等方面的情况以及主要优缺点，并说明推荐理由，承诺推荐责任。二是对推荐失真失实、造成用人失误的，要追究推荐人的责任。这种责任制的建立，旨在增加领导干部在选人用人上的责任意识，将推荐干部工作纳入规范化管理轨道。个人推荐，组织考察，集体决定的后两个程序不能省略，以杜绝个人说了算的失误问题。

五、考察干部　预告制

干部考察预告制，有利于更好地落实群众对干部工作的知情权、参与权、选择权和监督权，同时，也有利于增强考察人员的责任感，防止和纠正干部选拔工作中的不正之风。实行考察预告制，可以将考察工作提前通告群众，起到安民告示作用，不搞突然袭击，让大家有心理准备和参与准备，便于更充分地听取大家的意见。一般做法是，在决定对某单位领导班子或领导干部进行考察时，应至少提前 2～3 天，组织部以书面通知、公告栏等形式向被考察对象所在单位的群众预告。预告内容主要是考察任务、考察目的、考察时间、考察人选，考察组的联系方式以及其他需要预告的内容等。考察预告发布后至考察期间，要正确引导干部群众本着负责的态度，实事求是、客观公正，确保考察工作的顺利进行；考察组要认真对待群众反映的问题，严格按照程序进行调查了解，切实把群众参与干部考察工作的积极性调动好、引导好、保护好，充分发挥群众在干部考察工作中的作用。

六、新任干部　公示制

领导干部任前公示制，是组织部门对党委拟任干部，以适当的方式在一定范围内进行公示，听取干部群众的意见和反映，以决定是否任用干部的一种制度。实行新任干部任前公示制，主要是把党管干部的原则与走群众路线结合起来，为进一步落实群众在干部选任上的“四权”创造机会和条件，以提高选任干部的质量。公示的内容一般包括拟任干部的职务、基本情况、公示期限、受理群众反映意见的机构等。除特殊岗位和在换届考察时已进行过公示的人选外，在党委讨论决定后、下发任职通知前，应当在一定范围内进行公示。公示内容应当真实准确，便于监督，涉及破格提拔的，还应当说明破格的具体情形和理由。公示期限不宜过长或过短，一般为5～10天为宜。

对公示对象的合理界定：就公示制的本身特点来看，应具有广泛的适用性。公示对象既可以是拟提任的干部，也可以是平级调任到重要岗位的干部，还可以是试用期满考核或是换届考核的领导班子成员。公示范围要区别对象合理确定；公示方式可通过公示栏或在一定范围的会议上。客观公正地分析和处理公示结果，同时做好公示结果的反馈工作。

七、提拔干部　试用制

为全面考察干部的政治素质和工作能力，保证选人用人质量，逐步建立和完善能上能下的干部任用机制，根据新《条例》要求和学校工作实际，对提拔使用非选举产生的正、副处级干部实行任职试用期制度。试用制是指通过延长干部的考察时间，加深组织和群众对干部的识别了解，将双向选择的权利给予干部本人和群众，实际上是一种变立即上岗为预备上岗，类似于党员预备期的制度。试用期制度的推行，弥补了常规考察的不足，起到了干部准入“门槛儿”的作用。同时也使新提拔干部能够尽快进入角色，缩短适应周期。

试用期一般为一年，需延长试用期的，一般延长期为半年。试用期间，履行试用职务的各项职责，享受所任职务的各项待遇。适用期满，经考察合格的正式任命；考察不合格的免去试用职务，不再享受相应待遇，据其德才表现和能力安排适当工作。考核结果和意见，填入《领导干部任职试用期满考核表》，存入本人档案。试用期干部，一般不调整工作，确因工作需要进行调整的，不再延长试用期。

八、任免干部　票决制

按管理权限，处级（含副处级）干部的任免决策权在学校党委常委会，在讨论干部任免重大事项时，采取票决制，是推进干部任免决策民主化和制度化，严把决策关的一种好制度。实行票决制绝不是以投票表决替代决策的整个过程，它仅仅是决策过程的一个重要环节。为力戒票决走过场，组织部门严格按工作程序做好细致而扎实的推荐、考察等有关基础性工作，是实施票决制不可或缺的前提。党委常委会上，决策过程是：情况介绍——充分讨论——无记名投票——形成决议。票决的作用既为充分表达个人意见创造宽松的环境，又可有效避免“议而不决”、“决而不议”、“以决代议”的情况出现，让每个成员毫无顾虑地作出选择，最后坚持少数服从多数的组织原则，可以有效地避免少数人说了算的现象。常委会讨论时，对争议较大的干部任免，一时难以达成共识的，可暂缓投票；获“同意”票未超过应到会人数二分之一的，为不通过对其的任免，一年内不得再以同一职务提请任免表决。

九、评价干部　考核制

建立和完善干部考核评价体系，是我们正确评价干部、使用干部、调整干部的基础。对领导班子和领导干部的考核，包括平时考核、定期考核、任职前考核。平时考核难于量化操作，注重从干部履行岗位职责、完成重要任务、关键时刻表现、群众口碑和对待个人名利的态度中考察了解干部。定期考核采取年度考核，届中、届满考核的形式进行，“一看工作实绩，二看群众公认”，民意测验的结果作为重要评价依据。届中、届满考核要求领导班子主要负责人代表班子集体述职，同时作个人的述职报告，领导班子其他成员作本人的述职报告（根据实际情况，有的也可以进行书面述职），考核结果分为优秀、称职、基本称职、不称职四个等次。任前考核按照新《条例》要求进行，考核采取个别谈话、发放征求意见表、民主测评、实地走访、查阅干部档案和工作资料，同考察对象面谈等方法，广泛深入地了解情况，根据需要进行民意调查、专项调查、延伸考察。坚持把考核结果作为干部选拔任用、培养教育、管理监督和激励约束的重要依据。

干部的考察材料要求写实，全面、准确、清楚地反映考察对象的情况，包括德、能、勤、绩、廉方面的主要表现和主要特长；主要缺点和不足；民主推荐、民主测评情况等，综合分析考察情况，与考察对象的一贯表现进行比较、相互印证，全面准确地对考察对象作出评价。

干部考核是任用的依据，强调两个要点，一是考核的标准是考核干部的“标码”，影响对干部评价的公正程度，要完善“三考一评”的考核评价体系，“三考”即为素质考核、实绩考核、民意考核，“一评”指综合评价。四部分的要素分解、权重分配，要坚持从实际出发，分类研究。二是考核方式上，要坚持三个结合、三个注重，即组织考察与群众评议相结合，注重群众评议；定期考核与平时考核相结合，注重平时考核；个人自评与组织考核相结合，注重组织考核。

组织部门要正确分析和运用群众民主推荐、民主测评结果，把测评结果同平时了解情况、年度考核情况以及民意调查情况等结合起来。建立考核结果反馈制度，及时向领导班子和干部本人反馈考核结果。坚持把尊重民意和不简单以票取人辩证结合起来，既不简单以票取人，同时坚持对多数群众不赞成的，不能作为考察对象的原则。

十、提升干部　培训制

干部成长规律最新研究成果表明：干部成长是个人素质、组织培养和社会环境等内外部条件相互联动、优化组合、综合塑造的结果。重视干部教育培训是提升干部素质的一项基础性工作。新《条例》要求干部“应当经过党校、行政院校、干部学院或者组织（人事）部门认可的其培训机构的培训，培训时间应当达到干部教育培训的有关规定要求。确因特殊情况在提任前未达到培训要求的，应当在提任后一年内完成培训”。北大是首批被中央组织部、教育部确定为全国干部教育培训基地的高校之一（2009 年，首批共 13 所高校），也为学校自身的干部培训营造了良好的氛围。

学校党委组织部以服务学校发展为根本、以提高干部素质为目的、以干部岗位应知应会需求为导向，加大了对干部的培训力度，并牵头制定了北京大学《关于 2014—2018 年干部教育培训工作的实施意见》（以下简称《意见》），作出了以学校中层干部培训为重点，包括教学科研骨干、党外代表人士、中青年后备干部等分级、分期培训的刚性要求和五年规划。《意见》计划实施全覆盖、多形式、高质量的培训，设计有 10 个不同类型的培训项目，包括全校中层正职干部研修培训项目、新任干部研讨培训项目、专题研讨项目、在线学习项目等，以及推动干部培训方式创新的机制与平台，充分利用学校的资源优势，突出特色、创新内容、改进方式、强化管理，充分发挥了教育培训在干部成长中的基础作用。

十一、锻炼干部　交流制

领导干部交流制度是干部制度的一项重要内容，也是干部制度改革的一项重要举措。交流制度，是指有计划、有步骤地组织处级党政领导干部、年轻干部和一些重要岗位的负责人定期进行交换和流动的制度。目前，干部交流的性质主要有几种：培养性交流、调整性交流、需要性交流、回避性交流。

（1）培养性交流

坚持把干部交流与干部培养结合起来。主要针对经历单一、缺少工作阅历的年轻干部，特别是对那些看得准、有潜力、有发展前途的年轻干部，要下大气力抓好培养工作，要敢于压担子，有计划地在校内推动“机关—院系—教辅”等部门交流任职或挂职锻炼；有计划地拓展干部对外交流渠道，安排他们去校外经受风雨，尤其要放到基层、艰苦岗位去磨炼；有计划地选送优秀干部到国外访问、进修、学习，开阔视野，增长才干。

（2）调整性交流

坚持把干部交流与激发活力结合起来。主要运用任期政策规定、考核考绩结果，实施“适时交流、改任交流”。对在同一单位同一职位连续任职达两个任期（一般不超过十年）的处级领导干部进行有计划轮岗交流；对学校党政机关在同一职位上任职时间较长的处级以下干部，进行“改任交流”；对在涉及人、财、物，执纪执法等专业技术性较强的重点岗位任职时间较长的干部，实行“同岗异位”交流；对经考核认定不胜任现职，或者因履职不力的不称职的干部实行“强制性”交流。目的是激发干部队伍活力，鼓励干部勤于学习、勇于实践，把管理岗位作为研究型工作去钻研与开拓。

（3）需要性交流

坚持把干部交流与改善领导班子结构结合起来。一般是领导班子换届或岗位出现空缺时，以及针对岗位急需的干部类型等情况，按照专业对口、岗位相宜、身份相符、便于发挥作用的原则，有组织的、有针对性地“调兵遣将”，进行干部资源的再分配，这是充实调整、配齐配强领导班子的需要，也是为激活团队采用的扬长避短、优势互补形式。

（4）回避性交流

坚持把干部交流与干部回避制度结合起来。根据任职“避亲”的有关规定，任职岗位涉及需要回避亲属关系的党政干部，若需要回避的双方职务层次不同，一般由职务层次较低的一方回避；职务层次相当的，根据工作需要和实际情况决定其中一方回避。回避性交流由组织决定交流方式和意向。

遇有下列情形之一的，可不交流或者暂缓交流：

① 因健康原因不宜交流的；

② 属于必须交流的对象，但离退休年龄不满 5 年的，可区别不同情况对待；

③ 涉嫌违纪违法正在接受纪检监察或者司法机关审查尚未作出结论的；

④ 学校各院（系）“双肩挑”干部，原则上不实行跨院系、跨专业交流。

随着高校内部管理体制改革的不断深化，干部定量、有序交流应成为制度。干部交流由党委及其组织部门按照干部管理权限组织实施。

十二、爱护干部 回避制

为保证领导干部公正履行职责，实行领导干部任职回避制度，既是对干部的严格要求，同时对干部本人也是一种关心爱护。干部在工作中“避亲”（亲属关系一般指直系血缘关系、三代以内旁系血亲以及近姻亲关系。）可以避嫌超脱，是组织对干部负责的一种表现，可以减少人际关系、社会环境的干扰，使干部放心、放手、放胆和廉明地开展工作。

回避制度主要针对干部任职时和任期内需要回避的相关事项：一种情况是任职时，需要回避亲属在同一单位且双方隶属同级或上下级关系，回避双方应选择职级相对低的一方为回避方，由组织（人事）部门统筹考虑；另一种情况是任期内，凡讨论干部任免、职称评审、人事变动或事件处理等问题，涉及与会干部本人及其亲属的，本人必须回避，干部作为考察组成员在干部考察工作中，或处理相关事务的工作中，涉及其亲属的，本人必须回避。

领导干部任职时或任职期间出现需要回避情况的，本人应当提出回避申请，所在单位党组织发现其有需要回避情况的应当提出回避建议。个人、组织有权反映领导干部需要回避的情况，接到反映的机关应当按照干部管理权限交有关组织（人事）部门处理，领导干部必须服从回避决定。遇到上述情况时，按照干部管理权限，由组织（人事）部门提出回避意见，报主管领导作出决定。

十三、监督干部　审计制

党的十八大和十八届三中全会特别强调，推进权力运行公开化、规范化，加强和改进对主要领导干部行使权力的制约和监督，健全经济责任审计等制度。领导干部经济责任审计，是对领导干部任期内单位财务收支真实性、合法性、效益性的审计，是对其有关经济活动所承担的经济责任的审计，也是对领导干部履职情况的一种审计。领导干部离任审计是经济责任审计中的一种形式，经济责任审计包括定期审计、任期审计、重点审计和离任审计四种形式，其中以定期审计、任期审计为基础，以离任审计为重点，未经审计不得解除离任干部的经济责任。离任审计为进一步客观、公正评价和使用干部提供了重要依据，符合当前的干部选拔和任免制度，同时也拓宽了干部监督、考核的渠道。

学校审计的重点是单位正职领导干部，在其即将调升、卸任、退休时，对其在任期间的财务、重大决策事项、遵守财经纪律等内容进行审计，使离任的干部不交马虎账，上任的干部不接糊涂班。

校内经济责任审计作为一项内控制度，主要由学校纪检监察、组织、人事、审计、财务等部门，负责统一组织经济责任审计的规范、计划、实施、结果运用和督查调研等，并形成各部门“审前共商、审中协作、审后运用”的协调配合机制。目前学校经济领域活动多元，对有关领导进行经济活动应承担的责任进行的权威认定难度系数加大，同时，存在审计任务重与审计力量不足、审计要求高与审计人员素质不适应的矛盾比较突出。有待坚持“主动监督、关口前移”的思路和“以预防为主、事前监督为主”的原则，以及进一步整合审计资源，创新审计方式方法，建立一整套系统内部控制制度，赋予审计人员更大的权限。

十四、优秀干部　破格制

干部成长有规律，多数干部应当逐级提拔，必要的台阶是要有的，但不能唯台阶论。年轻干部的破格提拔问题一直备受关注，1991 年 9 月，中共中央下发《关于抓紧培养教育青年干部的决定》，首次提出要“不拘一格选拔人才”；此后，1992 年、1995 年、2000 年、2009 年，先后出台了相关的通知或者意见，其中 2000 年《意见》中提出“既要坚持标准，又要不拘一格”；2009 年《意见》中则指出，“认真研究优秀年轻干部成长规律，探索建立破格提拔制度”。在 2014 年 1 月最新修订的《党政领导干部选拔任用工作条例》中指出，“党政领导干部应当逐级提拔。特别优秀或者工作特殊需要的干部，可以突破任职资格规定或者越级提拔担任领导职务”。以上干部选拔的法规，是从我国干部队伍的现状和党的历史使命的需要出发作出的一项重大战略决策，从制度上开辟优秀干部成长和脱颖而出的“快车道”，树立了打破论资排辈和“不拘一格选人才”的用人导向。虽然“特别优秀”、“特殊需要”破格提拔的干部只占少数或是个别，但也是薪火相传、承上启下需要的应时之举。

新《条例》对破格提拔的条件作出明确规定，一方面对“特别优秀”和“特殊需要”分别明确了 3 种情形；另一方面又明确了“4 个不得”的严格要求，对哪些“格”可以破，哪些“格”不能破，提出了可依的标准，为优秀人才脱颖而出留出了“通道”。同时，按照选拔标准更高、审批把关更严、过程更公开透明的要求，从严进行规范，使之更具操作性，填补了政策空白，在破格提拔的工作中多一道关口、多一层监督、多一份指导，防止“破格成出格”的现象。

需要做细的几项工作。① 把大方向大原则具体化，怎么操作，怎么判断，考量的因素、指标和权重怎么分配，用科学依据保证破格选出来的人是真正优秀的。② 完善年轻干部破格提拔、竞争性选拔、定向选拔制度，需对年轻干部状况作定期分析，建立培养选拔年轻干部工作责任制。③ 操作中必须做到公开，这是必要的；必须做到透明，这是基本的；必须做到民主，这是硬性的，即，做到有“格”可依、有“格”必依、违“格”必究。

十五、激励干部 双轨制

为吸引和激励更多的党政管理干部将管理岗位作为研究型工作去钻研奉献，提高自身业务素质和工作水平，1988 年，原国家教委《对所属高校行政管理部门实行专业技术职务聘任制度暂行规定》【(88) 教师管字 065 号】，针对专职和主要从事党政管理工作的干部，实行与行政职务并行的专业技术职务，即根据其业绩和研究成果，可以被评聘为相应的教育管理研究实习员、助理研究员、副研究员、研究员；同时印发了《关于在高等学校学生思想政治教育专职人员中聘任教师职务的实施意见》【(87) 教师管字 012 号】。北大为适应改革与发展的需要，用“小步快跑”的政策先后启动了教育管理系列和德育系列的专业技术职务评审，并逐步规范化和制度化。1999 年随“985”工程规划的启动，学校在专职管理系列中实行 9 级模拟职员制度，成为探索行政职务与专业技术职务岗位津贴分配的一种形式；2007 年根据教育部和国家人事部的相关规定，正式实行教育职员制度。

“双轨制”在 20 多年的实践运行中，为教育职员制度的职务职称与待遇挂钩，铺垫了有效对接的基础，规避了单一岗位行政职级带来的短期激励效应，极大地调动了各类各级干部的积极性，也产生了大批有影响的研究成果。

十六、不胜任干部 退出制

干部“能上能下、能进能出”是一种流转有序、吐故纳新的流动机制，也是干部队伍有活力、有凝聚力和战斗力的基本保证。近年来，在积极推进干部准入“门槛儿”的同时，也在探索建立正常的干部退出机制，主要通过：任期届满退出、竞争上岗被淘汰退出、考评不合格退出、试用期结束考评不胜任退出、到龄退休退出，或因其他原因不胜任退出等有效激励、监督机制，积极尝试干部“能下”的出口和办法，但终因体制机制、社会环境、人为障碍等原因，干部还是上去容易下来难。

目前，干部退出的科学化机制尚未形成。干部“能上不能下、能进不能出”的问题一直是制约改革的因素，干部“出口”主要依靠年龄“一刀切”或正常退休，对于党员群众意见大、工作平庸的干部“下”的阻力较大，制度依据比较少，加之干部“退出”后的待遇保障不明确，造成干部思想上有顾虑。“出口”渠道不畅，在一定程度上影响着领导班子和干部队伍建设。

退出机制的建立，不是对人的革命，而是对体制的革命。按照十七届四中全会提出的“健全干部退出机制”的要求，目前，需要逐步探索建立健全以公信测评为尺衡，以政绩效能为参照的干部退出机制；积极探索不适宜担任现职干部的调整措施，合理界定干部不适宜担任现职的情形，规范调整的原则、程序，拓宽干部调整后的安置渠道，完善相关配套保障措施，努力构建常态化、制度化的调整不适宜担任现职干部的工作格局；建立配套保障机制，畅通退出渠道，健全“退出”安置办法，落实“下”的保障；优化用人环境，努力形成广纳群贤、人尽其才、能上能下、充满活力的用人机制和干部制度体系。

以上梳理归纳出了十六项已有干部选用的制度，尚有一些正在运行中的制度，如：重大事项报告制度、收入申报制度、考察工作责任制度、到龄不提名制度、谈话诫勉制度、回复组织函询制度、失察失误问责制度、民主生活会制度等，都有相对应的条规，没有一一列入。以上列举的诸多制度，按干部管理环节分类，还可划分为五个制度体系：选拔任用制度体系、考核制度体系、正常更替制度体系、淘汰制度体系、民主监督制度体系等，这些制度体系都是相互影响、相互依存、相互制约的。实践中还存在制度执行不平衡的四方面问题：重选拔使用轻考核管理、重竞争择优轻淘汰退出、重资源配置轻开发储备、重单项创新轻制度配套等现象，不容回避和忽视。

总之，构建和完善科学的干部管理制度体系，是一项动态的系统工程，既要与时俱进，又要系统配套，是理论性、实践性、政策性都很强的工作，要鼓励更多的党务工作者去创新、去奉献、去实践。学校党委应充分发扬组织部门的积极性和创造精神，结合学校自身干部队伍特点，借助多学科综合优势，整合研究力量，发挥专家学者参与理论研究的优势，在改革中不断创新，在探索中不断完善。

图书在版编目(CIP)数据

眼底未名水，胸中黄河月：北京大学女干部成长规律与管理机制研究/于鸿君主编.—北京：北京大学出版社，2017.8

ISBN 978-7-301-27918-2

Ⅰ.①眼… Ⅱ.①于… Ⅲ.①北京大学—妇女干部—干部培养—研究 ②北京大学—妇女干部—干部管理—研究 Ⅳ.①G647.17

中国版本图书馆 CIP 数据核字（2017）第 006380 号

书　　名	眼底未名水，胸中黄河月——北京大学女干部成长规律与管理机制研究 YANDI WEIMING SHUI，XIONGZHONG HUANGHE YUE
著作责任者	于鸿君　主　编　岳素兰　执行主编
责任编辑	张　敏
标准书号	ISBN 978-7-301-27918-2
出版发行	北京大学出版社
地　　址	北京市海淀区成府路 205 号　100871
网　　址	http://www.pup.cn　新浪微博：@北京大学出版社
电子信箱	zpup@pup.cn
电　　话	邮购部 62752015　发行部 62750672　编辑部 62765014
印 刷 者	北京大学印刷厂
经 销 者	新华书店
	720 毫米×1020 毫米　16 开本　29.75 印张　487 千字
	2017 年 8 月第 1 版　2017 年 8 月第 1 次印刷
定　　价	58.00 元